Prism of Personality Education

인성교육의 프리즘

책임집필 신창호
공동집필 강민수 · 강영순 · 권선향 · 김광석 · 김세희 · 김수미 · 김학준 · 백미화 · 송민규 · 신주랑 · 우버들 · 유주형 · 윤가영 · 윤수현 · 이동은 · 이휘재 · 장우재 · 진상훈 · 최 진 · 최지혜

박영story

머리말

인성교육이 교육의 핵심으로 부상한 때가 있었다. 인간의 삶에 치명적 타격을 준 심각한 사회문제로 인해, 기존의 교과 지식 주입이나 입시 중심의 교육을 비판하고 인간교육을 고려하면서이다. 그것은 교육종사자나 학자들이 교육의 중요성 강조하는 임의적 요청이 아니었다. '인성(人性)'교육을 반드시 이행해야만 한다는 법률을 탄생시켰고, 그만큼 강력한 효력을 발생하며 강제교육(强制教育)으로 진행되었다.

이 지점에서, 교육과 교육 내에서 주요한 논점으로 떠오른 인성교육에 대해 진지하게 성찰할 필요가 있다. 우리는 정말 인성교육을 요청하는가? 아니면, 어떤 요인에 의해 이 교육을 강요당하는가? 인성교육은 진정 새롭게 열어나가야 하는 미래지향적 교육 모형인가?

나는 생각한다. '기존의 교육 개념에 비추어 볼 때 새로운 시도가 아니거나, 그것을 넘어서지 않은 그 어떤 교육적 제안도, 특히, 시대정신(時代精神)에 부응하지 않는다면, 무의미한 교육적 구호에 그칠 뿐이다!'

「인성교육진흥법」이 제정된 지 5년이 지났다. 인성교육은 어떻게 되었을까? 별도의 법률을 제정하여 교육할 만큼 의미가 있었던가? 그런 중요성에 비례하여 교육이 알차게 진행되었는가? 근원적 문제는 없는가? 앞으로는 어떤 측면을 고려하여 교육해야 하는가?

여기에 수록한 글은 2020학년도 1학기 고려대학교 대학원에 개설한 〈인성교육론특강〉의 논의 결과이다. 강의에서는 기존의 인성교육 이론과 실천을 비판적으로 성찰하였다. 「인성교육진흥법」 시행과 더불어 지난 5년 전후의 인성교육과 관련한 연구 성과나 교육 프로그램을 중심으로, 다양한 입장에서 인성과 그 교육에 관한 논점을 정리한 것이다. 특히, 최근의 인성교육 프로그램이나 연구에 관한 비판적 성찰이 담겨있다. 〈참고문헌〉에 제시해 놓았듯이,

수업 시간에 조사하여 논문으로 학술지에 발표한 것도 있고, 논문으로 발표하지 않은 내용 가운데 의미 있는 부분을 정돈한 것도 있다. 기존 연구에 대한 다각도의 비판과 옹호를 거치면서 인성교육 연구의 흐름을 분석·검토하였다. 다양한 시선을 담은 만큼 『인성교육의 프리즘』이라는 제목을 붙여보았다.

공동집필자로 명기해 놓았듯이, 수업에 참여한 20여 명의 대학원생이 함께 자료를 수집하고 분류하면서 읽고 논의하며 토론한 공동 연구의 산물이다. 제1장은 신창호가 집필하였고, 2장은 최진, 3장은 권선향, 4장은 백미화, 5장은 윤가영, 제6장은 송민규, 제7장은 강민수, 제8장은 김세희, 제9장은 장우재, 제10장은 김학준, 제11장은 강영순이 대표로 정돈하였다. 정돈한 자료는 모든 연구생이 윤독(輪讀)하며 공유하였다. 전체적으로는 신창호가 내용을 조정하며 재정돈하였다. 특히, 쏙쏙체험의 진상훈 대표는 현장 체험 및 기행교육과 관련한 인성교육 프로그램에 대해 많은 자문을 해주었고, 독서문화연구원의 김수미 대표는 독서교육을 통한 인성교육의 차원을 다양하게 안내해 주었다.

어쩌면 아직 온전하게 성숙하지 않은 예비학자(豫備學者)들의 연구 자료이기 때문에 정치(精緻)하지 않은 논의나 논증도 상당수 있을 것이다. 하지만 인성교육의 이론과 실천에 관한 문제를 진지하게 제시한 그들의 학문 열정 자체만으로도 한국교육에 시사점을 줄 것으로 판단한다. 탐구를 진행하면서 서로 격려하고 학문의 가능성을 고민했던 제자들에게 고마운 마음을 전한다. 아울러 독자들의 의미 있는 질정(叱正)을 기다리며, 한국교육의 연구에 조금이나마 보탬이 되기를 희망한다.

2021. 2. 입춘절(立春節)

안암동 연구실에서

집필자를 대표하여 신창호 씀

차례

제1장

교육의 본질과 인성교육의 전망

I. 서언

교육은 인류의 탄생과 더불어 진행되어 왔다. 그만큼 삶에 녹아 있다는 점에서, '삶의 원현상(原現象)'이라고도 한다. 문제는 인간이 살아가는 시간과 공간에서, 교육이 어떤 양식으로 존재하는가이다. 인간이 펼쳐온 모든 시대는 나름대로 특징이 존재한다. 시대라는 공간은 어떤 사람에게는 '살아가는 세월'이었고 어떤 사람에게는 '살아지는 시간'이었다. 사람들은 한 시대가 허락한 문화를 이용하며 즐기고 감내하며 견뎌내야 했다. 그런 과정을 통해 인간은 삶을 지속한다. 그것을 추동하는 힘 가운데 하나, 특히 정신이나 영혼을 지탱하며 인도하는 인간의 '자기구제장치(自己救濟裝置)'가 교육이다.

인류가 살아온 역사는, 그것이 어떤 시대건 당대(當代)를 대표하는 문화적 소산이 존재한다. 인간의 정신적 태도나 양식 또는 이념이 한 시대의 상징으로 표출된다. 그것을 '시대정신(時代精神: Zeitgeist)'이라 한다. 헤겔(G. F. Hegel, 1770~1831)은 시대정신을 역사의 과정과 결부시켜 언급하였다. 이때 시대정신은 개인의 인간 정신을 넘어선 보편적 정신세계가 역사 속에서 스스로 전개해 나가는 과정의 양태를 의미한다. 그것은 민족정신(民族精神)과 결부되어 '동양/그리스/로마/게르만'의 네 영역으로 구분되었다. 콩트(A. Comte, 1798~1857)는 이를 어린이에서 어른이 되기까지 개인의 정신적 성장 과정에 비유하였다. 그리고 고대에서 근세까지 정신의 발전단계를 '신학적－형이상학적－실증적'이라는 3단계로 나누었다. 유물사관(唯物史觀)에서 본다면, 시대정신은 일종의 이데올로기(ideology)이고, 각 시대의 경제적 구조로 인식할 수 있다. 다양한 양상으로 인식되는 시대정신을 통해, 교육은 인류가 성장하고 성숙해가는 과정에 적극적으로 개입한다. 그런 점에서 교육은 모든 시대에 걸쳐, 한 사회의 주요한 문제로 지목된다.

그렇다면 21세기 현대사회의 시대정신은 무엇일까? 이른바 '제4차 산업혁명(The 4th Industrial Revolution)'의 시대로 명명되는 사회는 어떤 특징을 지니는가? 과학기술의 발전이 인간사회에 미친 영향을 다양한 각도로 연구해 온 리프킨(J. Rifkin, 1945~)은 21세기 초반 현대사회에 요청되는 시대정신으로 '협력(協力)하고 배려(配慮)하는 세상'을 고려하였다. 이때 협력과 배려는 서열을 하찮게 여기고 네트워킹 방식으로 사람이나 세상과 관계를 맺게 한다. 리프킨에 따르면 세상 사람들은 협력이 체질화되어 있고 자율과 배척보다는 접속(接續)과 포함(包含)에 관심이 있다. 인간의 다양성 가운데 감수성(感受性)이 강한 특징을 지닌다. 아울러 분산적이고 협동적이며 비위계적 공감사회(共感社會)를 형성한다. 리프킨의 지적은 이전 사회에도 존속했던 협력이나 배려와 개념상 차이가 크지 않다. 하지만 경쟁과 배타적 측면이 강조되고 협력과 배려를 소홀하게 다루었던 기존의 사회 풍조에서, 협력과 배려가 시대를 이끌어갈 덕목으로 요청되었다는 점에서 의미심장하다. 왜, 하필이면 지금 협력과 배려인가?

린네(C. Linne, 1707~1778)는 인간을 '호모사피엔스(Homo sapiens)'로 명명하였다. '지혜가 있는' 사람이라는 의미이다. 인간의 본질을 이성적 사고능력을 지닌 것으로 파악한 호모사피엔스라는 규정은 인간을 '슬기로운 사람'으로 자리매김하게 만들었다. 그리하여 인간은 동물 가운데 가장 본질적이고 특징적 징후를 통해 다양하게 묘사되어 왔다. 인간은 '도구를 사용하는 동물이다', '이성적 동물이다', '정치적 동물이다', '사회적 동물이다', '유희하는 동물이다', '경제적 동물이다', '노동하는 동물이다', '교육적 동물이다' 등 수많은 특성이 강조되었다. 인성교육의 문제도 이러한 인간과 시대, 교육에 관한 여러 사정을 고려하면, 이해하기에 편리하다. 지금, 대한민국에서 왜 이렇게 인성교육이 요동치는가? 이게 정말 시대에 맞는 사고이자 정신인가?

II. 교육의 개념과 의미

1. 교육의 다양한 범주

인성교육을 고민하고 그 교육학적 전망을 논의하기 이전에, 그것은 교육과 별도의 활동이 아니기 때문에, 전통적으로 인식되어온 교육과 어떤 차원에서 동질성과 이질성을 지니는지, 신중하게 고려할 필요가 있다. 인성교육 이외에도 다양한 이름의 교육이 우리 앞에 존재한다.

학교 급별로 나누어 보면, '초등교육', '중등교육' '고등교육'이 서로 다른 특성으로 진행된다. 시대 변화에 따라서 나타나는 교육으로는 다양한 차원에서 확장을 거듭하는 '사회교육'이나 '평생교육', '부모교육', '다문화교육', '노인교육', '죽음교육', '기업교육', '은퇴자교육' 등이 있다. 교육의 이론과 실천 차원에서 '지식교육'과 '도덕교육'은 늘 논란거리이다. '국어교육', '영어교육', '수학교육', '과학교육', '역사교육', '지리교육', '체육교육', '음악교육', '미술교육' 등 각종 교과교육도 교과마다 중요성을 소리 높여 외친다. 이외에도 '일반교육'/'특수교육', '아동교육'/'성인교육', '과학기술교육'/'인문학교육', '독서교육', '박물관교육', '현장교육', '대안교육', '열린교육' 등 나열하기 힘들 정도로 많은 '○○교육'이 교육이라는 이름으로 난무한다.

인성교육도 그 가운데 하나이다. 이런 ○○교육이 교육의 범주에 속해 있는 것은 명확하다. 굳이 얘기하자면 인성교육을 비롯한 여러 교육은 교육의 '소범주(小範疇)'에 해당한다. 소범주에 해당하는 교육은 이전의 전통교육이 ○○문제에 대해 다루지 않았거나 상대적으로 소홀히 다루었을 경우, 또는 ○○문제가 새롭게 등장하여 교육에서 다룰 필요가 생겼기 때문에 돌출되어 나왔다. 그것은 교육적 차원에서 '좋거나 나쁘다!', '해야 하거나 하지 말아야 한다!'라는 문제에 속하는 사안은 결코 아니다. 핵심은 교육의 본질과 내용, 방법에 대한 근원적 고민, 그리고 그것을 시대정신에 녹여 넣는 교육 양식, 나아가 그 교육을 실천하는 문제이다.

그러기에 전통적 교육이 어떤 양식으로 수많은 ○○교육을 포괄하고 있는지 고민해야, 교육 앞에 붙은 '○○'이라는 특성이 분명하게 보인다. 이 지점에서 이 책의 주제인 인성교육은 어떤 성격의 것인지, 진지하게 고민해야 한다. 전통교육은 인성교육이 아니었던가? 인성교육의 내용이 전혀 포함되지 않았던가? 그것에 소홀했던가? 인성교육이 과연 이 시대에 처음 나타난 새로운 교육인가?

2. 교육(教育)의 문자적 의미

이런 차원을 염두에 두고 먼저, 교육의 개념을 성찰해 보자. 모든 존재와 행위의 개념이 그러하듯이 그 본질을 더듬어 가는 데는 언어 문자의 성립을 살펴보아야 한다. 교육(教育)은 문자 그대로 이해하면 다음과 같다.

'교(教)'자를 분석해 보면, 왼쪽은 윗부분이 '효(爻)'이고 아랫부분은 '자(子)'이며, 오른쪽은 '복(攴)'으로 이루어져 있다. 교(教)의 왼쪽 부분인 '효(爻)'와 '자(子)'는 복잡하게 얽혀 있는 우주 세계를 어린이[어리석은 사람]가 접촉하는 모양이다. 즉, 어린이가 세상에 태어나 우주 사물의 관계와 질서 체계를 전면적으로 마주친 상황이다. 이 과정에서 어린 사람은 무엇을 느꼈을까? 그 모습은 원초적으로 '세계'와 어리석은 '인간'의 '만남'을 전제로 하고 있다.

교(教)의 오른쪽 부분인 '복(攴)'은 '가볍게 살짝 때리다'라는 뜻을 지니고 있다. 글자 자체의 소리는 복(卜)을 따랐으나 의미는 우[又: 手]를 나타낸다. 본래 조그마한 회초리나 막대기 같은 것을 손으로 잡아 쥐는 모양을 본떴기 때문에 손으로 일을 하는 '작업'은 모두 이를 따른 것으로 생각된다. '손으로 때려주다'라는 의미는 매우 상징적이다. 물리적으로 회초리를 치는 것이 글자의 본래 모습이지만, 윗사람이 말로 꾸중을 하거나 격려, 위로, 충고 등 다양한 양상의 '깨우침'이 여기에 포함될 수 있다. 또한 자신이 스스로 외부의 사물을 통해 깨닫는 일도 자기 채찍이라는 의미에서 깨우침의 하나이다. 현대 학습이론의 측면에서 이해하면, 다양한 형태의 '동기부여(動機附輿: motivation)'에 해당한다.

이렇게 볼 때, 교육(教育)에서 교(教)는 '우주 만물의 어우러짐[爻]', '어린이[子]', '채찍질하다[攴]'라는 의미의 복합체이다. 세상의 어우러진 사물에 대해 어린 사람이 이해하려고 할 때, 윗사람이 손으로 살짝 때려 깨우쳐 조심하도록 주의를 준다. 이 과정에서 아랫사람이 따르는 것을 말한다. 『설문해자(說文解字)』에서는 이를 '위에서 베푸는 것을 아래에서 본받는다.'라는 말로 압축하여 표현했다. 요컨대, 교(敎)는 세상의 사물을 마주하고 있는 어리석은 인간에 대해, 스승이 한 손에 회초리를 들고 공부하라고 재촉하는 모습이다.

교육(敎育)에서 '육(育)'은 옛날 글자의 모습으로 보면, 한 여자와 그녀의 몸 아래에 머리를 밑으로 한 아기가 있고, 그 옆에는 약간의 물이 있는 모습이다. 이는 산모(産母)가 아이를 낳을 때의 모양을 상징적으로 보여준다. 그러므로 육(育)은 본래 '아이를 낳다'라는 성스러운 행위와 연관되는 의미 맥락을 지닌다. 또 다른 해석은 포대기에 쌓인 아기를 나타내는 '자(子)'와 고기를 표현하는 '육(肉)'이 합쳐진 모습이다. 육(肉)은 '크게 저민 고기'를 말한다. 육(肉)자의 바깥은 큰 덩어리의 고기 모양을 본떴고, 가운데의 두 획은 고기의 살결을 본떴다. 이때 육(肉)은 단순한 고기가 아니라 '여성의 몸[産母]'이다. 이런 점에 기초하여 육(肉)은 아기를 임신한 엄마의 몸, 또는 엄마가 자식을 낳아 기르는 데 비유되어, '기르다[養]'라는 말과 통용되었다.

'육(育)'자를 분석하면, 윗부분은 '자(子)'자를 뒤집어 놓은 글자이다. 아이가 거꾸로 있는 모습이다. 아기가 뱃속에서 거꾸로 있는 모습은 아이가 태어날 때 머리부터 세상에 나오는 것을 상징한다. 또는 아이가 엄마 뱃속에서 순탄하게 출산하지 못할 정도로 구부려 있거나 뒤집어진 자세를 취하고 있다는 의미이다. 이런 측면은 육(育)이 산모의 자식 출산과 관련되어 있음을 보여준다. 출산할 때 정상 분만의 경우에는 아이의 다리가 아니라 머리부터 세상에 나오는 모습을 상징한다. 또는 정상 분만하기 힘든 형태로 뱃속에서 뒤집은 상태로 자리하고 있을 경우 그것을 바로 잡아 출산함을 의미하기도 한다. 이처럼 육(育)에는 '아이를 낳다' 또는 '뱃속에서 제자리를 잡지 못하고 뒤집어진 모습으로 들어 있는 아기가 순탄하게 출산하도록 아이의 자세를 바로잡아 준다'라는 의미가 포함되어 있다. 이것이 『설문해자』에서는 '자녀를 길러 착하게 만든다.'라는 교육적 의미로 확장되었다. 요컨대, '교육(敎育)'에서 육(育)은 어린이의 탄생과 직접적으로 결부된다. 순산에 의한 인간의 탄생, 또는 난산(難産)을 순산(順産)으로 바로 잡는 과정을 통해 탄생하는 인간의 출현으로 이해할 수 있다.

문자적 개념에서 확인할 수 있듯이, 중국 고대로부터 이어지는 '교육(教育)'은 인간의 탄생, 그리고 출생 이후의 세계와 마주치고 깨닫는 지속적 성장을 통해, 자신을 생성하고 성숙해가는 삶의 과정이다.

3. 서구의 교육 개념

고대 그리스시대에 교육을 의미하는 말은 '파이데이아(paideia)'이다. 파이데이아는 '어린이'를 뜻하는 그리스어 '파이스(pais)'가 어원이다. '파이스(pais)'에 '상태'를 나타내는 접미어 '에우오(euo)'가 이어지면, '파이데우오(paideuo)'가 되어 '어린이와 함께 있다!'라는 뜻으로 확장된다. 파이데이아는 바로 파이데우오의 변형으로 '어른이 어린이와 함께 있는 상황'을 표현한다.

'어른이 어린이와 함께 있다'라는 말은 무엇을 뜻할까? 함께 있기 위한 필요충분조건은 무엇인가? 가장 먼저 상정할 수 있는 것이 아이의 출생과 양육이다. 한자어 '교육(教育)'에서도 살펴보았듯이, 아이의 출생에는 반드시 부모가 존재한다. 부모인 어른과 그 보호를 받는 자식[어린이]이 함께 있는 상황, '아이－어른'의 동시적 탄생이 파이데이아에 담겨 있는 교육 현상이다. '부모와 자식', '어른과 아이'의 관계에서 근원적으로 필요한 것은 부모와 어른은 자식과 아이를 보호하고, 자식과 아이는 부모와 어른을 따르면서 상호작용을 통해 삶을 영위하는 일이다. 이런 맥락에서, '훈련하다', '교육하다', '도야하다', '수업하다', '길들이다'와 같은 의미가 파생되었다.

파이데이아를 한마디로 표현하면, '인간을 인간답게 조성하는 모든 활동이다.' 인간을 개나 돼지처럼 만든다든가, 여자를 남자처럼, 또는 타인에게 자신을 닮도록 강요하거나, 자식을 부모처럼 키우려는 것은 파이데이아에서 추구하는 본질이 아니다. '인간답게'란 사람마다 '각자의 영혼에 딱 들어맞는 명예를 주는 일'이다. 이를 교육적 의미로 이해하면, 각자의 잠재능력과 소질에 따라 탁월하게 자라날 수 있게 하는 작업이다.

'파이데이아' 이외에도 교육을 뜻하는 서구어는 많이 있다. 우리에게 가장 익숙하고 보편적인 교육 개념이 '에듀케이션(education)'과 '페다고지(pedagogy)'이다. 에듀케이션은 라틴어 '에듀카레(educare)'에서 유래하였다. 이는 '무엇

무엇으로부터[from]', 또는 '밖으로[out]'를 의미하는 '에(e)'와 '이끌다[lead]'라는 의미를 지닌 '듀카레(ducare)'의 합성어이다. 이런 점에 착안해 보면, 에듀케이션은 인간이 지니고 있는 것을 '밖으로 꺼내어 키워준다'라는 말이다. 인간이 선천적으로 타고난 여러 가지 자질을 잘 길러주는 일이다. 다시 말하면, 학습자가 지니고 있는 선천적 소질 또는 잠재능력을 바람직한 방향으로 표출할 수 있도록 신장·발전시킨다는 뜻이다. 페다고지는 그리스어의 파이다고고스(paidagogos)에서 유래하였다. '어린아이'를 의미하는 '파이도스(pai-dos)'와 '이끌다'라는 의미인 '아고고스(agogos)'의 합성어이다. '어린아이를 이끈다'는 말은 고대 서구사회에서 귀족의 자제들을 학교나 체육관, 기타 공공장소로 데리고 다니며 이끌어주는 교복(敎僕: 가르침을 담당한 하인)의 역할과 연관된다. 간략하게 줄여서 설명하면, '어른인 교사가 학생인 어린이를 지도한다'는 의미이다. 이렇게 볼 때, 서구에서 교육을 뜻하는 에듀케이션과 페다고지는 '어린이를 바람직한 방향으로 이끌어 소질을 계발시켜 준다'라는 뜻을 담고 있다.

또한 독일어로는 교육을 '빌둥(Bildung)'으로 표현하기도 한다. 빌둥은 흔히 '도야(陶冶)'로 번역된다. 도야는 인간에게 주어진 고유한 사명으로서 각 개인이 자신의 개별성을 뚜렷이 드러내는 것을 말한다. 다른 사람의 개성과 혼동되거나 반복될 수 없는 자신의 고유함을 내보이는 일로, 자유로운 개성의 발현에서 그 절정에 도달한다. 그리하여 궁극적으로 자신의 고유한 모습을 추구하고 획득하는 과정이 된다.

결론적으로, 동·서양을 막론하고 '교육'이라는 말에 담겨 있는 공통적 의미는 크게 두 가지로 정리할 수 있다. 첫째, 어린이가 지닌 자연적 성장의 힘인 잠재능력(潛在能力: potentiality), 가능성(可能性: possibility), 소질(素質: dis-position)을 교육자[또는 자신]의 노력으로 이끌어 낸다. 둘째, 불완전한 상태에 있는 능력을 완전한 상태로 발달시키고, 미성숙 상태에 있는 능력을 성숙한 상태로 나아가게 하며, 잠재 되어 있는 가능성을 계발하여 온전하게 실현한다.

물론, 이 과정에는 여러 측면이 작용한다. 인간의 행위에서 볼 때, 그것은 자기 노력에 의한 '자발적 전개'로 이루어질 수도 있고, 타자의 개입과 추동에 의한 '타율적 전개'로 달성될 수도 있다. 또한 표출의 방향으로 볼 때, 그것은 어린이의 '내적 능력'을 외부로 표출하는 계발이나 전개가 있고, '외부의 지식과 가치'를 어린이의 내면으로 주입되거나 훈련하는 측면이 있다.

4. 한글에 담긴 교육

교육은 한글로 표현하면 '가르치고 기르다'이다. 현재 우리말의 '가르치다'는 옛날 고어(古語)로 'ᄀᆞᄅᆞ치다'였다. 이는 '사람을 가르치다'라고 할 때의 '가르치다'와 '어떤 사물을 가리키다'라고 할 때의 '가리키다'라는 두 가지 뜻을 동시에 지니고 있다.

그런데 'ᄀᆞᄅᆞ치다'는 'ᄀᆞᄅᆞ'와 '치다'가 합하여 이루어진 말이다. 'ᄀᆞᄅᆞ'는 공자왈(孔子曰) 맹자왈(孟子曰), 또는 '예수 가라사대'라고 할 때의 '가로 왈[曰]' '가라사대'와 같은 뜻으로 '이르다', '말하다'의 의미로 쓰였다. 여기에는 '교훈을 준다'는 뜻이 담겨 있다. 'ᄀᆞᄅᆞ'는 또한 '갈다' 또는 '가르다'의 뜻으로 쓰이기도 한다. '갈다'의 맥락에서 보면, 우리는 일상생활에서 '갈고' 닦다, 또는 칼을 '갈다', '갈아'치운다 등 '갈다'라는 말을 많이 사용한다. '낡은 것을 새것으로 바꾸다', '숫돌에 문질러서 날이 서게 하다', '맷돌로 갈아서 가루를 만들다', '문질러서 광채가 나게 하다', '쟁기로 논밭의 흙을 갈아 뒤집다' 등, 일상어로 사용하는 '갈다'라는 말에는 다양한 의미가 포함되어 있다. 이러한 말에는 공통적으로 '노력하고 애쓰다', '다듬어 깎아서 새롭게 만들다'라는 의미가 담겨 있다.

그리고 '가르다'라는 말은 '이쪽과 저쪽', 또는 '내 편과 네 편'을 나누어 가르듯이, 이것과 저것의 '차이'나 '다름'을 알리는 언표이다. 인간은 수시로 좋은 것과 나쁜 것을 가르고, 바른 일과 그른 일을 가리는 행위를 통해 삶을 영위한다. 이른바 '시비선악(是非善惡)'을 판단한다. 따라서 '가르다'라는 언표는 A와 B를 '분리'하거나 여러 가지 중에서 특정한 것을 '선택'하는 문제와 연관된다. 가려서 뽑는 인간의 사고와 인식에 연결된다.

이러한 'ᄀᆞᄅᆞ'에 덧붙인 '치다'에는 양육(養育)의 의미가 들어 있다. 사람을 살짝 '치다', 식물의 가지나 잎을 '치다', 동물을 '치다'라고 할 때, '치다'는 사람을 일깨워주고, 식물을 잘 자라게 하며, 동물을 기르는 일이다. 그것은 사물을 있는 그대로 유지하는 일이 아니라, '어떤 행위를 더하여 새로움을 추구하다'라는 의미가 담겨 있다. 이렇게 볼 때, '갈다[ᄀᆞᄅᆞ]'와 '치다'가 합쳐진 '가르치다'라는 말에는 무엇이 좋고 나쁜지, 또는 옳은 일인지 그른 일인지를 판단하여[ᄀᆞᄅᆞ], 좋고 올바른 일은 발전적으로 이어가고, 나쁘고 그른 일은 새롭게 다듬어 좋고 올바르게 만드는[치다] 작업이 포함되어 있다. '가르다'는 일종의 '판단 능력'이자 '구분 능력'이다. '치다'는 운영 능력이나 경영 또는 관리 능력에 해당한다. 이런 점에서 '가르치다'는 판단 능력과 운영 능력을 함양하는 인간의 노력이다.

'기르다'라는 말은 '애완동물을 기르다', '나무를 기르다', '자식을 기르다'와 같은 용례에서 보듯이, 다음과 같은 의미가 들어 있다. '동물이나 식물에게 영양분을 주고 그것을 섭취하게 하여 자라거나 생명을 이어가게 하다', '육체나 정신에 도움이 될 것을 주어 쇠약해지지 않게 하다', '짐승을 쓸모 있게 길들이다'처럼 식물의 재배, 동물의 사육, 사람의 성숙 등과 통하는 말로, 사물을 반짝반짝 윤이 나게 하는 행위이다. 즉 사람을 양육·육성하거나, 사람에게 필요한 여러 동·식물을 잘 자라게 하는 전반적인 행위를 말한다. 요컨대, 세상의 다양한 생명이 지속적으로 성장하며 살아가는 데 필요한 영양을 공급하는 모든 과정이다.

인간교육 차원에서 이해하면, 한글에서 '가르치고 기르다'는 의미는 인간이 지니고 있는 선천적 재능을 발견하고, 이를 갈고 닦아 펼칠 수 있도록 이끄는 작용이다.

5. 전통 유교에서 교육의 지위

'교육(敎育)'이라는 말의 출처는 유교의 주요 경전인 『맹자(孟子)』에 등장한다. 『맹자』 「진심(盡心)」 편에는 군자(君子)의 세 가지 즐거움을 언급하고 있는데, 그 가운데 세 번째 즐거움을 '교육하는 일'이라고 하였다. 흔히 말하는 '득천하영재교육(得天下英才敎育)'이다. 여기에서 '교육'이라는 말이 처음으로 등장한 것으로 보인다. 해석에 따라 차이는 있겠지만, 그 내용의 논리 체계는 대체로 다음과 같다.

"부모님이 모두 생존해 계시고 형제들이 무사하게 잘 살고 있는 것이 첫 번째 즐거움이다.

나 자신이 하늘을 우러러 부끄럽지 않고 다른 사람들에게도 마음이 떳떳한 것이 두 번째 즐거움이다.

인간답게 성장할 가능성이 있는 사람[영재]을 건전한 인간으로 교육하는 것이 세 번째 즐거움이다.

(父母俱存, 兄弟無故, 一樂也. 仰不愧於天, 俯不怍於人, 二樂也. 得天下英才而教育之, 三樂也.)"

맹자가 말하는 세 가지 즐거움 가운데 세 번째에 '교육(教育)'이라는 말이 포함되어 있다. 이른바, 군자(君子)는 어떠한 즐거움을 지니고 있는가? 이때 군자는 '신사(紳士: gentleman)'로 번역되기도 하고, '건전한 인격자', '사람다운 사람', '교양을 갖춘 인간'으로서 '사회 지도급 품성'을 갖춘 어른을 말한다. 이런 군자에 대해, 왜 굳이 세 가지 즐거움을 말했을까? 그것은 인간사회가 지향하는 삶의 전체 면모와 관련된다.

첫 번째 즐거움인 '부모구존 형제무고(父母俱存, 兄弟無故)'는 인간의 생사(生死)와 관련된 문제이다. 그런 만큼 사람이 마음대로 조종할 수 있는 부분이 아니다. 그것은 우리의 의지와 관계없이 하늘에 달린 일이다. 그러므로 부모 형제를 위한 나의 노력 자체도 중요하지만, 그들의 존재가 처한 객관 상황의 파악으로 만족해야 한다. 건전한 인간이라면 대부분 부모님이 나란히 오래도록 장수하기를 소망하며 효도를 다하고, 형제자매가 무사하기를 기원한다. 왜냐하면 부모는 내 생명의 존재 근거로 내 삶을 가능케 한 근원이고, 형제자매는 그것을 공유하는 피붙이이기 때문이다. 이러한 첫 번째 즐거움을 이해한다는 것은 부모라는 인간의 수직 질서와 형제라는 수평 질서를 통해 우주 세상의 이치와 법칙 체계를 파악한다는 뜻이다.

두 번째 즐거움인 '앙불괴어천 부부작어인(仰不愧於天, 俯不怍於人)'은 부끄럽지 않은 인생과 관련되는 문제이다. 그런 만큼 자기반성과 수양, 양심의 지속을 통해 달성할 수 있는 개인적 작업이다. 다시 말하면, 인간의 자기 존재에 대한 확인이자 삶의 방향을 찾는 주체적 활동이다. 이때 중요한 문제는 얼마만큼 자기에게 충실하고 성실히 하느냐, 나의 책임과 임무를 다하여 이 우주 내에서 기능과 역할을 제대로 수행하느냐와 관련된다. 이는 전반적으로 인간의 자기 노력 여하에 달린 문제로 각자의 몫이다. 교육적으로 말하면, '자기교육'이자 개체로서의 인격 완성을 추구하는 과정으로 해석할 수 있다.

세 번째 즐거움인 '득천하영재이교육지(得天下英才而教育之)'에서 교육의 문제이다. 교육은 인간의 개인적 작업에서 시작한다. 그러나 단순하게 개인적 작업에서 그치는 사안이 아니다. 자신의 인덕(人德)과 학덕(學德)을 후세에 전수하여 사회에 기여하는 데 무게중심이 있다. 교육은 두 번째 즐거움처럼 자기교육이 기본이다. 그러나 '영재(英才)를 얻어' 교육한다고 했을 때, 영재는 자기가 아닌 '타인(他人)'이다. 자기교육이 일정한 수준에 도달한 스승이 타인인 제자를 맞아들여 교육하는 일이다. 이는 개인적 작업이 타인, 또는 타인과 관계하는 사회공동체로 확장된다는 점에서 사회성이 강하다. 타인을 교육하는 행위는 개인교육의 사회적 확대이자 '공동체교육'이 된다. 사회적 인격완성의 추구이다.

요약하면, '교육받은 사람(educated man)'으로 해석할 수 있는 군자의 세 가지 즐거움을 통해, 교육의 맥락은 다음과 같이 이해된다.

첫째, 부모 형제의 삶을 확인하면서 나의 존재 근거를 찾는 동시에 세계의 구성 원리를 이해한다. 이는 '세계 인식'이다. 둘째, 자기 확인과 충실을 통해 부끄럼 없는 자기교육을 이행한다. 이는 '개인 교육'이다. 셋째, '영재'라는, 사람 구실을 할 수 있을 가능성이 있는 인간의 교육을 통해 아름다운 공동체 사회를 꿈꾼다. 이는 '공동체 교육'이다. 여기에서 교육은 자기교육이라는 개인성을 바탕으로 타자를 교육해 나가는 강력한 사회성을 띤다.

6. '교육'과 유사한 개념들

위에서 살펴본 것처럼, 교육의 의미는 상황에 따라 다양하게 표현되고 전개된다. 넓은 의미에서는 인간의 삶에서 이루어지는 모든 행위로 볼 수도 있다. 좁은 의미에서는 일반적으로 '학교 교육(schooling)'을 말한다. 교육을 보다 정확하게 이해하기 위해서는 상황에 따라 달리 표현되는 교육과 유사한 개념이나 용어를 파악하면 유용하다. '교수(教授)－학습(學習)활동', '훈육(訓育)', '훈련(訓練)', '교화(敎化)', '품성형성(品性形成)', '사회화(社會化)' 등이 그런 개념이다.

'교수-학습활동'은 '가르침과 배움'을 기본으로 하는 가장 좁은 의미의 교육이다. 이는 흔히 학교와 같은 공식적 교육기관에서 많이 이루어진다. 인간이 갖추어야 할 기본 자질이나 교양을 쌓기 위하여, 보편적 가치를 지닌 교육내용을 매개로, 교사와 학생 사이에 일어나는 상호작용을 말한다.

'훈육'은 정해진 규칙을 따라 배우는 것을 기본으로 한다. 예를 들면, 문법의 규칙과 같은 교과 자체와 관련된 규칙, 주의집중을 비롯한 학습방식에 관한 규칙, 출석이나 전학, 긴급 상황에서의 조치 등과 같은 효율적 운영을 위한 규칙 등. 이런 다양한 규칙은 훈육을 통해 이루어진다.

'훈련'은 주로 특정한 직종에서의 업무능력 개발을 의미한다. 예컨대, 군대에서 사격술을 연마하는 일에 대해 '사격 교육'이라기보다는 '사격 훈련'이라고 한다. 컴퓨터 자판기에서 타자 연습을 하는 것도 마찬가지이다. 그러므로 교육내용이 갖는 가치도 특수한 상황에 처한 개인의 가치실현을 지향한다. 때문에 훈련은 교육과 결정적으로 다르게 가치 지향적 활동이 아니라 '가치중립'적 활동이다.

'교화'는 훈련과 유사하게 특수한 상황에 처한 개인의 입장을 고려한 교육활동으로, 특정한 목적과 이데올로기를 일방적으로 주입하는 과정이다. 예를 들면, 기독교나 이슬람교 같은 종교나 특정 국가에서 그들의 교리나 이론을 주입하여 국민을 무장시키거나 의식화하는 경우가 이에 해당한다.

'품성형성'은 사회 환경과 조직 풍토의 영향 속에서 자신도 의식하지 못하는 사이에 교육이 이루어지는 의도하지 않은 교육 작용이다. 이는 가치수용이나 태도 형성, 지식·기능의 습득 등 다양한 측면에서 일어난다.

'사회화'는 인간이 성장·발달해 가면서 자기가 속한 집단의 문화, 즉 생활양식이나 행동양식 등을 내면화하고, 자신의 독특한 개성과 자아를 형성해 가는 과정을 말한다.

이러한 개념들은 앞에서 언급한 교육과 유사한 의미를 지니고 있으면서도 그 자체만이 지닌 특정한 교육적 의미가 있다. 이런 개념은 교육과 동일한 의미는 아니다. 대동소이하다. 활동 자체가 교육적이며 교육과 중복되는 부분이 많다.

Ⅲ. 서구 교육의 개략적 전개

1. 그리스 시대의 고대교육

잘 알려져 있듯이, 고대 그리스는 '폴리스(polis)'라는 도시국가를 기반으로 성립하였다. 대표적인 도시국가로는 도리아족 문화권의 '스파르타(Sparta: *Σπάρτα*)'와 이오니아족 문화권인 '아테네(Athena: *Αθήνα*)'가 있었다. 스파르타는 귀족정치 체제이며 투쟁적이었다. 반면에 아테네는 법과 정의가 지배하는 창의적이고 개방적인 도시국가였다. 교육도 이런 사회 상황을 반영하여 실시되었다.

스파르타의 경우, 그리스 최강의 도시 국가를 건설한 후, 이를 관리하기 위해 더욱 투쟁적이며 국가 중심의 군국주의로 나아가야만 했다. 따라서 모든 교육은 국가적 통제 아래 행해졌으며, 스파르타인은 태어나서 죽을 때까지 국가의 구속을 받았다. 심지어 아이가 출생하면 즉시 신체 검사를 하고 허약하거나 불구인 경우에는 내다 버려 죽게까지 했다. 이는 국가가 교육을 통하여 호전적(好戰的) 시민을 양성하고 지혜 있는 사람보다는 행동하는 사람을 길러내고자 함을 보여주는 것이다. 그러므로 교육의 목적은 자연스럽게 강한 힘, 용기, 복종심, 인내력 등을 기르면서 조국에 대한 애국정신(愛國精神)을 함양하는 일이 되었다.

남자들에게 최고의 덕목은, 전쟁에 얼마나 유용한가?, 국가를 위해 무조건 복종하는 것, 강인한 신체의 단련과 소유였다. 이런 교육의 결과는 훌륭한 군인(軍人)을 양성하는 일이다. 그러나 여성은 건강한 아이를 낳을 수 있는 신체를 가지고 있는 것이 중요했다. 이에 그런 신체를 기르는 차원에서 여성교육이 이루어졌다. 어쩌면 여자들은 단지 국가를 위한 수단으로 봉사해야만 했는지도 모른다. 이 모든 행위는 튼튼하고 강한 국가를 만들기 위한 방법이었다.

그러나 아테네는 스파르타와 판이하게 달랐다. 아테네 초기에는 원시적 왕정을 실시했으나 클레이스테네스(Cleisthenes, B.C. 570?~B.C. 508?)의 민주적 개혁 이후, 시민 또는 민중에 의한 지배가 이루어지게 되었다. 그 후 아테네 민주제의 창설자로 간주 되는 솔론(Solon, B.C. 640?~B.C. 560?)은 교육을 장려하고 민주정치를 확립하였다.

아테네는 많은 도시국가들 중 가장 자유로운 나라였다. 따라서 아테네의 교육은 스파르타와는 달리 인간성의 다방면에 능력을 가진 조화로운 발달을 이상으로 삼았다. 교육목적도 행동하는 사람보다는 지혜 있는 사람을 강조했다. 이는 시민으로서의 교양을 가져야 할 필요성을 느끼게 했고, 심신의 조화와 우아한 미를 구할 것도 요구되었다. 이는 철학자나 시인, 학자를 배출하는 교육이며, 시민 생활에 참여할 훌륭한 인간을 양성하는 교육이었다. 여자의 경우도 남자만큼 지위가 높지는 못했지만 스파르타와는 달리 가정에서 바느질을 하거나 베를 짜거나 뜨개질 등을 배우며 여자로서의 역할을 할 수 있도록 배려되었다.

아테네의 경우 국가의 유지를 위한 강한 인간의 양성보다는 자유인으로서의 시민을 위한 '교양교육'에 중점을 두었다고 볼 수 있다. 아테네의 이러한 교육 전통은 소크라테스와 플라톤 아리스토텔레스를 거치면서 더욱 세련되었다.

2. 교육사상의 성숙; 소크라테스, 플라톤, 아리스토텔레스

소크라테스(B.C. 469~B.C. 399)라고 했을 때, "너 자신을 알라!"라는 금언이 먼저 떠오른다. 소크라테스는 만물의 척도로서 인간은 무엇보다도 자기 자신을 먼저 알아야 한다고 강조했다. 이에 자신의 무지(無知)를 자각할 것을 역설했다. 그의 교육은 바로 여기에서 출발한다. 보다 높은 자아의 자각! 이것이 소크라테스가 말하는 교육의 임무였다. 소크라테스의 교육은 모든 사람에게 올바른 사고를 가르쳐 주는 데 있었다. 그리고 관찰(觀察)과 경험(經驗)을 통하여 직접교육을 실시하는 데 있었다. 그는 사람들에게 무엇이든지 당연한 것으로 생각하지 말라고 충고했다. 또 자기의 편견(偏見)과 선입관(先入觀)을 버리도록 권고했다. 그리하여 이 무지(無知)의 세계를 지혜를 사랑하는 세계로 개선하여, 진리를 보급시키는 일이 그의 교육목표였다.

이 과정에서 소크라테스는 무지를 자각하는 방법을 발전시켰다. 우리에게 너무나 익숙한 '대화법(對話法)' 또는 '문답법(問答法)'인 '반어법(反語法: eirōneia)'과 '산파술(産婆術: maieutikē)'이 그것이다. 문답법은 다음의 두 단계로 나누어진다. 첫째, 학습자의 무의식적 무지(無知)에서 의식적인 무지까지 이끈다. 둘째, 의식적 무지에서 합리적 진리로 인도한다. 즉 '무의식적 무지 → 의식적 무지 → 합리적 진리'의 순서로 진리에 도달하는 방법론이 바로 교육의 과정이다.

플라톤(B.C. 427~B.C. 347)은 더 이상 말할 필요도 없이 유명한 소크라테스의 제자이기에, 어쩌면 소크라테스에게서 배운 교육적 사유를 구체적으로 드러낸 사상가인지도 모른다. 플라톤의 사상은 서양철학의 근간을 이루는 데서 알 수 있듯이 다양한 부분에 걸쳐 있다. 교육론의 경우는 그의 주요 저서인 『국가』에서 찾아볼 수 있다. 플라톤의 국가론은 이상국가를 지향한다. 이상국가는 각 계급이 각각의 본성에 따라 그 덕을 실현하는 조화로운 국가, 정의의 국가이다. 그런데 이는 오로지 교육에 의해서만 실현 가능하다.

교육을 말하기 전에 플라톤은 '동굴의 비유'를 통하여 인간 정신이 교육되어 있느냐 아니냐에 관해 얘기했다. 어두운 동굴 속에서 쇠사슬로 묶여 꼼짝 못하고 벽만 보고 있는 인간은 빛을 통해 비춰진 가짜 영상인 그림자를 진짜로 생각한다. 이런 인간은 나중에 햇빛 아래 내던져졌을 때, 진짜인 실재(實在)를 보고도 진짜로 인식하지 못한다. 이에 교육이 필요하다. 플라톤의 교육목적은 바로 동굴의 속박을 벗어나 태양의 빛으로 실재를 보는 데 있다.

우리의 정신에는 학습의 능력 또는 기관이 있다. 그것은 눈에 시력이 있는 것과 같다. 플라톤의 교육은 동굴의 비유에서처럼 그림자만 보던 것을 햇빛 아래에서 실재를 보는 것으로 전환하는 일이다. 즉 진리의 반대 방향으로 향하고 있는 정신을 진리의 방향으로 바꾸는 일이다. 이런 힘은 인간 자신 안에 존재한다. 문제는 플라톤이 인간을 동등하게 보지 않은 데 있다.

플라톤은 세 등급의 시민을 제시했다. 잘 알려진 대로 그들은 '지혜(智慧: sophia)'와 '용기(勇氣: andreia)', '절제(節制: sōphronein)'의 덕을 가졌다. 통치자는 지혜의 덕을, 군인 계급은 용기의 덕을, 그리고 생산자 계급은 절제의 미덕을 지녔다. 이들은 제각기 하는 역할이 다르므로 교육목적 또한 다르다. 중요한 것은 각 개인이 적성에 맞는 일을 하며, 다른 사람들에게 유용한 방식으로 그러한 일을 하는 국가를 이루는 일이다. 따라서 플라톤의 교육은 사회 각 계급에 맞는 개인적 능력과 자격을 발견하고, 시민으로서 덕성과 그 능률을 발전시키는 데 두었다.

플라톤의 제자 아리스토텔레스(B.C. 384~B.C. 322)는 플라톤을 이어받았지만, 플라톤의 관념주의(觀念主義)를 배격했다. 그리고 존재의 기반을 현실 세계로 끌어 내렸다. 이런 관점에서 아리스토텔레스는 중요한 문제를 제기했다.

『니코마코스 윤리학』에서 그는 "우리가 달성해야 할 온갖 선(善) 가운데 최고의 것은 무엇일까? 그것은 '행복(幸福)'임에 틀림없다."라고 했다. 인간은 누구나 행복을 추구한다. 현실 속에서 행복을 갈구한다. 그런데 행복이란 무엇일까? 아리스토텔레스에 의하면 행복은 '중용(中庸: mean)'이란 덕(德)과 이성적 행동을 할 때 얻을 수 있다.

교육은 바로 이성을 통하여 중용의 덕을 실천하는 데 있다. 여기에서 중용이란 절반의 중(中)인 가운데가 아니라 자기가 놓인 위치를 바로 보고 자기 스스로 깨달아 거기에 알맞은 태도를 취하는 행동이다. 아리스토텔레스는 바로 이 행복, 최고선의 실천을 추구했다. 그리고 이를 위해 중용의 덕을 지키는 이성적 생활과 행동을 할 수 있는 사람을 만드는 것에 교육목적을 두었다.

3. 중세에서 근대교육에로의 이행

중세를 언급할 때, 우리는 가톨릭교를 생각하지 않을 수 없다. 가톨릭교에서 인간은 하나님의 '창조(創造)'를 전제로 한다. 창조는 이 세상 만물과 그 근원인 초월적 신(神)과의 관계를 일러준다. 신은 모든 것을 창조하였다. 이 세상 모든 것은 하나님이 만들었다. 중세의 교육은 바로 이런 사상을 배경으로 진행되었다. 교회는 절대적 교권을 가지고 교육에서 중심이 되었다. 교육은 금욕적이며 하나님의 영광을 위한 종교적 분위기 속에서 이루어졌다. 물론 기사도(騎士道: chivalry) 교육이나 길드(guild: 동업자 조합), 대학 등이 세속적 교육기관으로 있었지만, 실제로는 교회의 주장과 이익을 배격하고 있었던 것은 아니다.

종교 생활의 전형을 보여주는 수도원(修道院: monastery)의 경우, 교육목적은 우리의 마음과 영혼이 더 높은 생활을 전개하기 위하여 '금욕적 생활'을 하는 데 두었다. 이에 수도승들은 육체의 욕망을 부정하고 현세를 부인하였다. 이는 수도원 교육이 이 세상의 삶에 대한 대비가 아니고, 내세를 위한 준비였음을 보여준다. 이들에게 현세는 의미가 없다. 다가올 하나님의 나라가 그들이 영원히 살아갈 곳이기 때문이다.

주지하다시피, 14~15세기에 유럽은 여러 요인에 의해 중세의 봉건사회가 서서히 붕괴하고, 교회 세력도 쇠퇴하기 시작했다. 반면에 시민(市民: Citizen)계급이 성장하였다. 이들은 중세의 신중심주의를 의심하고 새로운 사회를 추구했다. 이것이 이른바 '인간중심주의'라고 하는 '르네상스' 운동의 출현이다. 인간중심의 문화는 인간을 궁극적 목적으로 보며 최고의 가치라고 여긴다. 따라서 내세를 추구하기보다는 현세를 보다 긍정적으로 본다. 또한 '종교개혁'도 일어났다. 중세 가톨릭교에 대항하여 청교도(淸敎徒: Puritan) 중심의 개신교 운동이 일어났던 것이다. 이에 중세 가톨릭교는 루터(Martin Luther, 1483~1546)와 캘빈(Jean Calvin, 1509~1564)으로 대변되는 기독교 신교로 바뀌게 되었다. 현대 개신교의 출발이 바로 이때부터이다.

4. 유럽의 근대교육; 루소에서 헤르바르트까지

르네상스 종교개혁 이후, 시대는 점점 바뀌면서 17~18세기의 계몽주의(啓蒙主義: Enlightenment) 사조로 이어진다. 교육도 자연스럽게 시대 흐름에 따랐다. 그 사이에도 수많은 교육사상가들이 있었다. 근대를 대표하는 루소와 칸트, 페스탈로치와 헤르바르트의 교육적 사유를 간략하게 짚어본다.

루소(Jean Jacques Rousseau, 1712~1778)는 『사회계약설』이나 『에밀』로 우리에게 친숙한 사상가이다. "자연으로 돌아가라!"라는 유명한 주장으로 말미암아 자연주의 교육철학자로 분류된다. 그의 교육에 대한 생각은 『에밀』에 잘 나타나 있다. 루소는 일단 인위적인 사안을 부정한다. 그리고 자연적인 것으로 돌아가는 교육을 주장한다. 이는 당시의 부패한 관습과 문화의 타락을 비판한 데서 비롯되었다.

그 자연성의 회복은 성장하는 아동의 교육 단계와 부합되어야 한다. 3살 먹은 아이는 거기에 맞게, 7살 먹은 아동은 그 발달에 맞는 수준 교육이 필요하다. 아동의 발달에 따른 적절한 교육이 이루어져야 한다. 그런데 루소가 살던 시기, 대부분의 사람들은 아동에게 어떤 교육을 시켜야 적절한지 아동들의 학습능력은 어떤지에 관심이 없었다. 그리고 아동들의 발달단계를 무시하고 성인과 같이 다루며 교육했다. 루소는 이를 비난했다. 여기에서 루소의 교육관이 담긴 소설 『에밀』이 나오게 된 것이다.

또 루소는 '인간이 타고난 성품은 착하다'라고 하여 성선설과 유사한 주장을 했다. 자연스럽게 착한 성품을 발전시켜 가면 인간 본래의 성품을 길러 갈 수 있다. 자연적 교육은 바로 인간의 토대를 발전시키는 작업을 의미한다. 여기에서 교육자는 기본적으로 간접적 작용을 해야지 직접적 작용을 해서는 안 된다. 예컨대 어린 싹들을 파괴시키는 어떤 것이 있다면 그것으로부터 방어해 주어야 한다.

칸트(Immanuel Kant, 1724~1804)는 대학에서 최초로 교육학 강의를 개설한 사상가라고 한다. 그 강의를 바탕으로 정돈해 놓은 저작이 『교육학강의』이다. 여기에서 칸트는 인간을 "교육받지 않으면 안 되는 유일한 피조물"로 보고 있다. 또 다른 표현으로는 "인간은 교육을 필요로 하는 동물"이라고 말한다. 왜냐하면 인간은 미숙한 존재로 태어나기 때문이다. 인간은 다른 동물과 달리 온전하거나 완전한 상태로 태어나지 못한다. 태어난 그대로는 아무 일도 할 수 없다. 때문에 다른 사람이 이를 대신하여 어느 정도의 삶을 준비해주지 않으면 안 된다.

그리고 인간은 자신 속에 있는 모든 소질을 스스로의 노력에 의하여 하나씩 도출해 내어야 한다. 소질을 끄집어내어 한 세대는 다음 세대를 교육해야 한다. 이것은 인간이 교육에 의하여 인간을 유지하고 비로소 인간이 될 수 있음을 의미한다. 교육을 통해 인간이 될 수 있다는 것이 칸트가 인간에게 거는 기대이다.

인간은 교육을 통해 인간이 될 수 있다는 데 낙관적이어도 좋다. 그래서 칸트는 다음과 같이 얘기한다. "아마도 교육은 점차로 잘되어 나갈 것이고, 모든 세대들은 인간성이 완성되어 가는 방향으로 나아가게 될 것이다. 사실 교육의 배경에는 인간 자연의 완성이라는 커다란 비밀이 숨어 있다. 인간 속에 잠재하는 모든 자연 소질을 발전시키는 교육의 이념은 두말 할 나위 없이 진실한 것이다." 인간의 자연적 소질을 인간성의 완성으로까지 발전시키기 위해서는 양육과 훈육이 필요하다. 또 도덕적 인격의 도야도 필요하다. 칸트에게서 중요한 것은 우리 인간 속에 있는 잠재된 소질을 계발하여 완전한 인격으로 나아가는 것이었다.

페스탈로치(Johann Heinrich Pestalozzi, 1746~1827)는 루소의 "자연으로 돌아가라"는 교육적 원리에 영향을 받았다. 그리고 모든 사람에게 선천적으로 한결 같이 주어진 '인간성'을 믿었다. 이에 인간이 본래 가진 '머리[지력: Head]－가슴[심성: Heart]－손[기능: Hand]'의 세 가지를 조화롭게 발전시키려고 하였다. 이른바 3H의 조화를 통한 전인(全人)의 양성이다. 이는 인간의 비참한 상태를 개선하기 위하여 정치·경제에 의뢰하지 않고, 교육이라는 방법을 취한 것이다. 교육을 통한 인류 구원이라는 목적을 갖고 있었다.

페스탈로치는 민중을 인간적으로 교육시키는 데 일생을 바쳤다. 사회적으로 보람 있고 동시에 개인적으로는 행복하게 도와주는 것이 그의 교육적 사명이었다. 모든 인간은 다 같은 소질을 지니고 이 세상에 태어난다. 따라서 누구나 그 소질을 계발시켜야 한다. 그리고 인간은 국가·사회의 수단으로 기능적으로 태어나는 것이 아니다. 인간은 개인으로서 존중받아야 할 목적적 존재이다. 그러므로 교육은 앞에서 얘기한 기술·정신·심성의 세 힘을 고루 도야한다. 교육의 궁극목적은 학교에서 기술을 습득하는 것에 있는 것이 아니라, 인생에 대해 얼마나 적합하게 하느냐에 있다. 또 맹목적 복종이나 규정된 습관을 습득하는 데 있는 것이 아니라, 독립된 행동을 위한 준비에 있다.

헤르바르트(Johann Friedrich Herbart, 1776~1841)는 과학적 교육학을 주창한 사람으로 오늘날 교육학의 기초를 이룬 사람이다. 그는 페스탈로치를 찾아가 교수법을 견학하기도 했다. 헤르바르트는 교육학의 기초 학문으로 '윤리학(倫理學: Ethics)'과 '심리학(心理學: Psychology)'을 들었다. 윤리는 도덕의 문제이고 심리는 마음의 활동과 관계된다. 윤리학으로는 교육의 목적을 결정하는 과학으로 삼았고 심리학은 교육과정과 수단 방법을 돕는 과학으로 삼았다.

헤르바르트는 윤리학을 강조하였기 때문에 교육의 목적을 '덕성(德性)의 도야'에 두었다. 덕성의 도야는 아동·학생들에게 선(善)을 택하고 악(惡)을 버릴 수 있도록 깨닫게 해주는 것이다. 이러한 덕성은 인간이 갖추어야 할 최고의 이상이다. 따라서 그것을 헤르바르트는 교육의 최고 목적으로 삼았다.

5. 미국의 현대교육; 듀이의 프래그머티즘

앞에서는 유럽의 몇몇 교육사상가들을 간략하게 언급했다. 한국교육의 기본 사조를 언급할 때, 미국 교육을 언급하지 않을 수 없다. 그 대표적 교육 철학자가 바로 듀이(John Dewey, 1859~1952)이다. 듀이는 20세기의 미국 교육에서 사상적 거인이다. 그만큼 한국 교육을 형성하는 데도 큰 영향을 미쳤다.

듀이의 교육관을 이해하기 위해서는 먼저 그의 철학의 기초가 되는 프래그머티즘(Pragmatism)을 이해해야 한다. 프래그머티즘은 실용주의(實用主義) 또는 도구주의(道具主義: Instrumentalism)라고도 하는데, 다음과 같은 근본 원리를 갖고 있다. 첫째, 이 세상에 영원·불변한 것은 없고 변화만이 실재한다. 둘째, 가치는 상대적이다. 셋째, 인간은 사회적이고 생물학적 존재이다. 넷째, 모든 인간의 행동에서 비판적 지성의 가치가 발동되어야 한다. 변화, 가치의 상대성, 사회적 존재, 비판 등, 이에 기초하여 그의 교육관도 전개된다.

듀이는 교육을 인간이 사회의식에 참여하는 것으로 본다. 교육은 사회생활과의 긴장 관계에서 성립한다. 따라서 살아있는 사회 환경에서 단절된 교육은 없다. 그래서 학교는 개인을 사회화하는 기관이 되고, 교육내용은 현실 생활의 문제해결 과정 속의 경험 그 자체여야 한다고 강조했다. 이런 교육을 거치면서 사회 진보(進步)와 혁신(革新)의 능력을 키워가야 한다. 여기에서 '교육(敎育)=성장(成長: growth)=경험(經驗: experience)=사회화(社會化: socialization)'라는 등식이 성립한다.

듀이의 유명한 저서 『민주주의와 교육』에 의하면, 교육은 가장 넓은 의미에서 '생명을 사회적으로 지속시키는 일'이다. 그러기 위해서는 학교가 지역사회의 중심이 되어야 한다. 왜냐하면 우리는 학교를 통해 아이들에게 사회에 적응하는 법을 가르쳐 줄 수 있기 때문이다. 나아가 그 사회를 개혁하면서 자신의 생활을 개척할 수 있는 정신적·도덕적 경향을 길러줄 수 있기 때문이다. 그러므로 교육은 '(사회) 생활 그 자체'이다. 듀이는 무엇보다도 '생활(生活)'을 강조했다. 교육은 바로 '생활 그 자체(life itself)'이다. 이는 이전의 사상가들이 교육을 바라보던 관점에서 보면, 질적 비약을 가져온 것이다.

Ⅳ. 인성교육의 등장과 고민

1. 인성의 의미

앞에서 동서양의 교육 개념에 대해, 어원과 사상가들의 주장을 통해 간략하게 검토하였다. 교육은 그것이 어떤 형태이건 인간을 대상으로 한다. 인간에게만 존재하는 고유의 특권적 현상이다. 그러기에 자연스럽게 인간의 모든 영역을 다룬다. 그런데 왜 '인성(人性)'인가? '인성교육(人性敎育)'이라고 할 때, 교육은 최소한 '인성을 교육한다!'는 말과 유사하거나 동일한 표현이다. 그러기에 인성을 구체적으로 규명해야 인성교육도 규정할 수 있다.

인성이란 무엇일까? '인간성(人間性)'을 줄인 말일까? '인간의 본성'이라는 말과 동일한 의미인가? 인간의 성품일까? 인격일까? 성격일까? 품성일까? 도대체 무엇을 의미하는 것일까? 일상생활에서 큰 의미를 부여하지 않고 '인성'이라고 하면 인간의 성품이나 품성으로 대강 이해할 것 같다. 그런데 그 내용과 의미를 구체적으로 정돈하려고 천착하면 정확하게 인식하기가 쉽지 않다.

인성(人性)은 학문영역이나 학자에 따라 규정하는 방식이 다르다. 개인의 '인격(personality)'을 중심으로 규정할 수도 있고, '도덕성(morality)'이나 '성격(character)'에 초점을 맞출 수도 있다. 그만큼 인성의 개념을 단일한 의미로 합의하는 일은 쉽지 않다. 이런 점에서 인성교육을 논의한다는 것 자체가 난관에 부딪친다. 또한 인성은 고정불변한 성격을 지니기보다 변화와 성장을 내포한다. 합리적 차원뿐만 아니라 비합리적 차원까지 포괄하고 있다. 인성의 개념에는 국가적·사회적·시대적 요구가 반영될 수 있고, 개별성이 부각되는 '개성'이나 어떤 문제를 새로운 관점에서 해결할 수 있는 '창의성'은 물론, 규범성이 부각되는 '도덕성'의 측면에 이르기까지 광범위하다.

인성에 대한 과학적 설명은, 그 성격에 비추어볼 때, 심리학의 해명이 중요할 수 있다. 물론 심리학의 과학적 분석이 인성을 충분하게 해명한 것은 결코 아니다. 인성의 의미에 대한 심층적 이해는 철학을 비롯한 인문학적 관점에서도 가능하다. 이러한 가능성은 도덕 발달 이론을 주창한 콜버그(Lawrence Kohlberg, 1927~1987)에서 확인할 수 있다. 콜버그는 도덕철학과 심리학의 상보성을 소크라테스와 메논의 대화에서 이끌어 낸다. 플라톤의 『메논』에서 메논은 소크라테스에게 "덕은 가르쳐질 수 있는가?"라고 묻는다. 소크라테스는 "덕이란 무엇인가?"라는 물음의 해명이 선결되어야 한다고 말한다. 전자의 물음은 도덕성의 형성과 관련되는 도덕 심리학의 물음이라면, 후자의 물음은 도덕철학, 즉 윤리학의 물음이다. 그리하여 콜버그는 도덕성의 본질에 대한 이해 없이 도덕성의 형성과 관련된 심리학의 연구 결과를 바로 교육적 처방으로 활용할 경우, 일종의 '자연주의적 오류(naturalistic fallacy)'라 할 수 있는 '심리학자의 오류'를 범할 수 있다고 보았다.

여기에서 '덕' 또는 '도덕성'을 '인성'으로 대체하여 이해하는 것이 인성교육을 연구하는 학자들에게 만연되어 있다. 그렇게 제한할 경우, 인성에 대한 심리학적 접근이 범할 수 있는 오류는 동일하게 나타난다. 다시 말해 '인성이 무엇인가?'에 대한 철학적 이해를 바탕으로 '인성은 어떻게 형성되는가?'를 논의할 수 있다. 때문에 인성에 대한 과학적 사실을 바로 교육적 처방이나 교육 목적의 근거로 사용하는 태도를 경계할 필요가 있다.

인성은 심리학적 관점에서 해명할 수 있는 사실적 차원의 측면도 있지만, 철학적 관점에서 이해할 수 있는 규범적 차원의 측면도 있다. 예컨대, 『중용(中庸)』 1장의 "하늘로부터 부여받은 것이 본성이고, 성을 따르는 것을 도라 하며, 도를 닦는 것이 교이다.(天命之謂性, 率性之謂道, 修道之謂敎.)"라는 언급에서 우리는 인성[性]이 초월적인 명령으로 모든 인간에게 부여된 것이고, 인성교육은 그러한 인간의 초월적 본질을 실현하는 것을 목표한다고 말할 수 있다.

이런 맥락과 유사한 서양철학의 담론은 칸트에게서 확인할 수 있다. 칸트에 의하면 '지적 자발성(知的 自發性)'의 근거이자 나아가 '행위 자발성(行爲 自發性)'의 근거인 '초월적 자아(超越的 自我)'는 과학적 탐구의 대상이 아니다. 과학적 탐구의 대상이 될 수 있는 것은 개별적이고 사실적 '경험적 자아(經驗的 自我)'이다. 그런데 초월적 자아의 자발성은 경험적 자아 속에서 실현된다. 다시 말해, 초월적 자아에 근거한 보편적 '인격성(Persönlichkeit)'은 과학의 대상이 될 수 없지만, 개별적이고 사실적 '인격(Person)'은 과학의 대상이 될 수 있다. 인격성은 '자율적 의지(自律的 意志)'를 통해서만 '사실적 인격' 속에서 실현된다. 칸트는 인간의 인성이 '예지계[睿智界: 자유의 세계]'와 '감성계[感性界: 사실의 세계]'에 공존하되, 언제나 예지계에 상정된 인격성이 감성계의 개별적 인격을 통해 추구되어야 할 규범성의 근거로 보았다. 그 반대는 이른바 '자연주의적 오류'를 범하게 된다. 즉, 경험이나 사실의 문맥에서는 우리가 추구하고 따라야 할 인성의 규범성이 도출될 수 없다. 물론, 인성에 대한 과학적 사실은 인성을 진단하는 데 유용하고 참고할 만한 설명력을 제공한다. 하지만 그러한 과학적 사실이 곧바로 누구나 따라야 할 당위(當爲)라는 보편적 처방의 근거가 되는 것은 아니다. 그러나 현재 한국 사회에서 인성교육을 논의하는 가운데, 학교 급별 학생의 인성에 대한 경험적 연구에서는 인성의 구성요인을 '도덕성(道德性), 사회성(社會性), 정서(情緖)' 등으로 간주하는 경향이 있다.

2. 도덕교육이 인성교육인가?

이런 문제는 2015년 7월의 「인성교육진흥법」을 제정하여 시행하면서 발생한다. 「인성교육진흥법」 제2조 2항에는 다음과 같은 '핵심 가치 · 덕목' 8개가 제시되어 있다. 이는 인성교육의 목표가 되는 것으로 '예(禮), 효(孝), 정직, 책임, 존중, 배려, 소통, 협동' 등, 마음가짐이나 사람됨과 관련되는 핵심적 가치 또는 덕목이다. 이때부터 한국 사회에서 교육은 인성교육의 개념 혼란을 겪으며 소용돌이로 빨려 들어간다.

이런 정책과 보조라도 맞추었다는 듯이, 2015년 발행된 『2015 도덕과 교육과정』을 보면, "도덕과는 기본적으로 성실, 배려, 정의, 책임 등 21세기 한국인으로서 갖추고 있어야 하는 인성의 기본 요소를 핵심 가치로 설정하여 내면화하는 것을 일차적 목표로 삼는다."라고 하였다. 이 핵심 가치는 다시 '자신과의 관계', '타인과의 관계', '사회 · 공동체와의 관계', '자연 · 초월과의 관계'라는 4개 영역에 각각 대응된다. 자신이 세운 목표에 성실하고, 타인의 입장을 배려하며, 사회 · 공동체에서 정의를 추구하며, 자연 · 초월적 존재에 대해 책임을 지는 인간을 육성한다는 것이다. 이는 「인성교육진흥법」에서 제시한 핵심 가치와 거의 유사하다.

2015년 교육과정이 개정되기 이전에도 마찬가지이다. 도덕교육의 측면에서는 약간의 변화가 있기는 하지만 유사하다. 그 이전의 2012년도에 발행된 『2009 도덕과 교육과정』에 비해, 가치 및 덕목 체계 구성에 약간의 변동이 나타난 것뿐이다. 당시에는 존중, 배려, 정의, 책임이 '도덕적 주체로서의 나', '우리 · 타인과의 관계', '사회 · 국가 · 지구공동체와의 관계', '자연 · 초월적 존재와의 관계' 등의 4개 영역 전반에 작용하는 것으로 보았다. 그리고는 4개 영역에 '자율 · 성실 · 절제', '효도 · 예절 · 협동', '준법 · 공익 · 애국심 · 통일의지 · 인류애', '자연애 · 생명존중 · 평화'를 배치하였다. 이런 점에서 2015년 인성교육을 실시하려는 정책을 펼치기 전후의 도덕교육 내용은 인성교육을 법률로 제정하여 시행하고 있는 현재, 도덕교육과 거의 유사하다. 자신에서 시작하여 자연과 초월적 존재라는 인간을 초월한 부분까지 확장되어 나가는 도덕교육의 영역은 가치 및 덕목을 어느 정도 설정했느냐의 차이만 있을 뿐이다.

인간의 삶이나 교육에서 가치나 덕목은 본래 일정 영역에 기계적으로 한정된다기보다 다른 가치 및 덕목들과 연계되고 융합되면서 여러 영역에 걸쳐 영향을 미친다. 핵심 가치의 경우에도, 그것에서 구체적 실천목표를 이끌어 낸다고 할 때, 중간에 끼어드는 덕목이 없을 경우, 막연해질 가능성이 있다.

그런데, 문제는 더욱 심각하다. 이러한 인성이 검사할 수 있는 사물처럼 객관화되어 평가(評價)의 도구(道具)처럼 교육에 접목되었다는 사실이다. 한국교육개발원(KEDI) '인성검사 도구'는 10개의 인성 덕목을 포함하는 총 70개의 문항으로 구성되어 있다. 하위 요인으로 인성 덕목은 자기 존중, 성실, 배려 · 소통, (사회적) 책임, 예의, 자기조절, 정직 · 용기, 지혜, 정의, 그리고 시민성 등 10가지를 설정했다. 인성이란 개인 및 사회적으로 요구되는 바람직한 성격 특질뿐만 아니라 인성 역량을 포함하는 것으로 보려고 한 것이다. 그동안 인성교육 학자들이 보편적으로 중요하다고 주장하는 덕과 역량, 학교 교육을 통해 기르려는 덕과 역량, 그리고 학교 구성원들인 교사, 학부모, 학생이 현재 시급하게 요구된다고 생각하는 덕과 역량 등을 종합적으로 고려하여, 인성의 핵심 하위 요인들을 설정했다. 물론, 각 문항에는 가능한 한 인지적(認知的: cognitive) 측면보다는 역량(competency)을 반영하고자 했다. 이것이 인성교육의 차원에서 필요한 일인가? 아니 합리성을 띨 수 있을 정도로 신뢰할 수 있는 일인가?

3. 인성과 인성교육의 조작적 정의

이 지점에서 '인성(人性)'과 '인성교육(人性敎育)'의 의미를 새롭게 정의할 필요가 있다. 새로운 정의를 고민할 때는 조작적 방식(操作的 方式)이 유용하다. 교육을 '인간 행동의 계획적이고 의도적인 변화'라고 조작적 정의를 하듯이, 인성이나 인성교육의 경우에도 기존의 사전적 정의나 일반 개념을 넘어 새로운 측면의 의미를 부여해 보는 것이다.

'인성(人性)'은 '인격(人格)'과 '성격(性格)'의 합성어이다. '인격(人格)'의 '인(人)'과 '성격(性格)'의 '성(性)'을 상징으로 내세워 조합한 용어이다. 다시 말하면, '인(人)'과 '성(性)'을 본질로 하는 '격(格)'을 이해하고, 인간의 특성을 고민한다.

문자적으로 살펴보더라도 인(人)은 팔을 가지런히 드리우고 서 있는 사람의 모습이다. '사람 자체'를 의미한다. 여기에서 남자와 여자, 어른, 백성, 명예, 인재, 몸, 의식과 같이 사람이 지닌 보편적 특성을 나타내는 다양한 의미가 파생되어 나왔다. 성(性)은 심(忄: 心)과 생(生)이 합쳐진 글자이다. 생(生)은 풀이나 나무가 처음 올라오는 모습을 그린 글자로 '태어나다'라는 뜻을 지녔다. 즉 심(忄)과 생(生)이 결합하면서 '타고난 마음'이라는 의미로 만들어졌다. 여기에서 천성, 성품, 성질, 자질, 기질, 목숨, 개성, 본질과 같은 개체의 특수함을 드러내는 여러 가지 뜻을 담아낸다. 격(格)은 나무를 상징하는 목(木)과 낱낱이를 뜻하는 각(各)이 결합한 글자이다. 본래는 가지치기를 한 나무를 나타내기 위해 만든 글자이다. 즉 제멋대로 존재하는 나무의 가지를 다듬어 모양을 바로잡는 양상이다. 여기에서 '바로잡다' 또는 '고치다'라는 뜻으로 의미가 확대되었다. 사람에게 적용하면, '잘 다듬어진 인간', '격식을 갖춘 존재'를 말한다.

이런 점에서 인격과 성격을 통합한 유기체로서 인성을 재개념화 해야 한다. 인격은 사람 자체가 잘 다듬어져 사람다운 품격을 갖춘 '보편적 인간'의 위상(位相)이다. 성격은 타고난 마음을 잘 다듬어 자신의 고유성을 갖춘 개체로서의 '특수한 인간'의 위상이다. 그러므로 인성은 '보편적인 동시에 특수한 개체로서 중첩된 특성을 지닌 인간의 전체 면모'를 의미한다. 다시 정돈해 보자.

인격(人格: personality)은 '보편적 인간'으로서 사람의 품격이다. 인간이라는 존재에게 비교적 일관되게 나타나는 특징이나 경향이다. 인간 이외의 다른 존재와 구분되는 사람의 품위를 통칭한다. 소나 말, 개나 돼지와 같은 동물과 비교해 볼 때, 그들이 지니지 못한, '인품(人品)'이라는 언표와도 상통한다. 사람의 품격이나 품위는, 자세하게 설명하지 않더라도, 다른 존재와 차이 나는 인간이라는 실존의 엄정한 특징에서 드러난다. 보편적 차원에서 볼 때, 사람은 다른 사물이 지니고 있지 않은, 이성(理性), 감성(感性), 지식(知識), 도덕(道德) 등을 갖추고 정치(政治), 경제(經濟), 노동(勞動), 유희(遊戲) 등 사회의 공동체적 삶을 영위할 수 있는 능력을 지니고 있다. 그 효과와 결과가 문화(文化)와 문명(文明)을 낳는다. 때문에 인간은 현재라는 단면에서 의식의 통일성을 기한다. 시공간의 변화를 통해서도 지속적으로 인류 공통의 문명을 가꾸려는 특징을 보인다. 이는 다른 동물처럼 본능(本能)에 의한 군집생활(群集生活)이 아니라 인간의 본성에 의한 사회생활(社會生活)을 형성한다. 인간의 철저한 계획과 의도에 의한 인위(人爲)가 그 기초가 된다. 그런 점에서 인격은 사람의 사회생활을 순조롭게 진행해 나가려는 공동체 의식과 연관된다.

성격(性格: character)은 인격의 보편성을 전제로 하는, 인격의 범주 안에서 특수성을 강조한다. 간단하게 말하면, 보편적 인간 속에 살아가는 '특수한 개체'로서 사람의 품격이다. 인간 이외의 다른 사물이 아니라, 사람 사이에서 다른 사람과 구분되는 '개인의 품위'를 지칭한다. 각자가 지닌 성품이라는 언표와도 상통한다. 개체로서 사람의 품격이나 개인의 품위는 사람 사이에도 엄격한 차이가 있다. 특수한 측면에서 볼 때, 사람은 '기질(氣質: temperament)'을 달리한다. 각자 타고난 자질의 측면에 차이를 보인다. 차분함이나 불안, 긴장의 양상, 정서의 강도, 활동 수준이나 적응성, 민감성, 주의력 등 다양한 영역에서 사람마다 제각기 다르다. 그 다른 차원은 개인의 고유성(固有性)으로 인식된다. 고유성은 개인의 주체적 삶을 영위할 수 있는 능력을 갖추고 있다. 즉 개인을 특징짓는 지속적이며 일관된 행동양식이다. 그런 점에서 개인은 성격을 통해, 고유하면서도 독특한 개인적 삶을 가꾸는 바탕을 마련한다. 개인의 인생 설계를 통해 자신을 가꾸어나가는 근거로 삼는다. 이런 점에서 성격은 개인의 삶을 순조롭게 진행해 나가려는 개인의식과 관련된다.

다시 정돈하면, 인격은 인간의 '보편적' 품성이나 특징을 말한다. 성격은 개인의 '특수한' 품격이나 특성을 말한다. 이 인격과 성격을 통합한 것인 인성이다. 그러므로 인성은 인격적이고 성격적인 차원을 통일된 양식으로 지닌 '인간의 전체 면모'를 지칭한다. 막연하게 인간의 본성이나 도덕성, 또는 공동체 지속에 필요한 배려나 협력 등의 지적 개념으로 한정하여 얘기해서는 곤란하다.

「인성교육진흥법」에서 정해놓는 핵심 가치·덕목의 경우에도, 인성의 다양한 요소 가운데 아주 부분적인 영역을 드러내 놓은 것일 뿐이다. 따라서 인성을 언급할 때는, 일반 사람으로서 지녀야 할 '보편성'인 인격과 개인으로서 지녀야 할 '특수성'인 성격을 통일된 양식으로 이해하는 시선이 중요하다. 이 지점에서 인성교육의 특징이 분명하게 드러난다.

인격교육(人格敎育: personality-education)은 인간의 보편성을 염두에 둔 교육이다. 그러므로 보통 사람으로서 인간이 인간답게 살아갈 수 있는 보편성을 함양하는 교육이 중요하다. 거시적으로 말하면, '사회성 함양' 교육이다. 거기에는 인간 세계의 상식을 포괄하는 교양 지식과 가치를 구현하는 윤리 도덕, 과학, 문화, 문명 등 인류를 이해하고 독해하며 삶을 올바르게 실천하는 공동체 차원의 교육이 요청된다.

성격교육(性格敎育: character-education)은 사람의 특수성에 기초한 교육이다. 그러므로 한 인간이 개체로서 사람답게 살아갈 수 있는 자신의 고유한 특성을 함양하는 교육이 중요하다. 거시적으로 말하면 '개인성 함양' 교육이다. 거기에는 개인이 타고난 장점을 극대화하여 능력을 실력으로 만들고, 의미있는 삶을 구가하기 위한 개인 차원의 교육이 필요하다.

이런 점에서 인격교육과 성격교육의 본질과 의미를 적확(的確)하게 파악해야 한다. 그래야만 인성교육의 대략적 방향을 확인하고, 보다 의미 있는 전략과 전술을 마련하여 교육의 실천과정을 장악할 수 있다.

인격교육은 공동체 교육을 통해, 한 사회의 구성원이라면 누구나 달성해야 하는 보편성을 띤다. 그 기초는 의무교육(義務敎育: compulsory education)으로 진행된다. 나아가 단계를 높여 가며 대중교육(大衆敎育: public education), 또는 보통교육(普通敎育: common education)으로서 강력한 시민교육(市民敎育: citizenship education)이나 국민교육(國民教育: national education)의 형태를 띤다. 오늘날처럼 국제화 사회에서는 세계시민교육(世界市民教育: Global Citizenship Education, GCE)의 양상으로 발달한다. 이런 교육이 소규모에서 대규모에 이르는 인류 공동체의 사회적 '능력(能力)' 또는 '역량(力量)'을 확보하는 대사업이다.

성격교육은 개인 교육을 통해, 개인의 고유한 특성을 최대한 성취하는 특수성을 띤다. 그 기초는 개인의 능력을 최대한 확보하는 다양한 노력이다. 개인의 능력에는 지적 측면을 비롯하여 도덕적·정서적·신체적 측면 등 여러 영역을 가로지르는 교육이 상정된다. 흔히 말하는 직관, 분석, 종합, 이해, 사고, 창의, 소통, 배려, 협력 등 수많은 개인적 능력을 높은 수준으로 끌어올리는 교육이다. 개인의 고유한 특성 가운데 인류 사회에 기여할 만한 긍정적 측면은 최대한 발현하고, 해악을 미칠 수 있는 부정적 측면은 최소화하거나 제어할 수 있는 실력을 담지한 교육을 요청한다. 이 과정에서 개인은 개체서의 능력을 함양하지만, 그것은 사회적 개체로서의 명예(名譽)를 획득하는 작업이다. 이런 점을 고려한다면, 인성교육은 다음과 같은 준거를 고려할 필요가 있다.

첫째, 인성교육은 인격교육에 근거(根據)해야 한다. 인격교육이 인성교육의 뿌리가 되는 토대 역할을 해야 한다는 말이다. 다시 강조하지만, 인격교육은 인간으로서 보편적으로 살아가야 할 삶의 원리와 원칙을 이해하고 장악하는 작업과 연관된다. 이상적으로 생각한다면, 모든 인간은 인간적 삶을 지속하기 위한 공동체의 질서를 고려하고, 사회생활을 이행해야 한다. 그런 자세를 온전하게 갖춘 존재가 인격자(人格者: upright person)이다. 인격자는 사회적으로 고귀하고 착한 존재이다. 한마디로 언급하면, 사회 정의가 몸에 밴 인간이다. 이때 인격자는 단순한 개인이 아니다, 이미 사회문화 속에서 사람들 사이에 관계망을 형성하여 드러난 '교육받은 인간(educated man)'이다. 개인을 넘어선 사회적 실존이자 문화적 존재이다. 그는 교양 지식을 갖춘 도덕적 인간이자 사회지도급 인사로 사회적 본분과 역할을 수행한다. 인격교육은 다름 아닌 이러한 인격자를 함양하는 근본 교육을 말한다.

둘째, 인성교육은 성격교육에 기초(基礎)해야 한다. 성격교육이 인성교육의 밑바탕이 되어야 한다는 뜻이다. 성격교육은 개인으로서 특수하게 살아가야 할 삶의 원리와 원칙을 이해하고 파악하는 작업과 연관된다. 현실적으로 생각한다면, 모든 인간은 개인적 삶을 지속하기 위해 개성을 발휘하며 주체적 생활을 구현해야 한다. 이런 태도를 온전하게 지닌 존재가 단독자(單獨者: in-dependent one)이다. 단독자는 개인적으로 고상하고 소중한 존재이다. 한마디로 언급하면 자기 존중감이 충만한 개인이다. 이때 단독자는 보편적 인간이 아니다. 주체적이고 개별적인 개성을 지닌 '성격파 배우(character actor)'와 같은 개체 인간이다. 특별한 전문지식을 갖춘 공동체 구성원의 한 사람으로서 자신의 본분과 역할을 수행한다. 성격교육은 다름 아닌 이러한 성격파 배우와 같은 주체 인간을 함양하는 기본 교육을 말한다.

셋째 인성교육은 인격교육과 성격교육을 통합한 전인교육(全人教育: whole person education)이어야 한다. 주지하다시피, 전인교육은 지식은 물론 정서, 성격, 행동, 가치관, 대인관계, 신체적 능력 등을 종합적으로 향상시키는 사업이다. 일반적으로 '지(知)·정(情)·의(意)' 또는 '지(智)·덕(德)·체(體)'로 대표되는 여러 요소가 하나로 꿰뚫려 정돈되면서 전체적으로 작용하는 교육이다. '지정의'나 '지덕체'가 별도로 길러지는 작업이 아니다. 모든 요소가 유기적 연관을 이루어 변증법적 상호작용을 하는 양식이다. 교육은 개성적 존재로서의 사람이 각자 다양한 성격교육을 통해 존중받고, 사회적 존재로서의 인간이 일반적 인격교육을 통해 균형을 이루어야 한다. 다시 말하면, 신체적 성장, 지적 성숙, 도덕적 가치의 체득, 정서적 발달, 사회성의 확보 등을 조화롭게 만들어 전일체(全一體)로서의 인간을 육성해야 한다. 그것은 지식이나 도덕, 일상 경험, 특수한 체험 등 어떤 교육적 작용을 통해서건 접근 가능한 양식이다. 예를 들면, 지식은 개인의 능력을 함양하고 북돋아 줄 뿐만 아니라 인간의 보편적 행위를 표출하게 만드는 기준을 마련해 줄 수 있다. 도덕은 공동체의 질서를 순조롭게 인도하고 개인의 성격을 순화하는 데 적절하게 기여하기도 한다.

이런 점에서 인성교육은 기존의 교육과 다른 별도의 교육이 아니다. 전인교육의 차원에서 다시 전통교육과 시대정신에 부응하려는 교육으로 환원한다. 다만, 특별한 문제상황(問題狀況: problematic situation)에 의해 제기된 '비인간화 현상'에 대해, 그 상황을 타개해 나갈 수 있는 특정 영역에 상대적으로 집중하는 교육의 한 영역이다.

V. 인성교육의 교육학적 전망

1. 삶의 기술 고려

교육은 '삶의 원 현상'이라고 했다. 그것은 어떤 차원이 되었건, 어떤 표현을 쓰건, 인간 삶의 지속과 연관된다. 인간이라는 개체와 사회 문화가 존속될 때만 가능하기 때문이다. 그 지속 가능성은 다름 아닌 인간의 삶이 예술처럼 살아 있어야 함을 염원한다. 이런 점에서 교육은 인간 생존을 담보해야 한다. 현재의 인성교육이 그것을 준비할 수 있는가? 인간 자체가 존속할 수 없다면, 인간 삶의 일부로 존재하는 인성이 무슨 소용이란 말인가?

20세기 첨단 과학기술이 발달하기 이전, 기술은 넓은 의미에서 인간의 욕구나 욕망에 적합하도록, 주어진 대상을 변화시키는 모든 인간적 행위였다. 교육은 그런 기술에 세련미를 더하고 활력을 불어 넣는 작업이었다. 기술이란 말은 고대 그리스어 '테크네(technē)'에서 유래한다. 그 어원은 원래 '목수(木手)의 기술'을 의미했다. '엮다', '짜 맞추다', '자르다', '목공 일을 하다'와 같은 뜻으로 사용되었다. 고대 그리스에서는 기원전 7세기~기원전 5세기 무렵 도시국가가 건설되면서 직업적 분화가 확산되었다. 이 시기에 목공 기술은 합리성을 상징하는 기술로 인정받게 된다. 그러나 기원전 4세기 플라톤의 저술에 등장하는 테크네의 개념은 그 이전보다 더욱 진일보한 형태를 띤다. 당시, 테크네 개념은 '아무나 소지하지 못하는 특별한 솜씨', '지식', '경험', 그리고 '실천적 적용가능성' 등으로 설명된다. 플라톤이 『국가』에서 테크네 개념을 설명하면서 '의술(醫術)'의 예를 자주 들고 있는 것은 바로 이러한 이유 때문이다. 이것이 교육의 힘이다.

플라톤의 『국가』(1장)의 대화 부분을 보면, 폴레마르코스가 '정의(正義: dikaiosyne)'를 '각자에게 합당한 것을 갚는 일'로 규정하며 논의를 진행한다. 여기에서 플라톤은 '합당한'을 전문적 지식과 숙련을 필요로 하는 행위의 차원으로 이해한다. 이는 기술(technē) 개념과 밀접하게 연결된다. 이때 기술은 부정적 측면과 긍정적 측면으로 구분된다. 기술의 부정적 측면으로는 기술의 '제한성', '양면성', '중립성' 등이 있다. 기술은 특정한 상황에서만 사용된다.

따라서 그 상황이 종료되면 그 상황에 맞는 기술은 더이상 의미를 갖지 못한다. 기술은 또한 가치와 상관없기 때문에 양면적이다. 집을 잘 지키는 자는 그만큼 집을 잘 털어갈 수 있는 방법을 알 것이다. 마찬가지로 기술의 결과도 그것을 사용하는 사람의 품성[인성]에 따라 달라지는 만큼, 기술은 중립적 속성을 지니게 된다. 기술의 긍정적 측면으로는 기술의 완결성, 약자의 이익, 돈벌이 기술과의 구별이다. 기술은 그 자체로 완결하다. 기술이 완결되지 못하고 다른 무언가를 필요로 하게 된다면 그것은 더이상 기술이 될 수 없다.

플라톤에 의하면, 의사는 환자들의 이익을 위해 기술을 사용하고, 선장은 선원들의 안전을 위해 기술을 사용한다. 이처럼 기술은 모두 기술을 필요로 하는 약자들을 위해 사용하게 되므로 기술은 '약자의 이익'을 반영하는 긍정적 속성을 갖는다. 의술은 건강을 위해 사용되며, 조타술은 항해를 위해 사용된다. 예를 들어, 우리가 강의를 통해 돈을 벌게 된다면, 우리는 강의술과 돈 버는 기술을 함께 사용했다고 보는 것이 타당하다. 그러나 오늘날의 기술은 주로 '생산기술'의 의미로 사용된다. 일반적으로 물적 재화를 생산하는 기술이다. 이러한 의미의 기술은 자연적 생성이나 인간의 생산적 사고와는 구별된다.

아리스토텔레스의 경우, 인간 정신의 진리를 파악하는 하나의 방법으로 테크네를 '프로네시스(phronesis)'나 '에피스테메(epistēmē)', '소피아(sophia)'나 '누스(nūs)'와 동일한 선상에 놓고 논의하였다. 프로네시스는 '사려(思慮)'를 의미하고 에피스테메는 '인식(認識)'에 해당한다. 그리고 소피아는 '지혜(智慧)', 누스는 '이성(理性)'으로 이해할 수 있다. 이런 개념에 터하여 테크네를 외적인 것의 생산을 목적으로 하는 '제작(製作)'으로 정의하였다. 이는 고대와 중세를 거쳐 산업혁명 시대까지 가장 포괄적인 기술의 의미로 이해되었다.

그러나 과학기술의 발달과 산업혁명에 의한 기계문명의 출현으로 기술에 대한 새로운 정의가 요구되었다. 현대사회에서 기술이란 무엇인가? 기술론은 크게 두 가지 차원에서 논의된다. 하나는 '의식적용설(意識適用說)'이다. 이는 인간의 생산적 행위에 객관적 법칙을 의식적으로 적용하는 것, 즉 과학을 응용하는 작업이다. 다시 말하면 인간 행동의 목적의식성과 합법칙성을 지적하고 인간 행동의 주체성을 강조한다. 다른 하나는 '수단체계설(手段體系說)'이다. 이는 인간의 생산 활동에서 노동수단과 그 체계를 기술로 본다. 기술은 '어떤 사회적 체계 내에서 발전하는 노동수단' 또는 '자연에 관한 인식에 의지하여 인간에 의해 창조되는 노동수단의 총체' 등으로 규정된다.

인간의 모든 활동에는 하나의 기술이 있었다. 그런데 활동은 그 나름의 목적을 가지고 그것을 추구한다. 그런 차원에서 막스 베버(Max Weber, 1864~1920)는 기술에 대해 다음과 같이 언급한다.

"어떤 활동의 기술은, 우리의 정신 속에서는 그것의 실행에 필요한 수단들의 총체이다. 그 활동의 방향이나 목적과 달리 활동 자체가 기술의 방향을 결정한다. 합리적 기술은 우리에게 의도적으로건 방법적으로건 경험과 반성, 점점 고도화되는 과학적 고찰을 따라 고안되는 수단들을 사용한다. 이러한 기술은 모든 활동 속에 있으며, 사람들은 기도의 기술, 금욕의 기술, 반성과 탐구의 기술, 기억의 기술, 교육적 기술, 정치적이고 성직자적인 지배의 기술, 전쟁의 기술, 음악적 기술, 조각하는 기술, 회화의 기술, 법률적 기술 등에 대해 말할 수 있다. 게다가 모든 것은 어느 정도의 매우 변화무쌍한 합리성을 받아들인다."

인간이 어떤 활동을 할 때, 그 목적과 목적 실현에 필요한 매개물들을 구분할 수 있도록 정교화를 거친 모든 활동, 즉 도처에 기술은 존재한다. 기술은 '모든 것에 대해' 존재한다. 문제는 과학을 기술에 투입했을 때이다. 과학과 기술의 만남! 그것은 산업혁명을 통해 산업사회를 낳았다. 과학기술은 인간의 삶에 막대한 영향을 미친 것이다. 믿을 수 없을 정도로 높아지는 기술의 효용성은 기술을 일상생활의 세세한 부분까지도, 특히 기계화의 형태로 침투시켰다. 이는 경제적 생산과 사회생활을 총체적으로 뒤흔들었다. 기술을 고려하는 인간이고, 그 인간이 제도화한 교육이다. 과학과 기술이 첨단으로 향해 나아갈수록 과학기술에 대한 기대와 환상은 높아졌다. 동시에 그것은 기술 공포증을 낳는 계기가 되었다. 이런 차원의 기술 공포증이 가져온 여러 현상으로 인해, 오늘날 인성교육이라는 교육의 조그만 범주가 등장하였다. 이 지점에서 보면 기술 공포증을 극복하는 대안으로서 인성교육은 아주 합당하다. 그러나 플라톤에서 막스 베버의 기술 이해 가운데 인성교육의 차원이 포함되어 있다! 그런데도 별도의 인성교육을 적극적으로 진행해야 하는가?

2. 지식정보, 인공지능사회의 생활

현재는 인터넷 시대이다. 첨단과학기술의 총아인 인터넷, 정보기술혁명의 발달은 인간에게 어떻게 인식되었을까? 삶의 도구로 적정한가? 아니면 또 다른 성찰을 요구하는가?

프란시스 후쿠야마(Francis Fukuyama, 1952~)는 『역사의 종말－역사의 종점에 선 최후의 인간』이라는 저서에서 19세기를 '낙관주의'로 본 반면 20세기를 '비관주의'로 진단했다. 그가 19세기를 낙관적으로 바라본 이유는 크게 두 가지이다. 하나는 근대과학이 질병이나 빈곤을 정복함으로써 인간 생활을 개선해 줄 것이라는 점이었다. 다른 하나는 자유 민주주의 체제가 많은 나라로 확산될 것이라는 기대감이었다. 그러나 인류는 20세기를 살면서, 그것도 인간 자신에 의해, 역사상 가장 쓰라린 경험을 했다. 두 차례에 걸친 세계대전, 산업 성장과 그 반대급부로 발생한 환경오염, 생태계 파괴, 지구 온난화, 인간 소외와 물화(物化) 등 비참한 체험은 과학과 테크놀로지에 바탕을 둔 진보 논리에 커다란 의문을 던졌다. 지성에 심각한 위기가 엄습하였다.

이러한 20세기를 체험한 인간은 '사느냐 죽느냐'의 생존 위기에 직면하면서, 21세기를 맞이하였다. 21세기는 '정보와 지식을 주축으로 하는 새로운 사회'로 변화되었다. 정보와 지식을 중심으로 하는 사회는 '인류문명4.0 시대'의 초기 단계로, 때로는 '지식기반사회(knowledge based society)' 또는 '지식기반 정보화 사회'라고도 한다. 이런 사회는 몇 가지 특징으로 설명할 수 있다.

첫째, 사회적 측면이다. 정보가 핵심적인 사회·문화·경제적 자원으로 생산·소비·유통된다. 때문에 정보와 관련된 기술과 기계가 사회의 보편적 가치인 민주화에 적극적으로 기여한다.

둘째, 사회 관계적 측면이다. 정보화로 인해 사회적 상호작용의 시공간적 제약이 약해진다. 그러므로 정보매체를 장악한 자와 그렇지 못한 자 사이의 간격이 확대된다. 그뿐만 아니라 정보나 기업의 정보 독점과 통제가 약화되어 정보에 대한 접근과 소유가 계층적·지리적으로 평준화될 수도 있다.

셋째, 기술적 측면이다. 정보 교환에서 쌍방향적 네트워크가 가능하다. 이는 다양한 정보의 생산과 전달에 종사하는 사람들이 지적 창조력을 정당하게 평가받고, 정보를 사회의 주요 산업으로 부각한다.

정보는 아주 다양한 상품과 서비스가 차지하는 전혀 판이한 경제의 구성요소인 새로운 인풋(Input) 가운데 하나이다. 정보가 많다는 것은 새로운 재료, 새로운 생명체, 또는 새로운 로봇 정도의 중요성이 있을 뿐이다. 이런 정보를 바탕으로 '지식'이라는 시대정신에 충실한 새로운 개념이 창출된다. 그것이 지식기반사회이다. 지식사회는 아이디어 투쟁이 심화되는 시대이다. 인공지능(人工知能: Artificial Intelligence, AI)이 상용되고, 빅데이터(Big Data)나 생명공학(生命工學: Biotechnology), 나노 기술(Nano－technology)이 보편화를 거치면서, 지능정보사회는 끊임없이 업그레이드 한다.

지능정보사회는 '지식이나 아이디어, 인공지능을 어떻게 정확하게 장악하느냐'의 문제가 핵심 관건이다. 다시 말하면, 근대적 의미의 생산요소로서 '노동'과 '자본'의 중요성은 감소하고 지식이나 아이디어, 인공지능의 중요성이 증가한다. 여기에서 지식이나 아이디어는 단순히 세계의 사실들을 인지하는 행위가 아니다. 주어진 환경 속에서 인간의 모든 지적 행위를 구조화시키고 정신적 활동에 필요한 자료의 수집과 해석을 지속시키는 일은 정보에 불과하다. 진정한 의미의 지식이나 아이디어는 우리의 관심이나 목적과 관련하여, 정보의 의미를 이해하고 평가하여 내면화(內面化)하고 활용할 수 있게 된 것을 의미한다. 정보가 전달받은 사람에 의해 습득되고 가공되어 그 사람의 인간성의 일부가 될 때 지식이 된다. 내면화한 지식은 사람의 마음을 형성하고 행동으로 나타난다. 그러한 지식의 자기운동은 새로운 지식을 창출하면서, 그 자체가 생명력과 생산성을 지니게 된다. 그 생명력과 생산력이 다름 아닌 창의력이요 독창성이다. 이 창의력이나 독창성은 인성인가? 지식인가? 기술인가? 과학인가?

지능정보사회에서의 지식과 아이디어, 그리고 기술의 확보는 대단히 중요하다. 일반적으로 지식은 개인의 인지적 능력 함양을 중요하게 여기는 것처럼 이해된다. 하지만 지능정보사회에서 인류가 생각해야 할 문제는 공동체로서의 인간이다. 정보에서 '지식－아이디어－정보기술'로 이어지는 개인적 능력은 무한으로 치닫지만, 더불어 사는 배려나 협동 차원의 지식과 실천은 제한적이다. 이 지점에서 우리는 기술이 갖는 의의와 한계, 그 틈새가 읽힌다.

이런 점에서 배려나 협동과 같은 인성의 덕목을 설정하고 교육적으로 보완하는 일은 정당하다. 교육의 정의를 위해서도 강조되어야 한다.

지능정보화사회에서 인간의 생활은 정보 분석과 지식, 아이디어, 인터넷 등을 장악하는 문제가 관건이 된다. 그것은 인격도야와 지식습득, 사람과 사람 사이의 관계를 중시해왔던 전통적 교육의 양식을 해체했다. 이른바 인간의 생활과 사회의 패러다임 전환이 이루어졌다. 그렇다고 '인성교육'만을 중점적으로 얘기할 수는 없다. 그만큼 인터넷을 비롯한 정보기술이 우리 삶을 좌우할 만큼 깊숙이 배어들었다. 교육이 삶의 원 현상이라고 했을 때, 이것이 문제이다. 때문에 인성교육이 별도로 이루어진다면, 그것은 또 다른 차원에서 교육을 협소하게 만들고, 교육적 정당성을 확보하기도 어렵다.

과거에는 삶에 필요한 기술이나 지식의 확보가 일반적으로 학교 교육을 통해 이루어졌다. 그만큼 학교 교육이 중시되었다. 그러나 이제는 과학기술의 발달, 지식의 폭발적 증가로 일상생활에서의 직업교육이나 평생교육 차원의 다양한 교육이 삶의 전 영역으로 확장된다. 단일하고 획일적이며 막연한 차원의 인격 함양이나 사회에의 기여라는 교육목적과 내용보다는 훨씬 다양하고 구체적이며 자기와 관계된 방식의 교육이 생활 담론이 양산된다. 환경, 생태, 인권, 평화, 통일, 여성, 죽음, 부모, 노인 문제 등을 삶에서 적극적으로 다룬다. 이는 관계의 성찰이라는 측면에서 필연적으로 시대정신으로 부상한다.

이런 시대의 생활을 위해 고민해야 할 핵심 영역 가운데 하나가 교육이다. 그런데 그것이 학교에 갇힌, 「인성교육진흥법」에서 제시하는 덕목의 울타리로 한정된 인성교육이어서는 곤란하다. '인성교육이 중요하다!'는 슬로건으로 그 교육이 강의실에서만 단순하게 전달되는 양식이 되는 일은 정말 피해야 한다. 멀티미디어를 활용한 인간을 함양하는 다양한 차원의 교육을 통해 인성의 성숙을 적극적으로 고려해야 한다. 인성교육의 문제가 아니라 '교육의 문제'라는 점이다.

VI. 결어

지금까지 인성과 인성교육, 그리고 궁극적으로는 교육적 논의를 위한 몇몇 아이디어를 제시하였다. 인성교육의 교육학적 전망과 관련한 논자의 결론은 간단하다. 절대, 인성교육만을 외치지 말라! 그것은 전통적 입장에서 보면 결코 인간 삶의 원 현상으로 배어나는 절실한 교육이 아니다. 시대정신을 종합적으로 담보하고 있지 않다! 시대정신의 대세는 첨단과학 '기술' 문명이다. 기계가 아니라 '기술'이다. 기계는 고철 덩어리에 불과하다. 쇠뭉치로 전락할 수 있다. 하지만 기술은 다르다. 기술의 진보와 유용성에는 생명력이 부여된다. 그만큼 인간 세상을 지속할 수 있다.

그렇다고 인성교육을 하지 말아야 한다는 의미가 아니다. 삶을 전반적으로 고려하는 '교육'을 하면 인성교육은 그 자체에 포섭된다. 인성교육만을 강조하다 보면, 그것이 마치 도덕교육의 몸체로 느껴진다. 그럴 경우, 다양한 지식교육이나 과학기술문명에 대한 혐오, 기술문명에 대한 비관적 해석으로 인해 교육이 한쪽으로 치우칠 수 있다. 비교육이나 반교육이 될 수 있다.

많은 학자가 현대사회 최대의 위기는 고도산업사회와 성장의 그늘에서 죽어가는 인류생태계라고 지적한다. 인류생태계가 무엇인가? 교육을 통해 건설되고 퇴치되며, 재건되는 삶의 그물이다. 여기에서 생태 의식은 인간과 자연의 역동적이고도 간 주관적인 상호작용이 일어나는 장에서 형성된다. 생명체 간의 생존방식을 규명하고 이것이 인간 현상에 주는 시사점이 무엇인가를 철학적으로 사유한다. 기존의 교육은 어떻게 하면 인간의 내적 힘을 키워서 자연으로부터 더 많은 자원을 획득하는 도구로서의 지식과 기술을 생산하고, 그것을 효과적으로 전달할 수 있는가에 주된 관심을 두었다.

그러나 인성교육을 넘어 시대정신을 고려한 교육은 인간의 삶이 자연을 인간 생명과 연결된 생명체로 인식하는 철학과 이러한 생명체가 협동하며 공존하는 상생(相生) 관계를 기본 원리로 삼아야 한다. 다시 말하면, 교육은 인간과 자연, 그리고 인간과 인간 사이의 생태학적 유대성을 존중해야 한다. 그런 교육의 과제는 인간과 자연이 상호작용하는 장으로 세상을 만드는 것이다. 자연과 인간이 일체감을 이루어 자연을 대하는 인간의 사고와 행위가 혁신적으로 바뀌게 되어 인간이 환경친화적 태도를 형성할 수 있도록 하는 일이다. 그것은 더불어 사는 인간의 가치, 인간 본성의 핵심, 지속 가능한 토대를 형성할 새로운 가치와 연관된다. 특히, 인간을 중심으로 지속 가능한 개발이 논의되어야 하고, 인간이 자연과 조화를 이루는 건강하고 생산적인 삶을 향유할 수 있어야 한다.

인간에게 가장 중요한 가치는 개인적·사회적 생명을 보존하려는 본능적 욕구이다. 이는 너무나 상식적이고 당연한 사안인지라 가치로 간주되지 않을 정도이다. 그런데 어떤 사람들은 타인의 삶을 거의 고려하지 않고 자신의 삶을 보존하고 향상시키는 데만 매달린다. 이런 가치구조는 교육적 차원에서는 결코 용인될 수 없다. 이런 인식은 인성교육의 문제가 아니라 그냥 '일반 교육'의 문제이다. 우리는 개인을 위해, 사회를 위해, 모든 존재가 함께 살아가기 위해, 어떤 교육적 가치를 함양해야 하는가? 모두가 교육적 관심을 기울이며 소통(疏通)하는 가운데, 그것을 해소할 교육학의 열쇠가 자리한다.

제2장

인성교육의 교육과정 검토

I. 서언

동·서양을 막론하고 올바른 인성을 함양한 인간의 양성은 교육의 오랜 지향이자 숙원이다. 동아시아 유학 전통에서는 이상적 인간상인 성인(聖人)과 현실적으로 추구하는 인간상인 군자(君子)를 제시하였다. 서구 고대 그리스의 플라톤은 지혜를 가진 철인(哲人)을 통치자로 상정한 바 있다. 한국교육에서도 청소년 인성은 중요한 화두로 다루어져 왔다. 교육과정에서 '인성'이란 용어가 직접적으로 드러나지 않았던 시기에도 인성교육에 대한 지향과 인성교육의 내용 요소는 교육과정에 내포되어 있었다.

제7차 교육과정(1997. 12. 30. 고시)에서 인성교육이 직접적인 교육의 과제로 등장한 이래, 현재까지 중요하게 논의되고 있다. 교육과정 속에서 꾸준히 인성교육을 추구해왔음에도 불구하고, 한국의 인성교육은 늘 비판에 직면하였고 실패했다는 평가를 받았다. 특히, 학교 폭력이 심각한 사회 문제로 대두되면서 그동안 실시된 인성교육에 대한 회의적 시선과 비판이 강화되었다. 이런 맥락에서 청소년 인성 문제가 교육의 핵심 선결 과제로 다루어졌고, 2015년에는 「인성교육진흥법」이 제정되면서 인성교육이 법제적 영역까지 확장되었다. 청소년의 바람직한 인성에 대한 높은 사회적 관심과 더불어 교육계 내부에서는 인성교육 실패에 대한 자성(自省)의 분위기가 만연해졌다. 사회적 문제가 발생한 원인으로 기존 인성교육의 미비함을 꼽았다. 그리고는 사회 문제를 적극적으로 해결할 수 있는 처방적 성격의 인성교육 방안을 모색하기도 하였다.

실제로 인성교육에 관한 연구는 엄청나게 많은 논문이 있고, 인성교육의 내용·방법·목적 등 다양한 차원에서 꾸준히 논의되었다. 그러나 체계적인 인성교육 방안은 여전히 부재한 실정이다. 올바른 인성과 인성교육에 대한 정의는 좀처럼 합의에 이르지 못하고 있으며, 인성교육의 목적이 무엇이며, 어떻게·무엇을 가르칠 것인지에 대해서도 의견이 통일되지 못하였다. 연구 결과마다, 학자마다, 인성과 인성교육에 대해 상이한 관점을 가지고 있어, 성공적인 인성교육의 모습도 제각기 제안되었다. 그러다 보니 연구끼리 제안하는 인성교육 방안이 상호 충돌하기도 하고, 서로 모순되는 경우도 종종 있었다. 이는 미시적이고 처방적인 관점으로 당장 구체적인 인성교육 방안을 제안하는데 몰두하면서 터져 나온 한계라고 할 수 있다.

성공적인 인성교육을 위해서는 통일된 관점과 체계 수립이 필수적이다. 장기적이고 거시적인 관점에서 인성교육을 조망하고, 인성과 교육에 대한 성격을 규명하는 본질적 성찰이 선행되어야 한다. 기존에 이루어진 인성교육을 비판적으로 검토하는 작업이 필요한 이유이다. 교육은 언제나 보다 나은 인간을 지향한다는 점에서 인성은 언제나 교육의 중요한 쟁점이었다. 따라서 교육과정의 흐름 속에서 인성교육이 어떻게 제안되고 변모해왔는지 살펴보는 일은 체계적인 인성교육 방안을 고찰하는 데 중요한 단서를 제공한다. Ⅱ장에서는 인성교육의 교육과정 변천 양상을 '태동기-정립기-확산기'로 나누어 각 교육과정에서 드러나는 인성교육의 모습을 살펴본다.

인성교육의 교육과정 변모양상과 인성교육을 바라보는 관점 또한 여러 갈래로 흩어져 진행되었다. 인성을 생득적인 것으로 파악하는 관점에서 인성교육은 타고난 인성을 보존하고 함양하는 방향으로 제시되며, 가치와 덕목으로 제안되는 경향이 있었다(장성모 외, 1997; 장승희, 2011; 장동익, 2019a; 김보경, 2015; 권선향·신창호, 2019; 김형석, 2018). 한편, 개별 삶 속에서의 실천이 강조되면서, 인성교육 또한 외재적 관점에서 접근하려는 연구도 있었다(김길례, 2002; 김태경, 2019; 손경원, 2016; 장승희, 2011; 장동익, 2019b). 외재적 관점에서 인성은 외부 환경에 따라 후천적으로 길러지는 사안으로 인성교육을 통해 계발하고 변화할 수 있는 방향으로 제안된다. 내재적 관점과 외재적 관점 가운데 한쪽의 관점으로는 인성교육 담론을 충분히 다루지 못하므로 양자를 종합하는 절충적 관점이 제안되었다(이재호, 2014; 이영문, 2016; 정창우, 2015a/2015c).

1995년 인성교육이 교육 전면에 등장하면서 인성교육에 대한 연구는 현재도 왕성하다. Ⅲ.에서 2000년대 이후에 진행된 인성교육 관련 연구를 내재적 관점, 외재적 관점, 절충적 관점으로 분류하고, 각 관점의 특징을 고찰한다. 인성교육에 대한 기존 관점들을 정돈하는 과정을 통해, 미래 인성교육이 나아갈 방향을 가늠해볼 수 있을 것이다. Ⅳ.에서는 앞서 살펴본 Ⅱ.의 인성교육의 과정과 Ⅲ.의 인성교육에 대한 관점 분석을 비판적으로 살펴본다. 제1차부터 2015 개정 교육과정까지 인성교육의 교육과정 변모양상을 살펴, 교육과정 시기마다 인성교육 요소를 포함하고 있었음에도 불구하고, 왜 인성교육이 실패했다는 평가를 받게 되었는지 비판해본다. 또한 기존의 인성교육에 관한 연구들이 나름의 관점을 제안하고, 한계를 극복하려고 시도하였음에도 불구하고, 체계적인 인성교육 방안을 수립하지 못한 까닭을 검토한다.

Ⅱ. 교육과정 변천

국가 교육과정은 교육에 대한 국가의 의도를 담은 문서로서 초·중등 교육의 방향을 제시하는 청사진이다. 그러므로 국가 교육과정에서 제시하는 인성교육의 모습은 단위학교에서 인성교육을 실시하는 데 기본 토대가 된다(김수진, 2015a: 80). '인성'이라는 용어 자체가 본격적으로 등장한 역사는 오래되지 않았지만, 그 이전부터 교육과정에는 인성교육의 내용 요소가 상당 부분 포함되어 있었다. 「교육기본법」 제2조에서 '널리 인간을 이롭게 한다'라는 홍익인간(弘益人間)을 교육이념으로 제시해왔고, 각 시기의 교육과정 총론에서는 각각의 교육적 인간상과 목표를 통해 인성을 강조해왔다.

교육과정의 시기마다 인성교육은 나름대로 중요하게 자리매김 되었다. 하지만 교육과정이 개정될 때마다 그 목표와 방향, 강조하는 내용 요소는 상이했다. '도의(道義)' 교육 수준에 머무르던 1차 교육과정에서 인성교육이 교육의 주요 목표로 제시된 2015 개정 교육과정에 이르기까지 교육과정에서 강조하는 인성교육의 주안점은 계속 변하였다. 여기에서는 제1차 교육과정에서 인성교육이 교육의 주요 목표로 제시된 2015 개정 교육과정에 이르기까지의 교육과정을 '태동기(1차~6차), 정립기(7차~2009 개정), 확산기(2015 개정 이후)'의 세 부분으로 재구성하여, 인성교육이 변모된 양상을 살펴본다.

1. 태동기: 제1차 교육과정(1954. 04)~제6차 교육과정(1992. 09)

인성교육의 교육과정 태동기는 제1차 교육과정(1954.04.고시)부터 제6차 교육과정(1992. 09 고시)까지를 의미한다. 이 시기에는 '인성'이 직접적인 교육 목표로 언명되지는 않고, 인성교육 관련 내용 요소가 간접적으로 제시되었다. 인성교육의 태동기에는 반공(反共) 및 도덕 교육 위주로 인성을 간접적으로 언급하여 광복 이후부터 혼란스러운 정세를 회복하려고 하였다. 교육과정별로 추구하는 인재상이 약간의 차이는 있지만 대체로 '도덕적인 사람'을 기반으로 하여 사회적·정치적 상황에 적합한 인재 요소가 가미되었다.

태동기에는 도덕 교과가 독립적으로 등장하기 시작하는 제3차 교육과정을 기준으로 인성교육에 대한 접근이 다양하게 시도되는 양상을 보인다. 인성의 행동적 측면을 중시하여 덕목 중심으로 접근하는 단계도 있었고, 이에 대한 문제를 극복하기 위해 가치 판단을 중시하는 인지적 측면으로 접근하는 단계도 있었다. 또한 교과 전반, '도덕과'라는 특정 교과, 그리고 특별활동과 같은 교과 외 활동 등을 통한 인성교육 방법이 다양하게 제시되기도 하였다.

제1차 교육과정에서는 인성교육 방안을 별도로 제시하기보다 '민족 도의(民族 道義)'를 진작시켜 민주 국가의 기반을 마련하려는 목적의 도의(道義) 교육 차원에서 논의되었다(김재식, 2009: 76). 특히 도의 교육은 전 교과와 기타 교육 활동을 통해 도덕성 함양의 측면에서 이루어졌다(문교부, 1954).

제2차 교육과정에서도 반공·도덕 생활에서 인성교육과 관련된 요소들이 간접적으로 제시되었다. 주로 사회적으로 바람직하다고 여겨지는 덕목을 습득하고 실천할 것이 요구되었다. 또한 인성교육에서 행동과 습관을 매우 강조하였는데, 이때의 덕목은 주로 '예절(禮節), 양심(良心), 질서(秩序), 애국(愛國)' 등 사회적 차원의 덕목으로 구성되었으며, 국가 발전에 이바지하기 위해 갖추어야 하는 자질을 포함하였다.

제3차 교육과정에서는 도덕과가 개별 교과로 신설되었고, '인간교육의 강화'를 기본 방침 가운데 하나로 설정한 것이 두드러진 특징이다. '인간교육의 강화'에 대한 하위 목표로 '가치관 교육의 강화', '비인간화 경향의 극복', '근면성과 협동성의 양성'이 명시되었다(문교부, 1973). 동일한 맥락에서 개인의 존엄성 및 자질 함양과 더불어 연대의식·협동 등의 사회적 측면까지 다양하게 고려되었다. 이 시기에는 인성교육이 도덕교육의 차원에서 많이 다루어졌다(김수진, 2015a: 85). 특히 사회의 주요 가치나 덕목을 중심으로 그것을 내면화하여 실천하는 행동적 접근의 인성교육이 강조되었다(권혁환, 2005; 김재식, 2011). 제1차부터 제3차까지의 인성교육은 사회가 바람직하다고 여기는 덕목을 선정하고 내면화하는 수준에 머물렀다.

제4차 교육과정은 제3차 교육과정에서 제시된 인간교육의 흐름을 계승하고, 덕목 중심 접근에서 인지 능력 발달 접근으로 변화해가는 과도기이다. 사회가 다원화되면서 복잡한 사회적·도덕적 문제의 해결이 시급해졌고, 기존의 덕목 중심 인성교육의 효율성을 의심하면서 변화가 생기기 시작하였다. 복잡한 가치들이 갈등하는 상황에서 덕목을 기계적으로 적용하는 것으로는 문제를 해결할 수 없었다. 때문에, 그 문제를 해결하는 절차나 과정의 학습을 통한 인지 능력 접근의 인성교육이 등장한 것이다.

제5차 교육과정은 제4차 교육과정에 이어 지속적으로 인지 능력 발달 접근의 성격을 보인다(김재식, 2009; 서강식, 2010). 제5차 교육과정부터는 '도덕적인 사람'을 추구하는 인간상으로 제시하여 인성교육의 중요성을 강조하였다. 또한 어린이회, 클럽활동, 학교 행사 등의 교과 외 활동을 통한 인성교육을 시도하였다.

제6차 교육과정은 계속하여 인지 능력 발달 접근에 토대를 두면서 '건강한 사람', '자주적인 사람', '창의적인 사람', '도덕적인 사람'을 인간상으로 제시한다(교육부, 1992). 이는 분명한 가치 체계와 주체적인 기준에 따른 판단 능력을 강조했음을 나타낸다. 이러한 성격의 인성교육은 도덕과 교육과정과 교과 외 활동에 전반적으로 반영되었다.

태동기에서 눈여겨 볼 만한 인성교육의 교육과정 변화는 도덕과가 독립 교과로 신설된 점이다. 도덕과의 독립 이후에도 여전히 사회가 바람직하다고 여기는 가치를 내면화하는 사회화 차원의 인성교육이 진행되었다. 특히, 도덕교육 차원의 인성교육은 인성을 지식을 전수하는 방식으로 가르치려는 주지주의(主知主義) 방식을 극복하려고 시도하였다. 또한 태동기에는 도덕교육의 일환으로 인성교육을 구현하려는 움직임과 동시에 교과 외 활동과 전 교과를 통해 인성교육을 실시하려는 경향이 혼재되어 있었다. 직접적으로 '인성'이나 '인성교육'이라는 용어가 사용되지는 않았지만 교육과정 전반에 인성교육의 요소가 내재되어 있었던 시기였다.

2. 정립기: 7차(1997. 12)~2009 개정 교육과정(2009. 12)

인성교육의 교육과정 정립기는 제7차 교육과정과 2007 개정 교육과정을 포함하여 2009 개정 교육과정까지를 의미한다. 태동기에서 한계로 제시되었던 주지주의 도덕교육의 한계를 극복하고자 실천 능력과 태도를 배양하는 인성교육과 민주시민교육이 등장하였다(김상철, 2018: 88). 이 시기에는 교육과정별로 추구하는 인재상이 거의 동일하였다. 당시 학교 급별로 '몸과 마음이 균형 있게 자랄 수 있는', '심신의 조화로운 발달' 등 인성 함양과 관련된 목표가 제시되었던 점(교육인적자원부, 2007), 인성교육이 도덕교육의 측면에서 활발하게 논의된 점이 공통적이다. 또한 국가적 차원에서는 통일 대비 교육과 국가 안보의 교육적 측면이 교육과정 목표에도 명백히 드러나는 단계이다(교육부, 1997).

제7차 교육과정은 국가수준 교육과정에서 명시적으로 인성교육의 개념이 드러난 시기이다(조난심, 2004: 2). 당시 발표된 5·31 교육개혁 방안에서는 '인성 및 창의성을 함양하는 교육과정'을 개혁 방안의 하나로 제시하였다. 학교 급별에 따른 체계화된 인성교육과 실천 위주의 인성교육 강화를 주장하였다(교육개혁위원회, 1995: 46). 5·31 교육 개혁안에서는 인성을 도덕성뿐만 아니라 사회성, 정서 등도 포함하는 다차원적인 개념으로 설정하였다. 김수진(2015a: 99)은 이를 인성교육에 대한 '사회정서적 접근'으로 명명하였다. 제7차 교육과정에서는 '인성교육'이 전면적으로 제시된 점, 학교 급별로 학생의 발달 수준에 맞춘 인성교육을 본격적으로 시행하려는 점, 지식교육 위주의 인성교육에서 실천 위주의 인성교육으로 전환하려고 한다는 점에서 태동기와 분명하게 구분된다.

'인성' 문제가 한국교육에서 본격으로 등장한 것은 1980년 열린교육을 수용한 이후부터이다. 미국의 인본주의(humanistic), 인격(character), 개성(personality)을 한국어로 번역하면서 그에 적합한 용어로 '인성'이 선택되어 보편화되었다. 그것이 동아시아 유교(儒教)의 인성 개념과는 다른 서구 인성 담론의 출발이었다(장승희, 2015: 80). 이를테면, 제7차 도덕과 교육과정이 교과 내용 구성에서 의존하고 있는 통합적 도덕교육 방안은 주로 미국의 도덕성 통합교육 방안에 따라 구성되었다. 제7차 도덕과 교육과정은 전반적으로 토마스 리코나의 통합적 인격교육론에 의지한다는 점이 대표적이다. 제7차 도덕 교과 교육과정의 도덕교육 이론은 태동기의 대표적인 덕목 중심 접근과 인지 능력 중심 접근의 한계를 보완하려고 했다. 그런 시도를 하는 가운데 도덕성 발달을 지적·정의적·행동적 측면으로 모두 고려하면서 이들의 통합적 발달을 도모하는 방향으로 이끌었다. 이는 도덕적 문제에 대한 합리적 판단 능력인 인지적 측면, 도덕적 민감성 등의 성향과 같은 정의적 측면, 실천 및 습관화와 관련된 행동적 측면을 모두 포함하여 제시함으로써 통합적 접근의 성격을 분명히 하였다(교육부, 1997b).

또한 교수·학습 방법과 평가에서도 이러한 세 가지 측면이 통합적으로 다루어질 수 있도록 하였다. 이런 맥락에서 학교 교육활동 전반을 통해 인성교육이 통합적이고 체계적으로 이루어져야 함을 명시하여, '재량 활동'이 신설되었고, 활동을 통해 인성교육 실현의 확대를 추구하였다. 이는 '교과 재량 활동'과 '창의적 재량 활동'으로 구분되어, 학교의 독특한 교육적 필요나 학생의 요구 등에 따라 자기 주도적 학습을 진행할 수 있다고 규정되었다(교육부, 1997a). 그러나 교육과정 편성·운영 지침에서는 이와 다르게 인성교육을 다른 교육 분야와 같이 한 영역의 수준으로 제시하였다. 그것은 앞서 언급한 학교 교육 활동 전반을 통해 다루어야 한다는 취지와 일관되지 못했다.

2007 개정 교육과정에서는 제7차 교육과정의 기본 관점을 계승하여, '건전한 인성과 창의성의 함양'이라는 방향과 통합적 접근을 계승하였고, 인성교육의 필요성은 더욱 대두되었다. 인성교육을 범교과 영역으로서 다양한 교과와 영역을 통해 지도하도록 하거나 도덕과의 특별한 실천 체험활동과 연계하

여 지도하도록 하였다. 하지만 제7차 교육과정과 2007 개정 교육과정에서 기반하고 있는 통합적 접근은, 실제 교육내용에 도덕적 인지·감정·행동 세 부분으로 구분된다는 점에서 통합적 인성의 발달을 저해한다는 한계를 보였다.

2009 개정 교육과정(2009.12.23.고시)에서는 인성과 기본 생활 습관을 학교의 모든 교육활동의 영역으로 확대하여, 인성교육이 국가 교육과정에 적극적으로 반영된 시기라고 할 수 있다. 2009 개정 교육과정에서 '창의·인성'이라는 개념이 본격적으로 등장한다. 이 시기에는 창의·인성교육 기본방안 정책이 발표되어 창의적 체험활동을 통해 창의성과 인성을 고루 함양할 수 있는 추진과제가 제시된다. 이 시기의 교육목적은 인성이 아닌 창의를 통한 경쟁력 강화에 초점을 두는 것이었다(유병열, 2015). 이 시기부터 인성교육이 '창의적인 인재 양성'이라는 사회경제적 요청을 반영하기 시작하였다. 김상철(2018)은 이와 같은 상황을 '시장경제 중심의 신자유주의를 통해 학력과 경쟁이 강조되어 인성 측면의 교육이 경시되었다'고 비판하였다. 또한 손경원(2016: 105)은 창의성과 인성의 관계에 대한 새로운 논쟁이 대두되면서, 인성의 개념 및 인성교육의 성격, 방법에 대한 본격적인 논의가 충분히 이뤄지지 못하는 상황을 초래했다고 지적하였다.

2009 개정 교육과정의 뚜렷한 특징은 인성교육이 도덕을 포함한 국어·사회 교과의 교수·학습 과정에서 다루려고 한다는 점이다. 창의적 체험활동의 목표에도 인성의 주요 덕목을 반영하여 교과별 '프로젝트형 인성교육'을 제시하기도 하였다. 프로젝트형 인성교육이 가능하도록 교과의 핵심 내용을 '지식 전달' 중심에서 '체험·실천' 중심으로 개편하였다(김수진, 2015a: 109).

3. 확산기: 2015 개정 교육과정(2015. 09) 이후

2011년 12월 중학생 자살 사건을 계기로 '학교폭력' 문제의 심각성이 대두되었다. 학교폭력 근절을 위한 대책들이 심각하게 논의되었고, 학교폭력 예방은 학교뿐만 아니라 사회 전체로 확대되어야 한다는 분위기가 사회 곳곳에 만연해졌다. 인성교육에 대한 관심과 필요성이 학교 교육을 벗어나 전 사회적으로 확산된 것이다. 2012년 2월 6일 발표된 '학교폭력 근절 종합대책'에서는

7대 정책을 제시하였다. 그것은 다음과 같다(관계부처합동, 2012).

① 학교장과 교사의 역할 및 책임 강화
② 신고-조사체계 개선 및 가해 피해 학생에 대한 조치 강화
③ 또래 활동 등 예방교육 확대
④ 학부모교육 확대 및 학부모의 책무성 강화
⑤ 가정과 사회의 역할 강화
⑥ 게임 및 인터넷 중독 유해 요인에 관한 대책
⑦ 교육 전반에 걸친 인성교육 실천

이후, '인성교육 실현을 위한 교육과정 개정'과 '인성교육 실태조사'(교육과학기술부, 2012), '인성교육 비전 선포'를 통해 "본격적인 인성교육 실천 운동이 시작될 것"(교육과학기술부 동정자료, 2012.09.03.)이라는 교과부의 발표에 따라 바야흐로 인성교육의 확산기가 도래하였다.

2013년 교육부는 「인성교육 강화 기본계획」을 발표하고 '실천적 인성교육 중심의 학교문화로 개선, 가정에서 시작하는 인성교육 체제 구축, 인성을 중시하는 범 사회 분위기 조성' 등을 추진과제로 제시하였다. 학교-가정-사회가 함께하는 인성교육 실천 운동 활성화, 학교체육 활성화, 학교폭력 예방 강화, 인성교육 중심 수업 강화 등의 주요 과제를 추가로 내세웠다(교육부 보도자료, 2013.5.9). 실제로 학교에서는 인성의 핵심 요소별로 학생의 인성 발달 상황을 학생부에 기록하여 인성을 핵심 평가 요소로 반영하기 시작하였다. 각 지역에서는 인성교육 우수프로그램 인증제나 공모전을 추진하여 지역단위 인성교육 네트워크를 선정하는 모습을 보였다. 이러한 정책들은 과거 태동기와 정립기 교육과정에서 드러난 과도한 지식 중심의 교육에 대한 반성을 통해, 학교-가정-사회가 연계된 실천중심의 인성교육을 실시하려는 노력의 일환이다. 이러한 사회적 분위기에 힘입어 정부는 꾸준히 국가 정책 차원에서 인성교육을 다루고자 노력하였고, 이런 노력은 2015년 「인성교육진흥법」이 제정되며 인성교육이 교육적 영역을 넘어 법제적 영역까지 확장되었다.

한편, 「인성교육진흥법」에서는 인성을 핵심 덕목과 핵심 역량으로 나누어 구분하고 있다. 실제로 법안을 발의한 정의화 국회의장이 「인성교육진흥법」의

취지를 민족 고유의 정신인 충(忠), 효(孝), 인의예지(仁義禮智)를 복원하기 위함이었다고 설명하였다(한국교육신문, 2015.01.09.). 이런 점을 고려해볼 때, 핵심 덕목의 상당 부분이 유교적 윤리를 포함하고 있음을 알 수 있다. 또한 「인성교육진흥법」의 핵심 역량 개념은 2015 개정 교육과정의 '자기관리 역량', '지식정보처리 역량', '창의적 사고 역량', '심미적 감성 역량', '의사소통 역량', '공동체 역량'으로 계승되었다.

「인성교육진흥법」이 제정된 후, 개정된 2015 개정 교육과정은 인성교육이 교육영역을 넘어 사회 전체로 확장되는 확산기라고 할 수 있다. 이 시기에는 학생들의 자발성을 근거로 하는 인성교육이 강조되었다. '배려'와 '나눔'의 가치를 제시하여 세계 시민으로서 공동체 정신 함양이 강조되는 양상을 보였다.

김수진(2015a/2015b)은 인성교육의 교육과정에 대해 초기에는 도덕교육을 중심으로 하는 '덕목 중심 접근'과 '인지 능력 발달 접근'이 강조되었고, 이 한계를 극복하기 위해 '통합적 접근'이 시도되었으며, 이후 정의적 측면에 중점을 두는 '배려 중심 접근'과 '사회 정서적 접근'이 강조되었다고 평가한다. 김상철(2018: 89)의 경우, 2015 개정 교육과정에 대해 2009 개정 교육과정에서 제시된 창의·인성교육 방안이 가속화된 결과라고 보았다. 이는 인성교육에 창의성까지 결합된 양상으로 인성교육이 자칫 창의성을 지원하는 수단으로 전락할 수 있다는 우려를 제기하기도 하였다.

▌표 2-1 교육과정별 인성교육 내용 요소 및 특징 비교

교육과정 (고시일자)	내용 요소	특징
1차 (1954.04)	- 전 교과를 통한 도의 교육 시행 - 학생 개인의 개성과 인격 발달 강조 - 인성교육은 도덕성을 길러주는 것	- 별도의 인간상 미제시 - 교육법 2조에 근거
2차 (1963.02)	- 건전한 정신과 강건한 신체를 가진 국민 양성 - 예절에 맞는 행동, 반성하는 습관, 민주적 사회생활, 애국(愛國)과 애족(愛族) 강조	- 반공·도덕 생활에 인성교육 내용 간접제시 - 행동과 습관 강조 - 사회적 차원의 덕목제시 - 반공 의식 함양에 초점

교육과정 (고시일자)	내용 요소	특징
3차 (1973.02)	- 국민적 자질 함양, 지식·기술교육의 쇄신, 인간교육 강화 - 개인의 존엄성·자질 함양, 연대 의식 강조	- 독립교과로서 도덕과 신설 - 사회가 중시하는 덕목·가치의 내면화 강조
4차 (1981.12)	- 인간중심 교육과정 운영(능동적 존재로서 학습자 중시, 내적 기준과 발달 강조) - 건전한 심신의 육성, 지력과 기술의 배양, 도덕적인 인격의 형성, 민족 공동체 의식의 고양	- 문제해결 중심·인지 능력 발달 접근
5차 (1987.06)	- 건강·자주·창조·인간 존중·도덕적인 사람 추구 - 도덕 행위 주체자로서 가치 판단 능력 강조	- 교과 외 활동을 통한 인성교육 제시 (어린이회, 클럽활동, 학교 행사) - 도덕적 문제 탐구하는 방식 제안
6차 (1992.09)	- 건강·자주·창의·도덕적 사람 추구 - 도덕 판단과 도덕 실천의 통합을 강조	- 인성교육 내용 요소를 교육과정에서 적극적으로 반영하고자 노력 - 클럽활동을 통한 바람직한 인간관계 형성 강조
7차 (1997.12)	- 인성 및 창의성 함양하는 교육과정 - 학교 급별에 따른 체계화된 인성교육 - 실천 위주의 인성교육 강화 - 인성은 도덕성·사회성·정서를 포함하는 다차원적 개념 - 인격 도야, 전인적 성장, 민주시민 의식	- 국가 교육과정에서 인성교육 개념이 명시적으로 드러남 - 교육 개혁안(1995.5.31.) - 봉사실적이 대학입시 영역에 포함 - 학교와 가정의 인성교육 연계 강조 - 도덕교육 차원의 인성교육 강조
2007개정 (2007.02)	- 인지·정서·행동이 통합된 조화로운 인격 발달 강조 - 전인적인 성장, 조화로운 심신의 발달, 인격 함양	- 도덕교육 차원에서 논의 경향 - 체험·실천 중심의 인성교육 - 차시별 인지·정서·행동을 종합할 수 있는 도덕과 교수·학습모형 제시
2009개정 (2009.12)	- 개성 발달·진로개척·창의성·품격 있는 삶·공동체 발전에 참여하는 사람 추구 - 모든 교육활동 통한 인성교육 실천하는 교육과정 구성 강조 - 바른 인성, 공감, 협동, 배려, 타인과의 소통 강조 - 인성교육을 위해 교과 핵심 내용을 체험·실천 중심으로 개편함	- 창의·인성 기본방안(2009.12) - 학교폭력 근절 종합대책(2012. 7.10.) - 생활지도가 인성교육의 영역에 포함 - 교과수업을 통한 인성교육 강조 (도덕과, 사회과, 국어과 등) - 프로젝트형 인성교육(2012) - 창의적 체험활동 연계 강조

교육과정 (고시일자)	내용 요소	특징
2015개정 (2015.09)	- 자기관리·지식정보처리·창의적 사고·심미적 감성·의사소통·공동체 역량 갖춘 사람 추구 - 인성교육에서 핵심 가치와 덕목, 핵심 역량 강조	- 인성교육진흥법(2015.01.20.) - 덕목·역량 종합적 제시 - 가정-학교-사회의 연계 강조 - 전인적·지속적 성격의 인성교육 강조 - 구체적인 실천프로그램 강조

Ⅲ. 교육과정의 관점 비판

1차 교육과정에서 2015 개정 교육과정에 이르기까지 인성교육의 변모양상과 그것에 접근하는 기존의 관점을 살펴볼 때, 인성교육에 대한 높은 관심은 교육과정에 꾸준히 반영되었다. 그러나 인성교육의 목적이 무엇이며, 무엇을 어떻게 가르칠 것인지를 제시하는 체계적인 관점은 여전히 오리무중이다. 이 지점에서 기존에 진행된 인성교육의 교육과정과 관점을 비판적으로 검토해 본다.

1. 인성교육과정 비판

1차부터 2015 개정 교육과정까지 살펴본 결과, 인성이라는 용어가 전면적으로 등장하지는 않았더라도 모든 교육과정에 인성교육의 요소가 내포되어 있다는 사실을 확인할 수 있었다. 인성교육과정에서 인성교육은 시기별로 '전인교육', '품성교육', '인간교육' 등으로 다양하게 표현되었다. 겉으로 드러난 표현은 상이했지만 '바람직한 품성을 함양하는 교육', '성숙하고 건강한 인성 발달을 촉진시키기 위한 교육', '도덕적 사고와 행동양식을 배양하는 교육' 등 교육을 통해 도달하려는 방향은 유사하였다.

유사한 인성교육 요소가 내포되어 있었음에도 불구하고, 교육과정마다 인성교육 방향과 방법이 다르게 제시된 까닭은 인성교육 자체에 대한 충분한 성찰과 숙고가 생략된 채 해당 시기에 직면한 사회적 요청이나 유행 담론을 우선적으로 고려했기 때문이다. 물론, 교육은 현실 상황과 완전히 유리될 수 없기 때문에 사회적 요청을 일정 부분 수용할 수밖에 없다. 그러나 사회적 요청과 특정한 유행 담론에 휩쓸려 처방을 제시하느라 근본적인 교육적 성찰을 외면하는 것은 별개의 문제이다. 1차 교육과정부터 최근까지의 인성교육과정을 살펴보면 시대별로 사회적인 요구와 유행 담론에 견인되는 면모를 보인다.

실제로 2차 교육과정에서 반공·도덕 성향과 애국·애족의 키워드가 인성교육에서 중요하게 다루어지고, 3차 교육과정까지 사회가 중시하는 가치·덕목의 내면화를 강조한 이유는 당대의 사회적 분위기와 밀접한 연관이 있다. 김상철(2015: 91)은 "인성교육정책의 변동과정에 정치적인 영향을 미친 이데올로기를 검토하면서, 이 시기 인성교육에서 요구하는 '국민정신'이란 반공 통일을 궁극적인 목적으로 하는 반공 민주주의에 대한 국민 총동원태세를 일컫는 국가 절대주의"라고 비판한 바 있다.

7차 교육과정에서 인성교육이 전면적으로 등장하고, 2009 개정 교육과정에 이르러 인성교육이 정립되기까지도 다양한 사회적 배경이 있었다. 특히, 인성교육이 법제적 차원에서 논의되기 시작한 「인성교육진흥법」은 청소년 인성 문제를 학교 차원에 한정해서 다루는 것에 대한 한계를 인지하고, 가정이 사회와 연계하는 범사회적 차원의 인성교육을 강조하려는 움직임이었다. 학교폭력 대책을 위한 많은 법안과 교육프로그램이 개발 및 도입되었지만, 실효성이 전혀 없다는 비판에 직면하고, 청소년들의 인성 문제가 사회적으로 중요한 화두로 떠오른 것이다. 이처럼 교육과정에서 인성교육의 모습은, 인성교육 자체에 대한 교육계의 자성에 따른 필요성 제기보다는, 사회적 요청을 수용하고 해결하는 데서 출발하였다. 이는 결과적으로 인성교육이 단기적이고 처방적 성격에 그치는 결과를 야기하였다.

인성교육과정의 확산기로 명명한 2015개정 교육과정에서는 인성교육을 교육과정을 통해 도달해야 하는 주요한 과제 가운데 하나로 명시한다. 그러나 여전히 인성교육을 통해 도달하려는 목표가 다소 모호한 측면이 있고, 구체적인 방법 또한 마련되지 않은 실정이다. 또한 인성교육에 구체적인 능력인 '역량' 개념을 도입하면서, 인성교육에 '정량 평가'를 도입하거나 결과론적 관점을 야기할 여지가 생겼다. 인성교육과 관련하여 2015 개정 교육과정의 뜨거운 논제 중 하나는 '인성교육을 주관하는 교과가 필요한가?' 그렇다면 '도덕 교과가 그 역할을 담당해야 하는가?'라는 것이다. 3차 교육과정에서 도덕이 하나의 교과로 독립하면서, 인성교육의 중추적인 역할을 해왔다. 이후 모든 교과의 교수·학습 과정에서 인성교육이 강조되었으나, 2015 개정 교육과정 도덕과 총론에서 '도덕과는 학교 인성교육의 핵심 교과'라며 도덕과의 성격을 인성교육의 중핵 교과로 언명하였다(교육부, 2015: 3). 그러나 왜 도덕과가 인성교육의 핵심적인 역할을 해야 하는지에 대해서는 충분한 합의가 이루어지지 않았다.

또한 「인성교육진흥법」과 2015 개정 교육과정에서는 '가정－학교－사회'가 연계된 인성교육을 강조한다. 그런데 과거에는 핵가족과 대가족 정도로 비교적 단순하게 구분할 수 있었지만, 최근에는 '한 부모 가정', '조부모 가정', '다문화 가정' 등 가정의 모습이 다원화 되었다. 가정의 모습이 다양한 만큼 공통적인 가정과 가정에서의 인성교육을 도출하는 일은 굉장히 어렵다. 막연히 '가정－학교－사회'가 연계된 인성교육을 주장하기에 앞서, 가정에서, 학교에서, 사회에서의 추구하는 인성교육이 제시될 수 있는지에 대한 고민이 필요하다.

학교 교육과정은 학교 교육의 전반적인 골자를 구축하고, 전체적인 시야를 조망할 수 있는 조감도이다. 외양이 아무리 멋지더라도 뼈대가 부실한 집은 금세 무너지기 마련이다. 인성교육의 필요성은 교육계 내·외부에서 모두 통감하고 있다. 이런 때일수록 가시적인 성과 여부에 조바심을 내기보다 인성교육의 기초 뼈대를 공고히 하는 일에 정성을 쏟아야 할 것이다.

2. 관점 비판

인성교육에 대한 내재적 관점은 개인의 내면적 충실을 목적으로 한다. 때문에 인성을 개인의 내적 차원에 국한된 것으로 오해할 여지가 있다. 그러나 인간은 혼자서는 살 수 없고, 타인 또는 공동체와 끊임없이 상호작용하는 존재이다. 동아시아의 유교 전통에서 인성교육의 핵심 개념인 인(仁)은 '친애

한다'는 의미로 두 사람 사이의 관계에서 유래한 것이다. 인간이라는 존재가 서로 친애하는 공동체적 존재임을 함축한다(임헌규, 2019a: 33). 또한 인간을 나타내는 한자 '인(人)'은 서 있는 사람의 모습을 나타내지만, 사람과 사람이 서로 등을 맞대어 기대어 있는 모양을 보이면서, 인간의 특성 자체에 '더불어 관계하며 살아감'이 내포되어 있음을 암시한다. 고대 그리스의 아리스토텔레스도 "인간은 본성적으로 사회적(politikon) 존재"(천병희 역, 2018: 37)라고 밝힌 바 있다. 인간은 전 생애 동안 가깝게는 부모·형제·친구로부터 멀게는 지구 반대편의 일면식도 없는 이방인과도 관계 속에 놓여있다.

심지어 '대지윤리(大地倫理: Land Ethic)'를 주장하는 레오폴드(Aldo Leopold, 1887~1948)는 인간끼리의 상호작용을 넘어서 자연 생태계의 모든 존재가 서로 연결되어 있다고 주장한다. 전통 윤리는 도덕적 대상으로 인간만을 포함하였다. 그러나 대지윤리에서는 인간뿐만 아니라 동식물은 물론 물, 토양, 공기 등을 아우르는 대지의 모든 존재에 이르기까지 도덕적 대상으로 확대하였다. 대지윤리는 개체로서의 생명 가치보다 생태계의 유기적 관계와 균형을 중시하는 생명공동체의 전체 가치를 중요시 한다. 인성교육의 경우에도 이러한 공동체적 전체 가치를 고려할 필요가 있다.

인성의 범주를 개인의 내면에 한정하고, 타고난 특질로 인식하여 이를 함양하는 일은 개인 수양 차원에는 의미가 있을지 모른다. 그러나 적어도 교육과정에서의 교육은 사회적 의미를 포함하고 있다. 학교를 단순히 지식 전수 장소가 아니라 다양한 교육공간으로 보는 것도 같은 이유이다. 인성을 교육하는 일 또한 학습자의 관계성과 사회적 요청을 일정 부분 내포할 수밖에 없다. 인간은 자신 이외의 모든 것과 관계를 맺으며 살아가는 존재이기 때문에 인성도 개인의 자아에 고립된 것이라고 보기 어렵다. 인성교육은 개인 본성의 함양 차원을 넘어 자신과 관계를 맺고 있는 다양한 상황을 고려할 수 있도록 설계되고 제안되어야 한다.

또한, 인성교육에 대한 내재적 관점은 인성을 교육하는 일 자체에 회의적인 시각을 제공할 수도 있다. 인성의 불가변성(不可變性)을 전제로 하면서 타고난 본성을 바꿀 수 없다면 교육이 무슨 의미가 있겠는가? 현재 학교 교육은 의도를 가진 유목적적 활동이라는 점에서 학습자의 행동 변화를 담지하고 있다. 인성의 선천성을 인정하더라도 개인 차원을 넘어 관계의 차원으로, 관념적 수양이 아니라 현실에서 실천하는 모습으로 제시되어야 한다.

외재적 관점에서 인성은 인성교육의 결과로 길러지는 것이다. 때문에 다양한 인성교육 방안을 마련하고, 직접적인 행동 변화를 이끌어낼 수 있는 실천 위주 프로그램 개발이 중요한 과제로 부각되었다. 지나치게 추상적이고 가치 지향적이라는 내재적 관점의 한계를 극복하기 위해, 일상적 체험을 강조하거나, 결과를 가시적으로 측정할 수 있도록 '역량' 개념을 도입하기도 하였다. 특히, 역량은 「인성교육진흥법」에서 '인성교육이란 자신의 내면을 바르고 건전하게 가꾸고 타인·공동체·자연과 더불어 살아가는데 필요한 인간다운 성품과 역량을 기르는 것을 목적으로 하는 교육'이라는 정의에서 인성교육을 구성하는 주요 축으로 인정받았다.

그러나 역량 중심 인성교육의 정당성에 대해 본질적인 성찰이 필요하다. 수행과 행동을 강조하는 역량 접근은 수행, 결과, 성취, 행동을 강조하는데 이런 측면에 대해 행동주의적이고 환원주의적인 접근에 치우쳐져 있다는 비판을 받는다. 역량 중심 인성교육 또한 마찬가지다. 인성교육의 목표를 인성 역량 계발에 두고 가시적으로 측정 가능한 행동 변화에만 몰두하면, 정신·품성과 같은 인성의 내적 속성을 소홀히 하여 학습자의 질적 변화를 포함하지 못하고, 인성을 마치 사회적 성공을 위한 수단이나 능력으로 치부하여 인성의 본질을 오해할 여지가 있다(고미숙, 2017: 259~270).

역량 중심 인성교육은 인성을 계량적으로 파악하기 때문에 '인성 평가'의 문제도 수반한다. 신창호(2019: 262~263)는 한국교육개발원(KEDI)의 인성 검사 도구를 예로 들어, 인성이 검사할 수 있는 사물처럼 객관화되어 교육에 접목된 현실을 비판적으로 인식하고, 나아가 인성을 검사하는 일이 인성교육의 차원에서 필요한 일인지 본질적인 의문을 제기한다. '인성을 계량적 평가방식으로 평가할 수 있는 것인가?' '인성 검사 결과가 높은 점수를 획득했다면 인성이 계발되었음을 의미하는가?' '인성 역량의 하위 역량을 계발하면 자동으로 인성 역량이 계발되는가?' 등, 다양한 비판적 지점이 존재한다.

절충적 관점에서 인성교육은 개인의 인격 함양 측면과 교육을 통한 외적 변화 모두를 아우르는 개념으로 인성을 파악한다. 절충적 관점은 내재적 관점과 외재적 관점의 한계를 극복하고, 인성교육을 총망라하여 종합적인 관점을 제시하기 위해 등장하였다. 그러나 각 관점을 단순하게 혼합하고, 특징을 나열하는 정도에 그치고 있어 진정한 의미의 종합적 관점은 제시되지 못하고 있다. 유교에서 제시하는 '효(孝)·제(弟)·충(忠)·신(信)'과 같은 덕목들이 그 자체로 독립적인 지위를 확보하기보다는 인(仁)을 중심으로 촘촘히 연결되는 것처럼, 인성교육을 둘러싼 여러 덕목 또한 단순한 나열구조에서 벗어나 특정 덕목을 중심으로 짜임새 있게 구성되어야 한다(박종덕, 2014: 178). 진정한 의미에서 인성교육에 대한 종합적인 관점을 수립하는 일은 체계적인 인성교육 방안을 탐색하는 데 중요한 단초가 될 수 있다.

Ⅳ. 결어

교육을 통해 바람직한 인성을 함양하려는 욕망은 어쩌면 교육의 기원과 맞닿아 있는지도 모른다. 공자, 소크라테스와 같은 기원전 사상가들에게도 올바른 인성을 함양하고, 품성을 계발하여 '인간다운 인간'을 기르는 것은 교육의 중요한 과제였다. 그런데 새삼 인성교육에 대한 범사회적인 관심과 인성교육 필요성에 대한 강한 주장은 교육이 본래의 역할을 수행하지 못하고 있다는 반증이다. 역설적이게도 인성교육에 대한 필요성이 제기되고, 그 중요성이 강조될수록 내실 있는 교육 방안은 제시되지 못하였다. '반공 이데올로기 공고화', '민주국가 건설과 민주시민 양성', '지식 중심 교육에 대한 반성', '학교폭력 문제', '변화하는 미래사회에 살아남을 수 있는 인재 양성' 등 인성교육은 교육과정별 해당 시기와 사회가 직면한 문제를 해결하는 수단으로 논의된 경향이 있기 때문이다.

제1차 교육과정부터 2015 개정 교육과정에 이르기까지 각 교육과정에는 인성교육의 요소가 내포되어 있었다. 정치적 배경과 사회적 요청에 따라 중점을 두는 부분은 조금씩 달랐지만, 모든 교육과정에서 '학교 교육을 통해 바람직한 인성을 양성'하려는 점은 동일하였다. 그러나 사회적 선결 과제를 해결하고, 시대적 담론을 반영하려다 보니, 정작 인성교육의 뼈대를 마련하는 일에 소홀하였다. 교육은 실제 삶의 현장과 완전히 유리될 수 없다는 점에서 인성교육도 일정 부분 시대의 요청을 수용해야 한다. 그러나 보다 중요한 일은 '인성교육을 통해 무엇을·어떻게 가르칠 것인가?'와 같은 인성교육의 본질을 성찰하여 공고화하는 작업이다.

앞서 언급한 것처럼, 어쩌면 인성교육은 교육의 본질과 맥을 함께하기 때문에 인성교육에 대한 선행연구가 많은 것은 당연한 일이다. 실제로 학술연구정보서비스(RISS)에서 '인성·인성교육'을 키워드로 검색한 결과, 관련 연구가 약 1,000편 가량 진행된 것을 확인할 수 있었다. 동·서양 사상가의 관점에서 인성 개념과 인성교육 방법을 모색하는 연구에서 실천적인 인성교육 프로그램을 개발하거나 특정 교과에서 인성교육 적용방안을 교수·학습 지도안으로 제시하는 연구에 이르기까지, 연구의 범위, 방법, 주안점이 엄청난 스펙트럼을 형성하고 있었다. 정말 다양하였다. 그럼에도 불구하고 기존의 연구들을 살펴 보고, 각 연구를 나름의 관점으로 분류하고 검토하는 작업은 향후 인성교육 방안을 모색하는 데 의미 있는 아이디어를 제공할 수 있다.

사실, 모든 관점을 아우르는 동시에, 변화하는 사회 패러다임에 구속되지 않는 체계적인 인성교육 방안을 마련하는 것은 어려운 작업이다. 인성교육처럼 중요한 교육적 과제를 숙고하는 과정 없이 단번에 해결하려는 것은 어쩌면 요행이다. 여기에서는 직접적인 인성교육 방안을 제시하기보다 인성교육에 대한 반성을 바탕으로 몇 가지 사항을 제언한다.

「인성교육진흥법」제정과 2015 개정 교육과정 이후 현재까지를 인성교육의 확산기로 구분하였다. 인성교육이 전 사회적 문제로 대두하였고, 가정－학교－사회의 연계를 강조한다는 점에서 보면, 인성교육의 지평이 확대되었다. 그러나 이제는 확산에 그치지 말고 체계적인 교육 방안을 모색할 필요가 있다. 확산기를 넘어 제정기에 접어들어야 한다.

성공적으로 인성교육 제정기에 이르기 위해서는 인성교육에 대한 일관적이고 공통된 관점 수립이 필요하다. 앞서 살펴본 것처럼 인성교육에 대한 다양한 관점은 오히려 인성교육 전반의 혼란을 초래했기 때문이다. 물론, 2015 개정 교육과정 도덕과 총론에서 밝힌 것처럼 '도덕과가 인성교육의 핵심 교과'이므로 도덕과가 학교 인성교육과정을 견인해야 한다는 입장도 있다. 그러나 특정 교과가 주축이 되는 정도로는 전반적인 인성교육을 내용을 반영하고, 체계적인 인성교육 방안을 수립하는 데 한계가 있다. 이는 인성교육을 주관하는 컨트롤 타워를 요청한다. 특히, 가정－학교－사회가 연계된 인성교육이 실현되기 위해서는 통일된 관점으로 모든 인성교육 업무를 관장할 수 있는 조직이 필요하다. 「인성교육진흥법」에서는 교육부와 학교를 일종의 인성교육 컨트롤 타워로 제시한 듯하다. 하지만 인성교육을 총체적으로 담당하는 컨트롤 타워가 분명하게 제시되지 않아 단위학교의 부담만 가중되는 실정이다. 그러므로 성공적이고 체계적인 인성교육 방안을 수립하여 실천하기 위해서는 국가 단위의 인성교육 컨트롤 타워의 역할을 고려해야 한다.

제3장

인성 개념의 관점 비판

I. 서언

한국 사회에서 인성교육이 본격적으로 나타난 것은 1995년이며, 교육과정의 전면에 등장한 것은 7차 교육과정(1997.12.30.고시)이다. 인성교육을 표방하게 된 주요한 원인은 도덕교육의 역할 부재에서 찾을 수 있다. 그렇다면 도덕교육과 다르게 인성교육은 지금 제대로 이루어지고 있다고 볼 수 있는가? 그렇지 않다! 이는 2015년 「인성교육진흥법」이 등장하게 된 것으로 증명된다. 도덕교육과 마찬가지로 인성교육이 제대로 되어 왔다면 굳이 이를 강화시키기 위한 법이 제정될 필요가 없었을 것이다(신창호, 2019).

인성교육의 실정이 이러하다는 점은 전문가의 의견에서도 명백히 드러난다. 인성교육과 관련된 수천 편의 국내 연구에서 인성교육이 잘 이루어지고 있다는 전문가의 의견은 찾아보기 어렵다. 또한 2011년에 실시된 한국교육과정평가원과 2016년 서울특별시교육연구정보원의 설문조사 결과를 토대로 살펴보면, 학교 현장 및 가정의 교육관계자들도 인성교육이 위기라는 의견에 동조하고 있음을 알 수 있다(한국교육과정평가원, 2011; 김유리, 2016).

인성교육이 제대로 기능하지 않는다는 데는 대부분 공감하지만, 그것에 대한 진단은 제각각이다. 전문가들과 현장 교사들, 학생·학부모, 지역사회 등 교육의 주체에 따라 그 원인에 대해 다양한 의견을 내놓고 있다. 김수진(2015a/2015b)이 정리한 인성교육 관련 쟁점에 따르면, '다양한 인성교육의 접근이 있으며 그에 따른 인성 개념이 다르게 전제되어 있는 점', '국가 교육과정에서 인성교육의 방향이 일관되지 못한 점', '인성교육을 담당하는 교과가 특정되지 못하고 타 교과와도 연계가 이루어지지 않는 점' 등 폭넓게 관련 문제들이 다루어지고 있다.

그럼에도 불구하고 인성교육과 관련하여 '가장 시급하고 근본적인 문제가 무엇인가?'라는 물음에서는 전문가들 사이에 대체로 공감하는 부분이 있다. 바로 '인성이란 무엇인가?'라는 문제의식이다. 2015년 이전까지 약 20여 년 동안 '인성' 개념과 '인성교육'의 방향을 다루는 논문들을 분석한 연구에 의하면, 22편의 주요 연구에서 모두 인성교육의 올바른 방향성을 세우기 위해서는 '인성' 개념을 정초하는 작업이 선행되어야 함을 강조하였다(최예솔 외, 2016: 493).

인성 개념이 제대로 정립되지 않은 상태에서 인성교육의 방향 또한 제대로 세울 수 없다는 것은 명확하다. 아직도 인성 개념에 대한 합의는 제대로 존재하지 않는다. 연구자들마다 내놓는 견해가 다양하다. 덕목 중심의 전통적 입장에서 인성은 다양한 덕목을 갖추는 일, 즉 '도덕성'으로 설명된다. 심리적 접근을 강조하는 입장에서는 인성을 '성격(性格)'으로 보기도 한다. 또한 절충적 입장에서 인성은 '총체성(總體性)', '전인성(全人性)'으로 정의되기도 한다. 근래에는 인성을 '역량(力量)'의 관점에서 파악하려는 시도도 활발하다. 이러한 관점은 여러 요소의 종합으로 인성을 보는 관점과 하나의 구체적 관점으로 인성을 정의하고자 하는 관점으로 크게 나누어 볼 수 있다. 이 밖에도 '인성이 정의될 수 있는가?'에 대해 회의적인 시각도 존재한다(Romano Guardini, 1939; 홍석영, 2013a: 354 재인용; 최은순, 2017). 한편으로 인성을 정의하기 어렵다면, 인성을 정의할 수 있는 '약속'이나 '합의'가 필요하다고 주장하기도 한다(성윤숙, 2016: 10; 손경원, 2016).

인성 개념에 대한 분분한 논의는 인성교육에 관심이 그만큼 크다는 것을 반증한다. 이런 점에서는 논의 그 자체로 의미가 있다. 이후의 작업은 흩어진 논의를 한 곳으로 모아 비판적으로 재검토해야 한다. 그러기 위해서는 이들 논의를 나름의 분석틀을 통해 분류해보는 작업이 선행되어야 한다. 여기에서는 이러한 분석 작업을 통해 비판적으로 인성 개념을 고찰한다. 나아가 고찰한 관점들을 종합적으로 아우르면서도 구체적인 인성 개념을 세울 수 있는 가능성을 모색해본다.

Ⅱ. 기존의 인식

'인성'이라는 개념을 이해하는 관점은 다양하다. 크게 보면 '내재적 관점(內在的 觀點)'과 '외재적 관점(外在的 觀點)'으로 나누어 볼 수 있다. 내재적 관점은 인성의 개별적이고도 타고난 측면을 강조하며 가변적 측면보다 불가변적 측면을 강조한다.

김기민 · 양병한(2003)은 본성의 논의에 필요한 조건에 관해 고찰하였다. '본성은 첫째, 사물이 처음부터 가지고 있는(innate) 특성이다. 둘째, 어떤 사물이 가지고 있는 보편적인(universal) 특성을 지칭하는 것이다. 셋째, 어떤 사물에게만 있는 비교적 고유한(unique) 특성을 지칭한다'는 것이다. 본성을 인간에게 국한하여 본다면, 이는 인간의 본성인 인성이라고 할 수 있다. 그러므로 인성의 본성적 측면을 말할 때 첫 번째 조건은 '본연성'이라고 할 수 있다. 두 번째와 세 번째 조건은 불가변성에 대응시켜 볼 수 있다. 이는 인성의 내재적 측면에 대치시켜서 생각할 수 있는 문제이다. 즉 인성이 내재적이라고 할 때는 적어도 이 두 가지 지표가 기준이 되어야 한다. 또한, 장승희(2011)는 도덕적 행위에 대한 동기의 위치에 따라 '외재론(externalism)'과 '내재론(internalism)'으로 나눈다. 전자는 인간 본성이 이기적이라는 차원에서 출발하고, 후자는 인간의 이기심이 본래 존재하지만 이를 스스로 치유할 수 있다는 전제에서 출발한다. 양자를 각각 대표하는 인물로 고대 동아시아의 유학자인 순자(荀子)와 맹자(孟子)를 들고 있다. 이는 도덕교육의 관점에서 분석한 것이지만, 여기에서 논의하려는 인성에 대한 관점과 상통하는 측면이 존재한다.

반면, 외재적 관점은 인성의 사회적이고, 교육을 통한 가변적 측면을 강조한다. 구본만(2015)은 약 20년 동안 이루어진 인성을 보는 관점을 '개인적 차원'과 '사회적 차원'으로 구분하였다. 이 같은 관점은 서양철학의 맥락에서는 적용이 용이하지만, 동양철학의 맥락에서는 다소 오해를 불러 일으킬 수 있다. 동양철학의 전통에서는 개인과 사회가 명확하게 구분되지 않는다. 오히려 공(公)과 사(私)의 측면에서 개인과 사회를 규정한다. 즉 개인이라고 하더라도 인(仁)과 같은 공공적 차원의 덕을 갖춘 사람을 군자(君子)라고 하여 공적이라고 여긴다. 군자와 같은 개인은 더이상 개인이 아니고 사회적 차원에서 존재하는 것이다.

1. 내재적 관점

인성을 내재적으로 바라보는 관점은 두 가지 의미를 동시에 가진다. 하나는 인간이 태어나면서 이를 가지고 있다는 의미이고, 다른 하나는 외부의 영향에 의해 쉽게 변화되지 않는다는 점이다. 인성에 대한 내재적 관점은 크게 보면 인성의 개념에 대해 동양철학의 준거를 가진 경우와 서양철학의 준거를 가진 경우로 나누어볼 수 있다. 동양철학의 전통에서 볼 때 인성(人性)의 내재적 측면을 대표적으로 드러내는 경우는 『중용』 1장에서이다. "하늘이 명령한 것을 성(性)이라 하고, 성(性)을 따르는 것을 도(道)라 하고, 도(道)를 닦는 것을 교(教)라 한다."

인성은 성(性)에 속하는 특수한 형태이기 때문에 인성 또한 이처럼 규범적 측면을 갖는 것이다. 인간이 가진 성품(性品)은 타고나는 것이며 그에 따라야 할 필요가 있다. 성품은 하늘로부터 부여받은 것이기 때문에 본래 선(善)하다.

맹자(孟子, B.C.372~B.C.289) 또한 인성에 대해 선하다는 입장을 이어가고 있다. 『맹자』「고자(告子)」(상)에는 인성을 이해하는 데 의미 있는 단서가 보인다. "인성이 선한 것은 마치 물이 아래로 흐르는 것과 같아서 사람으로서 선하지 않은 사람이 없고, 물이라면 아래로 흐르지 않는 물이 없다. 만일 물을 손바닥으로 쳐서 물이 튀어 오르게 하면 이마를 넘어갈 수도 있고 아래를 막아서 역류하게 하면 산에까지 올라가게 할 수 있으나 이것이 어찌 물의 본성이겠는가! 외부의 힘으로 그렇게 되는 것이니 사람을 악하게 만드는 것도 이와 같다."

맹자는 인간을 비롯한 모든 사물은 생겨나면서 고유의 본성을 갖는다고 본다. 인간은 선한 본성을 타고나므로 이를 외부에서 거스르지만 않는다면 선한 본성을 발현한다. 맹자가 인성의 본질을 선하다고 규정한 데는 경험적으로 이를 뒷받침할 수 있는 인의예지(仁義禮智)의 네 가지 단서, 이른바 '사단(四端: 惻隱之心, 羞惡之心, 辭讓之心, 是非之心)'이 있기 때문이다. 맹자가 주장하는 단서는 대표적인 내재적 인성이다.

서양철학에서 인성을 논의한 시작점은 소크라테스(Socrates, B.C.470~ B.C.399)이다. 플라톤의 『메논』에는 '탁월함'을 가리키는 '덕(arete)'에 대한 논의가 있다. 여기에서 '덕은 가르쳐질 수 있는가?'라는 주제에 대해, 소크라테스는 '덕이 앎이라면 가르쳐질 수 있다!'라고 한다. 여기서 '가르쳐질 수 있다'는 것은 '상기(想起)될 수 있다'는 것을 의미한다. 이러한 상기는 자신이 원래 가지고 있는 것을 '다시 불러올 수 있다'는 의미이다. 홍석영(2013a: 356)은 덕을 인성으로 치환하여 인성의 타고난 측면을 강조하는 것이라고 해석하였다. 이러한 측면은 인성의 내재적 측면을 강조하는 것으로 볼 수 있다. 그것을 구체적으로 사용한 맥락으로 볼 때, 인성 개념은 '지성'과 대비된다. 품성이나 덕성 등의 개념과 상당히 겹쳐 있다.

고대 그리스 시대를 지나 서구의 중세(中世)에는 인간 본성에 대한 다양한 이해보다 '신(神)'을 중심으로 인간을 파악한다. 이때 인간은 다소 부차적 지위를 지닌 것이 사실이다. 그렇다고 인간 고유의 본성에 대한 고민의 흔적이 없는 것은 아니다. 가톨릭 전통에 기반한 인간이해는 17세기 위대한 교육학자인 코메니우스(Comenius. J. A., 1592~1670)에게 잘 드러난다. 코메니우스에 따르면, 인간은 하나님의 형상을 지닌 존재로 이성적이며, 하나님을 대리하는 존재이다. 하나님의 형상을 지니고 태어났으나 죄로 인해 타락하여 하나님과의 관계성이 어긋난 존재이기도 하다. 그러므로 인간은 하나님의 온전한 형상을 회복하고 하나님과의 올바른 관계를 회복해야 하는 사명을 띠고 있다. 이처럼 코메니우스는 인간이 본래 지닌 성품은 바로 지극히 선함 그 자체라고 본다. 선한 본성은 비록 원죄로 가려진 상태이지만 변하거나 없어지는 것이 아니라고 생각하였다. 인간 본성에 대한 믿음은 그의 저작 곳곳에서 어렵지 않게 찾아볼 수 있다. 이러한 그의 생각은 자연주의 교육을 주장한 루소에게 그대로 이어지고 있다.

루소(Rousseau, J. J., 1712~1778)는 『에밀』의 시작에서 인간 본성에 대해 논하고 있다. 그는 인간이 신에 의해 선하게 창조되었음을 선언한다. 자연과 같은 상태에서의 인간은 선함이라는 이상적 상태를 지닌다. 선함의 이상적 상태에 대한 추론작업을 통해 루소는 인간의 자연성에 기반한 본성을 논의한다. 이는 기존의 기독교적 맥락에서 등장한 자연인의 사상에 의해 이루어진다. 그러나 인간은 자연적으로 창조된 선한 본성에서 벗어나 개인적 이익만을 추구하는 이기심에 의해 타락할 수 있다. 루소는 인간이 본래 지닌 선함을 지키기 위해서는 '자연에 따르는 교육'을 추구해야 한다고 주장한다. 이러한 그의 주장은 '소극교육론(消極教育論: negative education)'이라고도 한다. 루소의 사상은 맹자의 사상과 매우 유사하다. 인간 성품의 본연성이 선하며 이를 잘 지켜나가야 한다는 점에서 그러하다. 이러한 루소의 인성관은 페스탈로치에 의해 더욱 다듬어지고 구체적으로 실천의 장을 열게 된다(김정환 외, 2014: 79).

인성의 내재적 측면을 강조하는 입장에 대해 동서 철학적 맥락에서는 공통적으로 인성의 본연성과 불가변성을 주장한다. 이러한 인성이 지닌 본연성은 선한 것으로 자연성과도 통하는 것이라고 볼 수 있다. 맹자는 선한 본성을 그대로 놔두면 자연적으로 선한 쪽으로 발할 수 있다고 하였다. 루소 또한 자연 속에서 인간 본성을 찾고 있다. 자연성으로서의 인간의 본성은 노자(老子) 『도덕경(道德經)』에서 더욱 잘 드러나는 것이기도 하다. 노자는 『도덕경』에서 '만물은 자연성을 따르고 살아야 한다'고 강조하였다. 인간 또한 만물의 일부로 자연성을 지니며, 이를 따라 살아야 한다는 것이다(권선향 · 신창호, 2019: 26). 이러한 맥락에 따르면 인성은 인위적으로 외부에서 원하는 방향으로 이끌어가거나 만들 수 없다. 자연적으로 타고난 성향을 발현해 나가도록 도와주는 것이 인성 함양의 올바른 방향이라 볼 수 있다.

2. 외재적 관점

맹자가 성선설(性善說)에 입각한 내재적 관점에서 인성의 본연성을 중시하였다면, 이와 반대로 순자(荀子, B.C. 298~B.C. 238)는 인간의 자연성에 입각하여 인성의 외재적 측면을 강조하였다. 노자(老子)가 말하는 인성의 바탕이 되는 자연성은 질서를 지닌 선한 상태적 개념이다. 그러나 순자가 말하는 자연성은 자신의 생존본능을 충실하게 추구하는 이기심에 기반한 개념이다. 이처럼 순자가 파악한 인성은 외부에서 인위적인 노력을 가하지 않으면 악(惡)으로 흐를 수밖에 없는 부정적 개념이다. 인간은 이처럼 타고난 자연적 욕구를 지니고 있는데, 이것은 인간의 욕구는 끝이 없는 데 반해 외부의 재화가 한정되어 있기 때문에 어쩔 수 없이 발생하는 사태이다.

순자는 맹자와 다르게 인간의 본성을 악(惡)하다고 규정한다. 이른바 '성악설(性惡說)'이다. 인간은 선천적으로 이익을 좋아하기 때문에 자연적인 상태에서는 이것을 따르는 쪽으로 흘러가게 되어 있다. 또한 눈과 귀를 즐겁게 하는 것을 욕구하기 때문에, 이로 인해 예의(禮義)와 법도(法道)가 무너지는 것이다. 이를 통해서 볼 때 자연 상태에서 인간의 성품은 악한 방향으로 흐를 수밖에 없는 잠재능력을 지녔다. 이를 인위적인 교육을 통해 선한 방향으로 바꾸어야 한다.

순자의 경우, 인성의 본연성보다 외부의 인위적인 노력에 의한 '가변성(可變性)'에 역점을 둔다. 맹자의 경우 선한 인성은 이미 내재해 있으므로 이를 잘 보존시켜 나갈 것을 주장하였다. 그러나 순자에게 그러한 이상적인 모습으로서의 인성은 인간에게 본래부터 주어진 것이 아니다. 예(禮)를 통해 무엇이 옳고 그른 것인가를 철저하게 교육시켜서 만들어 가야 하는 것이다. 도가에서와 같이 인간에게는 자연성이라는 성품이 존재하지만 순자에게 자연성은 도가의 그것과는 사뭇 다른 측면을 지닌다. 노자에게 인간의 욕심은 선천적인 것이 아니지만 순자에게 인간의 이기심과 욕심은 선천적인 것이다. 그러므로 이를 적극적으로 조절하고 줄여나가야 하는 것이다. 이처럼 인성의 외재적인 측면을 강조하는 견해는 인성이 본래 선하거나 완성되어 있다는 가정을 거부한다. 불완전한 상태로 인성이 내적으로 존재하기 때문에 이를 외부에서 교정시켜야 하는 것이다. 따라서 인성의 내재적 측면을 강조하기보다 인성의 가변적 측면을 강조한다.

플라톤의 제자인 아리스토텔레스(Aristoteles, B.C.384~B.C.322)는 플라톤과 다르게 인성으로서 '덕(virtue)'의 외재적 측면을 중시하였다. 플라톤은 '아는 것과 행하는 것이 함께 일어난다'라고 보는 반면, 아리스토텔레스는 '양자가 별개로 일어난다'라고 생각하였다. 플라톤은 덕을 지니기 위해서는 올바른 앎을 습득함으로써 자연히 그것이 가능해지지만, 아리스토텔레스는 올바른 앎이 있더라도 도덕적인 실천을 담보할 수 없다고 본다. 아리스토텔레스가 이처럼 이론적 측면과 실천적 측면을 나누어 생각하는 이유는 덕성 또한 두 부분으로 이루어졌다고 보기 때문이다. 아리스토텔레스는 성품의 탁월성을 뜻하는 덕을 '지성의 덕(intellectual virtue)'과 '도덕의 덕(moral virtue)'으로 나누고 있다. 인간의 정신에서 이성적 부분과 관련된 지성의 덕은 무엇이 옳고 그른가에 대해 이해하고 판단하는 것을 포함하며, 도덕의 덕은 실천을 일관되고 지속적으로 실행하는 습관화된 행동으로 생겨나는 것이다.

아리스토텔레스의 경우, 인간만이 이성을 지니고 있기 때문에 인성은 이성과 밀접히 연관되고 이성의 탁월함이 바로 덕이므로 인성은 덕성이라고 볼 수 있다. 그에게 덕성은 내재된 앎만으로는 발현되기 힘들다. 반드시 실천을 통해 꾸준히 습관으로 자리 잡아야 진정한 덕이 갖추어질 수 있다. 그러므로 아리스토텔레스는 '덕의 습관화'를 위한 도덕교육을 강조하였다. 플라톤과 비교해볼 때 아리스토텔레스는 인성의 내재적 측면보다는 외재적 측면을 옹호한다. 플라톤은 인간의 정신을 나눌 수 없는 하나의 것으로 보았지만, 아리스토텔레스는 인간의 정신을 여러 측면으로 나누어 보았다.

근대에 들어서면서, 인간의 본성을 바라보는 관점에서 외부의 역할을 중시하는 사례는 홉스(Hobbes, Thomas, 1588~1679)와 로크(Locke, John, 1632~1704)에게서 찾아볼 수 있다. 홉스는 순자와 유사하게 자연 상태에서 인간의 본성은 이기적이라고 본다. 자신의 안전을 지켜주는 울타리가 존재하지 않는 자연에서 인간은 철저히 자기보존의 원리에 따라 생활한다. 따라서 개별적인 인간들은 자신을 보호하기 위해 이기적이며 탐욕적으로 행동한다. 이러한 상태를 홉스는 '만인에 대한 만인의 투쟁'이라고 표현하였다. 그러면서도 홉스는 완벽한 이성이 작용할 수 있는 환경을 허용할 때, 인간이 평화를 추구하고 안전을 추구하는 욕구도 있다고 주장한다. 그럼에도 불구하고 홉스는 기본적으로 순자와 같이 자연 상태에서 인간의 본성은 악하다고 강조한다.

로크는 『인간오성론(人間悟性論)』에서 인간의 모든 생득관념을 거부하고, '지식은 모두 경험에서 온다'라고 말한다. 로크는 홉스와 달리 자연 상태에서 인간은 이성적이고 도덕적인 존재로 가정한다. 그에게 도덕성이란 행복을 추구하는 인간 행동의 규범이다. 선이란 우리 속에 쾌락을 일으키거나 증가시키는 경향이 있는 것이거나 고통을 감소시키는 것으로 규정되며 악이란 그 반대이다. 이처럼 로크에게 도덕성의 문제는 쾌락과 고통의 문제로 치환된다. 따라서 인간이 쾌락을 추구하고 고통을 회피하려는 것은 인간의 자연적 본성이다. 홉스와 마찬가지로 로크에게서 인간의 타고난 본성에만 의지하는 것은 매우 위험한 생각이다. 인간이 타고난 성품이 어떠한가는 부차적인 문제로 양자에게서 인성을 제대로 이끌게 하기 위해서는 반드시 외재적 노력이 필수적이다. 이처럼 인성의 외재적 측면을 강조하는 경우, 인간의 본성을 자연에만 맡겨둔다면 이는 본성에 해악을 불러오는 것이다. 그러므로 외부에서 타고난 인성을 바람직한 방향으로 이끌어가기 위한 적극적인 교육이 필요하다.

3. 절충적 관점

앞에서 고대 동아시아의 유학자인 맹자와 순자가 인성을 바라보는 관점을 간략하게 언급하였다. 맹자는 내재적 인성의 측면에서, 순자는 외재적 인성의 측면에서 다루었다. 그러나 맹자와 순자의 스승인 공자(孔子, B.C.551~B.C.479)는 기본적으로 성(性)에 대한 언급을 거의 하지 않았다. 『논어』에서 성(性)을 언급한 경우는 두 군데에 지나지 않는다. 하나는 『논어』「공야장(公冶長)」편에서 제자 자공(子貢)이 언급한 것이다. 자공은 말한다. "선생님의 문장, 즉 말씀이나 글은 접할 수가 있지만 본성이나 천도(天道)에 대한 언급은 거의 접하기 힘들다." 공자는 현실과 동떨어진 형이상학적 주제에 대한 언급을 즐겨하지 않았다. 그럼에도 「양화(陽貨)」편에서는 공자가 성(性)에 대해 아주 간략하게 언급하고 있다. 즉 "성품[性]은 서로 비슷하나, 습성[習]으로 서로 멀어진다." 여기서 공자는 인간이 태어날 때는 본성의 차원에서 큰 차이는 없다. 하지만 후천적·환경적 요인에 의해 서로 많은 차이가 생겨난다고 보았다. 공자에게서 인간의 본성은 생득적 측면과 후득적 측면의 양자가 공존한다고 볼 수 있다. 이는 『중용』 1장에서 천(天)으로부터 부여받은 성(性)의 측면을 긍정하면서도 외부적 요인에 의해 언제든 변화할 수 있음을 말한 것이다.

이 밖에도 '인(仁)' 개념을 통해서도 공자의 인성관을 살펴볼 수 있다. 인(仁)은 사람 인[人] 두 글자가 합쳐진 회의(會意) 문자이다. 『논어』에서 인(仁)은 인간의 내면에 확립된 태도의 특성이나 그것을 실제로 체득한 사람을 가리킨다(정대환, 1984: 188). 구체적으로 살펴보면 인(仁)은 맥락에 따라 상이하게 정의되지만 하나로 관통하는 개념은 바로 '관계성'이다. 인(仁)이라는 글자에 내포된 인간과 인간 사이 사회적 관계성이 상황에 따라서 다르게 드러나는 것일 뿐이다. 충서(忠恕)가 나를 통해 타인을 돌아보는 것이라고 할 때 인은 나와의 관계성을 포괄하는 개념이다(권선향 · 지준호, 2016: 390). 따라서 인은 개인의 내재적 측면과 사회적 측면 모두를 포괄한다. 앞서 살펴본 성(性)의 측면과 인(仁)의 측면을 종합적으로 살펴보면, 공자의 인성에서 내재적 측면과 외재적 측면을 함께 찾아볼 수 있다. 이러한 두 측면이 각각 맹자와 순자를 통해 강조된 것이라고 볼 수 있다.

소크라테스는 덕의 내재적 측면을 강조하였으나 아리스토텔레스는 습관화를 통한 외재적 측면을 중시하였음을 이미 언급하였다. 이에 비해 플라톤(Plato, B.C.429~B.C.347)은 다소 절충적 입장에 있다. 플라톤은 인간마다 타고난 천성(天性)이 존재한다고 하면서도 인격은 훈련에 의해 교육된다고 하였다. 이처럼 그는 인성의 내재적 측면과 외재적 측면을 동시에 강조하였다. 플라톤이 언급한 인성의 내재적 측면은 영혼설 가운데 정신의 세 부분인 '이성(理性)', '용기(勇氣)', '욕망(慾望)'에서 드러난다. 그는 인간의 정신에 상이한 세 가지 측면인 '이성 · 용기 · 욕망'이 존재한다고 보았다. 이 세 측면은 각각 고유한 기능을 수행한다. 이들이 조화를 이루는 것이 정신의 건강이며, 이것이 조화로운 인격을 나타낸다. 그러나 인간의 인격은 후천적으로 만들어진다. 생득적인 것이 아니다. 플라톤은 환경의 영향력을 강조하며, 인간의 특별한 천성인 능력을 계발시키기 위해서는 계획적으로 양육하는 것이 중요하다고 보았다.

그러면서도 플라톤은 정신의 내재적 측면에 대해 부정하지 않는다. 인간의 영혼에는 이성적 본성과 비이성적 본성이 존재하는데, 이성적 본성은 뇌에 있으며 지혜를 이룬다. 비이성적 본성 가운데 용기와 절제는 각각 가슴과 간에 있다. 이러한 본성은 사람마다 타고난 것이 다르다. 지혜가 출중한 사람은 통치자, 용기가 출중한 사람은 군인, 절제가 출중한 사람은 농부와 같은 생산자 계급이 되어야 한다. 플라톤에게 인성은 위에서 언급한 인격과 이성 · 용기 · 절제의 덕과 연관지어 볼 수 있다. 개인이 가진 능력의 생득적 측면보다 가변적 측면을 중시하지만, 타고난 능력에 맞는 계급을 주장한 것은 인성의 내재적 측면 또한 강조한 것으로 볼 수 있다.

18세기 유럽의 합리론과 경험론을 종합한 칸트(Kant, I. 1724~1804)는 인성에서도 절충적 입장에 선다. 칸트는 인간의 정신에는 '인식', '감정', '욕구' 능력이 선험적으로 주어져 있다고 본다. 칸트의 이러한 세 가지의 측면 중에서도 '인식' 능력의 하나인 '오성'은 판단 능력을 담당한다. 칸트는 『순수이성비판』을 통해 이성, 즉 협의의 의미에서의 오성을 매우 중시하였다. 이성은 다른 동물과 다르게 인간만이 가지는 고유한 정신작용이다. 이 세상에서 유일한 이성적 피조물인 인간은 개인으로서가 아니라 집단적 존재로서만 이성 사용을 지향하는 자신의 자연적 소질을 완전히 계발할 수 있다(Kant, 1788: 35). 이를 통해 볼 때, 칸트는 선험적 판단 능력인 이성을 인성의 고유하고 본연적 측면으로 파악하였다. 인간이 인간다울 수 있는 것은 이성을 가지고 자유로운 의지에 의해 스스로 규범을 세우는 '입법자'이기 때문이다(Kant, 1785: 67). 또한 인간은 이성적 사고를 통해 존엄한 존재가 되는데 거기서 인격성을 찾을 수 있다. 인간은 인간이기 때문에 '이미 실현된 완성과 가치(인격의 실체적인 완성)'로서의 인격 개념, 그리고 '실현해야 할 완성과 가치(인격의 실존적 완성)'로서의 인격 개념을 함께 가지고 있다(김영래, 2019: 66~74). 이처럼 칸트에게 인성의 측면은 이성과 인격으로부터 찾아볼 수 있다. 또한 칸트는 도덕적 인격 완성을 위해서는 교육적 측면을 매우 강조하였다. 그는 학생들에게 어릴 때부터 규칙에 맞게 생활하는 습관을 길러야 한다고 주장한다. 여기서 인간은 본연적 측면으로의 내재적 인성과 그것을 완성해 나가는 측면으로서의 외재적 인성을 지닌다고 볼 수 있다.

이상으로 인성의 절충적 측면을 강조하는 견해에 대해 살펴보았다. 인성은 타고난 측면이 존재하지만, 후천적으로 다양한 요인에 의해 충분히 다르게 변화될 수 있다. 그러므로 본연성을 선하게 보존하고 함양하는 것과 별개로 지속적으로 교육과 같은 외부에서의 도움이 병행되어야 한다. 앞서 살펴보았던 인성의 본연성을 있는 그대로 보존해야 한다는 주장과 바람직한 인성은 인위적인 노력을 통해 조성해야 한다는 주장은 양자 모두 절충적 입장에서 유효하다.

Ⅲ. 기존 인식의 비판과 재성찰

인성에 대한 다양한 관점은 인성교육의 방향을 정하는 데 결정적인 역할을 한다. 인성을 어떻게 규정하는가에 따라 교육에 대한 접근방식 또한 변하기 때문이다. 인성을 내재적 측면에서 파악할 때 교육의 역할은 최소화해야 할 것이며, 외재적 측면에서 파악할 때는 교육의 역할을 극대화해야 할 것이다. 양자를 절충한 측면에서 교육의 역할은 균형점을 찾아 적절한 만큼 이루어져야 한다. 큰 틀에서 보면, 이러한 인성에 대한 관점은 인성교육의 방향을 결정한다고 볼 수 있다. 그렇다면 각각의 인성에 대한 관점들은 교육에 대한 어떠한 접근법과 연계되는가? 이제는 인성에 대한 관점들을 교육에 대한 접근법들과 함께 고찰하면서 비판적으로 살펴본다. 그럼으로써 인성에 대한 관점들을 보다 객관적으로 고찰함과 동시에 이제까지의 인성교육의 방향 설정에 대해서도 시사점을 찾아볼 수 있다.

1. 자연주의 접근법에서 본 내재적 관점

동아시아의 전통에서 바라보는 인성은 대체로 내재적 측면을 강조한다. 『중용』이나 『맹자』를 비롯하여 도가(道家)에서 인성은 본래 선한 것인데 외부의 요인에 의해 악한 쪽으로 기울어질 수 있다. 인성의 내재적 측면을 강조하는 경우, 바람직한 인성은 적극적으로 교육하는 것보다 자발적으로 발현되도록 도와주어야 한다. 여기서 교육은 외부의 개입보다는 내재적 인성을 함양하는 방향으로 나아가야 한다.

내재적 측면을 강조한 학자들에 따르면, 자연 중심, 아동 중심의 교육원리를 도출할 수 있다. 특히, 근대교육의 선구자인 루소의 교육사상은 자연주의에 기반을 두고 있다. 그는 교육목적과 그에 이르는 방법적 측면에 자연의 원리를 도입하였다. 그에게 교육은 자연에 따르며 사는 소극적인 작업이다. 따라서 아동의 입장에서 발달 단계에 따라 이루어지는 아동 중심 교육이다. 이러한 그의 교육사상은 페스탈로치(Pestalozzi, 1746~1827)에게 직접적으로 영향을 미쳤으며 페스탈로치는 루소의 이론을 구체적으로 발전시켰다.

페스탈로치는 인간의 선천적인 본성을 계발하는 것이 교육의 본질이라고 주장한다. 그에게 참된 인간은 스스로의 본성을 자연적인 순리에 따라서 조화롭게 발전시킴으로서 가능하게 된다. 여기서의 자연은 '자연의 순리'에 의한 자율의 원리와도 같다. 이처럼 페스탈로치의 교육은 자연의 길을 모방하여,

타고난 선한 자연의 힘을 조화롭게 발전시켜서 인격을 완성시키는 것이다. 또한 인간의 소질과 능력을 자율적으로 발전시켜 참된 인간을 육성하고 행복한 사람이 되게 하는 일이다. 그의 기본적인 주장에 따라 현대에는 독일의 발도르프 교육기관, 숲 유치원 등이 운영되고 있다. 이러한 교육기관들은 외부에서 정형화된 교육의 틀을 갖추기보다 아이들과의 즉흥적인 상호작용에 의해 만들어가는 교육을 구현하고 있다(곽노의, 2006: 255).

김유리(2016a)는 기존 인성교육에 대해 비판적 검토를 시도하면서 인성교육에 대한 내재적 관점을 강조한다. 지금까지의 인성교육은 사회가 요구하는 인성의 가치와 덕목들을 교육시키기 위한 것이었다고 비판한다. 계몽주의적인 관점에서 벗어나 인성을 내재적인 것으로 보고 스스로 발현되고 드러내도록 교육해야 함을 주장한다. 김형석(2018) 또한 도가적(道家的) 관점에서 인성교육은 인성을 만들려고 하거나 교정하고자 하는 대상이 아니다. 조심스럽게 보존되어야 할 대상으로 보면서 진행해 나가야 한다고 주장한다. 본성의 보존을 위해서는 경쟁의 원리가 아닌 겸손함이나 유연함 등의 덕목이 교육에 필요하다고 덧붙인다.

이상과 같이 내재적 측면을 중심으로 인성을 바라보는 관점에서 교육은 다음과 같은 지향점을 갖는다. 첫째, 학생 중심의 교육을 지향한다. 배움에 임하는 학생들은 태어날 때부터 미완의 존재라기보다 완성된 존재로 바라보아야 한다. 사회가 원하는 인재상을 주입하기보다 학생들이 진정으로 원하는 모습이 무엇인지에 대해 관심을 기울여야 한다. 둘째, 학생의 자발적 측면을 강조한다. 학생은 본래적으로 스스로 흥미를 느끼고 관심을 갖는 고유한 본성을 지닌다. 이러한 자율성을 억압하지 않고 발휘할 수 있도록 환경을 갖추어 주어야 한다. 셋째, 소극적 교육을 지향한다. 주입하는 교육보다는 학생의 흥미 또는 소질을 계발하고자 도와주는 교육을 주장한다. 따라서 적극적인 교육적 측면보다는 내면을 수양하거나 인격을 함양하는 측면을 중시한다. 이처럼 내재적 측면을 강조하는 관점은 타고난 인성이 외부적 노력에 의해 쉽게 변하지 않는다는 점을 전제하고 있다.

그러나 이러한 관점에서 인성교육을 한다고 할 때, 몇 가지 문제점이 제기될 수 있다. 우선 인성을 타고난 선한 본성이나 자연성으로 바라보기 때문에 인성교육의 방향이 다소 추상적이며 이상적으로 흐를 수 있다. 과연 인간의 본성이 선하다고만 볼 수 있는가? '자연성' 또는 '자연스러운 원리'는 구체적으로 무엇을 뜻하는가? 현실적인 교육의 틀 안에서 이러한 내재적 측면을 강조하는 인성교육이 얼마나 실현될 수 있을지에 대해서는 의구심이 제기될 수 있다. 이러한 이유로 인성교육에서 구체적인 목표나 내용을 세우는데, 상당한 어려움이 생기는 측면이 지적될 수 있다. 그것은 결과적으로 교육의 틀에서 논하기가 어렵게 될 수 있다는 부담도 내포한다.

2. 역량 중심 접근법에서 본 외재적 관점

앞에서 인성의 외재적 측면을 강조하는 흐름은 순자, 아리스토텔레스, 홉스, 로크 등에서 찾아볼 수 있었다. 이들은 내재적 측면에서 인성을 바라보는 입장과 달리 인간의 본성이 타고날 때부터 선하지 않다고 주장한다. 자연상태 즉 외부에서 의도적으로 인간을 변화시키려고 하지 않는다면 인성은 악한 방향으로 흘러간다. 따라서 외부에서의 의도적이고 목적을 가진 노력이 주어져야 한다.

아리스토텔레스의 습관을 통한 덕교육의 관점에서 보면, 인성은 타고난 것이기보다 교육을 통해 형성되는 것이다. 이러한 전통적인 관점에서 인성은 일련의 사건이나 상황에서 어떻게 행동하는 것이 좋은지를 결정하는 '습관 양식의 모음(profile of habits)'이다(Williams & Schaps, 1999: 16). 이에 따르면, 좋은 인성은 좋은 습관, 즉 덕(virtue)을 기르는 일이다. 이는 가정이나 학교 등, 아동 외부의 교육을 통해 꾸준히 노력을 기울여야 한다. 바람직한 인성은 자연스럽게 함양되는 것이 아니라 교육을 통해 의도적으로 만들어져야 하는 것이다.

덕목 중심 교육에서 나아가 근래에 강조되는 역량 중심 교육 또한 이러한 인성의 외재적 관점을 중시하는 입장에서 파생된 것으로 볼 수 있다. 역량기반 교육과정은 지식기반사회의 도래와 신자유주의의 흐름 속에서 자원으로서의 인적 측면의 효율성을 추구하기 위해 도입되었다. 즉 다양한 사회적 요구를 교육에서 수용하여 급변하는 사회 변화에 능동적으로 대처하기 위해 역량을 중심으로 교육을 개혁하려는 접근이다(김혜영·이숙정, 2012: 17). 이러한 역량 개념은 덕목 중심 인성교육과 접목되어 덕목의 하위 요소로 구체적인 역량 개념들이 설정되었다(김영래 외, 2015; 유병열, 2015). 역량 개념은 덕 윤리를 보완하거나 구체화하는 개념으로 쓰여짐은 물론 덕목과 동등한 개념으로까지 폭넓게 받아들여지고 있다. 역량기반 인성교육은 인성이 갖추어야 할 구체적인 능력들을 상정하고, 이를 교육기관을 통해 길러낼 것을 주문한다.

역량 중심 인성교육과 같은 인성의 외재적 측면을 중시하는 관점에 따르면, 인성교육의 지향점을 유추해 볼 수 있다. 첫째, 교사 중심 교육관을 지향한다. 학생들은 미완성인 상태이기 때문에 보다 완성된 인성을 지닌 교사의 주도로 인성교육이 이루어져야 한다. 교사를 포함한 교육기관은 일정한 목표에 따라 학생들을 이끌어가야 한다고 주장한다. 둘째, 주입식 교육을 강조한다. 학생의 자발성보다는 올바른 교육의 방향을 정해놓고 그곳으로 학생을 이끄는 방식의 교육을 중시한다. 급변하는 사회적 요구에 따른 필요한 능력들을 설정해놓고 이러한 능력들을 길러내기 위해 노력해야 한다. 셋째, 적극적 교육을 주장한다. 외부에서 교사 또는 학교 등의 교육 주체를 통해 이끌어가는 목표지향적인 교육을 중시한다. 교육과정은 사회적 요구가 다양해질수록 보다 많은 능력을 기르도록 하는 요구사항에 따라 점차 팽창되어 간다. 이와 같은 외재적 관점의 근본에는 인성 또한 다른 능력들과 같이 원하는 방향으로 얼마든지 변화시킬 수 있다는 점이 전제되어 있다.

조난심 외(2005)에 의하면, '인성'은 사람이 태어나면서 가지고 있는 성격이나 특질의 개념이 아니라, 의도적인 교육이나 학습에 의해 습득하거나 변화가 가능한 인간의 성품이라고 정의된다. 이런 정의에 의하면 인성은 타고난 측면을 가진 불가변적인 특성이 아니다. 의도를 가지고 외부에서 교육하여 변화시켜야 하는 인간의 특정한 능력과도 같은 것이다. 앞서 언급한 역량기반의 인성교육관과 매우 흡사하다.

김호연(2016)은 「인성교육진흥법」에 명시된 '인성교육'은 덕과 역량을 보완관계로 보는 관점을 토대로 덕스러운 행위와 함께 그것의 발현을 돕는 역량에 관심을 두고 있다. 이에 따라 덕 윤리와 역량 개념을 살펴본 뒤 유사성과 각각의 강점 및 한계를 밝혀 현재의 인성교육에 도입된 역량의 필요성에 의문을 제기한다. 이 지점에서 현대 덕목 개념의 모체인 아리스토텔레스의 덕 윤리와 역량 개념을 구체적으로 탐색하고, 그 결과 덕 윤리 자체에 역량이 내포되어 있으며, 따라서 인성교육에 역량을 도입할 필요성이 있는지에 대해 회의한다. 신창호(2019) 또한 현재 시행되고 있는 인성교육은 학교 교육을 통해 기르려는 '역량'을 제시하고 있는 실정을 제시하면서, 이 '역량'이 인성교육의 차원에서 충분한 신뢰성을 확보하고 있는지, 또한 꼭 필요한 것인지에 대해 의문을 제기한다.

이러한 접근법에 의하면, 인간의 자율적인 측면을 경시한다는 문제점을 내포한다. 학생이 본래 가지는 흥미와 관심보다는 바람직한 방향으로 이끌어가야 한다는 주입식 교육이 인성교육에도 가능한가라는 의문이 제기된다. 사회적 요구에 부합하는 인재만을 길러낸다면, 교육의 목적은 개개인의 행복한 삶보다는 사회적 효용에 치중하게 된다. 행복하지 못한 개인들이 모인 사회 또한 건강하지 못할 수밖에 없음은 자명하다. 또한 인성의 타고난 부분을 무시하고 바른 인성으로 만드는 것이 교육을 통해 가능할지 의문이 든다. 교육이 학습자에게 피상적이 아닌 유의미한 효과를 가져오기 위해 학습자의 자발성이 기본이 되어야 한다는 것은 인지주의 심리학과 구성주의 교육의 주요한 발견이다. 인성은 단시간에 교육될 수 있는 것이 아니다. 뿐만아니라 인지·정의·행동에 통일적인 변화를 가져오기 위해서는 학생 자신으로부터 우러나오는 노력이 필요하다.

3. 구성주의 접근법에서 본 절충적 관점

인성에 대해 절충적 입장에 있는 학자들은 인성의 본래성을 인정하지만 가변적인 부분도 강조한다. 공자는 사람의 본성은 하늘[天]로부터 부여받았음을 받아들이지만 내적 측면과 함께 사회적 측면에서 이를 바람직하게 교육시켜야 한다고 주장한다. 플라톤 또한 교육을 통한 인격의 완성을 강조하지만 천성에 따라 인간의 지위가 결정된다는 입장이다. 이들은 모두 인성이 선천적으로 타고남을 주장하는 동시에 인성의 후천적 가변성을 강조하는 절충적 측면을 주장하는 것으로 볼 수 있다.

이와 같은 입장의 대표적 형태는 구성주의적 접근방식이다. 이 접근은 피아제(J. Piaget, 1896~1980)의 구성주의적 접근에 기반한 것으로 인성은 사회적 맥락 안에서 구성된다는 것이다. 여기에서 윤리적 결정 또는 행위는 절대적으로 고정된 것이 아니라 상황과 맥락에 따른 것이다(Howard, Berkowitz & Schaeffer, 2004: 192). 도덕성의 발달은 외부적으로 바람직한 가치를 내면화하는 것이 아닌 구성적인 과정이다(DeVries, Hildebrandt & Zan, 2000: 11). 즉 바람직한 인성은 타고난 발달단계에 따라 자연스럽게 이루어져야 하지만 사회적 관계나 맥락에 의해 형성되는 것이다.

구성주의적 접근과 관련 있는 대표적 인물에 듀이(J. Dewy, 1859~1952)가 있다. 흔히 듀이를 언급할 때 '아동 중심' 교육을 함께 언급한다. 아동 중심 교육이라고 하면 앞서 언급한 것처럼 아동의 흥미와 자발성을 최대한 존중하여 이를 온전히 발현시키는 것이라고 생각하기 쉽다. 그러나 듀이의 사상을 자세히 들여다보면, 오히려 그는 루소 등에 영향받은 근대 개인주의적 아동관이 아동의 인성에 내재된 잠재력을 이상적으로 그려냄으로서 나태한 탐닉이나 방임에 그칠 위험이 있다고 비판한다(이태영 · 양은주, 2015: 112). 듀이에게 아동 중심이라는 의미는, 교육이 실질적으로 효과를 가지기 위해서는, 아동의 흥미와 자발성에서 시작해야 한다는 것이지 아동의 흥미와 자발성만을 우선시한다는 의미가 아니다. 이렇게 본다면 듀이의 실험학교는 오히려 '공동체 중심'에 가깝다고 할 수 있다. 그는 최선의 교육은 사람들과 적절한 관계를 맺음으로써 이루어진다고 보았다. 또한 그의 실험학교는 공동체에 기반한 실생활 교육을 표방하였다(마틴 드워킨, 황정숙 역, 2016: 38) 이처럼 듀이에게 인성교육은 아동에게 내재된 흥미와 자발성을 기본으로 하면서도 사회적 관계를 통해 끊임없이 형성해가는 과정이라고 말할 수 있다.

「인성교육진흥법」을 비롯하여 다수의 현대 학자들은 이러한 절충적 관점을 채택하고 있다. 이 관점에 따르면, 다음과 같은 교육적 지향점을 갖는다. 첫째, 학생 중심적 관점을 기본적으로 가지면서 외부적 도움은 필수적으로 고려한다. 학생의 인성에 대한 기본적 믿음을 바탕으로 조력자로서 교사의 역할 또한 중시한다. 학생은 태어나면서부터 그 자체로 완성된 존재이지만 외부와의 상호작용을 통해 끊임없이 성장한다고 주장한다. 둘째, 자발적 교육과 주입식 교육의 적절한 균형을 중시한다. 학생의 자율성을 존중한다는 것이 교육을 하지 않는다는 방임을 의미하지 않는다. 학생들에게는 민주주의, 생명 존중과 같은 기본적이고 필수적인 인성의 가치·덕목에 대한 교육이 필수적이다. 셋째, 교육의 적극적 역할을 중시하지만 아동의 내면적 요구에 기반한다. 교육은 기본적으로 학생들의 인성이 자랄 수 있는 환경을 제공하는 역할을 한다. 교육기관은 환경을 제공하고 도움을 주지만 이를 강요하기보다 학생들이 각자 흥미와 능력에 따라 상호작용할 수 있도록 관심을 기울여야 한다.

이처럼 근래에는 내재적 측면과 외재적 측면을 동시에 고려해야 한다는 연구들이 다수 존재한다. 유재봉(2016)은 「인성교육진흥법」을 논하면서 인성 개념을 인간의 본성에 비추어보는 관점(생득적)과 규범적인 방식으로 분석하는 관점(후천적) 두 가지로 분석하고 있다. 정창우(2015c) 또한 「인성교육진흥법」을 토대로 인성교육을 도덕적 덕의 차원(내면 건전 가꾸기)과 시민적 덕의 차원(타인, 공동체, 자연과의 관계)의 종합으로 이해한다. 이외에도 인성의 핵심적 구성요소들로 종합적인 관점을 제시하는 경우도 있다.

강선보 외(2008)는 인성과 인성교육의 개념이 관점에 따라 다르게 서술되므로, 종교적 관점(유교·불교·도교·기독교)과 역사적·철학적 관점(서양·개화기·도덕철학·포스트모던)으로 나누어 고찰하고 있다. 고미숙(2017)은 새로운 인성 개념으로 '역량 잠재성'을 제안하였다. 기존의 인성교육에 대한 역량 접근 방법을 비판적으로 인식하며, 역량과 역량 잠재성의 개념을 구분하여 역량이 아닌 역량 잠재성 접근방안으로 인성교육에 접근해야 한다고 본다. 역량은 '사회의 복잡한 요구 및 과제를 성공적으로 수행해내는 능력으로서 기능적'인 것이고, 역량 잠재성은 '인간이 존엄한 삶을 살기 위해 발달시켜야 하는 선택의 기회, 자유로서 규범적'인 것이다.

절충적 관점에 따르면, 앞의 두 관점에 비해 종합적인 측면과 입체적인 인성의 측면을 고려 가능하다는 장점이 있다. 그러나 다양한 관점이 종합되면서 개념들이 단순히 나열되고 합치되는 경향이 있다. 강선보 외(2008)의 경우, 다양한 인성에 대한 관점을 종합하면서 21세기 인성의 구성요소를 관계성, 도덕성, 전일성, 영성, 생명성, 창의성, 민주시민성으로 7가지로 제시한다. 이러한 다양한 개념들이 인성을 구성한다고 한다면 이는 인성에 대한 '가법적(加法的) 관점'이다. 가법적 관점은 이홍우(1996)가 제시한 전인교육의 두 가지 관점 가운데 하나이다. '가법적'이라는 것은 더하기를 하듯이 몇 가지 요소들이 단순히 결합된 상태를 의미한다. 이에 대비되는 개념인 '승법적(乘法的) 관점'은 곱하기를 하듯이 어떤 요소가 다른 요소를 필연적으로 요구하는 상태로 요소들 사이에 강하게 결합된 상태를 의미한다. 따라서 인성에서 가법적 접근이라는 것은 인성을 구성하는 요소들이 서로 별개로 존재하는 상태를 말한다. 가법적 관점은 인성에 대해 구체적이고 명확한 개념을 주지 못할 뿐 아니라 인성의 방향성에 명확한 지침을 주기 힘들다. 또한 고미숙(2017)이 역량에 대한 대안적 개념으로 제시한 '역량 잠재성' 또한 외재적 관점을 규범적 측면에서 보완하고 있지만, 이 또한 다소 불분명한 측면이 존재한다.

Ⅳ. 결어

앞에서 살펴본 세 가지 관점은 모두 인성과 교육의 방향성에 대해 적지 않은 함의를 던진다. 인성에 대한 세 가지 관점에는 각각 장단점이 존재한다. 이에 대한 비판적 고찰은 앞으로의 인성의 개념에 대한 통찰력을 제공해줄 수 있다.

첫째, 내재적 관점은 인성의 본연성을 자연성과 같이 보기 때문에 자칫 추상적이고 이상적인 방향으로 흘러가 교육의 틀에서 구체적인 논의가 어려워질 수 있다. 동아시아 유교에서 성인(聖人)·군자(君子)가 되기 위한 인격 함양·수양 등의 측면은 학교 교육에서 실현하기가 쉽지 않다. 특히, 맹자가 강조한 '호연지기(浩然之氣)'는 하늘과 땅 사이에 가득찬 웅장한 기운으로 선한 마음을 확충하면 생겨나는 높은 경지이다. 이러한 호연지기를 현재의 교육시스템에서 학생들에게 길러주는 것은 매우 어려운 작업이다. 이러한 접근법에 따르면, 교육자는 높은 인격을 갖추어 그것이 저절로 학생들에게 감화를 일으켜야 한다. 그러나 높은 도덕성과 인격을 지닌 교육자가 현실적으로 가능할지 의문이다. 교사라는 위치가 직업으로서 갖는 의미가 커진 현실에서는 거의 실효성이 없다. 또한 자연을 벗 삼아 인간의 자연성을 기르고자 하는 자연주의 접근법 또한 실질적인 수행에 어려움이 따를 수밖에 없다. 지금의 교육환경은 자연과 분리되어 있기 때문이다. 그럼에도 불구하고 내재적 관점은 학생들의 인성에 대해 기본적으로 믿음을 준다. 인간은 태어날 때부터 선한 인성을 지닌다고 생각하기 때문에 학생들도 그 자체로 긍정적이고 자긍심을 지닐 수 있다.

이에 반해 외재적 관점에서는 학생들의 인성에 대한 신뢰보다는 교육을 통해 개조시켜야 할 대상으로 본다. 그러므로 학생들에게 끊임없이 바람직한 측면들을 주입하려는 압력이 가해진다. 급변하는 사회에 적응하기 위해서는 다양한 요구사항이 제시될 수밖에 없다. 인성 또한 이러한 역량들을 갖추어야 한다. 그러나 그러한 역량들이 갖추어져야 바람직한 인성이라고 규정할 수 있는가? 또한 변화하는 사회에 맞추어 인성 또한 끊임없이 달라져야 하는가? 또한 달라질 수 있는가? 만약 이데올로기에 의해 인성을 변화시키려는 사회가 존재한다면, 오히려 의도적인 교육에 의해 인성이 파괴될 위험이 있을 수도 있다. 이렇게 된다면 교육과 올바른 인성 함양은 별개의 것이 되어버린다. 그렇다고 하더라도 외재적 관점은 인성에 대한 교육의 가능성을 논할 수 있도록 도와준다. 인성은 타고나는 측면보다 가변적인 측면이 강하므로 이에 대한 교육과 환경적 요인에 힘을 기울일 수 있도록 해주는 것이다.

앞의 두 관점에 대한 절충적 관점은 양자의 장점을 포괄할 수 있는 이점이 있다. 인성의 타고난 측면과 가변적 측면을 함께 인정함으로서 교육의 가능성에 대해 열려있으면서도 그 출발점을 학생으로부터 시작하도록 이끌어준다. 이러한 관점은 구성주의적 접근법에서 보았듯이, 인성교육의 효과성을 높일 수 있는 기회를 제공한다. 그러나 절충적 관점이 내재적·외재적 관점을 단순히 조합한다면, 이는 자칫 양자의 장점을 살리지 못한 애매한 위치에 자리할 수도 있다. 왜냐하면 양자를 절충하는 방법에 따라 두 가지 방식의 절충적 관점이 생겨날 수 있기 때문이다.

절충적 측면으로 인성을 바라보는 관점은 1차적으로는 생득적·내면적·개인적으로 보고, 2차적으로는 후천적·외부적·사회적으로 보는 인성의 층위를 가진다. 여기에서는 1차적 층위를 내재적 측면이라고 통칭하고 2차적 층위를 외재적 측면이라고 통칭하였다. 강선보 외(2008)의 경우와 같이 인성의 핵심 요소로 7가지를 제시하면서 이러한 개념들이 인성을 구성한다고 한다면, 이는 인성에 대한 물리적 접근이다. 이에 비해 인성의 두 측면을 아우르면서 대안적 개념을 제시하는 경우는 화학적 접근이라고 볼 수 있다. 물리적 접근은 인성 개념을 고려할 때 중요하다고 생각되는 개념들을 나열하고 있다. 이는 덕목 중심 접근에서 중요한 덕목들을 나열하여 제시하는 것과 다르지 않은 접근법이다. 이렇게 제시하는 것은 인성에 대한 함의를 제시해줄 수는 있지만, 인성의 개념에 대해 구체적이고 명료한 개념을 부여해주지는 못한다. 그러므로 인성에 대한 포괄적이면서도 공감이 되는 개념을 제시하기 위해서는 화학적 접근이 필요하다.

제4장

인성교육 프로그램의 덕목 분석

I. 서언

경쟁과 성공을 앞세운 사회에서는 교육이 그것에 이르는 가장 중요한 사다리라는 인식이 팽배해진다. 그런 세태 속에서는 학벌과 학력이 최우선시되어 대학입학은 절대적인 대의로 굳어진다. 이러한 경직성은 학교 교실 환경에도 직접적으로 영향을 끼쳐 줄 세우기식 성적 위주의 경쟁을 가속화 한다. 그 결과 학생들의 정신적인 빈곤은 더욱 심화되어 그들의 자유와 행복은 심각하게 위협받고 있다(정창우, 2015b/2015c).

이러한 환경에 처해 있는 학생들은 학교 동료조차도 협력하고 배려하며 포용의 대상으로 인식하지 않는다. 늘 다른 학생들보다 더 많이 가져야 하고, 더 잘해야 하며, 더 높이 존재해야 한다는 경쟁의식에 빠진다. 자신보다 어려운 상황에 빠져 있는 아이들에게 극심한 왕따나 집단적 폭력으로 소외시키는 사례가 비일비재해졌다. 그로 인한 청소년자살과 같은 문제가 심각하게 야기되었고, 급기야 우리 사회에서는 이러한 문제에 대해 적극적으로 대처할 것을 요구하게 되었다. 그 대표적 사례가 2015년「인성교육진흥법」제정이다. 인성교육과 관련한 구체적인 법 제정을 계기로, 지속적인 인성교육 실행을 위한 사회적 의지가 표명되고 교육적 여건이 마련되었다. 즉「인성교육진흥법」은 인성 회복을 위한 국가적 수준의 전개로 미래사회를 위해 바람직한 공동체적 가치 체계를 수립하고, 이를 바탕으로 공동체적 이상을 구현하기 위해 계획되었다.

「인성교육진흥법」에서는 인성교육의 핵심 가치·덕목으로 여덟 가지를 적시하였다. 즉 '①예(禮), ②효(孝), ③정직, ④책임, ⑤존중, ⑥배려, ⑦소통, ⑧협동'이다. 핵심 역량으로는 세 가지를 제시하였는데, 그것은 '①지식, ②의사소통능력, ③갈등해결능력'이다. 핵심 역량은 핵심 가치·덕목을 실천하고 실행하는 작업과 관련된다. 그러나 인성교육의 강화는 '바람직한 인간교육'이라는 교육의 목표 측면에서 그럴듯해 보이지만, 인성교육을 법제화한 유일한 나라라고 할 만큼 「인성교육진흥법」의 제정은 이례적이기도 하였다. 그러다 보니 정부 주도의 전개와 심지어 법제화까지 하는 것이 마땅한지에 대한 논쟁에서, 실제 이 인성교육을 시행하는 데에도 여러 어려움과 문제점들이 있다는 것이 관련 연구의 공통된 지적이다.

이런 가운데서, 보다 근본적인 우려는 '인성교육의 방향이 올바르게 정의되고 있는가?'이다. 즉 '인성교육은 무엇이며, 인성교육의 내용을 무엇으로 채울 것인가?'에 대한 답을 찾는 노력은 도외시한 채, '인성교육을 어떻게 할 것인가?'라는 방법에만 몰두하고 있는 모습이라는 것이다(권의섭, 2017). 그 결과, 인성교육은 방향을 잃은 채 표류하고 있는 난파선 형국이 된 모습이다. 이렇듯 인성교육이 교육 현장에서 잘 이루어지지 못하는 이유가 여러 가지로 지적되고 있지만, 「인성교육진흥법」에 이 여덟 가지 핵심 가치·덕목이 덕목에서만 그치고, 각 덕목에 대한 개념 정의나 행위에 대한 구체적인 실천방안이 제시되어 있지 않음으로 인하여 인성교육을 인성 요소의 교육이나 인성교육 방법으로 환원하는 경향이 있다. 여기에는 '인성교육 요소를 가르치면 인성이 길러질 수 있다!'라는 생각, 그리고 '특정 인성 요소를 함양하는 데 유용한 특정 교육방법이 있다!'라는 생각을 갖게 되어, 인성교육을 특정 프로그램을 통해 달성될 수 있는 무엇으로 상정하게 되는 우를 범하게 된 것이다(유재봉, 2016: 107).

인성교육은 사전적 의미로는 '인성의 함양을 지향하는 교육'으로 정의될 수 있다. 하지만 인성교육을 통해 함양하려는 '인성'의 의미는 다양한 맥락에서 다양한 방식으로 규정될 수 있다. 김병희·김언진(2018: 20)에 의하면, 인성교육의 맥락에서 인성은 '인성–덕목–행위'라는 세 차원으로 이해될 수 있다. 인성 차원에서 덕목 차원이 연역되고, 덕목 차원에서 행위 차원이 연역됨으로써 인성이라는 추상적 실체가 덕목을 거쳐 행위라는 구체적 실체로 전환된다. 인성은 그 자체로서 실현될 수 있는 것이 아니라 덕목과 행위라는 구체적 차원에서 실현될 수 있기 때문에, 이 구체화 과정은 인성이 개념적 실체, 지향적 가치에만 머무르지 않고 현실에서 인성교육이라는 방식에 의해 실현되기 위해서는 필수적으로 거쳐야 하는 과정이라는 것이다. 그럼에도 불구하고, 「인성교육진흥법」에서는 여덟 가지 핵심 가치·덕목을 개인적·사회적으로 요구되는 바람직한 성격 특질로 제시하고 있을 뿐, 인성교육의 내용이나 구체적 실천방안은 제시되어 있지 않다. 이러한 덕목에 대한 뚜렷한 개념 정립이나 실천 방향의 설정 없이는 인성교육 프로그램의 개발이나 개발된 프로그램을 실시하는 과정은 결국 아무 성과 없이 형식적으로 수행될 수밖에 없다.

지금까지의 인성교육 연구에 관한 분석은 연구 시기, 연구 내용, 연구 대상 등에 대한 검토를 중심으로 이루어졌다. 인성교육을 위해 개발된 프로그램이나 개발된 프로그램의 효과를 입증하는 연구에서 선정된 인성 덕목의 개념 정의와 그 덕목을 함양하기 위한 프로그램 활동과의 관련성에 대한 분석은 상대적으로 부족한 편이다. 이에 「인성교육진흥법」이 제정 발표된 2015년 이후부터 현재까지의 인성교육 프로그램에 드러난 인성교육의 내용을 덕목을 중심으로 분석해 봄으로써, 향후 인성교육 프로그램 개발에서 보다 의미있는 시사점을 줄 수 있다.

여기에서는 개념 사전과 문헌 고찰을 통해 「인성교육진흥법」의 여덟 가지 인성 덕목 가운데 '예, 효, 정직, 책임'의 네 가지 덕목에 대한 정의를 확인한다. 그런 다음, 2015년부터 현재까지 발표된 인성교육 프로그램 관련 선행연구를 검토한다. 특히, 선행연구에서 인성 덕목의 개념을 명확하게 제시하는지, 제시한 프로그램이 그 인성 덕목을 고양시키는 적합한 활동으로 진행되는지의 여부를 비판적으로 고찰한다. 분석 대상 논문은 한국연구재단의 등재(후보)지에 실린 인성교육 프로그램에 관한 연구 성과를 중심으로 유아, 초등, 중등별로 분류하여 분석·검토하였다. 한국교육학술정보원 누리집(http://www.riss.kr)에서 '인성', '인성교육', '인성교육 프로그램'을 키워드로 검색하여 도출된 연구논문 가운데 최종적으로 유아 20편, 초등 21편, 중등 16편을 선정하여 탐구하였다.

II. 「인성교육진흥법」의 덕목별 정의

「인성교육진흥법」에서 설정된 인성 덕목은 '예(禮), 효(孝), 정직(正直), 책임(責任), 존중(尊重), 배려(配慮), 소통(疏通), 협동(協同)'이다. 여기에서는 여덟 가지 가운데 '예, 효, 정직, 책임'의 네 가지 덕목을 우선적으로 살펴본다. 나머지 인성 덕목인 '존중, 배려, 소통, 협동'은 다른 기회에 다룬다. 각 인성 덕목별 정의는 사전적 의미를 비롯하여 기존의 문헌고찰과 선행연구 등을 종합적으로 참고하여 정돈하였다.

1. 예(禮)

사전적 의미로 살펴보았을 때 '예'는 '사람이 마땅히 지켜야 할 도리,' '예법에 따라 치르는 의식,' '예의로써 지켜야 할 규범,' '공경의 뜻을 나타내기 위하여 인사하는 일'로 정의된다(국립국어원, 2020). '예'는 먼 과거부터 중시되어 온 덕목 가운데 하나이다. 동아시아 유교에서는 '예'를 인간의 욕망을 적절한 수준에서 조절하고 자신의 본성을 적절하게 표현하는 틀로 여겼다(홍승표, 1999). 공자는 도덕적 인물의 전형인 군자가 자기를 정립하고 타자를 예우하는 행위의 표준으로 삼았다(임헌규, 2019b). 또한 『좌전(左傳)』「소공(昭公)」(2년)에는 "충성과 믿음은 예의 그릇이고, 겸양은 예의 근본이며 중심이다"라고 하여, 예를 '하늘의 기강으로서 백성들이 마땅히 따르고 행하여야 할 바'라고 한다. 『순자』「성악」편에는 "인간은 타고난 대로 두면 예의가 없으며 예의를 모르기 때문에 혼란스러워지고 어그러지게 된다"라고 하면서 예를 사회질서의 근간으로 삼았다. 주자의 경우, 예를 '천리와 인사의 규칙으로 보며 모든 법칙을 총괄하는 것'이라 한다(이승연, 2017). 따라서 고전적 의미의 '예'는 질서를 위하여 하늘과 인간 세계에 존재하는 마땅히 따르고 지켜져야 할 도리와 규칙 등을 뜻하는 것으로 요약할 수 있다. 여기서의 질서는 사람들 사이의 수평적인 관계에서 존재하는 것이라기보다는 임금과 신하의 상하관계에서 지켜져야 할 '예의'로 보인다.

현대적 의미의 '예'에 대해, 정창우(2015b/2015c)는 상대방의 인성을 존중할 뿐만 아니라 자기 자신의 삶을 정돈함으로써, 즉 사회적 상호작용으로서 스스로의 삶을 정돈함으로써 자신의 인성을 통합하게 만드는 일이다. 이는 예를 남에 대해서뿐만 아니라 자신에 대한 정돈으로 개념화한다. 유철식(2017)의 경우, 예를 사람과의 관계에서 사랑과 존경하는 마음이 외적으로 자연스럽게 나타나는 모범적인 태도로 본다. 김선주(2017)는 인간으로서 지켜야 할 행위규범이자 사회질서를 유지하기 위한 필수적 요소이며 같은 문화권 안에서 받아들여질 수 있는 보편적인 친근한 행위, 자발적이고 내면적인 행위, 형식보다는 인간 중심적인 편안함이 느껴지는 행위로 정의하고 있다. 따라서 현대적인 의미의 '예'란 자신에 대한 정리정돈, 상대방에 대해 내면에서 우러나오는 친근하고 규범적인 행위로서 질서를 유지하기 위한 기본적인 태도를 의미한다.

2. 효(孝)

효의 사전적 의미는 '어버이를 잘 섬기는 일'이다(국립국어원, 2020). 중국을 비롯한 동아시아 사회의 경우, 오랜 옛날부터 효를 중시 여겼다. 한국의 경우, 신라시대 때 국학에서 『효경(孝經)』을 필수 교과목으로 다루었던 것으로 보아, 효를 매우 중요하게 인식하고 있었음을 알 수 있다. 『효경』에서는 효의 본질을 "백 가지 행실이 효가 아니면 서지 못하고, 만 가지 착한 일이 효가 아니면 행해지지 못한다."라고 설명하였다. 유교의 최고 경전인 『논어』에는 "자식이 부모를 섬김에 거처할 때는 그 공경하는 마음을 다하고 부모님을 모실 때는 지극한 정성으로 기쁜 마음을 가지고 부모가 즐거워하도록 하고 부모가 병이 있으면 근심하고, 돌아가시면 슬픔을 다하고 제사 지낼 때는 엄숙한 마음을 다하는 것이다. 이러한 다섯 가지가 모두 갖추어진 뒤에라야 부모를 잘 섬겼다고 말할 수 있다"라고 하였다. 나아가 "요즈음은 부모를 공양하는 것만이 효라고 알고 있다. 그러나 그것은 개나 말과 같은 동물도 할 수 있는 일이니, 부모를 공경하지 않으면 그것이 무엇과 다르랴!"라고 하여, 마음속 깊이 우러나오는 공경하는 마음 없이 부양하는 것을 공자는 견마지양(犬馬之養)이라 하였다(이현용, 2012). 맹자는 '효'에다 인(仁), 의(義), 예(禮), 지(智), 악(樂)을 개입시켜 '효'의 이론적 토대를 더욱 확고히 하였다. 다시 말해 '효'의 특성은 인, 의, 예, 지, 악이라 할 수 있는데, '인'은 사랑으로 나타나고, '의'와 '지'는 정의와 정직으로 나타나며, '예'는 공경으로 표현되고, '악'은 즐거움과 평화로 나타난다. 즉 '효행'을 통해 사랑, 정직, 정의, 공경, 자유, 평등, 평화, 내적인 즐거움이 나타난다. 그런 점에서 맹자는 범효론(汎孝論)을 제시한 것으로 이해된다(이상선, 2004).

하지만 현대의 '효' 개념은 전통적인 '효' 개념과 다른 모습을 보이기도 한다. '효'를 일방적으로 이루어지는 것이 아니라, 상호적, 쌍방향적 관계로 보고 '내리사랑'도 '효'라는 측면에서 해석하기도 한다(이성원, 2014). 또한 '성실한 모습으로 잘 성장함'(김선주, 2017), '부모에게서 양육 받은 사랑과 은혜에 보답하는 도리, 즉 감은(感恩)의 정신이 담겨 있으므로 상호적 관계'로 정의한다(박인현, 2016). 또한 이에 그치지 않고 '효'를 '부모님의 사랑과 은혜에 감사하는 마음의 표현'으로 정의하면서, 가족 사이의 윤리 가운데 하나로 규정하고, 수직적 관계가 아니라 수평적 관계로서 가족 윤리를 부각시킨다(신중섭, 2018). 따라서 기존의 '효'는 자식의 부모에 대한 도리로서 공경하고 부양하며 돌아가신 후에 제사를 잘 모시는 것까지 포함된 일 방향적 개념이다. 이에 비해 현대의 '효' 개념은 상호적이며 쌍방향적임을 알 수 있다.

3. 정직(正直)

정직은 사전적으로는 '마음에 거짓이나 꾸밈이 없이 바르고 곧음'이라고 정의된다(국립국어원, 2020). 『서경(書經)』과 『시경(詩經)』에서 '정직(正直)'은 "임금이 갖추어야 할 첫 번째 덕목으로 이치에 어긋남이 없고, 왜곡됨이 없는 곧은 품성"으로 거론되고 있다. 유교 사상에서 '정직함'은 곧 '스스로를 속이지 않는 일인 무자기(毋自欺)'를 의미하는데, '정직을 함양하는 공부'의 핵심은 '홀로 있을 때조차 삼가야 한다.' 그것이 유명한 '신독(愼獨)'이다. 맹자는 '옳고 그름을 분별하고,' '부끄럽게 여기며,' '양보하는' 이 세 가지 마음을 정직성의 기초로 보았다. 또한 '정직'은 인간이 선천적으로 갖추고 있는 것으로, 이를 드러내는 양심(良心)은 '생각지 않아도 아는 능력인 양지(良知)와 배우지 않아도 실행할 수 있는 능력인 양능(良能)'이라고 생각하였다(장윤수, 2017: 62~63). 공자도 『논어』「옹야」편에서 "사람으로서 살아남는 길은 정직(正直)에 있으니, 정직하지 않으면서도 살아있다면 요행히 죽음을 면한 것이다."라고 하여 사람이 존재하는 도리로서 으뜸을 정직으로 삼고 있음을 알 수 있다. 『주역』에서는 경이직내(敬以直內), 즉 경으로써 안을 곧게 하는 것을 선비가 추구해야 할 가치라고 하였다. '경(敬)'은 몸가짐이나 언행을 조심하는 것이다. 즉 삼가고 절제하는 마음이 삶의 중심이 되도록 끊임없이 노력하는 일이다. 이런 경을 지속하면 마음이 밝고 튼튼하게 자리를 잡는다. 자기 내면과의 올곧은 만남, 양심과 일치가 되는 당당함과 의연함인 이 '경이직내'가 바로 '정직'의 개념을 포함하고 있다고 볼 수 있다.

현대에도 정직에 대한 연구는 다각도로 이루어지고 있다. 정직성에 관한 초기 연구자인 버톤(Burton, 1976)은 정직을 구성하는 요인을 '판단', '행동', '정의적 특성'으로 나누어 설명한다. 여기서 '판단'이란 정직성이 중요하고 필요한 덕목이며, 사람은 정직해야 한다는 데 관한 신념을 의미한다. '행동'은 그러한 신념이 실제 행동으로 이행되는 양상을 의미하는데, '속이지 않기', '거짓말하지 않기', '훔치지 않기'가 포함된다. '정의적 특성'은 정직한 생각과 행위에 수반되는 기쁨·만족·안도와 부정직한 행위에 따르는 죄의식·갈등 등을 포함한다(김선주, 2017). 진흥섭(2003)은 진실, 정의, 양심을 정직의 하위영역으로 설정하였다. 이상을 정리하면, 정직은 '타인에게뿐만 아니라 자신에게도 속임이 없는 상태'를 의미한다.

그러나 『논어』「자로」편에서는 다음과 같은 구절로 정직을 법을 초월하는 지고의 가치로 나타내고 있다. "섭공이 공자에게 '우리 마을에 곧은 사람이 있습니다. 자기 아버지가 양을 훔쳤는데 아들이 그것을 증언했습니다'라고 하자, 공자는 '우리 마을의 곧은 사람은 이와 다릅니다. 아버지는 아들을 위하여 숨겨주고 아들은 아버지를 위하여 숨겨주는데 곧음은 그 안에 있습니다.' 라고 말하였다." 이때 곧음은 다름 아닌 정직을 말한다.

아버지가 자식을 숨겨 주는 것은 부성애(父性愛)이고 자식이 아버지를 숨겨 주는 것은 효도(孝道)이다. 이런 가치를 구현할 수 있는 사람이라면 곧지 않으려고 해도 곧지 않을 수 없다. 즉 자식은 범죄를 저지른 부모를 숨기고 싶어 한다. 그것은 인간으로서의 본성이며, 그러한 본성이 온전히 발현될 때 그 사람의 마음은 정직하다고 평가를 받을 수 있다.

4. 책임(責任)

책임은 "맡아서 해야 할 임무나 의무"라고 정의된다(국립국어원, 2020). 책임이라는 말은 독일어의 '응답(Verantwrotung)'처럼 무엇에 대한 '답변'으로서의 의미를 띠고 있다(김선주, 2017: 225). 책임은 행위자가 있고, 행위자들은 이유를 위해 행동하며(act for reasons), 행위자가 행동할지 말지의 여부는 행위자에게 달려있음을 전제한다(김양현 외, 2005). 리코나(1991)는 책임을 '부름에 대해 응답하는 능력'이라 하였고, 파커(2009)는 '가족, 친구, 선생님, 또는 공동체나 국가의 다른 시민에 대해 의무를 다하는 습관'이라 한다. 베버가 제시한 '책임' 윤리의 핵심은 행위자가 윤리적인 기준 외에도 자기 행위의 결과나 행위가 의도한 목표의 성취 여부에 대한 전망을 고려하여 행위를 결정해야 한다. 그의 논의는 책임 개념이 가진 미래지향적인 성격을 드러낸다는 점에서 현대의 책임 윤리에서 매우 중요한 의미를 갖는다. 레비나스는 인간적인 것을 나의 밖에서, 존재의 저편에서, 타자의 세계에서 찾고자 하였다. 따라서 그의 책임은 타인에 대한 나의 책임으로 표현될 수 있는데, 그것은 의식에 의해 인식되는 것이 아니라 표정으로서 느껴지는 것이다. 결국 레비나스에게 책임은 나의 능동적인 결정에 의해 발생하는 것이 아니라 내가 타자를 수용함으로써, 즉 타자로부터 생겨나는 것으로 타자윤리로 설명한다(변순용, 2007: 85).

국내학자들도 책임에 대해 다음과 같이 정의하고 있다. 책임은 "상호의 존적으로 결합된 인간 공동체 내에서 공동선의 실현을 위해 각 구성원들에게 부여된 역할과 의무를 충실히 이행하는 것"(정창우 외, 2014)이라든가 "자신의 행위 결과를 짊어지는 것"(구인회, 1999), "자기가 맡은 일 내지 직분에 대해 최선을 다해 완수하는 것으로 인간 생활에서 지켜야 할 의무"(유철식, 2017)를 기꺼이 다하는 것이라 한다. 한편 책임을 개인적 책임감과 사회적 책임감으로 나누어 개인적 책임감은 "개인이 맡은 바를 완수하는 것"으로, 사회적 책임감은 "개인적 이익이나 목표가 아닌 이타적인 의식을 기반으로 사회의 공공선을 추구하려는 개인의 정의적 특성"으로 정의하기도 한다(김효선, 2013). 또한 책임을 '지위와 역할에 대한 책임'과 '행위에 대한 책임' 둘로 나누어 설명하는데, 「인성교육진흥법」에서 말하는 책임의 의미는 "지위와 역할 책임이든 행위 책임이든 이러한 책임을 다른 사람에게 전가하지 아니하는 '책임감'을 의미하는 것"(박인현, 2016)이라고 하였다. 결국 책임은 타자와의 관계에서 자신의 역할과 의무, 할당에 대해 다른 사람에게 미루지 않고 스스로 해결하는 능력을 일컫는다.

III. 교육프로그램에 드러난 덕목

1. 예(禮)

가. 유아

유아를 대상으로 한 인성교육 프로그램 가운데 '예[예절이나 예의]'를 인성 요소로 포함시킨 연구는 세 편이었다.

먼저, 서현·박희숙(2015)의 '전통문화에 기초한 유아인성교육 프로그램 개발 및 효과' 연구에서는 프로그램의 내용 영역으로 '긍정적 자아존중과 가치존중', '타인에 대한 공감적 이해와 존중', '나눔과 돌봄', '상부상조의 공동체 의식', '전통예절과 기본생활 습관', '부모님에 대한 효도와 나라 사랑', '도덕적 가치와 선악 구별', '감정의 순화와 한과 흥' 등 총 여덟 가지 영역으로 설정하였다. 여기에서 '예의'의 내용 요소와 정의를 보면 "전통문화의 웃어른 공경과 예의, 가족애, 효도, 애국심 등을 실천하는 일"로 정의내리고 있다. 예의를 '부모님에 대한 효도와 나라 사랑' 내용의 하위 요소 안에 포함시킨다. 전통문화에 기초한 인성교육 연구라고 하더라도 '예절'의 범위를 '웃어른과 윗사람에 대한 행동거지'뿐만 아니라, 심지어는 '애국심'까지 포함시키고 있다는 점이 아이러니하다. '예의'는 남에 대한 규범적 행위뿐만 아니라 자기 자신에 대한 가지런함의 의미를 포함하고 있다고 하였다. 그러나 서현·박희숙의 연구에서는 자신에 대한 예의보다는 주변인들, 특히 웃어른 등에 대한 공경, 더 나아가 애국의 개념을 포함시켜 타인에 대한 의무만으로 개념화하고 있음을 알 수 있다.

나머지 두 편에서는 '예'에 대한 구체적인 덕목 정의는 설정하지 않고 있다.

최민수·임은영(2016)의 연구에서는 '예'를 '기본생활습관'이라는 범주에 포함시켰다. 예절, 질서, 청결, 절약, 식사, 정리 등이 이 '예'에 포함된 내용이다. 특히, '예절'을 기르기 위한 구체적인 활동으로 '원장님과 식사하기' 체험 활동을 설정해 놓았다. 이 식사예절 체험 활동을 통해 인성교육의 요소인 '예'를 길러준다고 본 것이다. 그리고 '기본생활습관' 범주 안에 포함된 '예절, 질서, 청결, 절약, 식사, 정리' 등은 상위 개념인 '예절, 질서'와 하위 개념인 '청결, 절약, 식사, 정리' 등이 하나의 범주 안에 뒤섞여 있음을 알 수 있다. 이러한 현상은 '예' 또는 '예절'에 대한 명확한 개념 정립 없이 막연하게 범주화하고 무 개념적으로 활동들을 나열한 결과로 보인다.

장경미·백지숙(2019)은 '누리과정에 연계한 숲 체험 프로그램'을 개발하여 숲에서의 활동이 유아 인성 함양과 정서능력 향상에 어떤 효과를 보이는지의 여부를 연구하였다. 인성의 하위 요인을 '나눔, 배려, 예절, 인내, 존중, 질서, 책임, 협력, 정직'으로 설정하였지만, 각 덕목에 대한 정의는 명확히 밝히고 있지 않다.

나. 초등학생

초등학생용 인성교육 프로그램을 연구한 논문으로는 여섯 편을 선정하였는데, 대부분 '예'에 관한 개념 정의는 되어 있지 않았다.

조수경 외(2018)는 '「장계향 행실기」를 바탕으로 한 인성코칭프로그램 개발과 적용연구'에서 인성의 하위 개념인 '예의' 덕목에 '부모 공경과 예의', '효도'를 구성 내용으로 하였다. 활동은 장계향이 부모님과 시부모님께 효도하고 보살펴드린 부분을 살펴보고, '효자·효녀 되기 프로젝트를 통해 예의 개념을 이해하고 실천하기'를 활동 내용으로 하고 있다. 이러한 내용으로 보아 부모에 대한 효의 내용을 예의로 파악하고 있는 것으로 보인다.

이성흠(2016)은 인성 덕목을 '타인이해[배려, 소통, 효, 예의]', '자기이해[자기존중, 책임]', '학업관련[창의성, 지혜]'으로 분류하였다. 그러나 각 인성 덕목에 대한 정의는 내리지 않고, 효와 예의를 위한 활동으로 '성공하는 사람의 특성, 남과 조화를 이루는 지혜, 역지사지와 경청에 관련된 동영상을 감상하고 소감 나누기' 등을 진행하였다. 이러한 활동을 통해 인성교육의 덕목인 '예'를 함양할 수 있다는 근거를 찾기는 쉽지 않다.

신원섭·신동훈(2019)은 KEDI의 인성교육평가항목 열 가지를 인성교육의 덕목으로 설정하였다. 화단에서 가꾼 배추와 무로 김장을 한 후, 주변 어르신들께 나누어 주는 활동을 '예'의 덕목을 길러주기 위한 활동으로 실시하였다. 이것이 '예' 덕목의 정의인 '남에 대한 규범적인 행위뿐만 아니라 자기 자신에 대한 가지런함'을 육성하기 위한 목적으로 행해질 수 있는 적절한 활동인지는 의심스럽다.

이시종 외(2019)는 '동물매개 놀이를 통한 인성교육 프로그램 개발에 대한 연구'를 실행하였는데, 인성의 하위 요인인 '성실', '정직', '배려', '예절', '절제', '준법', '협동'을 향상시키기 위함이라고 하였다. 이 가운데 '예절－고마운 마음을 표현할 수 있다'를 목표로 하여 반려견이 좋아하는 인사법과 반려견의 기본 예절교육을 통해 지켜야 할 예절, 그동안 함께해 준 반려견에게 고마운 마음을 표현하기 등의 활동을 진행하였다. 반려견에게 고마운 마음을 편지로 써서 읽어주고, 그동안의 추억을 나누고 친구들끼리 서로 변화된 점 등을 이야기하는 과정에서 아이들은 고맙고 감사한 마음을 표현하는 것을 기본적으로 지켜야 할 예절이라고 설정하고 있다.

허미영·김종우(2019)의 연구에서는 KEDI 인성검사지에서 '예의' 인성 덕목의 구성 내용으로 '효도와 공경'을 들고 있다. 「인성교육진흥법」의 하위 인성 덕목으로는 '예'와 '효도'를 따로 구분시켜 놓았으나, KEDI인성검사에서는 '예의'의 구성 내용으로 '효도'와 '공경'을 포함시켜 놓았다. 더구나 '예의'와 '효도'는 같은 상위 개념인데 '예의' 속에 효도와 공경을 구성 내용으로 포함시켜 놓아 마치 효도와 공경이 예의의 하위 개념처럼 설정되어 있다. 이는 '예의'를 단순히 '효도와 공경'만으로 제한시킨 KEDI인성검사지의 한계 문제로 볼 수 있다. 이러한 제한점으로 인하여 실제 많은 연구나 프로그램에서 혼란을 겪고 있음을 알 수 있다.

이상과 같은 초등학생을 대상으로 한 인성교육프로그램 가운데 '예'를 인성 덕목으로 설정한 다섯 편의 논문 중에서 '예'의 개념을 정립한 연구는 없었다. 이들은 '효도'와 '예의'를 동일시하거나 '공유' 또는 '나눔'이나 '고마운 마음을 표현하는 것'이 예의라고 간주하고 있을 뿐이다.

다. 중등학생

이성흠·윤초희(2015)는 '체험중심 인성교육프로그램이 중학생의 인성계발에 미치는 효과' 연구에서 KEDI 인성검사지의 열 가지를 인성 덕목으로 설정하였다. '효도'와 '예의'로 인성의 하위 요인을 설정하였고, 그 구성 내용으로 '효도', '공경', '예의'가 포함되어 있다. 이 연구 또한 앞서 지적한 대로 인성 개념의 상위 개념이나 하위 개념들이 제대로 배열되어 있지 않다. 상위 개념의 '효도'와 '예의'의 덕목 내용으로 '효도'와 '예의'를 포함시키고 있어 배열 상에 심각한 오류를 범하고 있다. 이 연구에서는 인성 덕목에서 '효도'는 인간의 모든 행위의 근원으로서, 인(仁)을 행하는 근본으로 확대되면 형제자매간의 우애(友愛)와 경애(敬愛)로 발전하게 되고, 사회생활에서는 타인에 대한 배려를 바탕으로 행하는 예의로 확대된다. 효도에서 출발하는 '예의'는 존경의 뜻을 표하기 위해 나타내는 말투나 몸가짐으로서, 도덕성의 중요한 덕목 가운데 하나라고 설명한다.

사재명 외(2017)는 인성 덕목의 구성요소를 '존중', '정의/공정성', '책임', '성실', '정직/믿음' '예의', '배려'로 설정하였다. '예'를 부모에 대한 효심, 장·제례를 비롯한 선비의 제반 예의[활동: 대곡의 묘갈명: '제가 오늘 갑자기 요절할까 근심하십니까', '남명의 상중 모습', '제사'], '예의의 덕목 중에 삼강오륜(三綱五倫)을 강조했지만, 예를 행할 때는 완전히 옛 것에만 빠져서는 안 된다'고도 하였다.

이상에서 살펴본 중등학생을 대상으로 한 인성교육 프로그램 가운데, '예'에 대한 정의를 구체적으로 설정한 후 그 정의대로 '예'를 함양시켜주기 위한 활동이나 교육 프로그램을 발표한 논문은 거의 없다.

2. 효

가. 유아

서현·박희숙(2015)은 '부모에 대한 효도와 나라사랑'이라는 하위 덕목에서 '효'와 '충'을 한 영역으로 설정하였다. 즉 부모님에 대한 효도와 나라 사랑은 전통문화의 미풍양속인 웃어른 공경과 예의, 가족애, 부모님에 대한 효도, 나라 사랑과 자긍심에 대한 내용을 포함한다. 부모님에 대한 효도와 나라 사랑을 위해 전통문화의 웃어른 공경과 예의, 가족, 효도, 애국심 등을 실천하는 일로 상정하고, '의로운 녹두장군/효성스러운 심청/백성을 사랑하신 세종대왕: 동화/이야기 나누기', '전통의상을 입고 꾸며 봐요', '전통쓰개를 쓰고 놀이해요' 등의 활동으로 전개된다. 이 연구가 아무리 과거 전통문화에 기초한 인성교육 프로그램일지라도, 우리의 소중한 전통문화나 사례들을 현재 상황에 알맞게 적용시켜, 심청이의 효심이나 세종대왕의 백성사랑이 오늘날에 적합한 형태로 전달될 수 있는 활동이어야 한다. 전통의상을 입어보거나 전통쓰개를 써봄으로써 이들의 정신을 이어받을 수 있다는 설정이 우려스럽다.

정선영 외(2016)의 '음악 활동을 통한 유아인성교육 프로그램 적용 효과' 연구에서는 인성 영역을 '도덕성', '사회성', '감성' 영역으로 나누고, 각 영역별 인성 내용으로 '도덕성'에 '존중[자기존중, 타인존중, 전통문화에 대한 존중, 타문화에 대한 존중, 생명, 환경에 대한 존중]', '질서[기초질서, 법질서, 사회질서]', '효[부모에 대한 효, 조부모에 대한 효, 지역사회 어른에 대한 효]'로 하위 내용을 설정하였다. 이 가운데 '효' 덕목을 유아의 도덕성의 하위 개념 중 하나로 선정하여 '효의 의미에 대해 알아보기[판소리 심청가 감상하기]', '가계도 알아보기', '조부모님께 감사하기', '노인복지관 방문하기[할아버지, 할머니께 공연하기]' 등의 활동을 진행하였다. 이 연구에서도 '심청'이를 효도의 대표적인 인물로 설정하였는데, 자신을 희생하는, 또는 희생을 강요하는 효도는 진정한 효라고 보기 어려우며, 심청이 이야기 속에서조차도 자식을 잃은 아버지의 고통이 얼마나 큰지 잘 나타나 있다. 자신의 목숨을 던졌지만 환생하여 부모에게 효도하게 된다는 판타지소설은 유아에게 '죽음'에 대한 왜곡된 인식을 심어주게 될 뿐만 아니라, 이 소설로 '효'의 덕목을 인지시킨다는 것은 매우 위험한 일일 수 있다. 따라서 앞에서 정의내린 '현대적 의미의 효'로서 '자녀 스스로 성실하게 잘 성장하고 살아가는 것'이라는 측면에서 볼 때, 현대 사회에서 구체적으로 활약하고 있는 '김연아', '박세리' 등과 같은 모델이 현대적 의미의 효녀 아이콘으로 훨씬 더 적절해 보인다.

최민수 · 임은영(2016)의 연구에서는 '윤리도덕'의 하위 개념으로 '효도'가 포함되어 있다. 이 프로그램에서는 '부모님을 사랑해요'라는 이름의 활동 하에 '동화일기,' '토의하기,' '음악 활동' 등을 진행하였다. 이 연구의 활동을 보면, 구체적으로 효 덕목과 어떤 연관이 있는지 확인하기 어렵다.

임성혜 · 부성숙(2017)은 '가정과 연계한 효 중심 유아 인성교육 프로그램의 개발 및 적용 효과' 연구에서, 이 연구의 목적은 가정과 연계한 '효' 중심 유아 인성교육 프로그램을 개발하여 현장에 적용하고, 프로그램 적용 후 유아의 인성 수준, 효 행동, 또래 상호작용에 어떤 효과가 나타나는지 그 효과를 검증하는 것이라고 하였다. 이 연구에서 '효'는 한국에서 소중히 여겨온 가장 기본적인 전통 가치이며, '효'는 부모와 자식의 관계에서 시작되는 대인 간 윤리이자 덕목으로 사회 윤리와 국가 윤리로 확대 발전하는 보편적 가치로 정의하고 있다(교육과학기술부, 2011; 김유혁, 1977). '효' 인성 덕목의 하위 내용으로 '부모님 은혜에 감사', '부모님에 대한 몸가짐', '부모님 기쁘게 해드리기', '부모님 말씀에 순종하기', '형제간의 우애', '조부모에 대한 효', '웃어른 공경하기'로 정하고 그 활동내용을 구체화하였다. 이 연구에서 구체화한 효의 하위 내용들은 유아가 일상생활에서 실천할 수 있는 활동들이라 훨씬 실제적이라고 할 수 있다. 그러나 '부모님 말씀에 순종하기'는 자식의 일방적 순종으로 인식되어 구현될 때 구시대적인 발상에 머물 수 있다. 독립된 개체로서 성장해야 하는 유아가 어려서부터 자신의 생활을 스스로 통제하면서 계획적으로 생활할 수 있도록 훈습시키는 활동이 보다 바람직해 보인다. '떼쓰지 않아야 하는 것'이나 '약속을 지키는 것'이 왜 중요한지를 아는 것이 부모님께 순종하는 것보다 훨씬 교육적이고 좋은 습관을 기르기 위한 현대적 의미의 '효' 인성교육에 적합한 것으로 여겨진다.

나. 초등학생

초등학생을 대상으로 한 연구 가운데 '효' 덕목을 설정한 연구는 두 편이 었다.

이성흠(2016)의 연구에는 체험중심 인성교육프로그램의 인성 덕목으로 '효'가 포함되어 있다. '효'는 모든 인간 행위의 근원이자 인을 행하는 근본이다. 그것이 확대되면 형제자매 간의 우애와 경애로 발전하고 사회생활에서는 남에게는 배려를 바탕에 두고 행하는 예의로 확대된다고 하여 '예의'와 같은 내용으로 정의하고 있다.

조수경 외(2018)도 부모공경과 효도를 예의와 같은 범주로 포함시켰다. 그 활동은 '「장계향 행실기」 살펴보기', '왕상의 효 이야기에 대한 의견 나누기', '효자·효녀 되기 프로젝트를 통해 효의 개념을 이해하고 실천하기' 등으로 구성되었다. 효를 모든 행위의 기본으로 삼기 때문에 효가 확대되어 우애와 남에 대한 배려까지로 확장된다고 보고 있다. 그러나 자신의 충실한 성장 개념은 포함되어 있지 않다.

다. 중등학생

중등학생을 대상으로 한 연구 가운데 '효' 덕목을 함양하기 위한 프로젝트는 두 편이다.

이성흠·윤초희(2015)의 연구는 '행파(杏坡)인성교육' 이론에 따라 구성되고 실천되었다. '효도'는 인간의 모든 행위의 근원으로서, 인(仁)을 행하는 근본으로 확대되면 형제자매 간의 우애(友愛)와 경애(敬愛)로 발전하게 되고 사회생활에서는 타인에 대한 배려를 바탕으로 행하는 예의로 확대된다고 하였다.

유철식(2017)의 '하모니 효교육 프로그램을 통한 청소년의 인성변화연구'에서는 효의 정신 속에 조화의 가치들이 구체적으로 일곱 가지 실천 덕목으로 나눠진다고 보았다. 이 일곱 가지 실천 덕목을 7효라 하였다. 즉 '하늘 공경[敬天愛人]', '부모·어른·스승공경', '어린이·청소년·제자사랑', '가족사랑', '나라사랑', '자연사랑·환경보호', '이웃사랑·인류봉사' 등이다. 일곱 가지 덕목들은 각각 분야별 하모니를 통해 그 실천 가치들이 구체적으로 나타난다. 현대적 효는 과거의 효 실천과 달리 일정한 형식과 틀에 얽매이지 않는다. 개방적이면서 일상생활에서 접할 수 있는 분야에서 자연스럽게 실천하면 된다. 자발적 의사에 의해 실천하는 것이며 부모와 자식 간에는 우러나는 감정으로 사랑과 공경의 표현이 이뤄져야 한다. 부모－자식 간에는 상호적 효 실천이 이어져야 한다고 명시하였다. 이 연구에서의 '7효'는 살아가면서 존중해야 할 모든 요소가 포함되어 있으며, 부모와 자식 간의 현대적 효를 개방적이고 자발적인 것으로 규정하고 있다.

3. 정직

가. 유아

김형재 외(2015)는 '전래동화를 적용한 유아 인성교육 프로그램 개발'에서 열 가지 인성 덕목에 적절한 전래동화를 선정한 후, 이를 본 수업 모형을 적용할 수 있는 프로그램 활동 열 가지를 개발하였다. 열 가지는 '①정직, ②책임, ③절제, ④공감, ⑤배려, ⑥용서, ⑦약속, ⑧존중, ⑨소통, ⑩협력'이다. 열 가지의 각 내용을 담고 있는 전래동화를 유아에게 들려주고, 동화의 내용과 관련된 이야기 나누기, 역할놀이, 신체표현, 미술 등 다양한 활동을 통해 바람직한 인성 덕목을 갖추도록 간접 체험을 하게 하였다. 이후 확장 활동으로 전래동화의 인성 덕목과 관련된 가정연계 활동을 통해 실천함으로써 인성 덕목을 직접 체험하게 하였다. '정직' 덕목을 위한 전래동화로는 '똥 벼락'이다. 활동명은 '내가 만약 ~라면?'이고, 활동내용으로는 '동화를 감상한 후 유아의 입장에서 등장인물이 되어보고 짧은 글로 표현해본다'이다. 이 연구는 전래동화를 적용한 인성교육 프로그램의 모형과 프로그램 활동을 개발하였을 뿐, 실제 이 프로그램을 시행하여 효과검증을 하지 않았다. 기본적으로 인성 덕목에 대한 정의도 세우지 않았고, '정직' 덕목을 위한 구체적인 활동내용도 파악하기 어렵다. 때문에 '정직'이란 덕목을 함양하기 위한 활동으로 적합한지 여부를 판단하기 힘들다.

서현 · 박희숙(2015)의 연구에서는 '정직'을 위한 프로그램의 내용 요소 중 '도덕적 가치와 선악구별'이 있으며, 그 하위 요소는 '정직', '자율성', '갈등해결'이 포함되고, 내용 요소로는 전통문화 속에 '바른 도덕적 가치와 옳고 그름을 구별하고 자신의 욕구를 조절하여 행하는 것'이라 정의한다. 이 연구에서는 정직의 개념에 대해 명확히 정의하고 있다. 특히, 자신의 욕구를 조절하여 욕심을 부리지 않으며, 도둑의 행동을 보면서 도둑에게 해주고 싶은 말 등을 해봄으로써, 메타인지능력까지도 발달시킬 수 있을 것으로 사료된다.

최민수 · 임은영(2016)은 '기본생활습관,' '사회정서', '윤리도덕'을 인성 덕목의 범주로 정하였다. 정직은 '윤리도덕' 범주에 포함되어 있으며, 이를 위해 '약속을 꼭 지켜요'라는 활동명으로 '동화', '토의', '동시' 활동을 진행한다. 이 연구에서 '정직' 덕목에 대한 개념 정의는 별도로 제시되어 있지 않다. '약속을 꼭 지켜요'라는 주제에 따른 활동이 '동화', '토의', '동시'로만 설명되고 있어서 구체적으로 정직과의 관련성을 파악하기 어렵다.

장경미 · 백지숙(2019)도 유아의 인성으로 '정직'을 포함시키고 있으나 정확한 정의를 내리지 않았다. 뿐만 아니라 정직을 향상시키기 위한 활동도 명확히 구분되어 있지 않다. 인성교육 프로그램이 16회기의 다양한 활동으로만 구성되어 있다.

나. 초등학생

고창수 외(2016)의 연구에서 정직은 '있는 그대로 말하고 행동하는 것이자, 속임수나 부정을 쓰지 않고 규칙에 따라 행동하는 것'이라고 하여, '정직' 덕목을 사회적 규범과 관련시켜 정의 내리고 있다. 이 프로그램에서 '정직' 인성 요소에 따른 실천과정의 주제인 '교통과 문제해결'은 '다각적인 방향으로 교통문제를 해결하고, 이를 통해 실생활 문제 해결력을 증진하도록 한다.' '사회적 약자 장애인도 우리의 이웃입니다'는 학교와 주변공간에서 장애인들이 편리하게 생활할 수 있도록 시설을 설계하고 개선해보도록 한다'라고 설명한다. 이 주제는 비록 '정직'과 '정의'의 두 인성 요소에 해당되는 것으로 설정되었지만, 교통문제를 해결하는 것이라든가 사회적 약자를 도와주는 활동을 정직과 연결시키는 것은 과잉 일반화로 보인다.

조수경 외(2018)의 연구에서는 '정직의 중요성' 덕목에서 '정직'과 '용기'를 그 내용으로 한다. '장계향은 아들과 딸에게 마음을 곧고 바르게 가지도록 가르쳤다'고 인용한 부분에서 살펴보았을 때, 정직에 대해 '마음을 곧고 바르게 가지는 것'으로 개념화 하였다고 짐작된다. 활동으로는 '정직이와 성실이 이야기 이어가기', '정직의 의미 되새기기－정직과 용기의 관계를 알아보고 실천방안 알아보기'로 되어 있는데, '정직'하기 위해서는 '용기'가 있어야 하므로 활동내용은 적절하게 구성되어 있는 것으로 보인다.

최인숙 · 채명신(2018)의 연구에서는 코칭기반 인성교육 프로그램이 초등학생의 '자기존중', '배려 · 소통', '자기조절', '정직 · 용기'의 인성을 향상시키는지 검증하고 논의하고자 하였다. 이 연구에서는 '정직의 사전적 의미는 거짓이 없는 솔직함을 의미하며 스스로 양심을 속이지 않고 올곧고 바른 심성과 정신을 행하는 마음을 말한다.'고 정직을 상정한다. 즉 정직을 계약과 신용을 바탕으로 하는 현대사회에서 중요시되는 기본적 인성 덕목 중 하나로 보면서 정직의 개념과 중요성을 논하였다.

김정연 외 10인(2019)의 연구에서는 동물매개교육 프로그램이 '절제', '예절', '배려', '생명존중의식', '준법', '성실', '협동', '정직', '준법' 등, 인성 발달에 긍정적인 영향을 준다는 결과를 발표하였다. '동물보호를 위한 글쓰기', '유기 동물 예방 공익광고 만들기', '유기 동물 예방 캠페인' 등의 활동이 인성의 하위 요인인 '성실', '정직', '배려'와 '생명존중 의식 향상'에 효과적이라고 하였으나 각 인성 요인의 개념은 설명하고 있지 않다.

이시종 외(2019)의 연구에서는 '진실만 말하는 감정카드놀이'를 통해 '정직'을 기를 수 있다고 하였다. '동물그림 감정카드로 감정 표현하기', '감정을 건강하게 표현하는 방법에 대해 이야기 나누기' 등의 활동으로 결국 정직은 '감정을 솔직하고 건강하게 표현하기' 연습을 통해 길러질 수 있다고 보았다.

이재용(2019)은 '초등학생의 인성 핵심역량 신장을 위한 인성 GPS(Game, Play, Story) 프로그램 개발' 연구에서 인간관계의 핵심역량으로서 '공감', '수용', '진정성' 역량을 기반으로 프로그램을 구안하였는데, '수용'과 '진정성' 모듈의 하위 요소 덕목으로 '정직'을 포함시키고 있다.

허미영 · 김종우(2019)의 연구에서도 '정직' 덕목이 포함되며 '빙고게임'과 '마인드맵 그리기' 활동을 하였다.

신원섭 · 신동훈(2019)의 연구에서는 '에너지절약 홍보' 활동으로 교내의 일반교실과 특별교실, 화장실과 복도 등에 '절전', '절수', '여름철 실내 냉방온도', '겨울철 실내 난방온도' 등의 스티커를 붙이는 활동을 통해 정직 덕목을 실천하였다. '재생에너지 & 숲 소중함 알리기' 활동으로 학교가 속한 지역 ○○마을 축제에 참여하여 연구 참여자들이 직접 지역 주민들에게 재생에너지의 필요성과 숲의 소중함을 알렸다. 이 주제는 '지역마을축제에서 숲의 소중함 알리기' '지역마을축제에서 재생에너지 알리기'를 주요 내용으로 한다. 이 연구도 '정직'의 정의를 고려해볼 때, 적합하지 않은 주제와 활동을 진행한 것으로 판단된다.

다. 중등학생

김병수 외(2019)의 '독립운동마을을 활용한 청소년 인성교육프로그램 개발' 연구에서 '도덕성'영역에 '정직'을 핵심 덕목으로 설정하였다. 그 역량으로 '잘못을 숨기거나 어떤 일에 거짓을 말하지 않고 솔직하고 옳고 바르게 행동하는 자세'라고 설명하고 있다. 한 사람의 솔직하고 옳은 생각이 다른 사람에게 전달되어 함께할 수 있는 계기가 된 것으로 권오설 주역의 항일운동에 대한 의지와 의미를 전달하면서, 가일마을의 독립운동이 시작되었음을 그 예로 들었다. 이 역사적인 사실에서도 보듯이, '정직'은 '용기'와 밀접하게 관련되어 있음을 알 수 있다. 권오설의 솔직하고 옳은 생각이 용기 있는 행동으로 발현되어 큰일을 이루게 되었다.

사재명 외(2017)는 청소년의 인성교육에 필요한 주요 인성 덕목으로 '정직/믿음'을 포함시켰다. 여기서 정직/믿음은 유교에서 오상(五常), 즉 '인·의·예·지·신(仁·義·禮·智·信)' 가운데 한 가지 덕목으로, 우정이 두텁고 친구를 속이지 않는 것을 말한다. 남명 조식은 '정직과 믿음은 인간의 모든 사회적 관계와 삶을 가능하게 만드는 것'이라고 정직과 믿음의 관계를 일갈하고 있다. 이 프로그램에서의 정직에 대한 내용으로 '남명의 을묘사직소: 상소문 작성하기'를 실천하도록 했다.

4. 책임

가. 유아

유아 대상 인성교육 연구에서는 책임 항목을 포함 시킨 다수의 연구가 있다. 그러나 이들 연구에서 인성교육 덕목으로서 '책임'에 대한 정의는 이루어지지 않았다. '책임감' 또는 '책임성 향상을 위한' 활동들만 진행하고 있다.

김형재 외(2015)는 '전래동화를 적용한 유아 인성교육 프로그램 개발'에서는 '정직', '책임', '절제', '공감', '배려', '용서', '약속', '존중', '소통', '협력' 등의 내용을 담고 있는 전래동화를 유아에게 들려주고, 동화의 내용과 관련된 이야기 나누기, 역할놀이, 신체표현, 미술 등 다양한 활동을 통해 바람직한 인성 덕목을 갖추도록 간접 체험을 하게 하였다. 이후 확장 활동으로는 전래동화의 인성 덕목과 관련된 가정연계 활동을 통해 실천함으로써 인성 덕목을 직접 체험하게 하였다. 그러나 인성 덕목에 대한 정의는 논의하고 있지 않다. '책임'에 관한 인성 고양 활동으로 '삼년 고개에서 넘어진 할아버지는 그 후 어떤 일을 하며 살아갈는지에 대해 이야기로 표현해 본다.'를 실시할 뿐이었다.

서현 · 박희숙(2015)의 연구에서는 전통문화의 더불어 사는 삶에 나타난 '상부상조와 공동체 의식' 속에 '협력', '책임', '상호의존'이라는 하위 인성품목을 설정하였다. 이를 위한 활동으로 '맛있는 떡을 나눠요', '부채춤은 함께 추면 즐거워요', '꼬마야, 꼬마야 함께 뛰어요', '기쁨 가득 전통악기 연주', '전통생활 도구 속 협력 찾아보기' 등을 실행한다. 이 활동들은 '협력'을 강조한 활동들로 보이지만, '책임'이라는 덕목을 양성하기 위한 활동은 적어 보인다.

장경미 · 백지숙(2019)의 연구도 '책임'이라는 덕목은 포함되어 있으나 개념 규정이나 덕목별 활동이 구분되어 있지 않다. 다만 16회기의 다양한 활동들을 진행하였다.

나. 초등학생

고창수 외(2016) 등의 연구에서는 '책임'을 개인적 차원의 덕목에 포함 시켜 '공동체의 공동선을 위하여 부여된 역할과 의무를 성실히 이행하기'로 정의 내린다. '책임' 요소를 위한 활동으로는 '우리 삶의 안전한 생활을 위하여'에서 '건축원리를 익히고, 건물 붕괴사고를 방지하기 위한 점검방법을 찾아보도록 한다.'고 설명되어 있다. 이는 건축물을 설계 시부터 시공까지 모든 과정을 책임을 갖고 행해야 함을 제시하고 있다. 'We are the one, 입장 바꿔 생각해볼까?'라는 주제는 '난민 문제를 역지사지의 입장에서 바라보고, 난민을 돕기 위한 방법을 알아보며 실천한다'라는 글로벌 이슈에 대한 책임감을 고취시키고자 계획한 것으로 보인다.

송진주 · 이상원(2017)은 책임을 '친환경을 실천하는 행동', '자신의 능력을 조절하여 주어진 임무를 완성하고 나아가 자신의 역할을 다해 세상에 기여하고자 노력하는 것', '끈기와 인내가 필요하므로 절제하는 것'이라고 하였다. '생활 속의 동 · 식물 가꾸기와 생활 속 동식물을 활용 목적에 따라 분류하고,

돌보고 기르는 과정을 실행한다'라고 내용 요소를 분석했다. 식물이나 동물을 가꾸고 기르는 경험을 통해, '생명존중', '책임감', '배려' 등의 인성 요소를 함양할 수 있다고 강조한다.

홍은실 · 김재호(2017)의 연구에서는 '책임'을 자기영역 속의 성실 영역에 포함시켰다. '자신에게 맡겨진 일을 위해 어려움을 참고 시작한 일을 끝까지 해내며 그 일을 남에게 미루지 않는 것'을 책임성으로 정의한다. 학교 텃밭에서 식물을 기르면서 여러 인성 영역에 도움을 줄 것이며, 특히 '책임'과 '협동'에 유의미한 효과가 있음을 밝혔다.

장유진 외(2016)의 '창의, 인성 교육용 원예활동 프로그램이 아동의 창의적 인성에 미치는 영향' 연구에서 주생활 분야에 '약속', '정직'과 함께 '책임'을 향상시킬 수 있는 인성 덕목으로 설정하였다. 활동으로는 '이 친구를 갖길 원해, 풀 인형 만들기'와 '이쁜 꽃 오래 유지시키기 위해 눌린 꽃으로 책갈피 만들기'를 하였다. 이 프로그램 또한 책임에 대한 명확한 개념 정립도 없이 프로그램 활동을 설정하여 진행하였음을 알 수 있다. 효과 측정에서 '책임'에 대해 긍정적인 영향을 나타내지 않은 것은 당연해 보인다.

오가영(2018)의 연구에서 책임의 하위 영역으로 '자기 임무 완수', '정직', '신뢰'를 포함시켰다. '책임'을 위한 활동으로는 '친구 얼굴 만들기', '왕관 만들기'를 그 내용으로 하고 있다. 이 연구는 '책임' 덕목의 하위 영역이 상위 영역과 동등한 인성 요소를 배치시킨 것부터 잘못되었다. '책임'과 '정직'은 같은 상위 영역 요소이다. 그리고 책임을 위한 활동으로 '친구 얼굴 만들기'나 '왕관 만들기'가 얼마나 관련성이 있는지 의심스럽다.

이재용 외(2018)의 '인성핵심역량 신장을 위한 초등학생용 공감 6단계 프로그램 개발' 연구에서 공감 6단계 프로그램 관련 덕목으로 '책임'이 있다. 활동으로는 동화로 알아보는 '나'와 다른 '너'를 껴안기: 동화 '어느 미술 시간' 동화 읽기, '너'를 있는 그대로 껴안기: '몸짓으로 표현하는 드라마' 활동하기, '나'와 다른 '너'를 그대로 받아들이기 등을 실행한다. 이 프로그램은 KEDI 인성검사를 사용하였다. 이 검사지에는 '책임'이라는 덕목의 하위 영역이 '책임성,' '협동심,' '규칙이행'으로 되어 있어, 처음부터 이 평가검사가 수정이 많이 필요한 상태이다. 그리고 이 연구에서 제시하고 있는 '책임' 덕목을 위한 활동은 '책임'보다는 '배려'나 '시민성'을 위한 것으로 보는 것이 더 적합해 보인다.

조수경 외(2018)의 연구에서는 KEDI의 인성 덕목을 사용하면서 '책임'과 '사회적 책임' 고양을 위해 장계향의 행실을 살펴보면서 '나만의 규칙 정하기,' '규칙 평가 기록 카드 만들기를 통해 인내하고 성실하게 사는 실천 방안 마련하기' 등의 활동을 실시한다. 자신의 의무나 해야 할 일을 남에게 미루지 않는 것을 '책임'이라고 정의한 것으로 보면, 이 연구에서 행하는 활동은 자신과의 약속이나 성실성에 대한 훈련에 그치는 것이라고 할 수 있다.

김고경 · 백성혜(2019)의 연구에서는 인성 요소 발달 평가영역과 평가요소로는 '개인적 차원으로 자기존중, 자기성찰, 자기조절', '대인관계 차원으로 배려, 공감, 소통', '사회 · 국가 · 공동체와의 관계 차원으로 책임, 정의, 참여', '자연 초월적 존재와의 관계 차원으로 아름다움'을 설정하고 있다. 책임은 사회 · 국가 · 공동체와의 관계 차원으로 '사회 구성원으로서 사회적 과업에 대한 의무와 부담을 고민해보는 태도'로 의미를 규정하고 있다. 책임은 기본적으로 사회구성원으로서의 자신에게 주어진 몫을 남에게 미루지 않고 스스로 해결한다는 차원의 덕목이다. 이 연구에서는 단지 '외부로부터 주어지는 의무와 부담으로 책정되었다'는 점에서 책임에 대한 정의를 정확하게 내리지 못했음을 감지할 수 있다.

신원섭 · 신동훈(2019)은 '책임' 항목을 위한 활동으로 '활동가치 나누기', '숲 생태학습', '친환경 먹거리 & 재생에너지 발전', '에너지 체험 & 학교 숲 가꾸기', '에너지와 숲 관련 실천경험 나누기' 등 총 아홉 개 주제 중에서 다섯 개 주제와 관련되어 있다. 이 연구는 숲 관련 협력적 체험활동을 위한 것이므로 환경과의 관계에서 발달되는 인성 함양 프로그램이다. 그러나 각 인성 덕목에 대한 정의가 없어 구체적으로 어떠한 개념 하에 이런 프로그램 내용을 선정하였는지 찾아보기 어렵다.

이재용(2019)은 진정성 모듈의 덕목으로 '책임'을 포함시켰다. '나, 너, 우리가 지금 여기에 함께 있음을 알아차리고 즐길 수 있다'는 차시 목표로 진행한다. 하지만 여전히 이 활동이 어떻게 '책임' 덕목과 관련이 있고, 어떻게 '책임' 덕목을 함양하게 해주는지 알 수 없다.

허미영·김종우(2019)의 연구에서도 '책임' 항목이 있는데, '배추 모종 심기', '배추 수확하기', '김치 담그기', '김치 시식하기' 등의 활동이 포함된다. '책임' 덕목에 대해서는 KEDI 인성검사지를 따랐으므로 '책임성', '협동심', '규칙이행'을 구성 내용으로 한다. '책임'에 대한 정의를 별도로 설정해 놓지는 않았다.

다. 중등학생

김병수 외(2019)는 책임을 '자신의 임무를 자신이 해야 하는 일로 인식하고 완수하며 결과를 인정하는 자세'라고 정의 내린다.

사재명 외(2017)의 연구에서 청소년의 인성교육에 필요한 주요 인성 덕목으로 '책임'을 포함시켰다. 책임을 경(敬)으로 설명하는데, '경은 정제엄숙(整齊嚴肅), 즉 언제나 마음을 바르게 하는 것이며, 이렇게 하는 것은 마음을 잘 조절하여 만사에 응하기 위함이다'라고 하였다. '책임' 덕목에 대해, '일을 세우려거든 반드시 마음을 세워야 한다.' '마음이 공경스럽지 못하면 게을러져서 일을 세우는 근거가 없어진다.'라고 하였다. 즉 '뜻을 세운 선비', '마음을 세우는 것' 등은 책임의 덕목 요소로 전제될 수 있다고 보았다.

그 외에 이성흠·윤초희(2015)의 연구에서도 '책임' 덕목을 '책임성'과 '규칙[꿈, 비전]'이라는 하위 덕목으로 설정하여 조별 스토리텔링 6단계 실습을 실행한다.

조정은(2019)의 전통음악놀이의 융·복합 활동을 통한 인성교육 프로그램 연구에서는 풍물놀이와 소고놀이를 통해 책임감을 길러줄 수 있다고 설정한다.

IV. 결어

이상과 같이 「인성교육진흥법」이 제정된 2015년 이후부터 현재까지 발표된 인성교육 프로그램을 개략적으로 검토하였다. 특히, 인성교육 프로그램의 선행연구에서 목표로 하고 있는 인성 덕목 여덟 가지 가운데 '예, 효, 정직, 책임' 등 네 가지 덕목에 대해 비판적으로 분석하였다. 이들 연구에서 목표로 하는 인성 덕목에 대해 명확한 개념 정의를 하였는지, 그리고 그 개념 정의에 적합한 활동으로 구성되었는지를 '유아', '초등', '중등' 학생용 프로그램 연구로 분류하여 고찰하였다. 덕목별 개념 정의는 사전적 의미를 포함하여 문헌을 고찰하여 정립하였으며, 그 덕목의 개념과 정의에 비추어 선행연구의 내용을 성찰하였다.

먼저, '예'의 경우를 보면, 선행연구가 유아 대상의 프로그램 연구 3편, 초등학생은 6편, 중등학생은 2편의 프로그램 연구가 있었다. 이들 연구의 대부분에서 개념 정의가 제대로 이루어지지 않았다. 따라서 이들이 설정해 놓은 프로그램 활동 또한 '예' 덕목을 함양할 수 있는 근거를 찾아보기 어려웠다. 명확한 개념 규정이 없으므로 '예'에 대한 활동 범위도 지나치게 넓게 설정했음을 알 수 있었다.

'효'의 경우는 유아 대상용 연구 4편, 초등학생과 중등학생을 대상으로 한 연구는 각각 2편씩이다. 전통적 개념의 '효'는 더 이상 오늘날의 상황에 맞지 않으므로 현대적 의미의 '효'개념을 명확히 정립하는 것이 우선되어야 하는데, 유아와 초등학생을 대상으로 한 프로그램에서는 이러한 개념화가 거의 이루어지지 않았다. 유아용 프로그램에서 보면, 자신의 생명을 희생하는 효가 바람직한 덕목인 것처럼 당연시 되고, 아직도 전래동화인 '심청전'을 모델로 인성교육을 진행하고 있어 시대정신에 벗어나는 인상을 지울 수 없다. 중학생을 대상으로 한 연구에서만 현대적 의미의 효를 '자발적인 의사에 의하여야 한다는 것', '자연스럽고 상호적 실천'이라고 규정하고 있었다.

'정직'은 유아대상 3편, 초등학생 대상 8편, 중등학생 대상 2편의 연구 논문에서 다루고 있었다. 특히, 초등학생을 대상으로 한 연구에서 '정직' 덕목을 많이 다루고 있었지만, '정직'의 개념 정립은 거의 이루어지지 않았다. 그 결과 '정직' 덕목의 함양을 위한 활동도 현대사회의 학생들에게 적합하지 않을 수밖에 없다. 2편의 중등학생용 프로그램에서도 역사적 주인공을 대상으로 '정직' 개념을 전달하면서, '정직'이 주는 영향력에 관한 내용을 전달하는 데 그치고 있다.

마지막으로 '책임'의 경우, 유아 대상 3편, 초등생 10편, 중등학생용 5편에서 다루고 있다. 유아 대상 연구에서는 명확한 개념 규정이 없고, 심지어

‘책임’과 ‘협력’을 혼동하여 사용하거나 ‘책임’과는 전혀 상관없는 활동으로 이루어져 있었다. 초등학생 대상 프로그램에서 상당수의 연구가 ‘책임’ 덕목을 상정하고 있지만, 여전히 개념 정립 없이 진행되었다. 특히, KEDI 인성검사지를 사용하는 경우가 많은데, 이 KEDI 인성검사지의 평가 하위 덕목 내용에 문제가 많아 ‘책임’ 덕목에 대한 규정이 제대로 이루어지기 어려운 실정이다. 더욱이 인성이 검사할 수 있는 사물처럼 객관화 되어 평가의 대상이 되는 것이 합리성을 띨 수 있을 정도로 신뢰할 수 있는 도구인지 심각하게 재고할 필요가 있다. 중등학생을 대상으로 한 5편의 연구는 ‘책임’에 대한 정의는 설정하지 않은 채, ‘책임감’을 함양하기 위한 활동이 존재할 뿐이었다.

인성교육을 시행하거나 인성교육의 효과 검증을 위해 계획된 교육프로그램 연구들을 비판적으로 살펴본 결과, 다음과 같은 제언을 할 수 있다.

첫째, 인성교육의 효과를 극대화하기 위한 단일 시나리오가 존재하는 것은 아니지만, 인성교육 프로그램을 설계하거나 효과를 검증하기 위한 준거를 위해서는 인성교육을 통해 길러야 할 ‘핵심 덕목’을 중심으로 조직된 프로그램으로 시행해야 한다.

둘째, 인성교육은 인간다움을 키워주기 위한 교육이므로 모두 인정할 수 있고 공감할 수 있는 객관적인 행위의 표준, 가치, 역량에 대해 명확한 초점을 어디에 둘 것인지를 먼저 결정해야만 한다. 적어도 이 프로그램에서 선정한 덕목들의 사전적 의미는 무엇이고, 동서양의 문헌에서는 어떤 의미를 함축하고 있는지 등에 대한 체계적인 분석을 통해, 그 덕목을 현시대에 맞게 해석하여 준거와 개념화를 해야 한다.

셋째, 인성 덕목의 개념에 맞게 프로그램의 내용을 선정할 때 양질의 인성교육 프로그램이 만들어지며 극대화된 교육 효과를 얻을 수 있다. 잘 조직된 인성교육 프로그램이란 인성 덕목의 개념, 그에 적합한 활동, 그 활동에 대한 평가가 논리적이고 체계적으로 설계되고 실행되며 검증되어야 한다. 그럴 때 인성을 함양할 수 있는 알맞은 교육기회를 확보할 수 있기 때문이다.

제5장

인성교육 프로그램 연구 분석

I. 서언

아동 및 청소년 문제를 비롯하여 사회의 다양한 부분에서 발생하는 사안을 다룰 때, 교육은 그 해결방안의 하나로 주요하게 언급되는 분야이다. 예를 들면, 2020년 1월에 발생한 코비드(COVID-19) 팬데믹 사태는 한국 사회는 물론 지구촌 전 인류에게 심각한 문제를 제기하였다. 불가피하게 진행되고 있는 비대면 수업에 대한 우려와 대면 수업과의 상호작용이 중요하다는 지적은 교육에 대한 기대가 단순 지식 전달에 한정된 작업이 아님을 시사해준다.

2009 개정교육과정에 따르면, '정의적 영역(Affective Domain)'은 인간의 흥미·태도·감상·가치관·감정·신념 등과 관련된 교육의 영역으로, 어떤 일에 단순히 주의를 기울이는 것에서 내면적으로 복잡한 인격이나 양심에 이르기까지 넓은 범위에 걸쳐 있다. 정의적 영역에서 다루는 요인들은 자아개념, 가치관, 태도, 책임, 협력 등으로 이는 직접적·즉각적 평가가 쉽지 않다. 평가가 쉽지 않다고 하더라도 교육에서 정의적 영역은 결코 배제할 수 없다. 학습자의 태도와 가치에 의미 있는 영향을 주기 위하여 교과교육 장면에서, 또는 교내의 다양한 활동에서 제공한 일련의 활동과 경험은 일정 시간이 흐른 후에 어떠한 계기에서 인식되거나 알아차려질 수 있고, 유의미한 효과를 나타낼 수 있기 때문이다. 그만큼 '교수-학습' 과정을 설계할 때 정의적 영역은 중요한 부분이다.

이러한 입장을 포함하여, 바람직한 인성 함양을 강조하며 2015년 「인성교육진흥법」이 제정·공포되었다. 타인, 공동체, 자연과 더불어 살아가는 데 필요한 인간다운 성품과 역량을 길러주는 작업은, 인성교육에서 담당할 영역으로 한정되기보다는, 전통 교육의 기본 역할이다. 따라서 교육에서 당연히 수행해야 할 인성 함양에 관한 문제를 '별도의 법률로 제정할 필요가 있느냐?'라는 논란도 적지 않았다. 그러나 「인성교육진흥법」은 당면한 사회문제와 학교문제를 해결할 수 있는 대안으로 여겨지며, 관심 있게 받아들여졌다. 그렇다 하더라도, 인성교육의 출현 배경을 고려한다면, 문제를 해결하는 데 중요한 관점이 무엇인지를 간과해서는 안 된다.

문제해결의 가장 빠르고 정확한 방법은, 제기된 사안의 '본질(本質)'로 돌아가는 것이다. 인성교육은 무엇을 가르치기 위한 것이며, 이는 인지적·정의적 영역으로 구분되지 않는 별도의 교육인가? 배려, 존중, 협동 등 인성교육에서 주로 다루려는 주제는 대부분 정의적 영역의 범위에 포함된다. 인성교육의 필요성이 강력하게 제시된 이유는 그동안 '교수(teaching)'와 '평가(evaluation)'의 어려움으로 정의적 영역이 활발히 설계·실행되지 못했기 때문이다. 따라서 인성교육에서 정의적 영역의 교수설계 및 교수·학습방법에 대해 진지하게 논의가 필요한 시점이다. 다시 말해, 인성교육 프로그램의 필요성을 주장하기 이전에, 이와 같은 현상이 교과교육에서 간과하였던 정의적 영역에 대한 교수설계의 필요성과 중요성을 반추해 보게 하는 현상은 아닌지, 상황을 면밀히 분석하고 심도 있게 논의해 볼 필요가 있다.

여기에서는 인성교육 프로그램의 본질을 이해하고 정의적 영역의 교수설계에 필요한 사항을 정립해 나갈 수 있도록 기초와 틀을 마련하기 위해, 국내 인성교육 수업·프로그램을 분석하였다. 국내의 인성교육 프로그램 연구를 개략적으로 볼 때, 정의적 요소를 포함하고 있는 내용이 다수이다. 때문에 인성교육의 정의적 영역을 구명하면, 교육의 장면에서 요구하는 바람직한 인성함양과 기대수준, 교육의 실천적 차원을 재고하는 데 도움이 된다. 국내 인성교육 수업 및 프로그램이 개별 교과의 정의적 요소를 다루는 작업이라면, 이는 정의적 영역의 중요성과 이에 대한 교수설계의 필요성을 보여줄 수 있다. 나아가 이를 통해 정의적 영역의 교수에 필요한 요소를 도출해 낼 수 있을 것이다. 이 지점에서 구체적인 연구문제를 제기하면 다음과 같다.

첫째, 국내 인성교육 수업 및 프로그램은 어떠한 양상을 보이는가?

둘째, 국내 인성교육 수업 및 프로그램의 학습목표와 정의적 영역의 수행목표에 구분할 수 있는 차이가 있는가?

셋째, 국내 인성교육 수업 및 프로그램은 교수학습 방법 측면에서 어떠한 특성을 나타내는가?

II. 이론적 배경

1. 인성교육

인성교육은 '인성(人性)'의 의미를 어떻게 개념화 하느냐에 따라 그 내용과 방법이 달라진다. 인성이 무엇이며 어떠한 인성이 중요한가에 대해서는 시대와 문화, 학자에 따라 다양하게 정의되어 왔다. 인성은 사람의 생각이나 행동에서 드러나는 '기질적 특성'을 나타내는 '성격(personality)'을 말하기도 하고, '가치 지향적'이고 '평가적 측면'을 내포하는 개념으로써 사람으로서의 '인품' 또는 '인격(character)'을 지칭하기도 한다.

'인성'이 '교육'이라는 단어와 함께 쓰일 때는 개인의 성격적 특성을 의미하기보다 가치 지향적이고 평가적인 측면에서 교육이 지향하는 바람직한 인간성 또는 인격의 의미로 사용된다(고미숙, 2005; 김민성, 2014). 미국의 대표적인 인성교육 연구자인 버코위츠(Berkowitz, 2002)는 인성을 "한 개인이 도덕적으로 바람직하게 행동하도록 하는 능력이나 경향성에 영향을 미치는 모든 심리적 특성, 즉 사고, 감정, 행동들의 총합체"로 정의하였다. 서덕희(2012)는 인간으로서 품성이라고 말할 수 있는 인성을 기르는 인성교육은 지식교육과 구분되지 않는 것으로 학교교육이 그 자체의 이념을 제대로 구현하고자 노력하는 과정에서 실현될 수 있는 총체적이며 궁극적인 성격의 것이라고 하였다. 현주 외(2014b)의 연구에서는 인성교육이란 사람들이 가족, 친구, 이웃, 지역사회, 국가의 일원으로 함께 살아가고 일하는 데 도움을 주는 바람직한 사고와 행동의 습관화를 위한 일련의 교육이라고 하였다.

'인성교육'의 개념은 '인성'의 의미가 명확하게 통일되지 않은 만큼 다양하게 정의되고 있다. 그러나 각각의 개념들이 다른 내용을 말하고 있다고 보기는 어렵다. '정의적(affective)' 측면의 요소는 공통적으로 포함하고 있음을 확인할 수 있다. 교육의 정의적 요소를 논할 때 인성교육을 언급하는 경우가 많고, 이러한 측면에서 인성교육에는 전인교육의 관점에서 인간으로서 갖추어야 할 바람직함, 가치 등과 관련된 도덕적 함의가 포함된다(김명화, 2015).

정의적 요소는 감정, 정서와 관련되고, 전형성을 갖는 심리적 속성으로, 도덕성, 가치, 신념과 같은 규범적 측면을 포괄한다(Tyler; 1974, 황정규; 1993, Goodwin & Driscoll; 1980). 허경철·조난심 등(1994)은 「인간성 함양을 위한 학교 교육 모형 개발 및 평가 방안 연구」에서 인성교육을 "사람다운 사람, 도덕적인 인격을 갖춘 사람을 기르려는 교육"이라고 정의하였다. 이는 인성교육에 정의적 특성이 상당수 담겨있음을 인지하게 만든다.

2. 프로그램 연구와 교수설계 및 교육방법

인성교육 프로그램을 제시한 선행연구를 살펴보면, 인성교육의 핵심 요소를 다양하게 제시하고 있다. 각각의 연구에서 제시하고 있는 세부적인 용어나 내용, 요소의 수에서는 조금씩 차이는 있지만, 대체적으로 자기관리, 대인관계, 공동체 의식 등 세 가지 영역으로 요약할 수 있다(박용한, 2016).

인성교육 프로그램은 실행되는 형태에 대한 접근과 방법적 원리에 따라, 단순하게 '직접적 접근'과 '간접적 접근'으로 나눌 수도 있다(Howard, Berkowitz, & Scheffer, 2004; Solomon, Watson, & Battistich, 2001). '직접적 접근'은 인성을 '직접 가르칠 수 있다'고 가정하며, 길러야 할 인성적 덕목을 반복적으로 설명하고 시범을 보이면서 학습자에게 명시적으로 심어주는 방법을 선택한다. 따라서 교수법을 활용할 때, 가르쳐야 할 구체적인 덕목을 학생이 분명히 인식할 수 있도록 하는 데 초점을 둔다. 반면, 인성교육에 대한 '간접적 접근'에서는 사회가 요구하는 덕목을 있는 그대로 습득하기보다는 공동체 내에서 유의미한 참여의 기회를 가짐으로써 도덕적·윤리적 원칙들을 자연스럽게 깨달아가며 그러한 원칙을 실행하도록 내재적으로 동기화하고 공동체의 일원이자 민주사회의 시민으로 성장해 나가는 것을 강조한다(김민성, 2014).

교육 현장에서는 두 가지가 모두 일어날 수 있다. 도덕이라는 교과를 통해 정해진 덕목을 다른 교과와 유사한 방식으로 배우거나 다른 교과에 포함된 인성적 요소를 협동학습, 문제기반학습, 사례기반학습 등 적합한 교육방법으로 배움으로써 직·간접적으로 인성에 대한 훈련을 받을 수 있었다. 바른생활, 도덕 등의 교과 이외에 문학, 가정, 음악, 미술, 사회, 과학 등 모든 교과에서 인성적 측면을 다룰 수 있으므로, 각 교과에 포함된 인성적 요소를 분석하고, 교수과정을 설계하는 것은 중요하다. 몇몇 연구자들은 〈표 5-1〉과 같이 다양한 교수방법을 사용하여 교과교육 내에서 인성교육을 함양할 수 있도록 문제를 제기하였다. 인성교육의 교수를 위해 각 교과의 특성을 고려하여 수업모델을 만들거나 수업방법을 적용하려는 시도가 활발히 이루어져 왔음을 알 수 있다.

▌표 5-1 교과교육 내 인성교육 실행을 위한 교수방법

연구자	내용	교수학습방법
김향연(2012)	국어과 창의인성교육 실천 사례로 텍스트 상호성 활용하기, 해석 교환하기, 만화 주인공 소통하기, 가치관 경매를 제시	자원기반학습, 토론기반학습
이동희(1996)	이야기(5분 훈화) 방법을 통해 수업 동기유발 및 인성교육 방법 제시	스토리텔링 기반
박미정(2012)	가정과교육에서의 창의·인성 수업 모델 개발(실천적 문제해결학습 모형, 창의적 문제해결학습 모형, 탐구학습 모형 등)	문제기반학습
이용섭, 김윤경(2012)	과학기반 STEAM기법 적용 후 학생들의 창의적 사고력 및 창의적 인성 인식의 변화 효과성 검증	STEAM기법

위의 연구에서 도출된 결과는 대부분의 인성교육 프로그램이 설명 위주의 수업에서 벗어나 학습자, 교수자, 학습매체와의 상호작용이 포함된 교육방법을 시도한 것이었다. 때문에 이들이 제안한 인성교육 프로그램의 효과성에는 특정한 교수·학습방법의 효과가 포함되어 있다.

인성교육은 그것이 추구하는 인성적 요소뿐만 아니라 그것이 가르쳐지는 방법의 측면에서도 바람직한 가치를 추구해야 한다. 인성교육을 어떻게 해야 하는가의 방법과 관련된 문제는 무엇을 가르치는가의 내용과 상관없이 그 자체로 좋은 인성을 길러줄 수 있는 '교육방법론'의 문제이다(박용한, 2016). 예를 들어, 인성을 별도의 주제로 삼지 않더라도 토론이나 협동학습을 통한 수업은 모든 교과에서 이루어질 수 있으며, 여러 연구자들이 제시했던 인성의 핵심요소를 함양시킬 수 있다. 즉 이러한 교수·학습방법은 그 자체로 바람직하며 인성 함양을 위한 요소를 갖추고 있는 것이다.

교육방법이 갖는 특성을 적극 활용하여 수업의 효과성을 높이는 것이 체계적인 교수설계이다. 교육방법이 갖는 속성 자체가 교육에 효과를 가져올 수 있으므로 교수자는 학습자의 학습목표 달성을 위해 체제적으로 수업을 설계하고 적합한 교수·학습방법 및 매체를 선정할 수 있어야 한다.

3. 정의적 영역의 교수설계와 교수학습 방법

교수설계는 설계 및 개발의 전체적 과정을 의미하는 '광의의 정의'와 설계 및 개발 과정 가운데 설계 단계만을 뜻하는 '협의의 정의'로 구분된다. '광의의 정의'에서는 교수과정을 일련의 순환 과정으로 보고, 각 구성요소 간의 상호작용을 통해 의도된 목표 하에 학습자에게 가능한 최적의 학습 성과를 성취할 수 있도록 하는 체제적 접근을 교수설계로 정의한다(Dick & Carey, 1996). 반면, '협의의 정의'의 경우, 교수설계는 일련의 체계적인 수업 계획이며, 목표, 내용, 방법, 평가에 이르는 교수체제의 기본적 구성 틀을 제공하는 절차인 동시에 학습과정의 성공적인 수행을 위해 구성 요소들을 적절히 조직하고 통합시키는 과정으로 정의된다(Kemp, 1985).

교수설계 과정은 많은 요소들이 서로에게 어떠한 영향을 미칠 것인지, 어떠한 방법을 사용하였을 때 이러한 요소 간의 영향을 활용하여 효과적인 수업을 만들 수 있을 것인지에 대해 고려하는 과정이다. 따라서 교수설계 이론 또한 수업 구성과 관련된 다양한 요소들에 대한 종합적인 측면을 반영해야 하며, 기존의 단편적인 지식과는 다르게 전체적인 수업 과정을 안내하는 체계적인 지식을 제공할 수 있어야 한다(임철일, 2012).

이를 위해 무엇보다 중요한 것은 교육목표를 설정하는 작업이다. 블룸

(Bloom, 1956)은 교육목표를 '인지적 영역(cognitive domian)', '정의적 영역(affective domain)', '심동적 영역(psycho-motor domain)'으로 분류하였다. 각 영역을 설명할 수 있는 행동을 나타내는 체계를 개발하였는데, 이것이 '교육목표분류학(Taxonomy of Educationl Objectives)'이다. 여기에서 인지적 영역은 지식, 이해, 적용, 분석, 종합, 평가의 여섯 단계 수준으로 분류할 수 있다. 정의적 영역은 감수, 반응, 가치화, 조직화, 인격화의 다섯 단계 수준으로 나눌 수 있다. 심동적 영역은 반사운동, 기초운동, 운동지각능력, 신체기능, 숙련기능, 동작적 의사소통의 여섯 단계 수준으로 세분화할 수 있다. 정의적 영역은 교육내용에 대한 정의적 반응을 가리키는 것으로 학교라는 장면에서 자연스럽게 나타날 수 있다(Bloom, 1976).

사실, 학습이 일어나는 상황과 환경에는 인지적·정의적·심동적 반응이 모두 나타난다. 교수자와 학습자 사이의 상호작용, 학습자와 학습자 간의 협동적 학습 및 활동, 교육목표를 달성하기 위하여 구조·설계·제작된 교과서 및 학습도구와의 접촉은 교수와 학습이 일어나는 장면에서 쉽게 관찰될 수 있다. 이러한 측면에서 볼 때, 교육이나 수업은 본질상 인지적, 심동적 요소와 함께 정의적 요소를 불러일으킬 수밖에 없다. 김두열(2019)에 따르면, 정의적 영역은 아는 것을 넘어선 행동이기 때문에 학습의 정도를 파악하여 평가하는 것이 쉽지 않다. 하지만 학습자 활동중심교육을 통해 행동을 가시화 할 수 있기 때문에 어떤 활동과 경험을 제공하는 것이 정의적 영역을 교육하는 데 효과적일지를 고민해야 한다. 만약 수업이 '○○○에 참여할 수 있다', '○○○를 선택하여 행할 수 있다', '○○○한 행동을 증가시킬 수 있다' 등의 학습목표를 가지고 있다면, 교수학습 방법과 활동을 결정할 때 어떠한 것이 보다 효과적일까? 이런 고민을 통해 선택한 교육방법의 특성이 수업을 통해 지식 배양과 함께 정의적 요소를 보다 효과적으로 불러일으킬 수 있다.

학습목표를 결정하고, 이에 부합하는 교수·학습 방법 및 활동을 선택하는 교수설계의 과정은 필수적이며, 특히 정의적 영역의 교수설계에서 교수·학습방법은 그 효과를 결정하는 데 중요한 요소인 만큼 교수자는 교수설계에 대한 이론적·실제적 지식과 함께 다양한 교수·학습방법이 갖는 특성과 요소에 대해서도 이해하고 있어야 한다.

Ⅲ. 연구방법

1. 연구대상

본고는 국내 인성교육 수업 및 프로그램을 보여주는 실증적 연구들을 살펴봄으로써 어떠한 양상을 확인할 수 있는지, 인성교육 프로그램과 정의적 영역의 수행목표는 구분할 수 있는 뚜렷한 차이는 있는지, 인성교육 프로그램을 강의식으로 전개되는 일반 교과 수업과 비교할 때, 교수 · 학습방법 측면의 차이가 있는지를 확인하였다.

2020년 6월을 기준으로 한국교육학술정보원(RISS)에서 '인성교육' 검색어를 통해 검색된 논문은 총 7,967편이다. 연도별로 살펴보면, 1960년대 14편, 1970년대 43편, 1980년대 69편, 1990년대 340편으로 2000년대 이전까지 총 466편으로 전체 연구 성과의 약 6%정도에 불과하였다. 2000년대 들어서면서 연구논문이 폭증한다. 2000년대 1,228편, 2010년대부터 2020년 현재까지 약 6,278편(2010년 307건, 2011년 295건, 2012년 403건, 2013년 565건, 2014년 650건, 2015년 909건, 2016년 915건, 2017년 775건, 2018년 775건, 2019년 595건, 2020년 현재까지 89건)이다. 인성교육 연구는 인성교육이라는 개념이 언급되고 관련 연구가 나타난 이후로, 점차 증가하는 추세를 보이다가 1990년대에 괄목할 만한 증가가 있었고, 2000년대에 와서도 그 관심이 크게 증가하였으며, 2010년대 이후에는 대폭 증가하는 추이를 보였다.

여기에서는 인성교육에 관한 7,967편의 연구 가운데 한국연구재단 등재지(KCI)에 등재된 4,870건의 연구논문을 대상으로 하였다. 특히, 「인성교육진흥법」이 제정되어 시행된 2015년부터 2020년 6월까지 약 5년여에 걸쳐 이루어진 연구를 대상으로 수집하였다. 이는 양적으로 가장 활발하게 연구가 이루어졌던 시기를 포함하면서 비교적 최근의 양상을 살펴볼 수 있을 것으로 판단했기 때문이다. 최종적으로 한국연구재단 등재지 가운데 2015년부터 2020년 6월까지 이루어진 2,809편의 논문을 본 연구의 1차 대상으로 삼았다. 이후 연구기준 및 절차에 따라 주제와 방향에서 벗어난 논문을 선별하여 제외하였으며, 결과적으로 총 444편의 논문을 심층 분석하였다.

2. 연구절차

1차 대상으로 수집된 2,809편의 논문 가운데 중복된 논문을 제외한 2,328편의 논문을 분석 대상에 포함하였다. 이후 1차 분석 대상 논문의 적합성 검토를 실시하여 연구 주제 및 방향에서 벗어난 논문을 선별하여 제외하였다. 결과적으로 총 444편의 논문을 분석 대상으로 선정하였다. 이 과정에서 데이터의 타당도와 신뢰도를 확보하기 위해 전수조사, 연구자 간 교차 검증, 논의 및 재검토 등의 과정을 순차적으로 실시하였으며, 그 절차를 정리하면, 〈그림 5−1〉과 같다.

▌그림 5−1 대상 추출 및 분석 과정

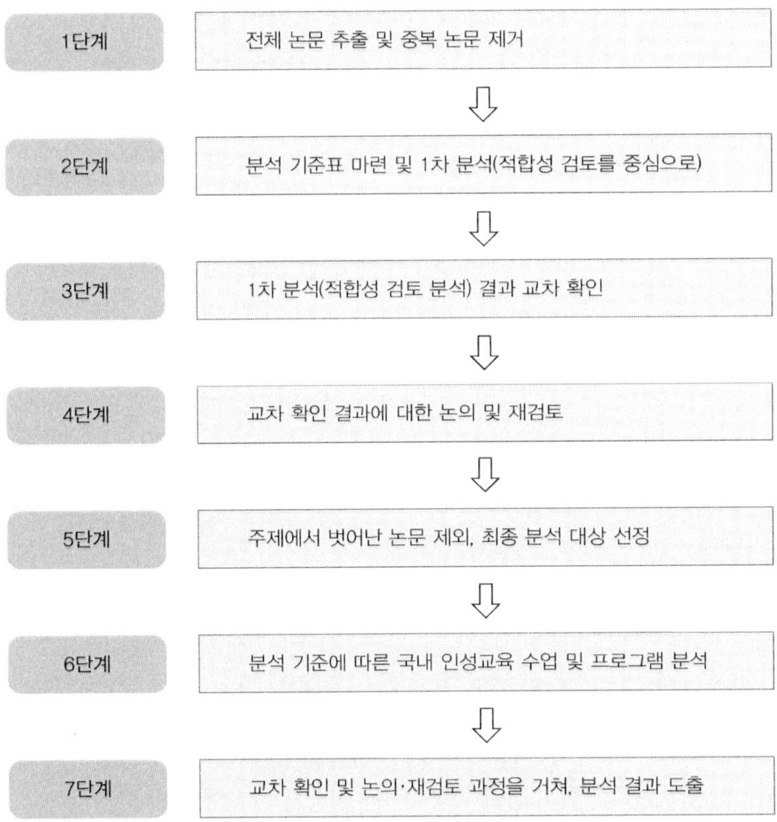

3. 연구방법

2,328편의 논문에 대한 적합성 검토 결과, 총 444편의 논문이 국내 인성교육 수업 및 프로그램 분석을 위하여 최종 선정되었다. 이는 〈표 5－2〉에 제시된 인성교육 현황 분석 기준표를 바탕으로 적합성 여부를 평가하여 결정한 것이다.

표 5-2 인성교육 현황 분석 기준표

저자	연도	문헌 정보	학교급	교과	교육 방법	결론

동일한 논문이 두 번 이상 검색된 경우, 중복 처리하여 하나로 반영하였고, 종교교육의 일환으로써 인성교육에 대한 연구와 학교 이외의 분야, 예컨대 기업교육이나 특수 목적 교육에서 시도한 인성교육은 학교 및 교과교육에서의 정의적 영역, 교수설계 및 교수·학습방법 등을 면밀히 살펴보려는 본 연구의 의도와 관련이 없으므로 분석 대상에서 제외하였다.

율곡, 퇴계, 정약용 등 전통교육의 교수·학습법에서 찾을 수 있는 인성적 요소와 실천 방안에 대한 연구와 『소학』, 『논어』, 전통문학 등 고전에서 찾을 수 있는 인성적 요소를 탐색한 연구 등의 경우에도, 연구 목적에 보다 초점을 두기 위하여 제외하였다(김선경, 2019; 송미화, 2019; 송수진, 2018; 윤태후, 2018; 차현주, 2016; 황성규, 2019). 그러나 교과 내에서 무엇을 다룰 수 있을 것이며, 어떻게 다루는 것이 적합한가를 분석할 때, 역사적 고찰은 의미 있게 작용할 수 있으므로, 이러한 연구의 결과들을 수업에 실제 연계할 수 있는 방안을 찾는 일은 필요하다.

'창의인성', '창의인재'라는 용어가 사용되고 있고, 이로 인해 창의성 제고, 진로 탐색 등에 목적을 둔 수업과 교육 프로그램도 검색의 결과로 다수 포함되었으나, 창의성과 진로는 또 다른 의미를 가진 큰 개념이며, 여기에 초점을 두고 학습활동이 이루어진 경우에는 그 관심과 방향이 인성적 요소를 가르치는 것과는 다른 데 있었다(성은현, 2016; 이재경·설연경·이성아, 2016). 따라서 이 또한 분석 대상에서 제외하였으며, 특정 학습자를 대상으로 특수한 목적에서 교육 프로그램을 설계하고 실행한 경우, 예를 들어, 영재교육과 같은 영역은 본 연구의 목적과 방향에 부합하는가를 검토하여 적정하지 않다고 판단되는 논문은 분석 대상에 포함시키지 않았다.

본 연구의 절차와 방법을 정리하면, '인성교육' 검색어를 사용하여 한국교육학술정보원에서 검색된 논문 가운데 중복되거나 연구 주제에서 벗어난 논문을 제외하고, 최종 선정된 총 444편의 논문을 〈표 5-2〉의 기준에 따라 '국내 인성교육 수업 및 프로그램은 어떠한 양상을 보이고 있으며', '무엇을(학습목표) 어떠한 방법 및 전략(교육방법)으로 가르치고자 하였는지', 설계 측면을 중심으로 살펴보았다.

이러한 분석 방법을 연구 문제 중심으로 정리하면, 국내 인성교육 수업 및 프로그램과 정의적 영역의 수행목표에 구분할 수 있는 차이가 있는지를 살펴보기 위해, 분석 대상 논문에서 명시하고 있는 주요 수행목표를 블룸(Bloom)이 제시한 정의적 영역의 수행목표와 대조·분석하였고, 교수·학습방법을 도출하여 범주화할 수 있는지를 살펴보았다. 교수·학습 방법을 분석하면서, 인성교육 프로그램의 교수법이 설명 위주의 일반 교과 수업과 비교해 무엇이 다른가를 살펴보았는데, 이 과정에서 아래의 분석표(〈표 5-3〉)를 활용하였다. 〈표 5-3〉은 국내 인성교육 수업 및 프로그램의 특성을 교수설계 핵심요소 및 교육방법을 중심으로 분석하기 위한 도구이자 강의 위주의 일반 교과 수업과의 차이를 살펴보기 위한 도구로써, 공통적으로 언급되고 수렴되는 '상호작용' 요소를 범주화하여 '학습자-교수자', '학습자-학습자', '학습자-학습매체' 간의 상호작용을 보다 면밀히 살펴보는 데 사용되었다.

표 5-3 인성교육 수업 및 프로그램 특성 분석표

저자	연도	문헌 정보	학교급	교과	교육방법	상호작용		
						학습자-교수자	학습자-학습자	학습자-학습매체

IV. 연구결과

1. 국내 인성교육 수업 및 프로그램

본 연구의 심층 분석 대상으로 선정된 총 444편의 논문은 국내에서 인성교육을 목적으로 수업과 프로그램을 구상·설계·실행한 것에 대한 것이다. 444편의 논문을 분석하여 인성교육의 실태 및 양상을 살펴본 결과를 정리하면 다음과 같다(〈표 5-4〉 참조). 최종적으로 분석한 444편의 논문 중 72편의 논문은 학교급별에 대한 언급이 없거나, 대상을 지정하지 않고 프로그램을 개발한 경우로, 이를 제외한 372개의 사례 중 유아교육기관에서 인성교육 수업 및 프로그램을 설계·실행한 경우가 124편(33.3%), 초등교육에서 인성교육 수업 및 프로그램을 설계·실행한 경우가 89편(23.9%)로 높은 빈도로 수행되었음을 확인할 수 있었다. 초등교육 이후 중학교는 36편(9.7%)이고, 고등학교는 30편(8.1%)으로 점차 줄어드는 양상을 확인할 수 있었다. 이는 학업성취도 평가의 중요도가 높아질수록 정의적 요소를 분석하여 수업을 설계하는 것이 쉽지 않으며, 인지적 영역을 중심으로 설명 위주의 수업에 집중할 수밖에 없는 실태를 간접적으로 보여준다.

다음으로, 교과를 중심으로 인성교육 수업 및 프로그램을 살펴보면, 도덕과 27편(12.4%), 체육과 27편(12.4%), 국어과 21편(9.6%), 미술과 18편(8.3%) 등으로, 전 교과에 걸쳐 다양하게 시도되고 있었으나 인성 요소를 직접적으로 다루는 도덕교과와 지식 그 자체를 전달하기보다는 활동 위주의 수업설계가 자유로운 편인 예체능 계열에서 보다 활발히 연구가 이루어졌음을 확인할 수 있었다. 문학이 갖는 간접 경험의 특성에 따라 국어교과에서 또한 인성교육을 시도해 나가고 있었다.

학교는 수업 이외에 다양한 체험과 활동을 통해 교육을 수행한다. 예를 들어, 심리적·정의적 측면의 발달을 위해 봉사, 창의체험 등 다양한 활동을 실천하고 있다. 수업에서의 정의적 영역, 인성요소 함양에 초점을 두고 있는 본 연구의 방향성을 고려하여 교과 이외의 활동을 통해 인성교육을 실천한 사례는 제외하였다. 444편의 논문 가운데 대상이 불명확한 논문을 제외한 논문이 372편임을 고려할 때, 교과 이외의 활동을 통해서도 인성교육이 이루어지고 있으나 높은 비중(218편)으로 교과수업을 중심으로 인성교육이 시도되고 있음을 확인할 수 있었다. 이는 교과에 포함된 정의적 요소를 도출하여 수업을 설계하는 것이 필요함을 시사한다.

마지막으로, 인성교육 수업 및 프로그램의 목표를 달성하기 위하여 활용된 교육방법을 확인한 결과, 사례기반학습, 문제기반학습, 토론수업, 자원기반학습, 스토리텔링 수업, 체험학습 등 여섯 가지로 범주화할 수 있었다. 이외에는 스팀(STEAM), 협동학습, 프로젝트 수업 등 보다 큰 범주에서 이러한 교육방법을 두 가지 이상 혼합하여 실행한 경우로, 한 가지로 구분할 수 없는 경우에는 기타로 별도 제시하였다. 인성교육 수업 및 프로그램을 실행하기 위해 선택한 교수학습방법의 공통점은 '상호작용'으로 본 연구에서 제시한 여섯 가지 교수방법은 학습자-학습자, 학습자-교수자, 학습자-매체 등과의 상호작용을 필요로 한다는 특성을 가지고 있다.

▌표 5-4 연구대상의 전반적 현황

대상		대상별 연구 수(비율(%))
학교급 (372)	유아교육기관	124(33.3%) (유아, 초등학생을 다루고 있는 논문 1개 포함)
	초등학교	89(23.9%) (초등, 중학생을 다루고 있는 논문 2개 포함)
	중학교	36(9.7%) (중학생, 고등학생을 다루고 있는 논문 3개 포함)
	고등학교	30(8.1%)
	대학교	84(22.6%)
	전 학교급	9(2.4%)
합계		372(100%)
교과 (218)	가정과	6(2.8%)
	국어과	21(9.6%)
	도덕과	27(12.4%)
	역사·사회과	2(0.9%)
	실과	6(2.8%)
	영어과	6(2.8%)

대상		대상별 연구 수(비율(%))
	체육과	27(12.4%)
	IT계열 (컴퓨터, 소프트웨어 등)	4(1.8%)
	과학과	9(4.1%)
	수학과	7(3.2%)
	미술과	18(8.3%)
	음악과	8(3.7%)
	제2외국어	23(10.6%)
	전 교과(통합)	8(3.7%)
	대학(전공과목)	6(2.8%)
	대학(교양과목)	40(18.3%)
합계		218(100%)
교육방법 (218)	사례기반학습	7(3.2%)
	문제기반학습	6(2.8%)
	토론수업	27(12.4%)
	자원기반학습	32(14.7%)
	스토리텔링 수업	4(1.8%)
	체험학습	57(26.1%)
	기타	85(39.0%)
합계		218(100%)

교육방법은 그 속성과 특성을 중심으로 다음과 같이 명명하여 정리하였다.

① 실생활의 상황과 사건에 기초하여 수업을 설계한 경우 '사례기반학습(CBL: Case-Based Learning)'이라 한다.

② 실제적인 문제(problem) 또는 과제(task)를 학습자가 해결하는 과정에서 학습이 이루어질 수 있도록 수업을 설계한 경우 '문제기반학습(PBL: Problem-Based Learning)'이라 한다.

③ 제시된 주제에 대한 서로 다른 견해를 논리적으로 표현하고 상대를 설득하는 데 초점을 둔 경우 '토론수업'이라 한다.

④ 책, 그림책, 예술작품, 영화, 애니메이션, 교구 및 도구 등 다양한 자원을 교수·학습을 위한 전략으로 활용하고 수업을 설계함으로써 목표 달성을 유도한 경우 '자원기반학습(RBL: Resource-Based Learning)'이라 한다.

⑤ 이야기(story)를 매개로 교수자와 다른 학습자 등 청중에게 소재 및 정보, 함의점, 이미지 등을 글, 그림, 말, 연극과 같은 형태로 표현하여 전달하는 의사소통 중심의 수업 방식을 '스토리텔링 수업'이라 한다.

⑥ 이론보다 실제에서의 체험, 활동, 경험 등을 통하여 지식, 기술, 태도를 함양할 수 있도록 하는 학습방법을 '체험학습(Experiential Learning)', 이라 한다.

그리고 학교급과 교과, 교육방법 등을 종합하여 국내 인성교육 수업 및 프로그램의 양상을 정리하면, 다음과 같다. 먼저 어린이집, 유치원 등 영·유아 대상의 교육기관에서 이루어지고 있는 인성교육은 누리과정에서 제시하고 있는 인성적 요소를 다양한 활동 및 방법으로 실시하는 경우가 대표적이었다.

유아 인성교육 실태를 분석한 박리나·황해익(2018)에 따르면 대부분의 유아 교사는 담당학급의 유아를 대상으로 인성교육을 실시하고 있으며, 그 내용에는 배려, 질서, 협력, 나눔, 존중, 효, 감사, 경청, 용기, 정직 등이 포함되는 것으로 확인되었다. 유아교육에서 인성교육을 실행한 사례 대부분이 인성적·정의적 요소를 가르치는 데 보다 적합한 방법을 적용하고자 하였으며, 이는 수업목표를 달성하고 학습의 효과를 높이기 위해서였다. 예를 들어, 박현지·김지은(2016)은 인성적 요소가 포함된 동화를 활용하여 인성적 측면을 다루었으며, 협동적 활동 및 놀이를 연계하여 학습 효과를 높이고자 하였다. 조연경·배지희(2017)는 주제극 놀이를 활용하여 유아의 인성 함양 효과를 살펴보았다. 유아의 공감능력과 배려적 사고능력을 기르는 것을 목적으로, 교육목표를 '주제극놀이 참여를 통해 문화적 상상력을 기르고 바른 인성을 함양한다', '주제극놀이 참여를 통해 공감능력과 배려적 사고능력을 기른다' 등으로 설정하여, 배려, 존중, 나눔, 질서, 협력 등 정의적 요소를 추출하고 적정한 그림책 및 주제극을 선정하여 이야기 듣기, 이야기 회상하기, 공감적 대화하기, 배려적 사고 나누기, 주제극 계획하기, 주제극 실행하기 등의 활동을 진행하였다.

초등학교의 경우, 특정 교과에서 비교적 다양한 활동을 통해 인성 함양을 도모하였다. 이는 담임교사를 중심으로 교과별 학습을 진행하기 때문에 교과목 간의 연계가 비교적 수월하고 여러 가지 활동을 학급에서 자유롭게 설계 및 실행할 수 있는 초등교육의 구조와 특성에서 기인한 것으로 보인다. 김해진(2019)은 미술교과에서 공감능력을 향상시킬 수 있는 요소를 학습과정에 배치하여 놀이, 포트폴리오 만들기, 칭찬릴레이, 칭찬통장, 모둠활동, 친구에게 상장주기, 토론 등의 활동을 실시하였다. 이러한 활동을 통해 학생들은 자신을 이해하고 친구와 긍정적으로 상호작용함으로써 서로를 배려하고 공감할 수 있었다.

중학교의 경우, 가정과, 과학과, 국어과, 도덕과, 미술과, 사회과, 음악과, 체육과, 한문과 등 다양한 교과목에서 인성교육을 다루고 있었다. 여러 가지 사례 및 쟁점을 다루고, 이에 대한 팀별 활동을 실시하여 함께 문제를 해결하고, 의견을 공유하는 방법으로 인성교육을 시도하곤 하였다. 박동화·고연주·이현주(2018)는 과학교과에서 과학 관련 사회적 쟁점을 다루면서, 동영상 시청, 학생 중심 활동, 토의·토론활동 등을 실시하였다. 사회적 쟁점 및 문제 상황을 해결하는 과정에서 협력능력, 문제해결능력, 의사소통능력, 사회·도덕적 공감 등을 발달시킬 수 있었다. 강지민·유난숙(2018)은 가정교과 내 가족의 이해 단원을 활용하여 인성교육을 시도하였다. 이 수업은 '가족의 기능에 대해 알 수 있다', '가족의 기능을 강화하기 위한 노력을 할 수 있다', '바람직한 의사소통의 방법을 알고, 이를 생활에서 실천할 수 있다' 등 학습목표에 인지적·정의적 영역을 모두 포함하고 있으며, 교수·학습활동에 자가진단 및 사례 분석이 가능한 학습 활동지 제시, 팀 기반의 협동적 학습 기회 제공 등이 포함되었다. 또한 학습과정에 대한 몰입과 만족도를 높임으로써 효과를 극대화하기 위해 '에이알씨에스(ARCS: Attention, Relevence, Confidence, Satisfaction)전략'이 적절히 구사될 수 있게 수업을 설계하였다.

고등학교의 경우, 또한 여러 교과목에서 인성교육을 다루고 있었다. 특히 국어과, 한문과의 경우 교과서 내에 포함된 인성적 요소를 추출하여 글쓰기 활동, 모둠 단위 독후 활동 등을 실시하고 있었다(김두열, 2019; 김은경, 2019; 남궁원, 2019; 홍성우·송해성, 2017). 김두열(2019)은 문학교육에서 인성교육을 할 수 있도록 정의적 영역에 대한 학습활동과 성취기준을 구체화하였다. 정의적 영역의 성취기준을 교과서 앞에 제시함으로써 학습자가 기준을 가지고 학습을 진행할 수 있도록 하였으며, 학습자의 특성 및 수준, 그리고 문학작품에 등장하는 인물의 모습과 태도 변화를 고려하여 활동 중심으로 수업을 구성하였다. 이 연구에서는 국어과에서 문학교육을 통하여 학습자의 자기성찰이 일어날 수 있도록 매체를 선택하고 활동을 선정할 때, 학습의 배열, 학습자 수준, 도식화된 학습활동 등이 고려되고 포함되어야 함을 제시하였으며, 이는 무엇을 어떻게 가르칠 것인가에 대한 문제에 비추어 볼 때, 학습목표는 정의적 영역으로, 교수·학습방법은 성찰과 통찰을 유도해 나가는 활동으로 적용된 것으로, 정의적·인성적 요소의 체제적 교수설계에 대한 예시라고 할 수 있다.

대학교육의 경우, 크게 두 가지 방향을 확인할 수 있다. 하나는 교양과목 수업에서 팀 활동, 프로젝트 계획 및 실행 등 다양한 교육방법을 시도하여 인성을 기르고자 하는 경우이고, 다른 하나는 특정 전공, 예를 들어 사범계열, 의과계열에서 예비교사(김영은, 2017; 이지혜, 2017), 예비간호사와 의사(김나영, 2020; 김복자·전은영, 2016; 배익렬·허명륜·안은경, 2016)가 직업과 직무에 요구되는 인성을 함양할 수 있도록 설계·적용된 수업을 실시하는 경우였다. 최정미·이호선(2016)의 연구에 따르면, 연극영화라는 매체를 활용하여 조별연극 등의 방법으로 교양교과목 수업을 진행한 결과, 문학과 연극의 구어체 대사를 암기하며 자연스럽게 말하기를 익히고, 작품 분석과 이해를 통해 문학에 관한 지식을 숙지하여 영어 학습에 폭넓은 지식을 더하였으며, 조별 연극 공연을 통하여 책임감, 협동, 화합, 배려심의 중요성을 스스로 체험하게 하여 인성 함양에도 도움을 주었다. 이들은 이러한 수업이 교수와 학생이 소통할 수 있는 양방향 수업을 실행하면서 학생의 자기 주도적 참여를 이끌어 인성의 함양에도 긍정적인 성과를 보일 수 있었다고 하였다.

2. 정의적 영역의 수행목표

정의적 영역은 교육내용에 대한 정의적 반응을 가리킨다. 바람직한 인성

요소의 함양을 기대하는 인성교육의 목적을 재고해 볼 때, 이를 별도의 목적과 목표를 가진 또 다른 교육으로 이해하기 보다는 정의적 영역에 포함되는 교육 형태의 일환으로 보는 것이 적절하다. 이러한 입장에서 국내 인성교육 수업 및 프로그램과 정의적 영역의 수행목표를 비교한 결과, 〈표 5-5〉와 같이 정돈할 수 있다. 〈표 5-5〉를 〈표 5-6〉에 나타난 정의적 영역의 수행목표와 대조·대비해 보면, 크게 차이가 없음을 확인할 수 있다.

▮표 5-5 국내 인성교육 수업 및 프로그램의 수행목표 예

구분	인성교육 수업 및 프로그램의 수행목표 예시
유아	1. (효, 존중, 배려, 협력, 나눔, 질서 기준) 게임 규칙을 지키며 적극적으로 활동에 참여한다.(류경희, 2017)
	2. 인성요소에 기초한 다례활동을 통하여 유아의 자신감과 자아 존중감을 증진시킨다.(서은주, 2014)
	3. 미디어 속 동물이 되어 역할놀이를 할 수 있다.(김영주, 2018)
초등	1. 자신에게 맡겨진 일을 해 어려움을 참고 시작한 일을 끝까지 해내며 그 일을 남에게 미루지 않는 책임성을 기를 수 있다.(홍은실, 2017)
	2. 스토리텔링을 통해 물의 소중함과 깨끗한 물을 얻기 위한 아이디어를 구상할 수 있다.(윤종천, 2019)
중학교	1. 작품의 수용과 생산 활동을 중심으로 창의적, 심미적, 성찰적으로 소통하는 능력을 기를 수 있다.(노승환, 2018)
	2. 분담한 과제에 대해 각자의 역할을 충실히 수행할 수 있다.(서대환, 2016)
	3. 모둠별 활동을 통해 친구들을 이해하고 다른 의견에 대해 긍정적인 생각을 할 수 있다.(조은지, 2017)
고등학교	1. 덕목을 삶 속에서 실천한 인물을 통해 덕목의 중요성을 깨닫는다.(김서연, 2019)
	2. 칭찬 book을 제작하고 실천(칭찬)한다.(백민경, 2015)
대학	1. 이야기를 나누는 과정에서 소통, 배려, 의사소통능력을 기른다.(김성원, 2017)
	2. 디자인 씽킹 과정을 이해하고, 모둠원과 협력적으로 문제 해결 프로젝트를 수행할 수 있다.(이희영, 2020)

▌표 5-6 정의적 영역 목표 기술을 위한 행동동사(Bloom, 1956)

정의적 영역 단계	목표 기술을 위한 행동동사
수용과 반응 : 사태나 활동에 대해 관심을 기울이고 반응함	답하다, 주의하다, 깨닫다, 선호하다, 수용하다, 기록하다, 경청하다, 반응하다 등
가치화 : 견해를 피력하고 표현함	수행하다, 취하다, 나타내다, 참여하다, 결정하다, 증가하다 등
조직화 : 가치에 대한 판단을 내리고 특정 입장을 취함	결심하다, 선정하다, 판단하다, 찾다, 관련시키다, 형성하다 등
특성화 : 특정 가치, 신념에 대한 행동을 나타냄	수행하다, 행하다, 고치다, 개발하다, 실현하다 등

인성교육을 계획하고 실행하는 교수자는 수업에 참여하는 학습자가 계획된 학습활동을 선택한 교육방법으로 겪으면서 인성적 요소를 함양할 수 있게 되기를 기대한다. 정의적 영역은 교육내용에 대한 정의적 반응을 가리키는 것으로, 바람직한 인성 요소의 함양을 기대하는 인성교육은 별도의 목적과 목표를 가진 교육으로 이해하기보다는 정의적 영역 속에 포함되는 것으로 보는 것이 적절하다. 교육에서 정의적 특성의 개념은 목적이자 수단이며, 학교라는 장면에서 자연스럽게 나타날 수 있는 것으로(Bloom, 1976), 사실 학습이 일어나는 상황과 환경에는 인지적·정의적·심동적 반응이 모두 나타난다. 교수자의 전달, 안내, 조력과 학습자의 수용, 반응, 도약 등 교수자와 학습자 사이의 상호작용, 토론 및 토의활동, 사례 분석 및 문제 해결 등 주어진 과업의 달성을 위한 학습자와 학습자간의 협동적 학습 및 활동, 일련의 교육목표를 달성하기 위한 도구로써 구조·설계·제작된 된 교과서 및 학습도구, 이러한 모든 것이 교수와 학습이 일어나는 장면에서 관찰될 수 있는 것이다. 이러한 측면에서 볼 때, 교육이나 수업은 본질상 인지적·정의적·심동적 요소를 불러일으킬 수밖에 없으며, 느끼고, 참여하고, 깨닫고, 실행하기를 기대하는 인성교육은 정의적 영역에서 목표를 선정하여 수업을 구조화한 것으로 보아야 한다.

3. 교수학습 방법 및 상호작용 설계

국내 인성교육 수업 및 프로그램은 강의식으로 전개되는 교과 수업과 비교할 때 교수학습방법 측면에서 차이를 보인다(〈표 5-4〉, 〈표 5-7〉 참고). 인성교육 수업에서 설정한 학습목표를 달성시키기 위해 교사 및 연구자들이 선택한 교수학습방법으로는 사례기반학습, 문제기반학습, 토론수업, 자원기반학습, 체험학습 등이 있었으며, 이 가운데 한 가지의 교육방법을 선택하여 활용한 것이 아니라 사례를 의미 있게 다루되 문제를 풀어 나가는 활동을 포함한다거나, 주요 사건 및 쟁점을 다룬 후에 이를 팀별로 이야기 형태로 재구성해 본다거나, 사회적 이슈를 인쇄물 및 영상매체를 통해 확인한 후 이에 대한 학습자의 입장과 견해를 토론활동을 통해 공유한다거나 하는 등 여러 가지 방법을 통합하여 수업을 진행한 경우가 많았다. 이는 〈표 5-7〉에서 확인할 수 있는 것처럼 사례기반학습, 문제기반학습, 자원기반학습, 토론수업, 체험학습 등의 교수·학습방법이 갖는 공통적 특성 때문으로, 이러한 교수·학습방법들에는 상호작용이라는 속성이 내포되어 있다.

표 5-7 국내 인성교육 수업 및 프로그램과 상호작용

인성교육 수업에서 나타난 교수학습방법		교수학습방법의 특성에 포함된 상호작용 속성		
		학습자-교수자	학습자-학습자	학습자-매체
사례기반학습	7(5.26%)	2 (1.5%)	4(3.01%)	1(0.75%)
문제기반학습	6(4.51%)	1 (0.75%)	5(3.76%)	0
토론수업	27(20.31%)	3 (2.26%)	19(14.29%)	5(3.76%)
자원기반학습	32(24.06%)	0	0	32(24.06%)
체험학습	4(3.01%)	3(2.26%)	1(0.75%)	0

협동학습(Cooperative Learning)은 공동의 목표를 달성하는 과정에서 집단 내 구성원이 함께 학습하게 되는 구조화된 수업 기법이며(전성연 외, 2010), 수업 장면에서 수시로 나타날 수 있는 팀 기반의 학습형태로, 협동과업, 토의,

발표, 관찰 등을 포함한다(교육학용어사전, 1995). 즉 사례기반학습, 문제기반학습, 토론수업, 자원기반학습, 스토리텔링 수업, 체험학습 등에서 구조화하여 나타나거나 자연스럽게 나타날 수 있는 학습이다. 사례 중심으로, 문제 중심으로, 또는 이야기 중심으로 학습이 전개될 때 교육방법적으로 사례기반학습, 문제기반학습 등의 구분이 가능하다고 하더라도 집단 내 구성원의 상호의존성을 요구하며 협동, 협력에 따른 효과를 기대할 수 있었다면 협동적 학습으로 볼 수 있다. 다시 말해, 인성교육 프로그램의 교수학습 방법을 토론수업, 체험활동 등으로 구분했다하더라도, 이러한 교수학습 방법을 선택하여 수업을 설계한 목적이 협동적 학습을 구현함으로써 상호작용의 효과를 기대한 것이라면 국내 인성교육 수업은 일반 교과교육 수업과 비교할 때 방법 측면에서 차이가 있고, 이러한 차이를 결정하는 요소로 '상호작용'을 제시할 수 있다.

서윤경 · 고명희(2013)는 학생 간, 교수와 학생 간의 상호작용을 강조하며 '프로젝트중심' 수업을 설계하여 운영하였다. 이 연구에 따르면 상호작용을 통해 학습자들 간의 협동, 다른 사람들의 의견을 수용하는 태도 등을 증진할 수 있었다. 홍성우 · 송해성(2017)의 연구는 영어 교과에 포함되어 있는 인성교육 요소를 제시하였고 인성교육을 구현하기 위한 방법으로 독서, 토론, 문제기반 학습, 과업 중심 학습 등을 제시하였다. 이 연구에서도 언급하고 있지만 과제 중심 학습은 동료 및 교사와의 상호작용을 통해 사회적 교류를 함으로써 자신의 지식과 경험을 확장할 수 있도록 해준다. 영어 교과는 물론이고 다양한 교과의 학습 내용에는 인성적인 요소가 포함되어 있으며, 교사는 수업 전 교수설계 단계에서 특정 교과, 특정 단원, 특정 주제에서 다룰 수 있는 인지적, 정의적 영역을 모두 도출하여 수업에 적용시킬 수 있다. 교과 내용을 어떠한 교수 · 학습방법으로 설계하여 수업을 실시하느냐에 따라서 자신과 타인에 대한 이해, 공동체 의식 등을 갖추어 나갈 수 있으며, 이는 다양한 교육방법의 효과성을 분석하고 논의한 연구에서 이미 제시하였다. 이러한 관점에서 홍성우 · 송해성(2017)은 여기에는 교사의 역할이 중요하며, 따라서 교사 간 공동 연구 및 교사를 위한 교과별 인성교육의 구체적인 내용과 방법에 대한 연수가 활발하게 이루어질 필요가 있다고 하였다.

인성교육 프로그램은 정의적 영역에 해당하는 요소를 체계적으로 설계한 것이다. 이는 정의적 영역을 실제화 할 때 무엇을 의미 있게 작동시킬 수 있어야 하는가를 논의하는 데 시사점을 제공할 수 있을 것이다.

V. 결어

교육은 그 본질상 정의적 요소를 포함할 수밖에 없다. 각 교과에서 다룰 수 있는 의미 있는 주제와 내용을 보다 적합한 방법으로 실행하려는 교수자의 시도와 노력은 학습자에게 정의적 측면에 대한 경험을 제공하는 일이다. 여기에서는 국내 인성교육 프로그램을 분석하여 그 특성과 교수·학습방법을 살펴보았다. 그 결과, 인성교육은 정의적 영역의 범주에 속하는 교육으로, 교수자의 설명 위주로 진행되는 일반교과수업과 비교할 때 학습자 중심 활동 위주의 교수학습방법을 선택하였음을 제시하였다. 심리적·정의적 영역에 해당하는 요소–태도, 배려, 존중, 협동 등–를 가르치기 위하여 선택한 교수·학습방법에는 사례기반학습, 문제기반학습, 토론수업, 자원기반학습, 스토리텔링 수업, 체험활동 등이 있었으며, 이러한 교육방법을 선정한 근거는 학습자가 정의적 요소–배려, 존중, 예의, 협동 등–를 인식(cognition)하고 지각(perception)할 수 있는 일련의 경험을 제공하기 위함이었다.

국내 인성교육 수업 및 프로그램은 정의적 영역에 해당하는 학습목표를 기술하고 이를 수업을 통해 달성할 수 있도록 체계적으로 학습과정을 설계·실행한 것이었다. 정의적 영역을 설명하는 행동동사를 교육목표로 삼을 때에는 이에 적합한 교수·학습방법을 선정할 필요가 있다. 교수설계를 할 때, 교수자는 학습을 구성하고 있는 요소들이 서로 어떠한 영향을 미칠 것인지, 어떠한 교육방법을 사용하였을 때 수업의 효과성을 극대화할 수 있을 것인지를 고려해야 한다.

인성교육 프로그램을 분석한 결과, 설명 위주의 일반교과수업과 비교할 때보다 체계적인 교수설계가 포함되어 있었으며, 다양한 경험과 활동을 촉진하는 교수·학습방법을 활용하고 있었다. 이러한 교수·학습방법의 공통점은 '상호작용'을 요구한다는 것으로, 정의적 영역의 교육목표 달성을 위해서는 상호작용의 구현이 필수적이다. 태도, 배려, 존중, 협동 등의 요소를 다루면서 이를 느끼고, 깨달을 만한 상호작용이 없다는 것이 오히려 설명하기 어려운 일일 것이다.

여기에서는 정의적 영역의 교수설계가 중요하며, 교수·학습장면에서 상호작용을 형성하고 발달시키는 것이 중요함을 언급하였다. 이러한 중요성을 밝힘으로써 재논의가 필요한 시점임을 강조한 데 의의가 있다면, 향후에 보다 체계적인 연구와 논의를 통해 교육현장에서 정의적 영역의 교육을 어떻게 실행할 것이며, 이를 위한 교육과정의 체계를 어떻게 마련할 수 있을지 고민해야 한다.

제6장

「인성교육진흥법」의 철학적 한계

I. 서언

'교육 행위를 어떻게 규정할 것인가?' 이에 대해서는 학자들 사이에 이견이 존재한다. 그렇다 할지라도 '무언가를 가르친다'는 행위는 인류의 기원과 궤적을 같이한다. 하지만 교육으로 규정되는 행위가 국가적 차원의 제도로 확립된 것은 그리 오래지 않은 일이다. 국가적 차원에서 교육을 관리하고 장려한다는 것은 교육 행위가 사회 유지에 미치는 영향력이 어떠한지를 방증한다. 이러한 맥락에서 교육은 종종 범국민적 관심사가 되기도 하고, 국가는 필요에 따라 교육에 개입하기도 한다. '인성교육'에 대한 국민적 관심과 「인성교육진흥법」이라는 제도적 개입은 이를 대표하는 사례이다.

「인성교육진흥법」은 그 명칭에서도 알 수 있듯이, 범국가적 차원에서 인성교육이 잘 이루어질 수 있도록 한다는 내용을 골자로 하고 있다. 그럼에도 불구하고, 「인성교육진흥법」은 제정 당시부터 상당한 반대에 부딪히기도 했다. 「인성교육진흥법」의 취지만으로 볼 때, 단순하게 이를 반대한다는 것은 선뜻 이해하기 어렵다. 그러나 국가의 차원에서 인성교육에 개입한다는 것도 여러 가지 문제점을 안고 있다. '인성을 법률로 제시하는 것은 인성에 대한 획일적 규정을 함축하는 사안이 아닌가?', '인성교육은 이미 이루어지고 있는데, 이를 법률로 규정해야 할 필요성이 있는가?', '인성교육이 법제화 과정을 통해 정착한다면 또 하나의 스펙으로 전락하는 것은 아닌가?' 이런 의문은 「인성교육진흥법」에 대한 반대 의견을 제기하기에 충분히 타당한 것으로 보인다.

이처럼 양자의 의견이 모두 타당하게 여겨지는 까닭은 인성교육을 지원하기 위한 여러 방안을 마련하는 일 자체는 문제가 없으나 법이 학교로 대표되는 교육 현장에 적용될 경우에 문제가 발생할 수 있기 때문이다. 즉, 「인성교육진흥법」에 대한 문제제기는 '인성교육에 대한 법제화가 과연 소기의 목적을 달성할 수 있는가?'라는 「인성교육진흥법」의 '실효성'에 대한 의구심으로 수렴된다. 이미 이루어지고 있는 인성교육에 대해 법적 개입은 필요하지 않으며, 그러한 개입은 오히려 부작용만을 야기할 가능성을 내재하고 있기 때문이다. 그렇다고 「인성교육진흥법」이 교육 현장과 유리되어 적용된다면, 그야말로 아무런 의미도 갖지 못하는 공허한 법이 될 수 있다.

「인성교육진흥법」을 둘러싼 이러한 문제제기의 타당성에 대해, 여기에서는 철학의 관점에서 분석하고 검토해 본다. 먼저 「인성교육진흥법」의 제정 배경과 실제 법조항에 기초하여 법에서 규정하는 인성 개념의 타당성을 검토하고, 법철학에서 제시하는 법의 실효성 개념을 바탕으로 「인성교육진흥법」의 실효성 문제를 다룬다. 또한, 메타윤리학에서 다루는 윤리적 실재론 논쟁을 적용하여 「인성교육진흥법」이 실효성을 갖기 위한 조건을 고찰하고, 「인성교육진흥법」이 실효성을 갖기 위해서는 필연적으로 딜레마에 빠지게 된다는 점을 논증함으로써 「인성교육진흥법」이 내재하고 있는 한계를 밝힌다.

Ⅱ. 「인성교육진흥법」의 실효성과 인성 개념

1. 「인성교육진흥법」의 제정 배경

'인성'은 오래전부터 사용되어 온 개념이다. 그런데 한국교육에서 '인성' 개념이 두드러지게 강조되기 시작한 것은 1995년 '5 · 31 교육개혁' 이후였다. 물론, 그 이전까지는 교육에서 '인성'이라는 표현 자체가 사용되지 않았을 뿐, 1차 교육과정을 제외한 모든 교육과정에서 그와 유사한 개념이 내포되어 있었다. 즉 바람직한 인간상을 제시하고, 이를 달성하기 위하여 도덕교육을 통한 미덕과 가치관 형성 등을 강조하는 교육적 노력은 지속적으로 이루어져 왔다(최종찬, 2015: 94~96; 김세령, 2017: 756).

인성교육이 사회적으로 심각하게 인식된 것은 2011년 학교폭력에 의한 대구 중학생 자살 사건 이후부터이다. 인성교육에 대한 사회적 관심은 국가적 차원에서의 인성교육을 요구하게 되었고, 이는 범정부 차원에서 "「학교폭력 근절 종합대책」에서 근본대책의 첫 과제로 '교육 전반에 걸친 인성교육 실천'을 제시"하는 노력으로 이어졌다(황준성 · 서정화, 2015: 236). 이러한 상황에서 인성교육의 법제화, 즉 「인성교육진흥법」의 필요성에 대한 인식이 확산된 것에는 2014년 세월호 참사 당시 어른들이 보인 무책임한 행태의 영향이 매우 컸다(김세령, 2017: 756).

한국의 경우 2014년 4월 16일에 발생한 세월호 사건에 의해 국민들은 엄청난 충격 속에서 '어디서부터 어떻게 대응해야 할지 판단이 서지 않는다'는 막연함과 무력감을 느끼고 결국 심리 정서적 소진을 겪었다. …… 이렇듯, 인성의 변질을 그대로 방치해두었다가는 한국이 선진국 대열에 안착하기는커녕 주저앉을 수도 있다는 위기의식이 사회 전반에 팽배하자, 2014년 5월 26일 정○○의원 대표발의로 「인성교육진흥법안」이 발의되어, 2014.12.29.국회 본회의에서 통과, 2015.7.21. 법률이 발효하게 되니, 이제 인성교육은 교육계를 넘어 국가 사회적 차원의 추진과제가 된 것이다(김길순, 2015: 461~462).

이렇게 제정된 「인성교육진흥법」은 교육적 차원에서 볼 때, 첫째, '바람직한 인간상 제시'와 연속선상에서 인성 개념이 등장하였고, 둘째, '인간으로서 지녀야 할 도덕적 성품' 확립의 필요성에서 대두한 것임을 알 수 있다. 그러므로 「인성교육진흥법」에서 제시하는 '인성'은 '인간으로서 지녀야 할 바람직한 도덕적 성품'을 의미한다. 이러한 방식의 정의는 사실상 인성(人性)의 뜻을 풀어쓴 동어반복으로, 대표적인 분석명제의 한 사례이다. 사실, 이러한 분석명제는 아무런 새로운 정보도 제공하지 못한다(Ayer, 1946/2020: 132; Hospers, 1988/1997: 258; Steup, 1996/2008: 131).

인성에 관한 이와 같은 방식의 규정은 「인성교육진흥법」의 맥락에서는 중요하게 여겨진다. 왜냐하면 법으로 존속하는 한, 인성교육 평가의 판단에 있어 객관성이 요구되기 때문이다. 실제로 「인성교육진흥법」은 제9조 1항에 인성교육진흥위원회를 두어 "인성교육 추진실적 점검 및 평가에 관한 사항"을 심의해야 한다고 규정하였으며, 제16조에는 "교육부장관 및 교육감은 종합계획 및 시행계획에 따른 인성교육의 추진성과 활동에 관한 평가를 1년마다 실시하여야 한다"고 규정하고 있다. 이때, 인성교육에 대한 평가는 교육의 성취도, 즉 교육을 통한 인성의 발달 여부에 대한 평가가 포함될 것이 자명하다. 이는 인성에 대한 객관적 평가를 함축한다. 객관적 평가는 '평가 대상이 평가자가 경험 가능한 대상일 때'만 가능하다는 점을 통해, 인성이 경험 가능한 진술로 정의되어야 한다는 결론에 도달하게 된다.

그렇다면 「인성교육진흥법」에서는 인성을 어떻게 규정하고 있는가? 「인성교육진흥법」 제2조에 의하면, 인성교육은 "자신의 내면을 바르고 건전하게 가꾸고 타인·공동체·자연과 더불어 살아가는 데 필요한 인간다운 성품과 역량을 기르는 것"으로 규정된다. 즉, 인성에 대한 법적 정의조차 '인간다운 성품과 역량'이라는 동어반복에 불과하다. 이에 덧붙여 「인성교육진흥법」은 '핵심 가치·덕목'과 '핵심 역량'에 대한 정의를 규정하고 있으나 이 또한 경험 가능한 진술로 이루어져 있지 않다는 점에서 여전히 인성교육의 평가에서 객관성을 담보할 수 있는 정의는 제시되어 있지 않다.

2. 「인성교육진흥법」의 실효성 조건

앞에서 살펴본 것처럼, 「인성교육진흥법」은 인성교육의 필요성에 대한 공통의 관심에 근거하여 제정되었다. 그럼에도 「인성교육진흥법」 제정 과정에서 다양한 의견 충돌이 발생하였다. 특히, 법 제정의 실효성 문제는 「인성교육진흥법」 제정 과정에서 가장 커다란 쟁점 가운데 하나였다(황준성·서정화, 2015: 246). 법 제정에서 실효성이 중요한 쟁점이 되는 까닭은 "실효성은 법규범에서 효력의 조건이며, 이는 하나의 규범은 그것이 실효적이지 않게 되거나 실효성을 상실할 경우 효력을 상실한다는 의미"이고(Kelsen, 2003: 380), "법효력의 문제는 법이냐 법이 아니냐를 결정하는 문제와 같다"(심헌섭, 1980: 141)고 볼 수 있기 때문이다.

이에 대하여 한 가지 문제가 제기될 수 있다. 「인성교육진흥법」의 실효성 문제가 타당하다면, '어떻게 「인성교육진흥법」이 제정되어 현재까지 효력을 유지할 수 있는가?'라는 점이다. 이러한 상황이 가능한 까닭은 실효성이

"법규범에서 효력의 충분조건이지만 필요조건이기도 한 것은 아니다"(Kelsen, 2003: 382)라는 점에 있다. 법규범은 효력을 획득하기 위해서가 아니라 효력을 유지하기 위해 실효적이지 않으면 안 된다. 왜냐하면 법규범은 그것이 실효적이기 전에 이미 효력이 있기 때문이다. 그래서 공포되자 곧바로, 따라서 아직 실효적일 수 없었던 법률을 구체적 사건에 적용한 법원은 효력 있는 법규범을 적용하는 것이다. 그러나 법규범은 그것이 지속적으로 실효적이지 않으면 더 이상 효력이 있다고 보지 않는다(Kelsen, 2003: 380).

다시 말해, 법적 실효성을 갖지 못한 법이라 하더라도 그것이 제정되는 순간, 그 법은 법적 효력을 갖게 된다. 법적 효력은 그 법이 법체계 안에 있음을 의미하는 것이기 때문이다(최봉철, 2014: 63; Kelsen, 2003: 381). 그러나 이미 제정된 법이라 하더라도 그 법이 실효성을 유지하지 못한다면 법의 효력을 무작정 인정해야 할 이유는 없다. 이러한 관점에서 「인성교육진흥법」이 과연 교육 현장에서 실효성을 갖는가에 대한 비판은 그 법률을 근본적으로 검토할 수 있는 중요한 문제이다.

법의 실효성은 좁은 의미에서 법에 의해 요구되는 행위가 실현되거나 제재됨을 의미하고, 넓은 의미에서는 행위를 통해 법이 추구하는 법적 정책 목표의 달성을 의미한다(Zippelius, 1991: 62). "법의 실효성은 종종 법학적 법의 효력과 혼용"되기도 한다(이기우, 1995: 43). 법의 실효성은 '행위 실효성', '제재 실효성', '상징적 실효성'으로 구분된다(이기우, 1995: 43). 이때, 행위 실효성은 수범자의 행위가 의식적인가 습관적인가 여부와 관계없이 자발적으로 준수된다는 것을 의미하고, 제재 실효성은 수범자의 법 준수가 강제로 이루어지거나 위법행위가 제재를 부과 받는 경우를 의미하며, 상징적 실효성은 수범자가 실제로 법을 준수했는지의 여부와 관계없이 법에 표현된 가치관을 수용하는 경우를 의미한다(Raiser, 1987: 254~256). 이를 바탕으로 「인성교육진흥법」의 실효성에 대하여 검토하면 다음과 같다.

「인성교육진흥법」의 실효성 논쟁은 '인성교육을 교육 일반과 분리하여 볼 수 있는가?' '분리된 인성교육에 대한 입법화는 실효성이 있는가?'라는 다툼을 중심으로 이루어졌다(황준성·서정화, 2015: 246). 「인성교육진흥법」이 제정되지 않더라도 교육 일반에서 이미 인성교육이 이루어지고 있다. 1995년부터 이미 인성 개념이 교육과정에서 사용되고 있었고, 실제로는 그 이전부터 같은 맥락에서의 교육이 이루어져 왔다는 점은 이를 방증한다. 다시 말해, 인성교육은 법에 의하지 않더라도 이미 자발적으로 이루어지고 있었으므로, 「인성교육진흥법」은 행위 실효성을 가질 수 없는 것이다.

동일한 논의가 「인성교육진흥법」의 상징적 실효성에도 적용될 수 있다. 앞에서 언급한 것처럼, 「인성교육진흥법」의 제정 배경이 2011년 대구 중학생 자살 사건과 세월호 사건 등으로부터 비롯된 인성교육의 필요성에 대한 범국민적 공감대에 기초한다는 점을 통해 볼 때, 「인성교육진흥법」을 통한 상징적 실효성은 의미가 없다. 실제로 「인성교육진흥법」 제정 이전인 2012년 당시 "국민여론조사에서는 창의인성·핵심역량 교육과정 개편 정책의 추진을 고려해야 한다는 응답이 86.1%로 고려할 필요가 없다는 응답 1.2%에 비해 매우 높게 나타났다"(최상덕 외, 2012: 168). 즉 「인성교육진흥법」의 경우에는 법을 통해 수범자들에게 가치관의 공유가 이루어지는 것이 아니라, 「인성교육진흥법」 자체가 이미 수범자들에게 공유된 가치관을 바탕으로 제정된 것이다.

그렇다면 「인성교육진흥법」이 실효성을 확보하기 위해서는 제재 실효성을 가져야만 한다. 이미 '행위 실효성'과 '상징적 실효성'에 대해서는 발생적 한계를 갖고 있기 때문이다. 그러나 「인성교육진흥법」상의 법적인 제재는 오직 제22조에서 인성교육프로그램 인증과 관련한 위반에만 주어지는 것으로 명시되어 있을 뿐이다. 또한, 「인성교육진흥법」에는 인성교육 평가와 관련된 내용의 다른 조문이 없다(황준성·서정화, 2015: 244). 그러므로 제재 실효성이 실제 교육 현장에는 미치지 못한다. 「인성교육진흥법」이 인성교육과정 인증을 획득하는 과정뿐만 아니라 실제 인성교육을 실시하는 교육 현장에서도 법적 구속력을 가지려고 한다면, 앞서 살펴본 인성교육의 평가에 기초한 제재가 이루어져야 한다. 이는 앞의 1절에서 논의한 것처럼, 인성에 대한 객관적 판단이 가능하다는 점, 즉 인성이 사실판단의 대상이라는 점을 전제할 때만 가능하다. 다시 말해, 「인성교육진흥법」이 교육 현장에서 실효성을 갖기 위해서는 인성이라는 가치가 사실에 기반하고 있음을 증명해야만 한다.

Ⅲ. 자연주의적 환원과 수반

1. 윤리적 실재론과 수반의 도입

위에서 「인성교육진흥법」이 실효성을 확보하기 위해 인성에 대한 객관적 판단이 가능해야 함을 살펴보았다. 이에 대한 검토는 윤리적[도덕적] 실재론과 반실재론 간의 논쟁을 통해 그 근거를 찾을 수 있다. 윤리적 실재 논쟁은 "윤리적 속성, 즉 윤리적 술어가 지칭하는 것으로 추정되는 속성이 윤리판단의 대상이 지닌 내적 속성인지 판단자의 심리 상태가 투사된 결과로 대상에게 귀속된 것인지를 가려내는 논쟁이다"(주동률, 1996: 303). 윤리적 실재론은 윤리적 판단이 판단자로부터 독립된 객관성을 바탕으로 진위 여부를 가릴 수 있는 진리치를 갖는다는 입장이고, 윤리적 반실재론은 윤리적 실재론을 부정하는 입장을 의미한다. 각각의 입장을 이처럼 포괄적으로 설명할 수밖에 없는 까닭은 윤리적 실재론이 인지주의와 비인지주의 간의 논쟁을 포함한 여러 형태의 다양한 입장들 가운데서 이루어져 왔기 때문이다(정원규, 1994; 허라금, 1994). 윤리적 실재론에 대한 논의 전반을 다루는 것은 본고에서 다루는 영역을 넘어선다. 이에 「인성교육진흥법」을 옹호하기에 가장 유용한 형태의 입장을 찾고, 그러한 입장이 갖는 한계를 지적함으로써 「인성교육진흥법」을 비판하는 방식에 논의를 집중한다.

앞에서 논의한 것처럼, 「인성교육진흥법」의 법적 실효성은 인성에 대한 진위판단이 가능하다는 전제, 즉 윤리적 실재론의 입장을 취할 경우에만 확보된다. 이때, 진위판단이 가능하다는 것은 인성이 사실적 판단의 대상이 된다는 것을 의미한다. 이처럼 "도덕적 판단이 객관적 도덕적 실체에 대한 이해를 포함하는 사실적 판단의 한 종류"(이종왕, 2008: 156-157)라고 보는 입장을 '윤리적 자연주의'라 칭한다. 윤리적 자연주의는 윤리적 판단이 '도덕적' 또는 '평가적' 속성과 대립하는 용어로 '사실적'이고 '물리적'인 속성을 지칭하는 개념으로서의 '자연적' 속성을 갖고 있다(이종왕, 2000: 104).

규범윤리(normative ethics)는 그 용어가 의미하는 바와 같이 해야 할 올바른 행동의 기준을 확립하는 전통적 윤리학의 한 분야이므로 가치의 판단과 관련된다. 그래서 이것은 사람들, 동기들, 그리고 사태들에 대한 평가의 문제를 다루게 된다. 그러나 판단과 관련된 문제는 우리가 행동이 '선함', '나쁨', '올바름', '그름' 중 하나와 관련된다고 생각하게 될 때 일어난다. 즉 우리가 선의 본성을 정의하려고 할 때 그 선함과 자연적 속성들 사이의 관계와 더 나아가서 이런 도덕적 개념과 자연적 개념 사이의 관계에 대해서 고려해야 한다고 생각하는 것은 너무 자연스럽다(이종왕, 2008: 154).

이처럼 윤리적 속성에 대한 자연주의적 환원에 대해서는 여러 의미 있는 반론이 제시된 바 있다(정원규, 1994; 주동률, 1995). 본고의 맥락에서 중요하게 여겨지는 것은 인성을 자연적 속성으로 환원하는 경우, '행동에 대한 의지를 반영할 수 있는가?'라는 점이다. "책임은 자유로운 선택에서 귀결"되고(이상형, 2016: 295), "전통적인 법체계는 인간의 자유의지를 근거로 하여 법적 책임을 부과"한다(박은정 · 장하원, 2011: 287). 이렇게 볼 때, 법적 판단에서 자유의지는 매우 중요한 요소이다.

검토를 심화하기 위해 심리철학 분야의 '의식'에 대한 논의를 빌려올 수 있다. 의식은 "심리학과 심리철학에서 마지막 난제"로 여겨지는 주제이다(백도형, 2014: 20). 환원은 본성상 일인칭적 · 주관적 의식을 3인칭적으로 객관화하여 파악하는 것이고, 의식은 본질적으로 주관적 · 1인칭적 · 사적인 것이므로, 객관적 · 3인칭적인 과학적 연구 방법으로는 의식을 포착할 수 없기 때문이다(백도형, 2014). 마찬가지로 인성교육에 대한 평가에서 어떠한 행위가 개인의 의도를 포함하는 어떠한 의지적 상태를 바탕으로 행해진 것인가 여부는 관찰 가능한 자연주의적 속성으로부터 도출할 수 없는 문제이다(Kim, 1996/1997: 33).

다시 말해, 어떠한 행위가 강제로 행해진 것인지, 무의식적으로 행해진 것인지, 의지의 개입 – 이 경우, 인성의 발현 – 을 바탕으로 이루어진 것인지의 여부는 인성 평가에서 필수적 요소인데, 자연주의적 환원은 이를 배제한다. 이처럼 인성과 행위 사이의 관계 설정에서 행위로부터 어떠한 행위가 올바른 인성의 발현에서 나온 것인지 아닌지와 같은 모종의 주관적 요소를 배제한 채, 그저 관찰 가능한 행위 자체만을 두고 인성을 평가한다는 것은 우리의 직관에도 어긋난다. 또한, 인성의 평가에서 의식이 배제된 자연주의적 환원을 도입하는 것은 「인성교육진흥법」이 법체계 내에서 갖는 정합성에도 의구심을 갖게 만들며, 앞서 언급한 바와 같이 법체계 내에서의 정합성은 법적 효력의 문제와도 연관된다.

윤리적 실재 논쟁에서는 이러한 환원의 한계를 극복하기 위하여, 환원주의의 조건이 될 수 있는 동일성 관계는 부정하면서도 그들 사이의 어떤 의존관계를 구하려는 노력을 기울여왔다(이종왕, 2000: 106). 그 방안으로 도입된 개념이 '수반(supervenience)'이다. 수반은 가치 판단과 사실 판단의 관계를 설정하는 데, '비환원적 관계'를 설정하기 위하여 도입된 용어이다. "무어(G.E.Moore)는 후일 '수반'이라 불리게 된 도덕적 속성과 비도덕적 속성 사이의 어떤 의존관계를 기술"한다(김재권, 1994: 142).

어떤 것이 특정 정도로 어떠한 종류의 고유한 가치를 지닌다면, 그때 그것과 동일한 것은 모든 상황에서 같은 정도로 그 가치를 소유해야 할 뿐만 아니라, 그것과 정확히 같은 어떠한 사물도 모든 상황에서 정확히 같은 정도로 그 가치를 소유해야 한다(Moore, 1922: 261).

무어의 주장은 동일한 대상에 대해 동일한 가치 판단, 즉 평가적 진술이 이루어져야 한다는 일종의 '동일자 식별 불가능성의 원리'를 의미하고 있다. 이로부터 비롯된 '수반' 개념의 윤곽은 이후 헤어(R.M.Hare)로부터 구상되었다(Kim, 1984/1994: 143).

먼저 수반이라 불려온 '좋음'의 특성을 살펴보자. 우리가 '성 프란시스는 좋은 사람이었다'라고 말한다고 가정하자. 이러한 말을 하면서 동시에 성 프란시스와 동일한 상황에서 동일한 방식으로 행동했지만, 좋은 사람이 아니었다는 면에서만 성 프란시스와 구별되는 그런 사람이 있다고 주장하는 것은 논리적으로 불가능하다(Hare, 1952: 145).

이를 통해 헤어는 행동 양식이나 특색의 관점에서는 정확히 같지만 좋은 사람임의 관점에서는 다른 그런 두 사람이 있다는 것이 '논리적으로 불가능'하다는 것을 주장하였다(Kim, 1984/1994: 143). 이러한 주장은 윤리적 맥락 안에서 '동일한 것을 같이 취급하라'는 처방에 해당하는 것이다(김현철, 2005: 268). 또한, '수반'의 도입에서 설명한 바와 같이, 무어와 헤어 두 사람 다 윤리적 특성들은 '자연적' 특성들의 용어로 정의된다는 윤리적 자연주의를 완강히 비판한다(Kim, 1984/1994: 89). 이런 점에서 수반을 비환원주의적 개념으로 사용하고 있다.

2. 환원적 설명의 필연성

윤리적 속성이 자연적 속성에 수반한다는 비환원적 의존관계를 제시함으로써 위에서 논의한 비판은 해결될 수 있는 것처럼 보인다. 그러나 이는 어디까지나 수반이 비환원적 관계를 설정할 수 있을 때만 가능한 것이다. 수반을 통한 비환원적 설명이 불가능하여 인성을 자연적 속성으로 설명하기 위해 환원이 불가피하다면, 「인성교육진흥법」은 비판에 직면하게 된다.

김재권(1984/1994)은 수반을 '약수반(weak supervenience)'과 '강수반(strong supervenience)'으로 구분하면서, 수반이 가치-사실 간의 비환원적 관계를 설정하는 근거가 될 수 있는가를 비판한 바 있다. "필연적으로 어떤 대상 x와 y에 대해 가령 x와 y가 B 안의 속성 모두를 공유한다면 그때 x와 y는 A 안의 속성 모두를 공유할 경우", 오직 그 경우에만 A는 B에 약하게 수반된다. 즉 토대속성인 B에서의 구별 불가능성은 수반속성인 A에서의 구별 불가능성을 함축한다(Kim, 1984/1994: 148). 또한, 이와 같은 정의는 다음의 정의와 동치이다.

A가 B에 약하게 수반되는 것은, 필연적으로 A 안의 어떤 속성 F에 대해 가령 한 대상 x가 F를 갖는다면 그 경우에 x가 G를 갖는다는 그런 B 안의 한 속성 G가 존재하며 그리고 어떤 y가 G를 갖는다면 그것이 F를 갖게 될 때이며 오직 그때뿐이다(Kim, 1984/1994: 157).

약수반에 대한 김재권의 정의를 바탕으로 인성이 행위에 수반한다는 예시를 구상해보자. 인성이 관찰 가능한 행위에 수반한다면 인성 요소에 대한 평가적 속성, 이를테면 「인성교육진흥법」에서 제시하는 '책임'과 같은 가치 또는 덕목은 '과제를 빠짐없이 수행함'이라는 관찰 가능한 행위에 기초하여 평가 가능하며, 어떤 사람이건 과제를 빠짐없이 수행하였다면 그[그녀]는 책임감이 뛰어나다는 인성에 대한 평가를 받을 것이다. 이러한 정의에 따른다면 약수반은 어떤 가능세계가 되었든 그 세계 안에서 B에서 일치하면서 A에서 다른 두 사물은 존재하지 않아야 함만을 요구한다(Kim, 1984/1994: 151). 다시 말해, 그것이 누구이건 과제를 빼먹지 않고 수행하였음에도 책임감이 뛰어나다는 평가를 받지 못하는 사람이 있어서는 안 된다는 것이다.

이와 같은 수반 정의의 문제점은 "단지 동일한 자연적 속성을 갖는 어떠한 두 사물도 둘 다 좋거나 아니면 둘 다 좋지 않아야 한다는 것만을 요구"하는 데 있다(Kim, 1984/1994: 153). 과제 수행과 책임감 사이의 수반 예시를 통해 생각해본다면, 이는 별다른 문제가 없는 것처럼 여겨진다. 그러나 슈토이프(Steup, 1996/2008: 80)가 제시한 다음의 예시에서는 약수반의 문제점이 잘 드러난다. 약수반의 관계를 전제한다면 자신의 욕구를 채우기 위해 납치와 살인을 일삼는 행위를 '고상함'이라 부르고, 그 행위와 닮은 모든 행위를 '고상함'이라 부른다 할지라도 동일함은 유지되므로 논리적인 오류가 발생하지 않는다. 이는 약수반이 "한 대상의 토대 속성이 고정되면 그 대상의 수반 속성도 고정되어야 한다"(Kim, 1984/1994: 151)는 점을 충족시키지 못한다는 것을 의미한다. 그러므로 앞서 수반이 비환원적인 의존관계를 구하려고 도입되었다는 점을 고려할 때, 약수반은 본래의 의도를 충분히 달성할 수 없다.

또한, 「인성교육진흥법」에서는 '인성'을 "더불어 살아가는 데 필요한 인간다운 성품과 역량"으로 설명한다. 이때, '인간다운'으로부터 인성이 일정 정도 이상의 보편성을 전제하고 있음을 유추할 수 있다. 그러므로 수반 속성인 도덕적 속성과 토대 속성인 자연적 속성 간의 보편적 관계가 설정되어야 하며, 이는 두 속성 사이의 고정이 요구된다는 것을 의미한다. 즉 인성에서 수반을 논의할 때는 특정한 사실적 판단 근거가 필연적으로 특정한 가치 판단을 수반해야만 한다. 그러나 약수반은 이러한 관계를 포함하지 않는다.

물론, 이런 경우, '살인'이라는 동일한 행위에 대하여 어떤 사회 또는 상황에서는 범죄로, 다른 사회 또는 상황에서는 용기 있는 행동으로 다른 도덕적 판단이 수반되는 경우를 제시함으로써 약수반의 타당성을 논의할 수도 있다. 그러나 이는 근본적으로 매키(Mackie)가 제시한 '상대성으로부터의 논증'에서와 같이 도덕적 속성에 대한 객관적 판단의 불가능성을 논증하는 사례이다. 즉 "시대와 장소 및 소속집단에 따른 도덕의 다양성"(정원규, 1994: 98)이 윤리적 반실재론을 지지한다는, 윤리적 실재론에 대한 반론이다. 때문에 이 경우에도 인성에 대한 법적 판단은 불가능하다. 다시 말해, 약수반은 인성에서의 수반을 설명하기에 부족한 개념이며, 이를 보완하기 위하여 토대 속성과 수반 속성 간의 관계에 필연성을 부여함으로써, 결정관계와 의존관계를 설정할 필요가 있다.

'강수반'은 이러한 약수반의 한계를 보완할 수 있는 개념으로, 김재권에 의하면 다음과 같이 정의할 수 있다. A가 B에 강하게 수반되는 것은, 필연적으로 각 x와 A 안의 각 속성 F에 대해 가령 x가 F를 갖는다면 그 경우에 x가 G를 갖는 그런 B 안의 한 속성 G가 존재하며 그리고 필연적으로 어떤 y가 G를 갖는다면 그것이 F를 갖게 될 때이다(Kim, 1984/1994: 159).

이처럼 강수반에는 토대 속성과 수반 속성 사이의 필연성을 전제한다는 점이 추가된다. 강수반에 따르면, 어떠한 세계에서건 자신의 욕구를 위해 납치와 살인을 일삼는 행위는 사악하지 않은 가능세계란 없으며, 그러므로 결코 고상함을 수반할 수 없다고 주장할 수 있게 되는 것이다(Steup, 1996/2008: 82). 그러므로 강수반에 따른다면 앞서 제시하였던 헤어의 인용문은 다음과 같이 수정된다.

가령 성 프란시스가 좋은 사람이라면, 그가 갖는 덕목들의 어떤 조합(예컨대 정직과 관용)이 있어야만 하고 그리고 그 덕목의 조합을 그대로 갖춘 사람은 누구나가 좋은 사람이어야만 한다(Kim, 1984/1994: 159).

문제는 이러한 강수반이 "A가 B에 강수반된다면, 이때 A안의 각 속성 F에 대해 필연적으로 (x)(G(x)↔F(x))인, 즉 모든 A−속성이 B−속성과 필연적으로 동연인 B안의 한 속성 G가 있다"라는 정의와 동치이며, 이러한 정의를 통해 "각각의 수반속성과 그 토대 가족을 서로 필연적 동연(coextension)으로 결부하도록 개입된다"는 점에 있다(Kim, 1984/1994: 167~169). 이에 약수반과 강수반 이외에도 '총체수반(global supervenience)' 개념을 도입하려던 시도가 있었으나, 총체수반은 강수반은 하나의 동일한 관계이다(Kim, 1984/1994: 169). 그러므로 본고에서 다루고 있는 인성의 경우, 도덕적 속성과 자연적 속성이 동연 관계에 놓이게 되고, 동일성은 환원의 가장 좋은 조건이 되므로, 결국 인성에 대한 평가가 자연주의적으로 환원될 가능성을 염두에 두어야만 한다.

환원의 불가능성을 논증하기 위해 강수반에 반대한다면, 그는 다음의 예시를 승인해야만 한다.

(1) W1에서 올바른 모든 행위가 W2에서 그릇되다.

(2) W1에서는 (아무리 잔인하다 할지라도) 모든 행위가 올바른 반면에 W2에

서는 (아무리 자선적 행위라 할지라도) 모든 행위가 그릇되다.

(3) W1에서는 12시에서 오후 1시 사이에 행해진 모든 행위가 올바르고 다른 행위는 그릇된 반면에, W2에서는 12시에서 오후 1시 사이에 행해진 모든 행위가 그릇되고 다른 행위는 올바르다.

도덕적 속성들의 강수반을 부정하는 사람이라면 누구든 말로 할 수 없는 잔인한 행위가 그저 12시에서 오후 1시 사이에 행해졌기 때문에 올바른 행위가 되는 일이 가능하다고 주장할 준비가 되어 있어야 한다. 그렇지만 이런 주장은 터무니없는 것처럼 보인다. 12시에서 오후 1시 사이에 행해짐이라는 속성은 올바르게 만드는 특성이 아니다. 그래서 그런 행위가 그저 그 시간에 행해졌기 때문에 올바르다는 것은 가능하지 않다(Steup, 1996/2008: 86).

다시 말해, "강수반을 받아들이게 되면 그들이 탈피하고자 했던 환원적 자연주의와 다를 바가 없게 되고 약수반을 받아들이게 되면 도덕적 속성이 자연적 속성에 의존하게 되는 관계를 설명할 수 없게 되는" 딜레마에 빠지게 된다(정원규, 1994: 107). 즉 최초에 수반을 통해 시도하였던 가치판단－사실판단 간의 비환원적 설명은 결국 실패하게 되는 것이다.

물론 이에 대하여 "환원, 설명 등등은 인식적 활동이므로, 단순히 그와 같은 동치나 쌍조건문이 '존재한다'고 해서 그것들이 환원적으로, 또는 설명적으로 활용되며 활용될 것임을 보증해 주지는 못한다"(Kim, 1984/1994: 172)는 점을 바탕으로 위의 결론이 성급하다는 반론을 가할 수 있다. 그러나 이를 바탕으로 수반을 인정한다 하더라도, 수반은 "속성들 간의 공변 패턴을 서술하고 양자 간의 의존 관계가 존재한다는 것을 말해줄 뿐"이다(Kim, 1998/1999: 37). 다시 말해, 수반을 통해 인성의 도덕적 속성과 자연적 속성 사이에 "동연이 존재함을 알 수는 있지만, '그것이 무엇인지'를 결코 알 수 없을지 모른다"(Kim, 1984/1994: 174). 즉 수반 그 자체는 도덕적 속성을 결정하는 자연적 속성의 목록까지 제시해주는 것은 아니므로, 수반을 통한 정의 작업이 완성될 때까지 인성교육에 대한 평가 가능성은 보류되어야만 한다. 그러므로 「인성교육진흥법」이 교육 현장에서 갖는 법적 실효성의 확보 또한 함께 보류되어야만 한다.

IV. 결어

지금까지 「인성교육진흥법」 제정 당시부터 논란의 대상이었던 '법적 실효성' 문제를 중심으로, 「인성교육진흥법」이 교육 현장에서 법적 실효성을 갖기 위한 조건을 고찰하였다. 「인성교육진흥법」의 제정 배경을 통해 볼 때, 이 법률은 세 가지 법적 실효성 가운데 '행위 실효성'과 '상징적 실효성'을 갖지 못한다는 한계를 내재하고 있다. 이에 본고에서는 '제재 실효성'에 초점을 맞추어 실효성의 조건을 탐색하였다. 그 결과 「인성교육진흥법」이 인성교육 평가와 관련된 제재 조항을 갖추어야만 한다는 점을 확인하였다. 그러나 이를 위해서는 인성에 대한 객관적 평가가 가능하다는 전제가 필수적이며, 그러한 전제는 결과적으로 다음과 같은 딜레마에 봉착하게 만든다.

먼저, 「인성교육진흥법」의 인성에 관한 객관적 평가가 가능하다는 입장을 취할 경우이다. 이를 위해서는 인성이 자연주의적으로 환원됨을 전제해야만 하고, 이는 인성에 관한 판단에서 의지를 배제하는 결과를 야기한다. 그러나 제재는 책임을 바탕으로 하고, 법체계에서 책임은 자유의지를 기반으로 하므로, 의지를 배제할 경우 제재 실효성을 확보하려는 시도는 실패하게 된다. 뿐만 아니라, 법의 효력이 법체계 내에서의 정합성으로부터 부여된다는 점을 고려한다면, 인성에 관한 평가에서 의도를 배제하는 것은 「인성교육진흥법」이 법 체계에서의 정합성을 상실하는 결과로 이어지므로, 더욱 근본적인 효력 상실의 문제로 연결될 수 있다.

이를 극복하기 위해 비환원적 시도로서 '수반' 개념을 도입하려는 시도가 있었으나, 평가적 속성과 자연주의적 속성 간의 의존 관계를 구하려는 최초의 의도를 달성하기 위해서는 '강수반' 개념을 채택해야만 하고, 이는 결과적으로 양자가 동연 관계에 있음을 인정함으로써 최초의 비환원적 시도는 실패로 귀결되었다. 이러한 비판에 성공적으로 반론을 제기함으로써 수반을 통한 비환원적 의존을 구한다고 하더라도, 수반 그 자체는 양자의 공변 이외에 말해주는 것이 없으므로, 「인성교육진흥법」을 옹호하기 위해서는 인성을 평가하기 위한 토대 속성으로서 자연주의적 속성을 제시해야만 하는 부담을 져야만 한다. 그러한 작업이 완료될 때까지는 「인성교육진흥법」의 법적 실효성도 함께 보류되어야 하므로, 여전히 「인성교육진흥법」의 법적 실효성에 대한 옹호는 실패하게 된다.

그렇다고 인성에 대한 객관적 평가 가능성을 포기한다면, 이는 「인성교육진흥법」이 갖는 인성교육에 대한 평가를 포기함으로써 사실상 교육 현장에서의 실효성을 포기하는 것을 의미한다. 「인성교육진흥법」이 인성교육의 평가에 관한 내용을 제시하지 못하고, 단지 인성교육기관 인증에 대한 제재 항목만을 제시하는 것은 이러한 한계에서 비롯된 필연적 결과이다. 이는 결국 「인성교육진흥법」의 제재 실효성이 인성교육기관 인증에 대해서만 확보될 수 있음을 의미한다. 나아가 인성교육기관에 대한 인성교육 평가 또한 이루어질 수 없다는 점을 고려할 때, 「인성교육진흥법」은 인성교육기관 양성법으로 변질하여 인성교육에 대한 사교육을 부추기는 결과만을 야기할 가능성을 내재한다.

실효성을 유지하지 못하는 법은 결과적으로 그 효력까지도 상실하기 마련이다. 그러므로 「인성교육진흥법」이 교육 현장에서 실효성을 확보할 수 없다면, 궁극적으로 인성교육의 측면에서는 아무런 효력이 없는 무의미한 법이 될 수 있다. 그뿐만 아니라, 「인성교육진흥법」이 부작용을 야기하는 법으로 전락할 가능성까지도 내재하고 있다면, 법의 존속 여부에 대하여 심각하게 논의해 보아야 한다. 특히, 「인성교육진흥법」에 의거하여 진지하게 인성교육을 실천하려면, 법률이 지닌 딜레마의 뿔 사이로 피해갈 방안을 신중하게 마련해야 한다. 이에 대한 구체적 대안 제시는 「인성교육진흥법」의 존속을 논의하기 위한 다른 연구에서 진행되기를 기대한다.

제7장

인성교육 실천과정의 교육적 역설

I. 서언

교육 현장에서 벌어지는 학교 폭력과 왕따, 존중과 배려가 결여된 교사와 학생 그리고 학부모 간의 관계, 교과 성적 경쟁으로 인한 교우관계 황폐화 등은 한국교육의 고질적인 문제들이다. 이러한 문제들은 최근 들어 증가한 것일 수도 있고, 과거에도 존재하였으나 사회인식의 변화로 각각의 문제들에 대해 더욱 민감하게 받아들인 사안일 수도 있다. 그러나 여러 교사들이 "어떻게 해가 갈수록 이런 문제가 심각해지는지 모르겠다."라고 탄식하는 모습을 보면, 적어도 여러 가지 부정적인 교육문제들이 감소하고 있는 상황은 아닌 것으로 보인다. 어느 경우이든 간에, 교육계 내부에서 뿐만 아니라 사회 전반에서도 현재 교육 현장의 문제들에 대해, 당장 손쓰지 않으면 대한민국의 미래는 희망이 없다는 우려의 목소리가 높다.

어떠한 문제를 해결하기 위해서는 특히 그 문제의 원인을 규명해야 한다. 문제의 원인을 찾아야만 그것을 제거하거나 해결할 수 있다고 믿기 때문이다. 어느 시점에서부터, 교육 현장의 여러 문제에 대한 원인을 '인성 부족' 또는 '인성교육의 부재'로 꼽는 여론이 형성되기 시작했고 이러한 의견은 세월호 사건을 계기로 사회적 지지를 얻게 되었다. 그 결과 「인성교육진흥법」이 2015년에 제정되고 「시행령」이 발표됨에 따라 인성교육은 모든 교육기관들뿐 아니라 지방자치단체, 그리고 사회 전반의 책무가 되었다. 이 법의 통과는 학생들의 낮은 삶의 만족도와 높은 자살률을 해결해 줄 것이라는 기대와 함께 '대한민국의 희망'이라는 수식어를 얻었다(브레인미디어, 2015.03.25., 2015.04.01.).

「인성교육진흥법」과 동법 「시행령」, 「시행규칙」 그리고 교육부의 「인성교육 5개년 종합계획」은 인성교육을 추진하는데 기존에 실시해 오던 내용을 보다 체계적으로, 실질적으로, 명시적으로 추진해 달라는 국가적 요청을 담고 있다(최석민, 2016). 그런데 아이러니하게도 인성교육은 학교교육의 과정에서 항상 실시해오던 교육의 과정이었음을 우리는 잘 알고 있다. 그렇다면 새롭게 제정된 「인성교육진흥법」과 이와 관련된 정부 지침들의 등장은 지금까지의 교육이 잘못되었다는 방증인지, 아니면 교육 중에서도 특히 '인성교육' 부분을 새로이 해야 한다는 것인지 불분명하다. 후자에 가까운 사안이라면 '일반교육'과 '인성교육'은 분리 가능한 별개의 작업이고, 인성교육은 행위로써 의도하려는 대로 실천이 가능하다는 것이 전제되어야 한다.

「인성교육진흥법」이 제정된 이후, 인성교육과 관련한 연구들은 주로 인성 또는 인성교육의 개념, 「인성교육진흥법」에 포함된 덕목의 타당성에 대한 논의가 내용의 중심을 이루었다. 인성을 정의할 때, 여전히 합의된 내용은 없다. 인성이나 인성교육 개념에 포함시키고 있는 요소들도 학자마다 다양하다. 인성을 바라보는 관점 또한 학자마다 다르며, 특히 어떤 철학자의 시각에 근거하느냐에 따라 다른 견해를 보인다. 인성이 본래 인간에 내재되어 있는 무언가를 말하는 것인지, 아니면 외재적으로 새롭게 생성되어야 하는 것인지의 문제도 보는 관점에 따라 다르다. 애당초, 인성이 교육을 통해 양성될 수 있는 것인가에 대한 부분도 고민해 볼 문제이다.

「인성교육진흥법」이 제정된 이후, 교육부의 「인성교육 5개년 종합계획」을 필두로 학교의 교육활동 전반, 교원의 역량교육, 가정-학교-사회의 연계지원체제 구축 등 세밀한 영역에서 광범위한 수준에 이르기까지 인성교육에 대한 계획을 수립하고 이를 시행하고 있다. 그러나 교육 현장에서 인성교육을 '실천'한다는 것의 의미에 대해서는 진지하게 고민하지 않은 인상이 짙다. 다시 말해, 2015년 법이 제정된 이후 관련 정책을 실행하는 과정에서 발생할 수 있는 여러 오류에 대한 학문적 논의가 부족하다는 것이다. 정책 실행의 과정에서 오류가 있다면, 아무리 법과 정책의 취지와 목적이 바람직하더라도 실제 교육 현장을 본래의 의도대로 바꾸는 작업에는 한계가 있다. 심지어는 부정적인 영향을 미칠 수도 있다.

지금까지의 인성교육에 대한 정책적 접근은 매우 단선적인 사고방식에 기인한다. 즉 교육 문제의 해답은 인성교육에 있고, 그것을 제대로 시행하면 교육 문제는 해결될 것이라는 방식이었다. 그러나 실제 정책이 현실에 적용되는 과정은 상당히 다를 수 있다. 현실의 문제는 복잡하고 역설적이며 모호한 측면이 있기 때문에, 정책 실행 과정에서 예기치 못한 결과들이 항상 발생한다.

여기에서는 인성 및 인성교육 개념의 복잡성을 확인하고, 개념의 복잡성이 인성을 교육하는 실천의 측면에서 어떠한 어려움으로 이어지는지 살펴본다. 또한 인성교육을 실천하는 행위에서 발생하는 '교육적 역설(pedagogical paradox)'을 통해 인성교육을 강제하거나 외재하는 인성을 교육한다는 것의 의미를 구명한다. 그리고 인성교육의 교육적 역설의 결과, 정책에서 예기치 못한 결과들이 드러나 오류로 나타나고, 그것이 공교육의 정상화를 저해하거나 인성교육의 불분명한 정체성을 낳을 수 있음을 분석한다. 이를 통해 인성교육 실천의 역설적 의미와 그 한계를 인식하고, 향후 인성교육의 개선 방향을 고민한다.

II. 개념의 다양성과 의미의 복잡성

1. '인성' 개념의 다양성

인성에 대한 개념은 명확한 합의가 이루어지지 못하고, 연구자에 따라 다양하게 사용되고 있다. 「표준국어대사전」에 따르면 인성(人性)이란 '사람의 성품' 또는 '각 개인이 가지는 사고와 태도 및 행동 특성'을 뜻한다. 유의어로는 '사람으로서의 품격'을 뜻하는 인격(人格)이 있으며, 인격의 유의어에는 인품, 인간성, 됨됨이, 덕, 덕성, 품격 등이 있다. 나열된 단어들은 일상에서 혼용하여도 무리 없이 통용된다. 그러나 학생들의 바른 인성을 기르는 것을 교육의 목표로 삼았다면 인성의 개념은 보다 명확하고 분명해야 한다. 인성의 개념이 모호하다는 것은 인성교육도 모호해질 가능성이 있고, 명확하게 정립되어 있지 않은 인성의 개념으로 인하여 인성교육의 방향이 흔들릴 수도 있기 때문이다(강선보 외, 2008; 유병열 외, 2012).

2015년 「인성교육진흥법」의 등장 이후, 최소한 국가에서 지향하는 인성교육의 목적이 명시적으로는 드러났다고 할 수 있다. 그러나 「인성교육진흥법」에서도 인성이 무엇인지 명확하게 정의되어 있지는 않다. 다만 "자신의 내면을 바르고 건전하게 가꾸고 타인 · 공동체 · 자연과 더불어 살아가는 데 필요한 인간다운 '성품과 역량'을 기르는 것을 목적으로 하는 교육"으로 인성교육을 정의함으로써 그 '성품과 역량'을 인성으로 바라보고 있다.

인성의 개념은 연구자에 따라서 인간 본성의 의미로 쓰이거나 성격이나 인격과 유사한 개념으로 이해되기도 하며, 일부는 전인적인 특성을 의미하는 개념으로 사용하기도 한다(강선보 외, 2008:2). 인성에 대한 개념 정의는 연구자마다 달랐지만, 몇 가지 공통적인 속성과 차이점들을 확인할 수 있다. 우선, 인성을 개인의 '심리 양식' 또는 '행동 양식'으로 바라보는 입장이 있는데, 이는 '성격(性格, personality)'과 크게 구분되지 않는 정의라고 할 수 있다. 한편, 인성을 '전인성'으로 규정하거나 '사람됨', '인간다운 성품' 등으로 바라보는 경우도 있다. 심리학적 의미에서 인성은 개인에 대하여 가치중립적으로 기술되지만, 광의적으로 이해되는 '인격(人格, character)'이나 성품으로서의 인성은 윤리학적 관점에서의 '도덕성'을 의미하며 학문적인 도덕 철학 및 교육학 연구에서 주로 사용되었다(유병열 외, 2012: 16; 현주 외, 2014b: 18).

표 7-1 인성 개념 정의

연구자	개념정의
황응연 (1992)	환경에 대응함으로써 나타나게 되는 행동 및 태도, 동기, 경향성, 인생 과정들의 총합. 사람들에게 있어 시간과 상황에 걸쳐 지속되는 독특한 구조이며, 인성은 어떠한 경험을 하느냐에 따라 크게 변화될 수 있다는 의미를 포함
이근철 (1996)	좁게는 도덕성, 사회성, 정서(감정) 등을 의미하고, 넓게는 지·덕·체 또는 "지·정·의를 모두 골고루 갖춘 전인성"
한국교육학회 (1998)	인성은 사람의 바탕이 어떠하며 사람된 모습이 어떠한지를 말하는 개념으로, 사람의 마음과 사람됨이라는 두 가지 요소로 구성
남궁달화 (1999)	인간의 성품으로, 성품은 인간의 성질(性質)과 품격(品格)으로 구성됨. 여기서 성질은 마음의 바탕이고, 품격은 사람됨의 바탕
조난심 외 (2004)	사람이 태어나면서 가지고 있는 성격이나 특질의 개념이 아니라, 의도적인 교육이나 학습에 의해 습득하거나 변화가 가능한 인간의 성품

조연순 (2007)	자신의 내면적 요구와 사회환경적 필요를 지혜롭게 잘 조화시킴으로써 세상에 유익함을 미치는 인간의 특성
미 교육부 (2007/2008)	존중, 공정성, 보살핌 등의 도덕적, 윤리적 가치와 책임감. 신뢰, 시민성 등을 망라하는 개념으로, 개인 또는 집단의 정서적, 지적, 도덕적 자질은 물론 이러한 자질들이 친사회적 행동으로 발현되는 것을 포함
강선보 외 (2008)	인간이 도달해야 하는 이상적인 인간다운 성품, 인간 본연의 모습
국립특수교육원 (2009)	자신만의 생활스타일로서 다른 사람들과 구분되는 지속적이고 일관된 독특한 심리 및 행동 양식
박성미·허승희 (2012)	인간이 개인적으로 갖추어야 할 바람직한 심성과 사회적으로 갖추어야 할 가치 있는 인격 및 행동 특성
교육과학기술부 (2012)	더불어 살아갈 수 있는 품성과 역량
현주 외 (2014b)	긍정적이고 건강한 개인의 삶과 사회구성원으로서의 삶을 살아가기 위해 갖추어야 할 바람직한 특질과 역량
황준성·서정화 (2015)	'인간됨' 개개인이 고유한 존재로서 갖고 태어나는 개인적 인간으로서의 성품과 함께 사회화된 존재로서 요청받는 사회적 인간으로서의 성품이라는 두 축의 조화를 추구하는 역량

출처: 현주 외(2014b:17~18) 수정 및 보완

다양한 연구자들의 인성 개념 정의를 살펴보면, 개인적 수준과 사회적 수준을 동시에 고려하고 있다. 인성을 개인의 성품이나 성격적 특성, 마음의 바탕으로 인식하는 경우도 있고(남궁달화, 1999 등), 단순한 개인적 특성이기 보다 사회구성원으로서 그리고 사회화된 존재로서의 역량을 인성으로 바라보기도 하였다(현주 외, 2014b; 황준성·서정화, 2015 등). 이를 통해 다양한 정의에서 언급되는 '사람됨'이라는 표현이 개체로서의 인간됨을 의미하는 것이 아니라 사회적 관계 속에서의 사람됨을 의미하는 것도 알 수 있다.

한편, 다양한 인성 개념 정의에도 불구하고 공통적으로 나타나는 특징이 있는데, 그것은 '바람직한', '인간다운', '긍정적인', '이상적인'과 같은 가치를 지닌 표현들이 함께 사용된다는 점이다. 사람의 인성은 보통 '좋다, 나쁘다'로 표현되며 이러한 표현은 가치판단을 포함한다. 이때의 판단은 사회의 보편적 도덕성에 준하여 평가된다는 점에서 기본적으로 인성은 '윤리적 특성'을 내포한다.

2. '인성교육' 의미의 복잡성

인성의 개념이 다양한 만큼 인성교육에 대한 의미 또한 복잡하게 인식된다. 그럼에도 불구하고, 여러 연구자들의 공통된 견해는 도덕적 행위로서 이상적 상태를 지향하고, 이를 위해 교육적 노력을 기울인다는 점이다. 유병열(2015)은 "인간의 바람직한 본성과 성품을 제대로 길러 참된 사람으로 자라나도록 하는 교육적 노력"이 인성교육이라고 정의하고 있고, 정창우(2015c)는 "인간이 도달해야 하는 인간다운 모습을 갖추도록 지속적으로 가르치고 지도하는 행위"로 이해한다. 인성교육 의미의 복잡성은 인성을 교육으로 실천하기 위한 과정에서 비롯되며 인성 개념 자체가 지닌 다양성과 결부되어 드러난다. 따라서 '과연 인성은 개별적으로 교육이 가능한, 또는 교육을 해야 하는 성질의 것인가?' 교육이 가능하고, 교육을 해야 한다면 '어떻게 교육할 수 있는가?'라는 질문이 필연적으로 따르게 되고, 이는 인성을 교육하는 작업의 어려움으로 이어진다.

인성을 별도의 교육이 가능한 대상인지 알기 위해서는 우선 인성의 특성에 대해 생각해 보아야 한다. '인성은 내재적인 것인가?', 아니면 '외재적인 것인가?' 인성이 인간에게 내재되어 있는 것이라면, '내재하는 개인의 인성은 모두 동일한가?' 인간의 외부에 존재하는 것이라면, '외재하는 인성은 단일한 것인가?' 우리가 이미 경험적으로 알고 있듯이, 인성이란 사람마다 다르기도 하며, 교육에 앞서 누군가의 인성은 이미 훌륭한 상태일 수도 있고 또는 이미 나쁜 것일 수도 있다. 이에 답하기 위해서는 앞서 보았던 인성 개념을 보다 신중하게 살펴볼 필요가 있다.

조난심 외(2004)는 인성에 대하여 "사람이 태어나면서 가지고 있는 성격이나 특질의 개념이 아니라 의도적인 교육이나 학습에 의해 습득하거나 변화 가능한 인간의 성품"이라고 하였다. 인성은 본래부터 존재하는 것이 아니라 '사회화' 또는 '교육의 과정'을 통해 배우고 습득하는 것으로, 개인에게 내재된 것이 아닌 변화 가능한 것으로 바라본다. 황응연(1992)도 인성은 "어떠한 경험을 하느냐에 따라 크게 변화될 수 있다"라고 보았다. 이러한 입장에서 인성은 적절한 교육적 활동과 경험을 통하여 긍정적인 방향으로 형성·개발될 수 있으므로 인성교육의 중요성과 필요성이 강조된다.

이와는 대조적으로 강선보 외(2008: 13)가 이야기 하는 인성의 개념에 따르면 인간에게는 도달해야 하는 이상적이고 '인간답다'고 할 수 있는 특정한 상태가 있다고 할 수 있다. 황준성·서정화(2015: 235) 또한 인성을 "개개인이 고유한 존재로서 갖고 태어나는 개인적 인간으로서의 성품과 사회적 인간으로서의 성품의 조화"라고 하며, 본질적인 성격의 것으로 이해한다. 그러나 이러한 인식이 인성은 불변하고 그 특성이 고정된 것이라는 주장은 아니다. 인성을 '인간의 본원적 자연성'이라고 인식한다 하더라도, 그것이 충분히 발현되지 않았다면 또는 더 좋은 방향으로 발전이 가능하다면, 이를 돕는 것 또한 교육의 역할이자 필요라고 할 수 있다.

그렇다면 인성은 어떻게 교육해야 할까? 인성교육에 앞서 우리는 교육의 내용은 물론 방법에 대해서도 고민하게 된다. '인성이 내재하는 것인지', 아니면 '외재하는 것인지'에 대한 인식의 차이는 인성교육의 방법에서 보편교육을 실시하는 것이 바람직한지, 개별화 교육을 실시하는 것이 바람직한지의 등의 차이로 이어진다. 인성을 교육과 훈련을 통해 습득되는 것으로 바라본다면 학생에게 보편적으로 전달해야 하는 교육적 가치를 추려내고, 주요하게 교육해야 하는 것들을 정리하고, 그것들의 우선순위를 정하고 조직화하여 학생들이 잘 배울 수 있도록 해야 한다. 즉 공통의 인성교육을 위한 교육과정의 구성이 필요한 것이다. 인성을 함양하는 데 중심이 되는 것은 개인의 외부에서 주어지는 교육이기 때문이다.

그러나 인성을 사람에게 내재된 특성으로 바라보는 입장에서는 기본적으로 인성이 내재되어 있기도 하지만 개인마다 본래 타고난 인성의 수준이나 정도가 다를 수도 있다고 본다. 이러한 주장에 근거한다면, 개인의 차이를 확인하고 개별적 수준과 특성에 따라 발달을 돕는 것이 바람직한 교육의 역할일 수 있다. 이처럼 인성과 인성교육을 바라보는 시각의 차이는 교육 실천의 장면에서 방법적 차이를 가져온다.

한편, 인성은 이미 내재되어있는 본질적 성질과 교육을 통해 개발되어야만 하는 성질을 함께 갖고 있을 수도 있다. 개인의 성품과 인격은 성향, 성격처럼 타고나기도 하지만 사회적 규범과 지향해야 하는 가치 등 일정 부분은 교육을 통해 학습이 이루어져야 한다. 즉 개별적 인성의 특성을 면밀히 살피는 것과 함께 특정한 무언가는 반드시 가르치고 교육해야만 하는 동시적 상황에 놓일 수도 있는 것이다. 결국 인성교육은 학생의 본원적 인성을 강화하고 행동으로 이끌어 내는 것에 집중해야 할지, 정부에서 수립한 목표와 계획에 맞추어 인성의 주요 덕목과 역량을 가르치는 것에 집중해야 할지 딜레마에 빠지게 된다.

인성과 인성교육의 개념이 복잡한 상황에서 국가와 학교, 가정과 사회에서 가르쳐야 하는 교육목표로서의 인성은 명확하게 존재한다고 할 수 있는가? 어느 수준에 이르면 인성의 학습이 충분히 이루어 졌다고 판단할 수 있는가? 그 수준이라는 것은 무엇으로 기준 잡을 수 있는가? 이처럼 다양한 영역에서 복잡성을 끌어안고 있는 인성교육을 실제 교육현장에서 교육을 실천할 때 그 상충되는 요소가 증폭하게 되고, 이는 교육적 역설을 발생시켜 결국 예기치 못한 오류를 야기하게 된다.

Ⅲ. 교육적 역설과 예기치 못한 결과

1. 교육적 역설

'교육적 역설(pedagogical paradox)'은 '교육실천에서의 역설'을 말하며 교육이라는 이름으로 수행되는 다양한 층위와 범주의 교수-학습 활동 내에 내재한 역설을 모두 포괄하는 개념이다(곽덕주, 2013). 이는 근대교육에서 지배적이었던 교육의 목적을 논의할 때, 서로 경쟁하는 두 가지 교육 개념을 고민하는 과정에서 드러난다. 하나는 보다 전통적인 교육의 개념으로서 교육을 '문화유산에로의 입문'으로 보고, 넓은 의미의 '사회화(socialization)'를 교육의 목적으로 삼는 것이다. 다른 하나는 진보적인 교육의 개념으로 교육을 '전통으로부터의 자유와 독립적 마음의 개발'로 보고, '개별화(individuation)'를 그 목적으로 추구하는 작업이다. 이 두 가지 교육의 목적은 개념적으로 반드시 상호 대립할 필요는 없다. 오히려 상호 연관된 방식으로 교육의 목적이 재설정될 필요가 있는 것처럼 보인다. 그러나 이때 문제가 되는 것이 '교육적 역설', 특히 가르치는 일에서의 교육적 역설의 문제이다(곽덕주, 2013: 2~3). 즉 두 가지 상충하는 교육의 목적은 그 자체로 문제가 되지는 않는다. 하지만 이를 교육 현장에서 실천할 때 역설의 문제가 발생한다.

이 교육적 역설의 개념을 인성교육에 접목시키면 다음과 같이 이해할 수 있다. 특히, 인성을 바라보는 관점에서 고민할 필요가 있다. 인성은 '내재적으로 타고나는 것인가?' '외재적인 교육 또는 훈련 등을 통해 새로 생기는 것으로 구성되는 것인가?' 개인마다 본래 타고난 것의 정도가 크거나 보다 강한 사람이 있고 그렇지 않은 경우도 있을 수 있다. 중요한 것은 내재적인 부분과 외재적인 부분이 혼재한다는 것이며, 개인마다 그 정도나 범위가 천차만별이라는 것이다. 근대 교육의 목적이 두 가지인 것이 상호 대립하지 않듯이, 인성에 양면적 측면이 있다는 것 자체가 문제를 야기하지는 않는다. 다만 이를 교육한다고 했을 때 역설의 문제가 발생한다.

예를 들어, 한 명의 교사가 다수의 학생을 대상으로 인성을 교육한다고 할 때, 학생들의 본성을 보존·강화하는 것에 초점을 둘지, 정부의 정책 계획에 명시된 인성의 핵심 요소를 부여하는 것에 초점을 두어야 할지 결정해야 한다. 전자를 선택한다면 학생 개개인의 본성을 파악하는 것이 선결과제이기 때문에 특수성에 초점을 둔 개별지도가 선행되어야 할 것이고, 후자를 선택한다면 공통의 인재상을 수립하고 이를 학생들에게 전달하여 학습할 수 있도록 교육과정을 설계해야 할 것이다. 서로 상충되는 것으로 보이는 개별화 교육과 보편 교육은 인성에 두 가지 측면이 있기 때문에 모두 필요한 것처럼 보이지만 이 둘을 교육 현장에서 동시에 추구하는 것은 상당히 어렵다. 문제는 하나의 교육방법에 경도될 경우, 비교육적인 결과를 초래할 가능성이 높다는 것이다.

따라서 인성교육 실천의 교육적 역설이란 인성을 교육하는 행위를 통해 발생하는 필연적인 모순성을 의미한다. 이는 인성교육의 개념 정의가 복잡하거나 인성교육 목적이 여러 개인 것과는 별개로 발생하는 역설을 말한다. 인성교육 실천에서 역설은 결국 정책의 예기치 못한 결과를 가져오고, 오류를 낳을 수 있으며, 실제 현장에서 인성교육이라는 명목 하에 행해지는 교육 실천이 교육 목적과는 달리 예기치 못한 비교육성을 야기할 수 있다는 의미이다.

2. 예기치 못한 결과

'예기치 못한 결과(unexpected consequences)'란 정책효과가 정책이 최초에 설계될 때 기대한 것과 상이하게 나타나는 상황을 말한다. 즉 정책효과가 정책이 기대한 수준보다 낮거나 높게 나타났거나 정책이 사전적으로 의도한 결과와는 완전히 다른 양상으로 진행된 것을 말한다(이혁우, 2009). 이는 정부의 개입이 사전에 예상치 못한 부작용을 발생시킬 수 있음을 지적하면서 등장한 용어인 만큼, 정부의 정책이 아무리 정교하고 세심하게 설계되었다 할지라도 정책의 결과는 항상 예상하지 못한 방향으로 흘러갈 수 있음을 의미한다. 역설의 요소를 내재한 인성교육이 실제 정책으로 실현되었을 때 발생하는 예기치 못한 결과, 즉 비교육성이 발생하는 부분은 어떤 측면일까?

인성교육의 예기치 못한 결과를 살펴보기 이전에, 인성교육 정책의 의도와 계획을 살펴볼 필요가 있다. '예기치 못한 결과'란 정책이 초기 설계될 때의 의도와 달리 부작용이 발생한 경우를 말하기 때문이다. 인성교육에 대한 정책적 요구 또는 필요성이 가장 크게 대두된 것의 결과는 「인성교육진흥법」의 제정이다. 2009~2012년의 인성교육 정책은 주로 다른 정책의 보조적 역할로 추진되었으나 2015년 「인성교육진흥법」의 제정과 더불어 2013~2018년에는 핵심정책과제로 부상하게 되었다. 「인성교육진흥법」이 제정되기 이전인 2010년에도 창의성, 예술, 민주시민 교육과 학교폭력 근절을 위한 인성교육이 필수적이라는 정부의 인식이 있었던 것처럼 인성교육의 중요성에 대해 꾸준히 논의되어 왔던 것은 분명하다(김상철, 2019: 289). 또한 「인성교육진흥법」 제정은 2012년 대구 학교폭력 중학생의 자살 사건을 비롯한 학교폭력 사건들과 2014년 세월호 사건으로부터 촉발되었다는 것은 다수 연구자들의 논문에서 확인되고 있다(신용인, 2015; 허종렬, 2015; 황준성·서정화, 2015 등). 즉 사회적 이슈가 되는 사건들이 연이어 발생하면서 이를 해결할 정부 차원의 대책 마련이 시급한 정책적 환경이 조성되었다고 볼 수 있다. 「인성교육진흥법」은 그러한 정책적 요구의 결과이다.

「인성교육진흥법」의 제정(2015년 1월) 및 시행(2015년 7월)과 「인성교육 5개년 종합계획」 수립 발표(2015년 11월) 등 인성교육에 대한 국가의 역할 및 기능이 증대되었으며(교육부, 2015.3.) 그 결과, 인성교육은 일종의 '강제성'을 확보하게 되었다. 인성교육 종합계획을 5년마다 수립해야 하며 교육감은 해당 계획을 토대로 인성교육시행계획을 수립하게 되었다. 뿐만 아니라, 교육부 장관 소속의 〈인성교육진흥위원회〉가 꾸려지고 인성교육 전문가 양성을 위해 대학, 정부출연 연구기관, 비영리법인 등이 전문인력 양성 기관으로 지정되며 교사들은 매년 일정 시간 이상 인성교육 연수를 받게 되었다. 이러한 일련의 과정을 살펴보면, 각종 사회 문제들의 원인을 인성교육의 부재에서 찾고 있음을 확인할 수 있다. 보다 분명하게 말하면, 법 제정 이전에도 인성교육이 교육과정 내에서 보조적으로 시행되어 왔지만, 제대로 교육되지 못했거나 그 정도가 부족한 것으로 판단하였다. 그렇기 때문에 인성교육의 내용을 재정비하고 강화해야 한다는 정책적 의지를 보이게 된 것이다.

「인성교육진흥법」은 「대한민국헌법」에 따른 인간으로서의 존엄과 가치를 보장하고 「교육기본법」에 따른 교육이념을 바탕으로 건전하고 올바른 인성(人性)을 갖춘 국민을 육성하여 국가사회의 발전에 이바지함을 목적으로 한다. 앞에서도 언급했지만, 「인성교육진흥법」은 인성교육을 "자신의 내면을 바르고 건전하게 가꾸고 타인·공동체·자연과 더불어 살아가는 데 필요한 인간다운 성품과 역량을 기르는 것을 목적으로 하는 교육"으로 정의하고 있고, 인성교육의 목표로써 '예(禮), 효(孝), 정직, 책임, 존중, 배려, 소통, 협동' 등의 마음가짐이나 사람됨과 관련되는 핵심적인 가치 또는 덕목을 규정하고 있다. 「인성교육진흥법」에는 국가 차원의 인성교육 목적과 목표가 담겨 있다. 그 내용의 타당성을 논하는 것은 예외로 하더라도, 이러한 정책의 목적대로 학생의 인성이 길러지기만 한다면 사회적으로 바람직한 시민이 될 것이라 기대할 수 있고, 인성을 회복하여 교육을 바꿔보겠다는 진정성까지 폄하할 필요는 없다.

그러나 문제는 이것을 법으로 정하고 '인성' 또는 '인성교육'에 대한 전반적인 방향과 내용을 국가에서 규정하면서 발생한다. 즉 인성교육을 강제하기 위해서는 무엇이 '좋은 인성' 또는 '바람직한 인성'인가를 정해야 하며, 정책의 효과를 측정하기 위해 이를 평가해야 하기 때문이다. 이러한 접근은 학생의 인성에는 본래 타고나는 것이 있으며 각기 다른 성질을 가지고 있다는 인성의 한 면을 간과하기 쉽다. 또한 현재의 인성교육에 대한 논의는 인성교육에 어떠한 내용을 담아야 하는지, 인성교육 프로그램을 어떻게 성공적으로 운영할 것인지 등의 주제로 전환되어 버린 이후이다. 김녕(2016: 90)은 "인성교육은 자칫 잘못하여, '착한 국민'을 바람직한 인재상이나 국민상으로 추구하는 우를 범할 수 있다"고 지적하면서 "도덕 교과서는 자유인의 도덕이 아니라 노예의 도덕을 가르치는 책이 될 수도 있다는 『도덕교육의 파시즘』이란 책의 경고를 다시 주목할 필요가 있다"라고 언급하고 있는데, 이와 문제의식이 유사하다. '교육적 역설'에서도 언급했듯이, 서로 상충되어 보이는 개별화 교육과 보편 교육의 모순된 측면 가운데 보편 교육의 측면에 치중한 결과 교육적 역설은 실제 현장에서 예기치 못한 결과로 이어졌다. 이러한 측면을 '공교육 정상화의 저해'와 '인성교육의 불분명한 정체성'의 문제로 나누어 살펴본다.

가. 공교육 정상화의 저해

「인성교육진흥법」의 제정을 바탕으로 한 인성교육 실천의 예기치 못한 결과 중 하나는 공교육의 정상화를 저해한다는 문제이다. 지식과 학습의 측면에서 공교육이 사교육에 빼앗긴 위상을 되찾을 날은 요원해 보이지만, 진정한 의미에서의 인성교육은 공동체를 통해 이뤄지기 때문에 그런 면에서 공교육의 역할은 더 커졌다고 볼 수 있다. 더불어 살아가는 데 필요한 인간다운 성품과 역량을 기르는 것을 목적으로 할 때, 인성교육을 학원에서 배운다는 것은 매우 어렵기 때문이다. 그러나 「인성교육진흥법」을 통한 인성교육의 의무화는 결국 대입을 위한 스펙 쌓기의 일환으로 전락했다는 점에서 문제가 있다. 한국의 다양한 교육 정책이 대입이라는 블랙홀 앞에서 무력화되는 것과 유사하다.

「인성교육진흥법」이 제정된 직후, 정부는 대학입시에 인성 평가를 반영할 계획을 갖고 있었다. 실제 「인성교육진흥법」의 핵심 가치와 덕목이 법 제정 이전에 이루어진 한국교육개발원의 '인성교육 측정을 위한 인성지수 개발 연구'의 하부 구인 요소와 대부분 겹친다는 점은 「인성교육진흥법」이 인성교육의 방향이나 내용 제시보다 평가에 더 무게를 싣고 있다는 것을 보여준다(김길순, 2015). 「인성교육진흥법」에 따라 교육부는 대학입시에 인성 평가가 반영되도록 유도하고 교원을 양성하는 교대와 사범대에 우선 적용할 계획임을 밝혔다. 또한 2015년부터 입시에 인성을 반영한 일반 대학들에도 인센티브를 제공하는 방안을 추진하기로 결정했으며 이에 많은 대학들이 학생부종합전형 등을 통해 인성평가를 강화하려는 움직임을 보였다. 한편 교육부는 「인성교육진흥법」 시행에 맞추어 '자기존중, 성실, 배려·소통, 책임, 예의, 자기조절, 정직·용기, 지혜, 정의, 시민성'의 10개 항목, 70개 문항으로 이루어진 '인성평가 자가진단법'을 제시하였고 학생들은 이를 바탕으로 본인의 인성점수를 점수화할 수 있었다.

이미 대학입시에서 인성면접 대응 요령을 가르쳐 준다며 6차례 수업에 70만 원을 요구하는 사례가 등장하는 등 인성교육에 관한 사교육 시장은 확장되고 있었다(SBS뉴스, 2015.05.25.). 이에 인성에 점수를 매기는 작업이 가능하지도 않고 점수를 매기는 순간 취지는 사라지고 사교육 시장만 키울 것이라는 지적이 많았다. 교육부는 결국 해당 법안에서 '대학 입시 반영' 부분을 들어낸 시행령을 발표하면서 인성교육과 관련한 민간 자격증도 학교생활기록부나 대학 제출용 자기소개서에 기재할 수 없도록 하였으며 대입에도 반영하지 않기로 했다. 그러나 여러 교육 단체들은 인성교육을 강제한다는 본질에는 변함이 없다는 것을 강조하면서 "사회 시스템의 문제를 개인 인성 문제로 풀려는 것은 어처구니없는 발상"임을 지적했으며 정형화된 인성의 상을 상정하는 것 자체가 문제라고 비판하였다(프레시안, 2015.07.21.).

2015년 「인성교육진흥법」이 시행된 직후, 인성교육을 대입에 적용한다는 방침을 둘러싼 논쟁은 교육부가 해당 내용을 법안에서 들어낸 것으로 끝난 해프닝에 불과한지 살펴볼 필요가 있다. '봉사활동 489시간, 동아리활동 374시간, 교내 수상 실적 108건'은 서울대 입시에서 수시전형으로 합격한 학생들의 스펙이다. 이를 계산하면 고교 1학년부터 3학년 1학기까지 주당 한 번꼴로 상을 받은 셈인데, 학생부종합전형의 명확한 합격 기준을 알 수 없다 보니 입시 스펙은 무조건 높을수록 좋다는 불안감이 생기고 그 결과 스펙 인플레이션 부작용이 나타날 수밖에 없다(동아일보, 2019.09.16.). 특히 봉사활동이 인성교육과 맞닿아 있는 부분이라고 볼 때, 스펙을 위한 봉사가 얼마나 그 학생의 인성 함양에 도움을 주었을지는 가늠하기 어렵다.

뿐만 아니라, 각종 입시학원에서는 다양한 인·적성면접을 대비하는 데 열을 쏟고 있다. '성적은 기본, 인성은 필수'라면서 대입 시장에는 '다면인·적성면접(MMI: Multi Mini Interview)'이 신(新) 풍속도가 되었다. 실제 성적이 합격 안정권의 학생도 인·적성 면접의 결과로 탈락하는 사례가 발생하면서 사교육 시장에서는 이미 'MMI 대비반'이 운영되고 있다(신동아, 2020.04.18.). 성적뿐만 아니라 학생의 인성까지도 입시에서 고려하겠다는 취지와 목적은 바람직하지만 각종 면접의 소요시간이 약 10분이 채 되지 않는다는 점에서, 그 짧은 시간 안에 학생의 인성을 평가할 수 있을지도 의문이다. 결국 사교육에 의존하여 만들어진 인성이라면 2015년의 '착해 보이게 만들어 드려요'의 우려를 불식시키진 못한 것으로 보인다.

인성 또한 다듬고, 채우고, 만들어가는 하나의 스펙이 된 시대에 접어들었으며 "인성이 실력이다!"라는 표현조차도 전혀 어색하지 않다. 한편에서는 어떠한 사회적 문제가 발생할 때마다 학점과 스펙만 높으면 인정해주는 사회가 문제라면서, 인성교육을 소홀히 한 탓이라고 말하는 것도 아이러니하다. 이미 인성이 또 하나의 스펙이 되어버린 상황에서 마치 스펙을 위한 인성과는 다른 종류의 참된 인성이 존재한다는 것인지, 아니면 이미 인성이 스펙이 되었다는 사실을 인정하고 싶지 않은 것인지 알 수 없을 정도로 우리 사회에서 인성은 모호한 개념으로 통용되고 있다.

「인성교육진흥법」으로 인해 인성교육이 교육 전반에 있어 강조된 것은 사실이지만, 이것이 인성을 하나의 스펙으로 전락하게 만든 직접적인 원인이라는 주장은 아니다. 그러나 「인성교육진흥법」을 통해 국가 차원의 '좋은 인성'을 규정하고, 이를 교육하기 위해 각종 프로그램과 학교 행사들을 기획하는 과정에서 이것이 스펙이 되고, 시행령에서는 제외되었지만 이미 인성면접이 대입에 중요한 부분을 차지하고 있다는 점은 신중히 고려되어야 할 현실적 문제이다. 모든 정책은 그것이 의도했든 의도하지 않았든 어떠한 결과를 낳는다. 인성교육이야말로 공교육만이 할 수 있는 영역이라고 기대한 것에 비해 오히려 예기치 못한 결과는 공교육의 정상화를 저해하고 사교육 시장의 블루오션을 창출한 꼴은 아닌지 주목할 필요가 있다.

공교육 정상화를 저해하는 또 다른 원인 중 하나는 인성교육의 외주화

문제이다. 「인성교육진흥법」은 인성교육 프로그램의 구성 및 운영을 학교가 아닌 외부에도 맡길 수 있도록 하는데, 이는 「인성교육진흥법」 제11조, 제12조, 제20조에 근거한다. 「인성교육진흥법」 제11조의 경우, "① 국가 및 지방자치단체는 가정, 학교 및 지역사회에서의 인성교육을 지원하기 위한 교육 프로그램을 개발하여 보급하여야 한다. ② 국가와 지방자치단체는 인성교육프로그램의 구성 및 운용 등을 전문단체 또는 전문가에게 위탁할 수 있다."라고 되어 있고, 제12조에는 "① 교육부장관은 인성교육 진흥을 위하여 인성교육프로그램을 개발·보급하거나 인성교육과정을 개설(開設)·운영하려는 자에 대하여 인성교육프로그램과 인성교육과정의 인증을 할 수 있다."라고 하였으며, 제20조에는 "① 국가 및 지방자치단체는 인성교육의 확대를 위하여 필요한 분야의 전문인력을 양성하여야 한다. ② 교육부장관 및 교육감은 제1항에 따른 전문인력을 양성하기 위하여 교육 관련 기관 또는 단체 등을 인성교육 전문인력 양성기관으로 지정하고, 해당 전문인력 양성기관에 대하여 필요한 경비의 전부 또는 일부를 지원할 수 있다."라고 되어 있다.

허종렬(2015: 193~194)은 실제 2015년 인성교육 수료증을 발급하는 단체가 250여 개나 세워졌으며 많은 기관이나 단체들이 인성교육 전문가로 자처하고 나서면서 인성교육을 상품화하고 있다는 점을 언급하면서, 「인성교육진흥법」의 본래 취지의 왜곡, 학교와 학원의 주객전도, 공교육의 사교육 사업화 등을 지적하였다. 또한 김길순(2015: 469)은 별도로 전문 인력을 양성하는 것은 학부모나 학생이 인성교육도 사교육으로 해결 가능한 또 하나의 과목으로 오인할 것이며, 교사의 역할을 애매하게 하고 방관자적 역할에 머무르게 할 우려가 있다고 지적하였다. 언론 또한 인성교육을 학교와 교사가 아닌 전문 기관과 강사에게 위탁하는 것은 사교육에 밀려 간신히 명맥을 유지하고 있는 공교육의 본질마저 인성 전문 기관과 강사들의 밥벌이로 떼어 준 셈이다(한겨레, 2015.07.28.)라고 비판하였다.

인성교육의 외주화에 대한 비판의 핵심은 교사와 학교의 역할을 외부에서 찾으면서 공교육 정상화의 기회를 놓쳤다는 것에 있다. 한겨레(2015.07.28.)의 인터뷰에서 한 교사는, "다들 애지중지 귀한 자녀라 인성교육을 가정에서 하는 데는 한계가 있다. 학원은 경쟁에서 이기려고 찾아가는 곳인데, 무슨 공동체 교육인가. 함께 어우러져 사는 걸 배울 수 있는 곳은 이제 학교밖에 없다. 교사들이 아이들한테 공동체 삶을 가르쳐야 한다. 그런 면에서 공교육의 역할이 더 커졌다."라고 하였다. 그러나 이러한 기회가 외주화로 인해 무의미해졌다는 것이다. 인성이 공동체 삶 속에서 형성되는 것이라면 학생들의 삶의 공간인 학교에서 이루어지는 것이 타당하며, 그 역할은 교사가 할 수 있다. 그런데 일정 시간의 교육을 이수하여 자격증을 받은 외부 전문가의 단기 프로그램으로 이것을 대체하겠다는 것은 인성교육의 해결책을 학교 밖에서 찾겠다는 것인데, 이것이 인성교육의 취지에 적합한가에 대한 우려이다.

교육부의 인성교육 프로그램 인증은 「인성교육 5개년 종합계획(2016~2020)」에 의거하여 실시하는 제도로, 2013~2015년은 인성교육범국민실천연합(이하 "인실련")에서 추진하였으며, 2016년 이후로는 한국교육개발원 인성교육지원센터에서 추진하고 있다. 2015년 당시, 보수 교육단체인 인실련이 2년 전부터 독점적인 운영을 하고 있다는 비판이 많았는데, 그러한 비판을 수용했거나 정권이 바뀌면서 교체된 것으로 보인다. 현재 인성교육지원센터의 사업 목적은 다음과 같다. 첫째, 우수한 인성교육프로그램의 개발을 촉진하고, 운영을 장려하여 인성교육의 활성화 및 인성교육의 질적 수준 향상을 도모한다. 둘째, 우수 인성교육프로그램을 국가가 평가 인정하여 인성교육에 대한 학습자의 신뢰와 선택권을 증대한다. 이 가운데 '교사역량강화'의 측면에서 해당 사업 추진이 그동안 가장 비판을 받아 왔던 외주화의 문제를 개선하고 있을까?

인성교육지원센터에서 교원역량강화의 목적으로 수행하고 있는 사업은 총 6가지로 인성교육 전문인력 양성기관 지정 및 운영, 인성교육 실천사례 연구대회, 우수선진 교사, 인성교육 연구·중점학교 관리자 워크숍, 인성교육 시범학교 운영, 인성교육 중심 수업 우수사례 공모전이 있다. 여전히 인성교육 프로그램에 대한 인증은 학교가 아닌 외부 기관에서 이루어지고 있지만, 교원역량강화를 목적으로 하는 사업을 별도로 두고 현직 교원을 중심으로 시행된다는 점에서 외주화에 따른 교사와 학교의 배제 문제를 줄이고자 한다는 것을 확인할 수 있다. 예를 들어 인성교육 실천사례 연구대회에서 발굴한 우수 실천사례를 다른 학교들과 공유한다거나, 우수선진교사를 위촉하여 우수선진교사 간 네트워크를 형성한다거나, 인성교육 시범학교를 운영하여 공교육 중심의 학교 인성교육 실천모델을 확산하는 등 인성교육의 중심을 교사와 학교에 두었다는 점은 주목할 만하다.

▌표 7-2 인성교육지원센터의 교원역량강화 사업

	사업명	사업목적	주요내용 및 추진 현황
1	인성교육 전문 인력 양성기관 지정 및 운영	• 현직 교원 중심의 인성교육 전문가 양성 및 활용으로 학교교육을 통한 인성교육 강화 • 인성교육 전문인력 양성기관 지원 및 관리를 통한 양성과정의 질 제고	• 인성교육 전문인력 양성기관 지정 심사 및 지정, 운영 지원 및 관리 • 인성교육 전문인력 컨설팅활동 지원 및 워크숍 • 2016~2017년: 인성교육 전문인력 양성기관 시범운영 5개 기관 지정 • 2018년: 인성교육 전문인력 양성기관 2개 기관 지정 및 운영
2	인성교육 실천사례 연구대회	• 인성교육 우수 실천사례를 단위 교원차원과 학교 및 교육지원청 등 기관차원에서 발굴, 시상, 일반화하여 학교 인성교육의 방향성 제시 • 실천적인 현장 연구사례를 발굴하여 교원의 인성교육 실천을 지원하고, 지도역량 성장의 계기 제공	• 연구발표대회를 운영하여 현장 실천 중심의 우수사례 발굴 • 학생 인성교육 관련 교수-학습 방법 고안, 교육자료 개발, 학교 경영 방식 및 제도 개선 등 현장 우수 실천사례를 선정·시상하여 인성교육 실천의 질 제고에 기여 • 2013~2018년간 약 70~90여개의 개인 부문 수상작과 10~20여 개의 기관 부문 수상작
3	우수선진교사	• 민주시민 육성을 위한 인성교육 우수선진교사 위촉을 통해 현장 교원의 실질적 참여 기반 마련 • 전국 단위 워크숍을 통한 인성교육 우수선진교사의 민주시민교육 지도 역량 증진 • 인성교육 우수선진교사의 학년별·교과별·권역별 네트워크 형성 촉진을 통해 우수 실천 사례 확산 도모	• 2019년: 2019 인성교육 우수선진교사 224명 위촉 • 인성교육 우수선진교사 워크숍 실시(총 1회) - 인성교육 우수선진교사 역할 안내 - 2019 인성교육 우수선진교사 간 네트워크 형성 - 2019 인성교육 우수 선진교사 실천사례 및 아이디어 공유

	사업명	사업목적	주요내용 및 추진 현황
4	인성교육 연구·중점 학교 관리자 워크숍	• 민주시민교육 및 인성교육 중심 학교운영을 위한 학교장 역할 증대 • 인성교육 연구·중점학교 관리자 워크숍을 통해 학교장의 민주시민교육 및 인성교육을 위한 교육과정 운영 방법 이해 도모	• 2018 인성교육 연구·중점학교 관리자 115명 대상 • 인성교육 연구·중점학교 관리자 워크숍 실시(총 1회) - 민주시민 육성을 중심으로 한 인성교육 및 정책에 대한 관리자의 이해 도모 - 성공적인 인성교육 연구·중점학교 운영을 위한 관리자의 민주시민 교육 역량 제고
5	인성교육 시범학교 운영	• 학교교육 전반에서 인성 역량 및 핵심 가치·덕목을 반영한 교육을 실천하여 실질적인 인성 함양에 기여하도록 지원 • 공교육 중심의 "학교 인성교육 실천 모델 확산" 실현	• 인성교육 우수 학교를 시범학교로 선정하여 운영 관리 및 컨설팅 진행 • 학교급별·지역별 인성교육 접근 방법에 대한 공유·확산을 위한 시범학교 워크숍 및 결과보고회 개최 • 2016년 운영 기간: 2016. 3.~2017. 2. • 2016년 연구 과제 : 가정, 학교, 사회에서 "인성을 깨우는 교육" 실현 • 2016년 시·도별 시범학교 지정 현황 - 13개 교육청 총 25개교(초 12개교, 중 9개교, 고 4개교)
6	인성교육 중심 수업 우수사례 공모전	• 인성교육 중심 수업을 실천하는 교사들의 발굴·표창함으로써 인성교육 실천의지 제고 및 사기 양양 • 인성교육 중심 수업 우수사례 발굴 및 보급을 통한 학교교육의 질적수준 제고	• 인성교육 중심의 교수-학습 및 평가 방법 개선에 따른 인성 함양과 핵심역량을 증진한 사례 선정 및 시상 • 2013~2016년간 약 2~30여 편의 우수사례 수상

출처: 한국교육개발원 인성교육지원센터 홈페이지(http://insung.kedi.re.kr/main/home.do)

이러한 시도들이 2015년 「인성교육진흥법」이 제정된 직후 외주화의 우려를 다소 경감시켰을지는 모르지만, 또 다른 부분에서의 '예기치 못한 결과'를 낳을 우려는 여전히 존재한다. 교원역량강화를 목적으로 수행되고 있는 여러 사업들을 살펴보면, 인성교육의 전문가가 우수한 교사이며 인성교육 중점학교 또는 시범학교가 우수한 학교라는 인식을 바탕으로 하고 있음을 알 수 있다. 이는 물론 '인성교육'에 국한하여 우수선진교사를 선발하고 학교를 선정한다는 취지겠지만, 반대로 우수선진교사로 위촉되지 않은 교사들과 학교는 인성교육을 제대로 실시하지 않고 있다는 인상을 줄 여지가 있다. 또한 인성교육을 잘 수행하고 있는 교사들 가운데 인증주관 기관의 기준에 따른 우수함이 아닌 경우 배제될 가능성도 있다. 이는 동일한 공교육의 울타리 안에서 인성교육의 우수함을 평가한 결과를 기준으로 예기치 못한 분리를 유발할 수 있다는 문제를 포함한다. 또한 우수사례 또는 실천모델을 공유하는 것은 바람직하지만 이를 확산하는 과정에서 무분별한 일반화가 발생한다면 정책의 동형화(isomorphism) 문제를 피하기 어렵다. 각 학교와 교사, 학생의 특성과 맥락이 다른 상태에서 일부 우수한 사례를 일괄적으로 적용한다고 할 때, 동일한 성공을 기대하긴 어렵기 때문이다.

또한 인성교육이 교사에 대한 새로운 부담으로 작용할 수 있다. 각종 실천사례 연구대회, 우수사례 공모전 등은 자발적 참여에 의한 것이어야지 이것을 강제로 한다면 일종의 이벤트성 사업으로 그칠 가능성이 높다. 즉 사업 참여의 과정에서 자연스레 인성교육의 전문성이 함양되고 참여하는 학생들에게 도움이 되는 교육이 될 때 의미가 있으며 일회성 행사를 위한 교육으로 전락해서는 진정한 의미의 인성교육이 불가능하다는 것이다. 법 제정 초기의 인증 외주화에 대한 우려가 교사의 배제, 학교와 학원의 주객전도였다면 지금의 우려는 정책의 동형화, 교원의 부담, 이벤트성의 사업으로의 변질과 관련된 것으로 다소 변화한 것을 알 수 있다. 기존의 우려를 보완하기 위한 제도적 장치를 마련한 만큼 또 다른 예기치 못한 결과로 전락하기 이전에, 정책의 기본 취지와 목적을 살릴 수 있도록 주의를 기울여야 할 것이다.

나. 불분명한 정체성

인성교육 정책의 또 다른 '예기치 못한 결과' 가운데 하나는 '인성교육의 불분명한 정체성'이다. 정체성이란 존재의 본질 또는 이를 규명하는 성질을 말한다. 따라서 정체성이 불분명하다는 것은 그것의 본질 또는 이를 규명해줄 수 있는 성질이 모호한 상태임을 의미한다. 최은순(2017)은 "인성교육은 처음부터 고정된 실체로서 인성을 가르치는 일이 아니라 인성이 무엇인가를 규정하기 위한 교육적 노력을 가리킨다. 인성의 의미는 인성교육 이전에 확정적으로 주어져 있는 것이 아니라 인성교육의 결과에 의하여 비로소 규정된다"라고 하였다. 즉 인성교육의 목적과 방향은 교육의 과정에서 자연스럽게 녹아들어가는 것이 될 수밖에 없다.

인성교육의 불분명한 정체성은 인성교육이라는 명칭 아래에 '창의교육', '창의인성교육', '시민교육' 또는 '민주시민교육' 등 여러 용어가 혼재된 상태에서 다른 종류의 교육과의 차이 또는 경계를 찾기 어려워지는 것으로부터 시작한다. 그 결과, 인성교육의 주체인 교사는 본인이 인성교육을 하고 있는지, 민주시민교육을 하고 있는지 명확한 인식을 갖기 어렵다. 더욱 근본적인 문제는 인성교육과 기존의 교육 현장에서 이루어지고 있는 일반교육과의 차이점을 구분하기 어렵다는 점이다. 이 또한 교사에게 본인이 기존에 수행하던 비교과 활동이라든지 창의적 체험활동 등과 인성교육의 차이점을 발견하기 어렵게 만든다. 이러한 예기치 못한 결과는 인성교육을 일반교육과 별도의 교육으로 인식하게 만들어 시행할 정책의 타당성을 잃게 만든다.

특히 교육 현장에서 인성교육의 불분명한 정체성을 야기하는 원인은 교육부의 「민주시민교육 활성화를 위한 종합계획(2018.11.)」이나 「인성교육 5개년 종합계획(2016~2020)」에 따른 2020년 인성교육 시행계획(2020.1.) 등을 통해 확인할 수 있다. 이들 시행계획은 교육 현장에 직접적인 영향을 주는 정부 수준의 지침이다. 시행계획에 따르면, 인성교육은 "미래 사회가 필요로 하는 인성역량을 갖춘 민주시민 육성"을 비전으로 하고, 인성은 "창의성·민주시민역량 발현을 위한 필수적 소양"이라고 명시하고 있다. 이는 인성교육의 목적과 창의교육, 민주시민교육의 목적이 유사하며 인성의 함양을 창의성을 갖추거나 민주시민이 되는 것의 선제 조건으로서 제시하는 것처럼 보인다. 올바른 인성교육을 받아야만 창의성을 가질 수 있고 진정한 의미의 민주시민으로 거듭날 수 있다는 것이다.

이는 인성교육진흥센터에서 발간한 인성교육 우수사례집에서 소개된 연구학교의 사례에서도 그대로 드러난다. 아래 <표 7-3>은 인성교육 연구학교들의 인성교육 목표를 정리한 내용이다. 교육의 목표를 살펴보면, '민주시민 역량', '민주시민의 자질', '시민적 인성', '창의적인 인성' 등이 주로 포함되어 있다. 예(禮), 효(孝), 정직, 책임, 존중, 배려, 소통, 협동 등 「인성교육진흥법」에서 규정하고 있는 인성교육의 핵심적 가치 또는 덕목이 녹아들어 있기는 하지만, 인성교육의 방향은 특히 민주시민을 길러내는 데 방점이 찍혀있다. 특히 초등학교의 경우 그러하며 고등학교의 경우 교육과정의 내용이 강조되면서도 여전히 민주시민교육과 창의교육과 연관성을 드러낸다.

▮표 7-3 2019년 인성교육 연구학교의 인성교육 목표

구분	학교명	인성교육 목표
1	대구동원초등학교	• 더불어 교육과정을 통하여 민주시민역량 함양하기
2	청주교육대학교 부설초등학교	• 인성 덕목 중심의 학생 참여형 배움 수업으로 참된 앎을 배우고, 인성 덕목 체험 활동으로 참된 품성(바른 인성)을 채우고, 인성 덕목 실천 활동으로 참된 리더(민주시민)를 키운다.
3	춘천교육대학교 부설초등학교	• 바른 품성과 풍부한 감성을 갖고 꿈을 키우는 어린이 - 실천적 인성교육 활동을 통한 민주시민의 자질 함양
4	의림여자중학교	• 학생들이 수업 및 다양한 활동을 통해 자연스럽게 인성요소를 습득할 수 있는 환경 조성 • 학생들이 직접 참여하여 스스로 바른 인성의 중요성을 깨달을 수 있는 기회 제공
5	강원대학교 사범대학 부설고등학교	• 교과별로 인성교육 실시 방안에 대해 고민하고 실천한다. • 교과별로 인성교육 지도 자료를 제작하면서 활용 확산 방안을 도출한다.
6	경북대학교 사범대학 부설고등학교	• 교육과정 재구성을 통한 시민적 인성 교육 실천 • 지역 사회와 공감 소통하는 창의적인 인성 교육 장려
7	해성여자고등학교	• 體仁知(Change) 프로젝트를 통해 균형 잡힌 교육과정 편성·운영으로 학교교육 전반을 통한 인성교육 실시 • 비판적 사고력을 가진 주체적인 시민이 민주주의의 가치를 존중하고 서로 상생할 수 있도록 민주시민으로서의 역량 향상

출처: 한국교육개발원(2019). 『2019년 인성교육 우수 사례집』

이 지점에서 우리는 인성교육의 정체성에 관한 질문을 던질 수 있다. '인성교육'이 '창의교육'과 '민주시민교육'에 우선하는 선결 과제인가? 인성교육의 최종 목적은 창의성이 뛰어난 민주시민을 양성하는 것인가? 시행계획에는 분명히 이러한 정책적 의도를 제시하고 있으며 이를 바탕으로 한 인성교육 우수사례에도 창의와 민주시민에 관한 내용이 주를 이룬다. 그러나 각 교육들 사이의 관계에 대한 교육철학적 논의는 아직 충분히 이루어지지 않았으며, 단지 정책적으로 세 가지 교육을 한 데 묶어놓은 형국이다. 논의가 부재한 상황에서 시행되는 인성교육은 그 실효성과 관계없이 '창의교육', '민주시민교육' 등 다른 교육과의 차별성을 분명히 하기 어려우며, 인성교육의 목적을 불분명하게 만드는 원인이 된다.

인성교육이 다른 교육에 우선하는 교육이라면, 인성교육과 다른 교육 간의 연결고리에 관한 연구가 필요하다. 예를 들어, 인성교육의 어떤 측면이 향후 창의적인 인간을 길러내는 데 도움이 될 수 있냐는 것 등이다. 또한 인성교육의 최종 목적이 창의교육과 민주시민교육과 맞닿아 있다면, 「인성교육진흥법」의 핵심역량과 다른 교육의 핵심역량 간의 공통점이 있어야 한다. 예를 들어, 민주시민교육이란 "비판적 사고력을 가진 주체적인 시민이 민주주의의 가치를 존중하고 서로 상생할 수 있도록 민주시민으로서의 역량을 향상시키는 교육"을 의미한다고 볼 때(교육부, 2018.11.), 인성교육의 어떠한 핵심 역량이 비판적 사고력을 증진시키는지, 민주주의 가치를 존중하게 만들어 줄 수 있는지를 교육적 측면에서 고민해야 한다.

또 하나 인성교육의 불분명한 정체성은 우리가 통상적으로 생각하는 일반 교육과의 차이점을 찾기 어렵다는 점이다. 인성교육 시행계획에서 밝히고 있는 단위학교에서의 인성교육과정 운영의 목적을 살펴보면, 첫째, 학교교육활동 전반을 통한 인성교육, 둘째, 교과교육을 통한 인성교육, 셋째, 창의적 체험활동을 통한 인성교육, 넷째, 예술 체육 등 인성 테마교육, 다섯째, 학교자율의 인성교육 운영을 제시하고 있다. 이는 교과교육에서 비교과교육까지 전반에 걸쳐 인성교육을 적용하겠다는 정책적 의지로 보인다. 그러나 이런 정책적 의지가 오히려 인성교육의 정체성을 불분명하게 만드는 오류를 낳을 수 있다는 점도 고려해야 한다.

이는 시민교육의 정체성에 관한 논의 가운데 다음과 같은 견해와도 상통한다. "아이러니컬하게도, '민주시민의 양성'이라는 목표가 사회과를 넘어서서 교육 자체의 일반적인 목적으로 받아들여지는 데에서 사회과 시민교육 정체성의 문제가 비롯된다. 불행하게도 교육적 논의에서는 '민주시민성'에 관한 사회과 시민교육적 논의의 정체성을 인정하기보다는 민주시민교육이 교육 자체의 목표이고 모든 교과에서 다루어야 할 주제라고 일반화시킴으로서 논의의 구체성과 실천성을 결여하게 되고, 결국에는 '민주시민교육이 모든 것이다'라는 식의 공허한 논의를 함으로써, 민주시민교육은 '아무 것도 아닌' 것이 되어버리는 결과를 가져올 수 있다(이종렬, 1999: 262)." 시민교육과 일반적인 교육 간의 경계가 모호해지면서 시민교육은 교육 전반으로 확장된 것처럼 보이지만, 결국 시민교육으로서의 정체성을 잃게 되어 아무 것도 아닌 교육으로 전락할 수 있다는 점을 지적한 것이다.

인성교육의 정체성도 마찬가지이다. 인성교육 정책 초기에는 훌륭한 인성을 갖춘 인간을 만들어내겠다는 분명한 목표가 있었을 것이다. 그러나 인성교육이 구체적인 개념이나 내용의 구분을 명확하게 하지 않고 교육 정책 전반에 걸쳐 강조되면서 모든 교육 활동에 인성교육을 적용하는 결과로 이어졌다. 그것은 인성교육의 정체성을 확보하지 못하게 만들뿐만 아니라, 교육 일반에 혼란을 가중시키는 현상을 빚어내기도 한다.

Ⅳ. 결어

이상과 같이 인성 및 인성교육 개념의 다양성과 복잡성이 인성교육의 실천에서 교육적 역설을 야기하며, 인성교육의 교육적 역설을 통해 실제 현장에서는 공교육의 정상화 저해와 인성교육의 불분명한 정체성 등 예기치 못한 결과가 발생하는 일련의 과정을 살펴보았다. 「인성교육진흥법」이 제정된 지 5년이라는 시간이 지나면서 인성교육 5개년 시행계획의 막바지에 접어든 이 시점에서 '과연 지금까지의 인성교육의 방향은 괜찮은가?'라는 질문에 비판적으로 접근하려는 시도를 하였다.

그 결과, 인성과 인성교육을 바라보는 시각의 차이, 즉 개념의 복잡성은 교육 실천의 장면에서 방법적 차이를 가져온다. 이런 점에서 교육 실천의 역설을 증폭시키고 결국 예기치 못한 결과를 야기하게 된다. 예기치 못한 결과로써 공교육 정상화 저해 문제는 인성교육의 목적과 정책 의도에 어긋난다는 점에서 새로운 대안을 모색해야 하며, 인성교육의 불분명한 정체성 문제는 정책의 정당성과 목적성의 문제로 연결되기 때문에 간과해서는 안 될 문제이다.

인성과 인성교육은 그 자체로 복잡하며 여러 의미를 내포하는 개념이다. 때문에 이를 교육하는 현장에서 그 복잡성이 증폭되어 교육의 실천을 어렵게 하는 것은 당연한 문제일 수도 있다. 앞에서 밝힌 '예기치 못한 결과'를 통해 알 수 있듯이, 인성은 마치 '국어' '영어' '수학'과 같은 지식이나 교과 교육처럼 별개로 떼어내어 교육할 수 있는 무언가가 아니다. 인성교육은 어떤 결과로 평가될 수 있는 실체를 명확히 규정하기 어렵기 때문에 그 자체로 교육현장에서 교사와 학생이 상호작용 하는 과정이 되어야 한다.

인성교육이 민주시민 및 창의인재 양성이라는 교육목표와 혼재되어 나타나는 것을 확인하였듯이, 다른 교육과 내용이 명확히 구분되지 않고 혼재되어 교육이 이루어질 경우 이는 각 교육의 정체성을 불분명하게 만든다. 현재의 인성교육은 학생들의 인성 함양을 목표로 하는 것인지, 아니면 인성을 함양한 민주시민으로서의 창의인재를 양성하고자 하는 것인지 등 그 정체성이 모호하다. 인성교육의 궁극적인 목적이 인성의 함양 그 자체에 있기 보다는 인성 함양을 통하여 또 다른 목표에 도달하고자 하는 것은 아닌지 검토해야 한다.

특히, 교육 현장에서 인성교육의 역설적 측면은 실제 인성교육을 수행하는 교사의 견해를 반영할 필요가 있다. 교사들이 생각하는 인성교육의 목적, 실제로 그 목적을 수업에 담아내는 과정에서 겪는 어려움과 딜레마는 무엇인지 적극적으로 구명하여 인성교육의 철학과 정책에 반영할 필요가 있다.

제8장

인성교육의 방향성 대안

I. 서언

한국에서 인성교육은 1995년 5.31 교육개혁에서 제시된 '인성 및 창의성을 함양하는 교육과정'을 시발점으로 보고 있다. 이후, 2009년 교육과학기술부에 창의·인성 교육자문위원회가 출범되어 창의와 배려의 조화를 통한 인재육성이라고 하는 기본방안을 제시하였고, 2012년에는 학교폭력 근절대책으로서 인성교육 활성화를 위한 대책과 방법들을 다각도로 모색하였다. 그리고 2015년 「인성교육진흥법」을 법제화하여 현재 각급 학교에서 실시하고 있다(김녕, 2016; 박혜경, 2015; 장승희, 2015). 물론, 인성교육에 대한 중요성과 그에 관한 논의가 1995년 이전에도 없었던 것은 아니다. 그러나 국가적 논의와 실천적 모색이 본격화된 1995년 이후, 보다 집중적으로 인성교육에 대한 연구와 노력이 있어 왔다. 그럼에도 불구하고, 학교현장과 교육계에서는 아직도 인성교육에 대한 문제의식이 많고, 새로운 방법을 강구하여야 한다는 목소리가 높다.

여기에서는 '인성교육'이 중요한 국가 수준의 교육과정이었음에도 불구하고 그 실효성이 의심되는 이유에 대한 궁금증에서 비롯되었다. 기존의 선행연구들을 살펴본 결과, '인성교육'의 문제는 '인성'과 '교육'을 어떻게 바라볼 것인가라는 근본적인 개념과 인식의 문제에서 인성의 목적, 핵심가치 덕목과 역량의 설정, 실천방법의 문제에 이르기까지 광범위하고도 복합적인 사안임을 알 수 있었다. 김병희(2018)는 인성교육을 통해 함양하려는 '인성'은 다양한 맥락에서 다양한 방식으로 규정될 수 있다고 주장한다. 실제로 인성의 개념을 먼저 확립할 필요가 있다는 논문들이 많았다. 하지만 인성교육은 인성을 바라보는 입장에 다소 차이가 있더라도 덕목 차원에서는 특별한 변별력을 보이지 않았다.

또한, 「인성교육진흥법」을 제정할 정도로 인성교육이 중요하게 된 사회적 배경을 보면, 청소년 문제의 원인이 마치 청소년의 수준 낮은 인성에 그 원인이 있다고 보는, 단순하면서도 과도한 환원적 사고가 존재한다. 손경원(2016)은 학교 폭력이나 집단따돌림과 같은 청소년 문제의 개선을 위해 인성교육을 강화하겠다는 주장은, 첫째, 청소년의 비도덕적 행동이나 정신건강의 문제가 청소년들의 인성이 낮은 수준에 머물러 있기 때문에 발생하며, 둘째, 제반 학교교육의 비 효과성 때문에 청소년의 바른 인성형성이 이루어지지 않았으며, 셋째, 학교에서의 도덕 교육이 주로 지식 위주로 이루어지고 있기 때문에 학교 인성교육이 실패했다는 가정에 근거한다고 하였다. 그렇다면 학교 내의 인성교육을 보다 강화하기만 하면 청소년의 인성이 낮은 수준에서 높은 수준으로 함양될 것이라는 기대는 타당할까?

인성교육과 관련한 선행연구의 동향조사에 의하면(이민정, 박주연과 황은민, 2015; 손경원, 2016), 교수법 다음으로 인성교육에 대한 인식과 실태를 조사한 것이 많았다. 조사 내용에 의하면, 청소년들의 인식과 학부모나 학교, 사회의 인식 사이에는 큰 간극이 존재한다. 현주 외(2014)에 의하면, 청소년은 자신과 관련된 도덕심이나 능력의 부족함을 느끼고 있었으며, 성실, 자기조절, 지혜 등 '자신을 바로 세우는 것과 관련된 인성'이 가장 낮게 나타났다. 양성실 외(2013)에 따르면, '요즘 가장 큰 고민거리는 무엇인가?'라는 질문에 초중고 학생과 학부모는 일제히 '감정조절의 어려움이 가장 많다'라고 응답하였고, 그 다음으로 '어떤 일이든지 오래 하지 못 한다'는 끈기 부족을 지적하는 등, 자신에 대한 이해와 관련된 고민을 토로하고 있었다. 전반적으로 볼 때, 청소년들은 자기이해나 자기존중, 자기조절 능력과 같은 정체성이 다른 도덕성이나 사회성보다 스스로 판단하기에 부족한 인성으로 꼽은 반면, 교사나 학부모들이 중요하게 여기는 인성교육은 타인과의 조화, 배려, 공동체의식 등 관계성 및 사회성과 관련된 내용임을 알 수 있었다.

이에 여기에서는 다음과 같은 문제의식을 제기한다. 첫째, 인성교육의 내용에서 그동안 강조되어 온 타인과의 조화, 배려, 공동체 의식과 같은 사회적 측면, 즉 외재적 측면의 강조가 과연 인성교육의 주체인 학생들에게 실효성이 있는 교육인가? 둘째, 오히려 인성교육의 주체인 학생들의 자기정체성 확립, 즉 내재적 측면을 보다 강화하는 것이 실천으로 이어지는 자기 주도적이고 자발적인 인성교육을 이끌어낼 수 있는 주요한 원동력이 되지 않을까? 논의를 전개하기 위해, 먼저 인성교육의 동향을 비롯하여 전반적인 내용을 다룬 선행연구들을 쟁점과 문제점들을 중심으로 검토한다. 그리고 이를 바탕으로 인성교육의 실효성을 높여줄 방향으로 자기발견, 자기이해, 자기조절, 자아존중감 등 자아정체감 형성이 보다 중요한 기초임을 제시한다.

II. 쟁점과 문제점

2015년 제정된 「인성교육진흥법」 제2조는 "인성교육이란 자신의 내면을 바르고 건전하게 가꾸고 타인·공동체·자연과 더불어 살아가는 데 필요한 인간다운 성품과 역량을 기르는 것을 목적으로 하는 교육을 말한다"라고 정의하고 있다. 그렇다면 인성교육은 기존의 교육과 어떤 차별성이 있을까? 「교육기본법」의 의하면, 교육은 "홍익인간의 이념 아래 모든 국민으로 하여금 인격을 완성하고, 자주적 생활능력과 공민으로서의 자질을 구유하게 하여, 민주국가 발전에 봉사하며 인류공영의 이상 실현에 기여하게 함을 목적으로 한다"라고 그 이념을 밝히고 있다. 「인성교육진흥법」은 「교육기본법」의 하위법이기도 하고, 인성교육은 전체 일반교육의 부분으로 볼 수 있다. 위의 두 법에 나타난 조항을 비교해 보아도 인성교육은 기본적으로 교육이 그동안 지향해왔던 목적과 크게 다르지 않다. 인성교육 또한 좋은 인성과 사회에 기여할 훌륭한 역량을 갖춘 인간상을 목표로 하고 있다는 점에서 기존의 일반교육과 거의 동일한 목표를 가지고 있다.

현재까지 인성교육에 관한 논의는 기본적으로 '인성은 교육에 의해 가르치거나 확충될 수 있다'는 가능성을 전제로 한다. 때문에 인성의 정의나 개념에 차이가 있다 해도, 그에 따른 핵심가치 덕목이나 핵심역량은 그것을 어떻게 범주화 할 것인가, 그리고 어떤 덕목과 핵심역량을 우선적으로 강조할 것인가에 따른 용어나 순서의 차이만 있을 뿐, 대동소이하다. 이런 논의가 인성교육 영역에서 큰 변화나 실효성을 거두지 못하게 하는 이유는 아닐까?

구글 학술검색과 학술연구정보서비스(RISS) 사이트에서 '인성교육, 연구동향'을 키워드로 검색한 결과, 특정교과나 특정 프로그램을 중심으로 서술한 논문과 유아의 인성교육을 다룬 논문을 제외하고, 전반적인 인성교육의 연구동향을 다룬 논문은 5편(김봉제, 2018; 손경원, 2016; 윤옥한, 2016; 이민정 외, 2015; 최예솔 외, 2016)이 확인되었다. 특히 유아교육에서의 인성교육 또는 창의인성교육을 다룬 논문 7편(박현진과 김숙자, 2012; 정희영 외, 2012; 김치곤과 채영란, 2013; 유연옥과 송서정, 2014; 이병래와 박용석, 2015; 김진규와 이성흠, 2016; 황윤세와 김언진, 2016; 박리나와 황해익, 2017)이 돋보였다. 박현진 외(2012)에 따르면, '인성'이라고 하는 것은 그 개념을 심리학적 관점에서 보든 철학적·윤리학적 관점에서 보든 '생득적인 것'으로 생애 초기에 형성된다고 보았다. 따라서 어릴 때부터 서서히 형성된 사람의 성품은 쉽게 변하지 않기 때문에, 인성교육은 반드시 인성이 형성되는 결정적 시기인 유아기에 이루어져야 한다는 당위성을 갖는다고 보았다. 이와 같은 이유 때문인지, 인성교육은 특히 유아교육에서 많이 다루고 있는 경향을 보인다. 그 밖에 조연순과 정지은(2012)은 특히 창의성교육에서의 연구동향을 다루었다.

최근 눈에 띄는 경향으로는 개인적 영역과 공동체 영역의 '조화' 또는 '통합', 그리고 '관계성', 이 두 가지를 중요한 방향성으로 제시하고 있다. 그런데 강조되고 있는 덕목이나 핵심요소를 확인해보면, 양적으로나 질적인 측면 모두 공동체 영역과 관련된 용어들, 예를 들어, 배려, 협동, 나눔, 질서, 책임, 존중, 공익 등이 압도적으로 많다.

강경영(2017)은 2012년 교육과학기술부가 주요한 인성 덕목으로 '배려, 존중, 협동, 나눔, 질서, 효'의 여섯 가지, 그리고 실천지향의 인성요소로 '정직, 배려, 책임, 절제, 존중, 용기'의 여섯 가지를 제시한 이래로 초등학교 인성교육 실천사례의 덕목을 분석하였다. 그 결과 2014년도에는 배려, 소통, 존중, 책임, 자율, 협동의 순으로, 2015년도에는 소통, 배려, 존중, 협동, 책임, 자율, 효, 2016년도에서는 존중, 배려, 소통, 협동, 책임, 자율, 공익의 순으로 도출되었다. 즉 2014년~2016년 3년 동안, 각 연도별로 배려, 소통, 존중의 덕목을 강조하고 있다.

윤옥한(2016)은 인성교육의 연구목적별 분석을 자율성 함양, 덕목 함양, 통합적 측면으로 나누어 조사하였는데, 2010년~2015년 총 279편을 전체 분석한 결과, 통합적 측면이 200편으로 71.7%를 차지하여 가장 높게 나타났으며, 그 다음으로 덕목 함양이 43편으로 15.4%를 차지하였다. 그리고 자율성 함양이 36편인 12.9%로 가장 낮게 나타났다. 세 가지 측면 가운데 인성교육의 연구목적으로 자율성 함양을 강조하는 연구가 가장 낮은 분포를 보였다. 연도별 추이 면에서도 변화가 없는 것으로 보아, 인성교육에서 개인적 차원의 자율성 함양에 대한 관심이 상대적으로 저조하였다.

교육과학기술부(2012)는 인성교육 정책수립을 위한 청소년 인성실태를 확인하였는데, 네이버 인성교육 대국민 설문조사를 실시하였다. 그 결과, '국민의 51.1%가 청소년의 정직성이 낮다'고 생각하고 있었으며, 교사의 80.3%가 '학생들의 더불어 사는 능력이 부족하다'고 인식하였다. 반면, '지난 일주일 동안 이유 없이 불안한 적이 있는가'의 질문에 학생의 30.9%가 '그렇다'고 응답하였다고 한다(손경원, 2016에서 재인용).

한국청소년정책연구원(2010)에 따르면, 한국의 청소년들은 다양한 이웃과 조화롭게 살아가는 '사회적 상호작용 역량'이 세계 꼴찌 수준인 것으로 조사됐다. 이는 2009년 국제교육협의회(IEA)가 세계의 중학교 2학년 학생 14만600여 명을 대상으로 설문한 '국제 시민의식 교육연구(ICCS)' 자료를 토대로, 36개국 청소년의 사회적 상호작용 역량 지표를 계산한 결과, 한국이 0.31점(1.00점 만점)으로 35위에 그쳤다(경향신문, 2011.03.27.). 연구진은 "한국의 아이들이 지필 시험 성격이 강한 영역만 점수가 높고 대내외 활동과 관련된 부문의 결과가 극히 저조한 점에 주목해야 한다"면서 "지식 개발에 치중하는 정책을 바꿔 자율성을 길러줄 대책이 필요하다"고 밝혔다. 한국 학생들의 자율성 문제가 통계의 분석에서 지적되고 있는 것이다. 여기서 한 가지 더 주목해야 할 것은, 청소년에 대한 정부와 학교에 대한 신뢰도이다. '정부를 신뢰한다'고 밝힌 청소년은 전체의 20%에 불과해 36개국 평균치인 62%에 한참 모자랐고, '학교를 믿느냐'는 질문에도 45%만 '그렇다'고 답해 평균인 75%에 비해 매우 낮은 수준이었다.

한편, 박미화(1998)는 20여 년 전 「인성교육진흥법」이 시행되기 훨씬 이

전에 초등학교 인성교육에 관한 덕목별 현황을 분석하였다. 도덕 교과의 내용을 통해 나타난 덕목은 인간 교육을 다루는 교과답게 전반적으로 덕목들을 균등히 다루고 있었고, 덕목의 분포 또한 큰 차이 없이 고른 분포를 보였다. 그 가운데 모든 생활영역을 통틀어, 특히 '타인배려의식'이 가장 비중 있는 덕목으로 나타났다. 이 연구의 조사년도가 1998년이었다는 것을 감안해 볼 때, 「인성교육진흥법」(2015)이 제정되기 훨씬 전부터 이미 도덕과 교육과정 내에서 타인과의 관계, 배려의식을 비중 있게 다루어 왔음을 보여준다. 그런데 최근의 연구동향에서도 타인에 대한 배려와 같은 관계성을 중요하게 다루는 경향이 두드러지는 것을 보면, 아직도 교육현장에서 학생들의 공동체 의식이나 배려의식의 결여를 인식하고 있다는 것을 반증한다고도 할 수 있다.

앞에서 살펴본 몇몇 조사결과를 통해 볼 때, 간과하지 않아야 할 부분이 있다. 학생들의 정직성이 낮고 더불어 사는 능력이 낮은 이유와 변인에 대해 보다 깊이 성찰할 필요성을 느낀다. 왜냐하면 학생들의 폭력성, 우울, 그리고 배려의식 부족의 원인을 단순히 청소년의 인성문제로 볼 수 있는가?라는 회의 때문이다. 몇몇 조사결과에서도 확인했듯이, 학생들은 정부, 사회, 학교를 신뢰하지 않고 있다. 생활 속에서 행복감을 느끼기보다는 불안과 우울을 경험하고 있다. 자신이 몸담고 있는 국가와 사회에 대해 부정적이고 정신적으로 건강하지 않은 상태에서 진정한 이타심이 발휘될 수 있을까? 자신이 불안하고 주변 환경이나 사람들에 대한 신뢰가 없는 상태에서 배려, 소통, 존중을 강조하여 가르친다고 할 때, 그것이 자발적인 실천으로 이어질 수 있을까? 흥미나 관심이 없는 과제를 해야 하는 지루하고 힘겨운 일이 되지 않을까? 인성의 함양으로 이어지기보다는, 한번 제출하고 나면 끝나버리는 과제물 같이 일시적인 가식행위로 그칠 확률이 매우 높다. 특히, 요즘과 같이 온라인상의 소통비율이 높아진 문화에서, 익명으로 소통하고 활동하는 시대에 평가나 검열의 사각지대에서도 타인의 정서를 해치지 않는 바른 말과 행동이 이루어지려면, 무엇보다 자기 주도적인 판단과 양심을 따르는 도덕성 함양이 요청된다.

이와 관련하여 「인성교육진흥법」이 등장하게 된 상황을 다시 살펴보면, 당시 사회적 배경에는 청소년자살, 학교폭력, 특히 세월호 사건 등을 거치면서, 우리 사회 전반에 걸쳐 인성의 중요성이 이슈로 부각되면서 전격적으로 이루어졌던 것임을 알 수 있다(박혜경, 2015). 이는 교실붕괴나 학교폭력 같은 청소년문제를 청소년 인성의 문제로 여겼다는 점, 그리고 그러한 인성이 마치 사회가 원하는 덕목이나 역량을 주입하고 가르친다면 길러질 수 있다는 사고에 기인한 것이다. 그러나 국가가 인성교육의 목표와 성취기준을 정하여 교육기관과 지역사회에 따르도록 지시하는 것이 과연 교육에 대한 진정한 이해를 바탕으로 한 것인지 묻고 싶다. 왜냐하면, 인성교육은 교육의 동어반복일 수 있으며(전은희, 2013), 인성교육은 결국 내면성이 특징이기 때문에 법적 규제가 쉽지 않다. 게다가 법에 의한 인성교육은 자칫 국가의 통제수단으로 전락할 수 있으며, '진흥'에 초점을 둘 경우, 자칫 관련기관 간의 이권투쟁 양상으로 변질될 우려가 있다(장승희, 2015).

인성교육에 대한 비판적 고찰을 다룬 선행연구(최준환 외, 2009; 전은희, 2016; 박혜경, 2015; 조상식, 2015; 김녕, 2016; 유재봉, 2016; 고미숙, 2017)는 그 원인을 인성의 개념을 정의하는 작업으로부터 핵심가치나 덕목, 핵심역량, 교수법 등 다양한 관점에서 문제점을 지적하고 있다. 선행연구가 지적하는 것처럼, 과연 '인성교육이 도덕교육인가?' 아니면 '인성교육은 우리사회가 요구하는 인재를 길러내는 교육인가?' 어쩌면 인성교육이라는 말 자체에 모순이 존재한다. 하지만, 현재 구체적으로 진행되고 있는 인성교육 자체를 부정하기는 쉽지 않다. 따라서 부정적 요소를 비판적으로 성찰하면서 새로운 방향성을 제안하고 모색하는 것이 바람직하다.

Ⅲ. 인성교육의 대안

1. 대안①: 자발성과 자기 주도성

앞에서 언급했던 것처럼, 인성교육의 개념에 대한 다양한 정의가 있음에도 불구하고, 인성교육에서 '무엇을 핵심내용으로 다룰 것인가?' 즉 '무엇을 가르칠 것인가?'에 대한 덕목차원의 논의에서는 큰 변별력이 없었다. 또한, 교육해야 할 덕목이나 요소들이 나열식으로 되어 있고 너무나 광범위한 것이 문제였다. 따라서 인성교육에서 핵심적인 내용이 무엇이며 어떠한 방향성을 가지고 실천해 나갈 것인가에 대한 명확한 인식이 필요하다.

먼저, 현행 인성교육의 쟁점과 문제점을 다룬 동향 분석에서 지적했듯이, 인성교육은 궁극적으로 그 주체자인 학생 스스로가 자발적인 질문으로 자기 주도적 방향으로 나아갈 필요가 있다. 현재 곳곳에서 진행되고 있는 인성교육은 핵심가치, 덕목, 요소들을 정해놓고, 이를 교육과정에서 하나의 교육목표이자 내용으로 삼아 주입식으로 가르치려는 경향이 있기 때문이다.

인성교육의 내용과 관련하여, 대부분의 선행연구는 인성의 개념을 규정하는 과정에서 크게는 내재적 차원의 인성과 외재적 차원의 인성으로 나누어 본다. 내재적 차원의 인성은 개인적인 측면이고 외재적 차원의 인성은 사회적 측면이다. 기존 연구의 특징은 개인적이거나 사회적 측면으로 인성을 특성을 나누어 보면서, 각기 강조해야 하는 덕목이나 핵심요소를 보다 중요하게 주장하고 있다. 2015년 이후에는 관점에 따른 인성교육의 범주를 조금 다른 용어를 사용하여 나누어 설명하기도 한다. 김영래 외(2015)는 루소와 칸트의 입장을 들어 각각 자아존중과 타인존중으로 나누어 보았고, 정창우(2015b/2015c)는 도덕적 덕의 차원(내면 건전 가꾸기)과 시민적 덕의 차원(타인, 공동체, 자연과의 관계)으로 구분했으며, 구본만(2015)은 주체성(개인적 차원)과 공동체성(사회적 차원)으로 나누어 서술하기도 하였다.

특히, 김영래 외(2015: 38)는 전통문화에서 유래한 가치덕목들이나 규범들을 주입하는 데에 주력하기보다 공동체를 유지하는 데 필요한 최소한의 가치덕목만을 요구하고, 그들이 행복하게 살아갈 수 있는 역량을 길러주는 데 주력하는 것이 시대적 요구에 부합하는 인성교육의 방향이라고 주장한다. 그러면서 이러한 의미의 인성교육은 무엇보다 수요자 중심, 즉 아동·청소년 중심이어야 한다고 말한다. 인성교육은 아동·청소년의 실제 삶과 밀착되어야 하기 때문에 그들의 삶에서 실제로 필요하면서도 결여되어 있는 인성요소들, 예컨대 자기표현능력, 자기통제력, 공감능력, 인간관계능력 등을 길러줌으로써 그들의 삶에 실질적인 도움이 되어주어야 한다고 설명한다. 이와 같이 인성교육은 학생들이 자발적이고 적극적으로 참여할 만한 동기를 이끌어 낼 수 있도록 자기 자신과 밀접한 내용을 중심으로 이루어져야 한다.

한편, 이영문(2019)은 '가법적 차원'과 '승법적 차원'이라는 용어를 사용하며, 현행 인성교육이 인성을 여러 가지 덕목이나 역량들로 설명하는 가법적 차원에 머물러 있음을 비판하였다. 인성은 하나의 덕목에 또 하나의 덕목이 합쳐져 양적으로 완성되는 것이 아니다. 인간의 마음이 인성의 함양에 따라 전체적인 질적 변화를 가져오는 승법적 차원으로 보아야 한다. 비유하면, 여러 개의 공이 합쳐져 하나의 또 다른 큰 공으로 합쳐지는 것이 아니라 작거나 탁했던 공이 전체적으로 보다 투명하고 팽팽해져서 아름다운 변용을 이루어 가는 모습과도 같다. 이는 소크라테스의 덕의 개념으로도 설명된다. 완전한 덕은 여러 개의 덕이 합쳐져 완성되는 것이 아니라 전체로서 하나로 통일되는 것이다. 마찬가지로 인성교육에서도 인성의 승화, 생성을 반복하는 질적 변화의 과정을 통해, 동시에 세상과 인생을 보는 관점이 확장되고 성장한다는 개념으로 설명한다.

교육에서 이러한 '승법적' 접근이란 용어와 개념은 이홍우(1996)의 전인교육론에서 먼저 사용된 것이다. 그는 현재 교육의 평가가 주로 지식만을 대상으로 한다면서 이는 지 · 덕 · 체의 조화로운 발달이라는 전인교육의 취지에서 벗어난다고 비판한다. 학생들의 조화로운 성장은 각각의 요소를 따로따로 더하기 식으로 가르치고 평가하는 일로 접근해서는 안 된다는 것이다. 덕(德)과 체(體)는 지(知)와 떨어져서 별도로 존재하는 요소가 아니라 지와 결합되어 있는 지의 이면이다. 총체로서의 전인적 인간의 성장은 더하기가 아닌 곱하기 식, 즉 승법적으로 접근해야 한다는 것이다. 결국, 교육은 지식을 가르치는 사태, 즉 교육의 실제에 중점을 두어야 한다. 인성교육의 목적은 궁극적으로 전인교육에서 추구하는 교육의 목적과 다르지 않다. 인성교육에서 중요한 사안은 인성에 대한 앎과 배움이 얼마나 실제에 적용되어 학생들이 사회에 나와서도 지속적으로 굳건하게 지켜나갈 진정한 인간적 변용을 이루게 하는가이다.

기존에 진행되고 있는 인성교육은 그 내용적 측면에서 자기발견, 자기이해, 자기조절, 자기존중과 같은 주체성과 자아정체감 형성의 중요성이 상대적으로 덜 강조되어 왔다. 여기에는 인성교육을 통해 공동체적 가치를 회복하고, 사회적으로 발생하는 전체적인 문제의 원인으로 언급되고 있는 개인주의, 이기주의 등을 해결할 수 있다고 보는 입장이 있다(조상식, 2015). 그러므로 인성교육은 인간이 본래 지니고 있는 타인과의 관계성을 지향하기 위한 덕목들을 기르기 위하여 진행되어야 하며, 배려, 존중, 책임, 공동체적인 삶 등의 요소가 중점적으로 다루어져야 한다는 것이다(김유리 외, 2016).

어떤 측면이 되었건, 인성교육의 주체는 학생이다. 때문에 학생들 스스로 가장 절실하게 느끼는 인성교육의 내용은 무엇보다 자신에 대한 '앎' 자체이다. 지희진(2013)에 의하면, 대학 신입생을 대상으로 한 조사에서 '대학에서 인성교육이 필요한가?'라는 질문에 학생들은 81.1%가 찬성하였고, '인성교육이란 무엇인가?'라는 질문에 48.7%의 학생들이 '자기발견을 통해 자신의 진로와 꿈을 만들어 가는 교육'이라고 응답하였다. 이는 대학입시라는 한 가지 목표에 매몰되어 자신이 어떤 사람이고 무엇을 좋아하고 원하며 어떠한 비전을 설정해야 하는지에 대한 고민을 제대로 해보지 못한 채 성인이 되어버린 대학생들이 인성교육의 필요성을 얼마나 절실히 느끼고, 그중에서도 '자기발견'의 필요성을 얼마나 중요하게 여기고 있는지를 여실히 보여준다.

존 듀이(J. Dewey)는 『민주주의와 교육』에서 교육의 과정과 내용을 이루는 원천은 어디까지나 학생의 흥미와 관심에 있다고 강조하였다(Dewey, 2007). 한국 대학생들이 느끼는 '자기발견'에 대한 목마름은 초등·중등교육을 거치면서 자신에 대한 정체성에 대해 충분히 성찰하고 경험할 기회가 많지 않았음을 반증한다. 인성교육 또한 그 내용을 이루는 원천은 어디까지나 학습자 자신으로부터 출발해야 한다. 이런 점을 상기해 본다면, 인성교육은 그 주체인 학생 스스로 자신을 발견하고 성찰하는 작업으로부터 시작되어야 한다.

인성은 외부에서 어떤 개념이나 당위성을 부여하고 주입하는 방식으로 자라나는 것이 아니라 본래 자신이 지니고 있는 천성의 개념과 유사하다. 그러나 자신이 지니고 있는 인성을 보다 성숙하고 훌륭하게 자라날 수 있도록 교육은 반드시 필요하다. 여기에서 교육은 각자 지니고 있는 인성을 보다 확충하고 함양해 나갈 수 있도록 도와주는 일이다. 이와 같은 천성의 개념을 플라톤은 개인의 흥미와 능력으로 보았다. '어떤 일을 쉽게 이해하고 잊지 않으며, 자유롭게 선택하고 몰두하며, 능숙하게 그 일을 해낼 때' 천성적으로 적합하거나 천성에 맞는다고 말할 수 있다. 진정한 자아실현은 이러한 천성이 잘 발휘될 때 이루어질 수 있는 것이다. 플라톤은 그러한 천성의 잠재성을 발견하도록 돕고 양육환경을 조성하는 교육의 힘 또한 중요함을 역설하였다. 결국, 교육의 문제는 모든 사람이 갖고 있는 잠재적 의식(awareness)을 인간의 재능이 허용할 만큼 명확하고 높은 수준의 실현에 이르게 하는 문제인 것이다(Borrow, 1996).

이는 위에서 언급한 '승법적' 접근의 인성교육 개념과도 상통한다. 인성은 이분법적 범주로 나누고 그에 따른 덕목과 역량을 더하기 식으로 가르칠 수 있는 것이 아니다. 스스로 타고난 잠재성에 대한 발견을 주체적이고 주도적으로 찾아나가는 과정이 중요하다. 이러한 관점의 교육은 기존의 관념, 판단기준, 도덕적 개념을 주입식으로 가르치는 것이 아니라, 마치 줄탁동시(啐啄同時) 즉, 병아리가 알을 깨고 나오려는 때 밖에서 이를 돕는 어미 닭의 역할과 같다고 보는 것이다. 이영문(2015)은 이와 같은 교육의 역할을 '산파'에 비유하여 산파모델로서의 교육을 주장하기도 하였다. 또한 이우진(2016)은 왕양명(王陽明)의 교육원리에서 그와 같은 교육관을 발견한다. 그는 왕양명이 '심즉리(心卽理)'를 제창한 이유를 설명하면서 '지선(至善)의 소재(所在)는 도덕적 행위자의 외부에서 구할 것이 아니라, 도덕적 행위자의 내면[心]에 미리부터 주어져 있다'고 보았다. 이는 '도덕적 인간이 되는 일은 도덕적 행위절목·규정에 대한 수많은 지식을 획득함이 아니라, 도덕적으로 행동하려는 주체의 마음가짐에 놓여있다'는 것을 의미한다.

이와 같이 인성교육은 지식이나 기술의 습득이나 직업교육과는 성격을 달리한다. 자신의 실제적 삶 속에서 생각과 행위의 결정과 실천의 주체인 학습자의 마음가짐에 열쇠가 있다. 따라서 그 어떤 교육보다도 자발적이고 자기주도적인 방식으로 나아가야 한다.

2. 대안②: 주체성 확립

상당수의 학생들은 인성교육을 '자기발견을 통해 자신의 진로와 꿈을 만들어 가는 교육'이라고 인식한다(지희진, 2013). 학습자의 주체인 학생들은 자신이 무엇을 잘할 수 있고 좋아하며, 어떤 능력에 초점을 맞추어 자신의 역량을 키워나가야 하는지에 관심이 많다. 자기발견, 자기이해, 자기조절, 자아존중감과 같은 가치요소들을 통해 자발적이고 자기 주도적인 인성교육을 갈망한다. 이러한 인성교육의 요소에 대해 많은 연구자들은 '자아존중' 또는 '정체성'이라는 용어를 사용하고 있다.

하지만, 인성이나 인성교육에 대한 개념 자체를 하나로 정의하기 어렵고, 「인성교육진흥법」에서 핵심덕목, 가치, 역량을 나열식으로 제시하고 있기 때문에, 교육현장에서 인성교육은 전적으로 교사들 몫이 될 수밖에 없다. 인성교육은 무엇을 목표로, 어떤 내용을 중심으로, 어떻게 가르쳐야 하는가? 인성교육의 내재적 측면(개인적 측면 또는 자아와의 관계)에서 중시되는 핵심가치, 덕목, 요소들의 용어는 제각기 다르게 사용되고 있다. 하지만 상당수의 연구자들이 주장하듯이, 공통적으로 관통하는 핵심용어는 '인간의 주체성'이다.

김형석(2018)은 '인성'을 규정할 수 없는 타고난 본성으로 정의하고, 인성교육이 타고난 본성을 인위적으로 훼손하는 것을 우려하였다. 그러면서 인성교육의 방향은 우리의 본성이 훼손되지 않고 각 개인이 스스로 변화해갈 수 '자화(自化)'의 환경, 즉 외적 조건을 마련해주는 일이라고 주장한다.

김성아(2003)는 노장(老莊)사상의 자생자화(自生自化)의 원리가 현대사회와 도덕교육에 주는 인간주체성 회복의 근거와 시사점을 고찰하였다. 노장사상의 핵심은 자신의 내부에서 도(道)를 발견하고 그에 따르는 삶을 사는 것이다. 다른 사람과 사물에 대한 긍정, 신뢰, 이해는 바로 자기 자신을 긍정, 신뢰, 이해하는 데서 출발한다는 것이다. 이는 자신에 대한 주체성, 자아정체감이 인성교육에서 핵심임을 잘 설명해 준다. 자신에 대한 긍정, 신뢰, 이해의 바탕이 형성되지 않은 상태에서 지켜야 할 규율, 일방적인 당위들이 주입되는 형식으로 인성을 '가르치는 일'은 개인에게 내재된 본성을 발견할 기회를 놓치거나 자신의 개성을 키우고 꿈을 키워나가려는 의지를 훼손시킬 우려가 있다. 자신과 똑같이 존엄하고 존중받아야 하는 타인에 대한 공감과 자발적 이해, 이것이 진정한 이타심이라고 볼 때, 이는 자신에 대한 긍정으로부터 시작되지 않으면 안 된다. 뿌리가 약한 나무가 열매를 얻기 어려운 것과 같이 자신에 대한 긍정과 이해 없이 과거로부터 현재에 이르기까지 끊임없이 인성교육에서 강조하여 온 타인에 대한 배려, 협동, 예의와 같은 가르침은 공허한 지식의 전달에 그치기 쉽고, 실제적 체험이나 실천으로 이어지기 어려울 수 있다.

김형효(2011)는 도덕적 선은 엄숙한 당위의 명령이라기보다 오히려 인간의 본성이나 본능이 갈구하는 것으로 보아야만, 선의 자발적 실현이 가능해진다고 말한다. 그는 보다 적극적으로 인간의 본성을 자연성의 관점에서 해석하고 있다. 자연적 본성이 결국 선을 지향하기 때문에, 선 행위란 자기의 기호를 성찰하고 그 기호에 따라 삶을 사는 것이라고 주장한다. 그러면서 도덕교육의 가장 큰 문제점은 내가 무엇을 좋아하고 무엇을 하고 싶어 하는지 모르는 것이라고 지적한다. 결국 이러한 선의 자발성은 자신의 본성을 이해하고 '참된 자기'를 깨어나게 할 때 가능한 일이 되는 것이다(홍승표, 2015).

노장사상에서 인간의 '본성'이 핵심용어라면, 라캉은 인간의 '욕망'을 다룬다. 진상덕 · 노상우(2015)는 라캉의 욕망론을 통해 인간의 욕망이 어떻게 형성되고 지속되며, 그것을 통해 어떻게 참된 주체가 될 수 있는가를 탐구한다. 라캉에게 욕망은 결여의 산물, 즉 결여된 존재로서 인간이 가질 수밖에 없는 본질적인 것이며, 인간을 주체로 탄생시키는 근본적인 힘이다. 문장수(2017) 또한 기존의 인성교육은 주체성을 바로 세우기보다는 주체성을 억압하는 방향으로 기여하고 있다고 비판하고, 가장 긴급하게 필요한 것은 바로 '주체성' 바로 세우기라고 주장한다.

한편, 마상룡 · 신창호(2011)는 라캉의 자아와 주체형성 과정에서의 특징을 통해 주체와 타자성이 맺는 관계에 주목한다. 인간의 정신은 거울단계로 불리는 상상적 자아형성의 과정을 거쳐서 오이디푸스 콤플렉스와 소외의 과정을 핵심내용으로 하는 상징적 주체의 형성으로 전환되고, 궁극적으로 욕망의 주체 형성으로 나아가게 된다. 이런 자아와 주체의 형성 과정을 통해 인간은 하나의 인격체로 승화한다.

소크라테스 철학에서 인성교육과 도덕교육의 함의를 지속적으로 연구한 이영문(2015, 2016, 2019)은 '선', '좋음'이란 바로 '외적인 자기 일의 수행과 관련된 것'이 아니라, '내적인 자기 일의 수행'으로 보았던 소크라테스의 아레테 개념에서 인성교육의 방향성을 찾는다. 진정한 인성교육을 위해서는 인성을 표현하는 가치요소들을 부분적으로 가르쳐 그것을 통합하려고 애쓰기보다 처음부터 마음 자체의 변화를 목표로 하는 교육을 해야 한다는 것이다. 그러면서 교사와 학생이 허심탄회하게 대화를 하는 산파술의 방법을 소개하고 있다.

이 산파술에서 중요한 것은 교사가 이른바 '교화(indoctrination)'를 사용하지 않고 학생의 판단능력을 존중한다. 이는 인성을 '교육한다'라고 하는 것은 본디 본성적으로 있는 것을 상기(想起) 또는 습관화를 통해 기르는 활동이라고 생각하는 것이기 때문에, 인성의 '교육'이라는 말보다는 인성의 '함양'이라는 말이 보다 적확하다고 할 수 있다(홍석영, 2013b).

또한, 이경희(2017)는 니체의 주인 도덕에 기반한 인성교육모형을 소개하면서, 결국 교육은 주체적으로 삶을 영위하는 대지의 주인을 육성하는 일이라고 주장한다. 다른 사람의 도덕적 잣대, 외부의 판단과 가치관에 휘둘리지 않고, 삶의 가치를 스스로 창출해 나아가는 '가치의 창조자'로 우뚝 설 수 있도록, 학생의 주체성 확립을 돕는 작업이 곧 인성교육이라는 것이다.

그 밖에, 김민수(2014)는 기존의 인성교육 프로그램들이 대체로 '좋은 품성의 계발'에만 머물러 있는 한계를 비판하였다. 그리고 이를 넘어설 수 있는 방향으로 '상상력'을 통한 '자기이해'의 가능성을 인성교육의 새로운 방향으로 제시하였다. 김보경(2015)의 경우, 유교와 불교에서 말하는 내재적 관점의 인성 개념을 통해 본성의 회복이나 자아발견으로 보았다. 이천일(2013)은 왕양명의 '치양지(致良知)'의 개념을 통해 학생을 선천적인 교육적·자율적 존재임을 강조하였다. 조지선(2017)의 경우, 조선의 양명학자인 정제두의 '심즉리(心卽理)'와 '지행합일(知行合一)'의 공부법을 소개하면서, 학생의 주체성과 실천성을 보장하는 일을 인성교육의 방법으로 제안하였다.

인성교육에서 주체성 확립과 관련하여, 이우진(2016)은 왕양명이 가진 두 가지 확신을 주목하였다. 하나는 '도덕적 인간의 형성에서, 도덕적 인간이 되려는 절실한 주체 의지가 무엇보다 우선한다'는 것이고, 다른 하나는 '모든 인간에게는 이상적인 도덕적 인격자의 경지에 도달할 수 있는 속성이 본래적으로 주어져 있다'는 것이다.

가다머(H. G. Gadamer, 2000: 29)는 교육에서 결정적인 것은 성장하는 세대에게 자기 활동성을 통해 자기가 지니고 있는 결함을 극복할 수 있도록 그러한 능력을 길러 주는 일이라고 하였다. 그러면서 그 책임을 학교에 떠넘기거나 성적표에 나타나는 학교 성적에 의존해서도 안 되며, 부모가 선호하는 그 어떤 것에 의해서 좌우되어서도 안 된다고 힘주어 말한다. 인생의 주인은 바로 자기 자신이다. 때문에 선택과 책임은 모두 주체인 나 자신에게 있다. 그런데 이러한 자기 교육, 자기 도야의 강조 뒤에는 언제나 '타인과의 공동체적 관계'가 함께한다.

이와 같이 인성교육이 자발적이고 자기 주도적인 방향으로 나아가기 위해서는 자신의 내면에 존재하는 잠재적 도덕성을 비롯하여 자신이 무엇을 좋아하고 잘할 수 있는지, 흥미와 능력을 발견하는 일이 우선되어야 한다. 특히, 인성교육에서 강조하는 도덕규범의 범주에는 배려, 협동, 책임, 예의 등 수많은 가치덕목이나 요소들이 중요하게 다루어지고 있지만, 이러한 요소들이 자신의 내부에 이미 존재하고 있다는 것을 알아차리는 일은 그 자체만으로 훌륭한 인성의 확충을 가능하게 만든다. 인성교육의 핵심인 도덕규범은 마음 그 자체이기에 스스로 만들고 스스로 지키는 사안이지 외적 강제나 규율에 의해 주어져서는 곤란하다. 따라서 인성교육에서 중요한 것은 외적 강제나 규율 또는 도덕규범들의 주입이 아니다. 학습자의 내면적 동기와 자발성을 끌어내기 위한 환경을 조성해줌으로써, 자신의 '주체성'에 대한 자신감과 존중을 갖게 해주는 일이다. 즉 '주체성 확립'이야말로 인성교육에서의 핵심내용이 되어야 한다.

표 8-1 주체성·자아정체감을 중시한 연구들

연구자 (연구년도)	이론적 배경 및 근거	주요내용	키워드
김성아 (2003)	노장사상	다른 사람과 사물에 대한 긍정, 신뢰, 이해는 바로 자기 자신을 긍정, 신뢰, 이해하는 데서 출발하므로, 자신에 대한 긍정을 바탕으로 모든 인간과 세계를 받아들일 수 있도록 하는 교육, 인간 개개인에 내재한 본성을 훼손시키지 않고 보존시켜 발휘하도록 하는 교육, 주체적으로 자신의 삶을 일궈가는 행복한 인간을 길러내는 도덕교육 강조.	자생자화, 본성, 주체성, 자신에 대한 긍정, 행복
김형효 (2011)	노자	도덕적 선은 엄숙한 당위의 명령이라기보다 오히려 인간의 본성이나 본능이 갈구하는 것으로 보아야만 선의 자발적 실현이 수월해짐. 도덕교육의 가장 큰 문제점은 내가 무엇을 좋아하고 무엇을 하고 싶어 하는지 모르는 것. 우리는 각자가 자기 자신을 잘 알도록 인식하기 위해서는 선의 자발성을 이해하고 가능한 길을 모색하여야 함.	선의 자발성, 본성

연구자 (연구년도)	이론적 배경 및 근거	주요내용	키워드
마상룡, 신창호 (2011)	라캉	인간은 자아와 주체의 형성 과정을 통해 하나의 인격체로 승화함. 교육은 자아 동일성을 타자성에 개방시키고 타자성과 함께 주체성을 일구어 나가도록 하는 힘을 양성하는 작업.	주체성, 타자성, 인격체
박옥영 (2011)	장자	현실에서 만들어지는 인위적인 지식을 없애버림으로써 본성에 충실한 인간성의 함양을 목적으로 하는 교육, 도(道)를 체득하여 모든 만물의 평등을 말하는 교육, 주체적으로 실존한 개개인의 타고난 자연적 성향을 존중해주는 교육 제시.	무위, 본성, 평등, 주체, 개개인의 자연적 성향
조순영 (2011)	노장사상, 루소	천지인의 조화를 추구하는 자연주의 사상인 노장사상은 루소의 자연주의 교육사상과 통한다고 보고, 이상적인 교육의 목적이란 사물이나 인간이 아동에게 미치는 영향을 '자연'과 일치되도록 통제하고 조절하는 것으로 자연과 인간의 조화를 도모하는 것.	천지인, 자연인, 조화
원용준 (2013)	도가사상	'무위자연'에 입각한 도가 교육론의 입장에서 보면 객체인 학생들의 자율성, 자발성을 인정함으로써 객체가 주체화되고, 자율적, 자발적인 학습이 가능해짐.	무위자연, 자율성, 자발성
이천일 (2013)	왕양명	왕양명의 교육목적은 치양지로서, 선천적 도덕원리로서의 본심이자 선천적 도덕 법칙으로서의 천리인 '양지 실현'을 의미. 아동은 본심이자 천리인 양지를 내재하고 있어 치양지할 수 있는 자율적이고 자기 교육적인 존재이므로, 아동교육은 본심이자 천리인 아동의 양지를 실현시키는 역할을 해야 함.	치양지, 선천적, 자율적
홍석영 (2013b)	소크라테스, 아리스토텔레스	인성을 교육한다는 것은 본성적으로 있는 것을 상기 또는 습관화를 통해 기르는 활동.	본성, 인성함양
김민수 (2014)	아리스토텔레스, 칸트	'좋은 품성 계발'에만 머물러 있는 인성교육의 한계를 비판하고 '상상력'을 통한 '자기이해'의 가능성 제시.	상상력, 자기이해
박상철 (2014)	니체, 소크라테스	우리 각자의 마음에 자리 잡고 있는 '지적 양심'을 실천하는 일이 신의 명령을 실천하는 길이며, 학교는 그 '지적 양심'을 보호하고 키우는 기관임.	지적 양심

연구자 (연구년도)	이론적 배경 및 근거	주요내용	키워드
김보경 (2015)	유교, 불교	인성교육의 내용은 유, 불에서 제시하고 있는 소우주적 자아, 완전한 인격을 전제로 하는 불성적 자아를 삶 속에서 실천으로 이어지게 하는 것. 그 지향점은 본성의 회복, 자아 발견의 방향이어야 함.	본성회복, 자아발견
김지연 (2015)	라캉	인간의 주체 형성의 중요성, 인간 내면의 새로운 정서의 생성을 도와 삶 전체를 변화시키는 방향으로의 도덕교육 지향.	욕망, 주체
진상덕, 노상우 (2015)	라캉	라캉에 있어 욕망은 결여된 존재로서의 인간이 가질 수밖에 없는 본질적인 것이며, 인간을 주체로 탄생시키는 근본적인 힘. 부모와 교사는 이러한 학생의 욕망을 인정하고 존중해 줌으로써 학생 스스로 진정한 배움의 욕망을 생성하는 기회와 계기를 마련해 주어야 함.	욕망, 주체
홍승표 (2015)	노자	인성교육이란 도와 괴리된 자신의 소외를 자각하고, 자신 안에 살고 있는 '참된 자기'를 깨어나 활동하게 하기 위해 기울이는 노력.	참된 자기
문장수 (2017)	라캉	기존의 인성교육은 주체성을 바로 세우기보다는 주체성을 억압하는 방향으로 기여를 하고 있다고 비판. 가장 긴급하게 필요한 것은 바로 '주체성' 바로 세우기.	주체성
이경희 (2017)	니체	니체에 의한 교육의 목적을 단적으로 말하면, 주체적으로 삶을 영위하는 '대지의 주인'을 육성하는 일. 대지의 주인이란, 고대 그리스인처럼, 삶의 가치를 스스로 창출해가는 '가치의 창조자'.	대지의 주인, 가치의 창조자
조지선 (2017)	정제두	한국인성교육진흥법에서 제시하는 핵심덕목과 핵심역량에 따른 인성교육 방식이 학습자의 주체성과 실천성을 보장하지 못함을 지적하고 정제두의 심즉리와 지행합일의 공부법이 인성교육에 활용되었을 때 학생의 주체성과 실천성을 보장하는 인성교육 방법으로써 의의를 가짐	주체성, 실천성, 심즉리, 지행합일
김형석 (2018)	도가사상	'인성'을 타고난 본성으로 정의하고, 기존의 인성교육이 타고난 본성을 인위적으로 훼손할 수 있음을 비판. 인성교육은 그보다 각 개인이 행복을 추구하기 위한 자발적 환경, 외적 조건을 마련해 주는 방향이어야 함	본성, 자화(自化)

연구자 (연구년도)	이론적 배경 및 근거	주요내용	키워드
이영문 (2015, 2016, 2019)	소크라테스	인성교육은 교화(indoctrination)가 아닌, 학생의 판단 능력을 존중하며 이성과 근거를 중시하는 산파술(2015), 마음 자체의 변화를 목표로 하는 교육(2016), '외적인 자기 일의 수행과 관련된 것'이 아니라, 바로 '내적인 자기 일의 수행' 즉 '영혼 그 자체의 조화' 강조(2019)	마음 자체의 변화, 산파술, 내적인 자기 일의 수행

Ⅳ. 결어

이 글은 1995년 5.31 교육개혁 이후 본격적으로 시작된 인성교육이 2015년 「인성교육진흥법」 제정을 거쳐 현재에 이르기까지 치열하게 진행되어 왔음에도 불구하고 그 교육의 주체인 학생들에게 얼마나 실효성을 발휘하고 있는지에 대한 문제제기에서 시작되었다. 선행연구의 내용분석을 통해, 지금까지의 인성교육이 원래의 목적과 빗나가는 지점이 있음을 인식하였다. 즉 인성교육이 '인성'이라는 추상적 개념을 다루면서 일반 교과목과 마찬가지로 핵심가치, 덕목들을 나열하여 하나씩 가르치고, 그런 교육을 통해 소기의 성과를 이룰 수 있다는 식의 단순·환원적 사고에 근본적인 문제가 있었다. 특히, 학교폭력이나 자살 등 청소년 문제와 직결되는 사안에 대해, 외재적 측면인 배려, 협동, 소통, 존중 등 타인과의 관계에서 중시되는 요소들을 강조해 왔다. 이는 내재적 측면의 인성요소들에 비해 상대적으로 소홀히 여기게 만들었다. 인성교육의 이런 측면은 자신에 대한 내재적 측면의 인성에 목말라 하고 있는 학생들의 자발성을 훼손시키는 데 기여하지는 않았는지 회의하게 만들었다.

인성교육은 다른 어떤 교과보다도 학생들의 실제적인 삶과 직결되어 있다. 때문에 교육의 주체인 학생들이 근본적으로 인식의 변화를 가져올 때 그 실효성은 발휘된다. 인성교육은 지식이나 기술의 습득과는 그 성격이 다르다. 무엇보다도 자신의 인생, 사고와 행위에 대한 선택과 책임, 삶의 의지와 힘을 키워주는 데 기여해야 한다. 따라서 그 어떤 교육보다도 자발적이고 자기 주도적인 방식으로 설계되어야 한다. 자신의 내면에 이미 존재하고 있는 잠재적 도덕성을 깨닫고, 자신의 흥미와 능력을 발견하는 과정과 경험을 존중해야 한다. 자신이 삶의 주체이자 주인이므로, 타자로부터 부여되는 외부로부터의 교육보다는 스스로 탐구하고 발견하는 내부로부터의 인성 함양이 중요하다. 자신이 스스로 주체성을 확립하는 작업이 우선 되어야 한다.

그렇다고 인성교육에서 주체성의 확립과 자발성, 자기 주도성의 강조가 무조건 타인과의 관계보다 우위에 있다는 의미는 아니다. 자라나는 세대들에게 자신감과 비전, 주체성을 확립하고 자발성을 가질 수 있도록 능력을 부여하는 일이야말로 교육이 담당해야 하는 신성한 작업이다. 학생이 자신감을 가지고 자기 비전을 갖게 될 때, 진정으로 자신의 자리에서 확장된 공동체 의식을 가질 수 있다. 그러한 자발적인 의식의 함양이야말로 인성교육의 핵심이자 지향점이 되어야 한다는 말이다.

제9장

미국의 인성교육 동향과 교육 담론

I. 서언

2015년에 제정·시행되고 있는 「인성교육진흥법」은 세월호 참사와 학교폭력과 같은 사회적 문제에 대한 반성 및 예방책을 강구하기 위해였다. 그런데 세월호 사건과 인성교육의 관련성을 찾기란 쉽지 않다. 엄밀하게 말하면, 세월호 참사가 일어나는 데 학생이 직접적으로 잘못한 것은 없다. 따라서 세월호 참사와 관련된 '인성'의 의미가 무엇이냐는 문제는 차치하고라도, 대체 학생들을 대상으로 한 인성교육이 왜 필요한가? 반면, 학교 내에서 학생 사이에 발생한 폭력에서는 폭력을 가한 학생의 도덕성이나 사회성에 문제가 있는 것으로 판단하고, 이를 일반화하여 모든 학생의 도덕성과 사회성을 증진하려는 목적을 갖는다. 「인성교육진흥법」은 이러한 문제 외에도 다양한 문제를 법률 제정의 계기로 작용한다는 점에서, 그 법률에서 추구하는 '인성교육'이 무엇인지 더욱 복잡하게 만든다.

이런 문제를 해결하는 나름의 방안이 있다. 그 하나는 인성교육을 매우 광범하게 정의하는 것이다. 가령, 암기위주의 지식교육과 도덕교육처럼 상반되어 보이는 교육에서, 참을성을 길러준다거나 도덕성을 길러준다는 점을 근거로 인성교육의 속성을 갖는다고 주장하는 것이다. 또 다른 하나는 인성교육의 개념을 좁게 규정하는 것이다. 예컨대 인성을 도덕성과 관련된 것으로 한정하여, 도덕성을 증진시키려는 교육만을 인성교육이라고 부르는 것이다. 이런 두 가지 방법 가운데 어느 것도 만족스러워 보이지 않는다. 전자는 인성교육이라는 말을 무의미하게 만들고 후자는 인성교육이라 여겨지는 것 가운데 많은 것을 포기하기를 요구하기 때문이다.

이런 딜레마를 해결하려는 시도로 외국의 인성교육 흐름을 살펴볼 필요가 있다. 여기에서는 그러한 시도의 일환으로, 미국의 인성교육을 탐색한다. 미국의 인성교육 상황도 한국과 크게 다르지 않아 보인다. 미국은 18세기부터 이미 교육을 종교성과 도덕성을 함양하는 수단으로 생각했고, 산업화 시기를 거치며 종교적 색채를 뺀 산업 인력으로서의 '성격(personality)'을 갖추게 하는 수단으로 여기는 등 교육을 통해, '도덕', '종교성', '인격'과 같은, 우리가 '인성' 개념의 의미로 포함하는 다양한 인간 특성을 변화시키려고 노력해왔다 (Nicholson, 2002: 36~37).

그러나 이러한 특성들 자체를 경험적으로 확인할 수 있도록 정의 내리는데, 합의를 도출하기 어렵다. 설사 합의를 도출한다고 해도 다른 특성에 기초한 인성교육을 옹호하는 사람에게는 자신의 인성교육만이 진정한 인성교육일 뿐이기 때문에, 서로가 아무리 자신의 인성교육의 효과를 강조하더라도 크게 관심이 없을 것이다. 이러한 미국 인성교육의 현실에서 앞서 언급한 딜레마에 대한 해결책을 찾을 수는 없다. 가장 소극적인 시사점을 찾자면, 자신이 옹호하는 인성교육 자체를 발전시키는 데 노력을 경주해야 한다는 점을 지목할 수 있겠다.

여기에서는 미국 인성교육의 흐름을 제시한 뒤, 한국에서 어떤 인성교육 담론을 통해 내부적 발전의 시도가 있었는지 검토한다.

II. 인성교육의 흐름

1. 18세기~19세기 중반

프랭클린은 역사라는 맥락에서 도덕적 요소들을 배워야 한다고 주장했다. 그는 「펜실베니아 주 교육에 관한 제안」에서 옳고 그름, 정의와 불의와 같은 문제를 역사적 연구를 통해 공부함으로써 미래 세대는 그러한 가치를 마음 속 깊이 새길 수 있을 것이라고 강조했다. 만의 경우, 당시 학교에 부재한 것은 사실을 지도하는 일이 아니라 '도덕적 사고(moral reasoning)'를 지도하는 것이라는 문제의식 하에, 학교가 경외심과 정의 그리고 진리를 향한 숭고한 마음과 같은 원리를 배우는 곳이 될 수 있도록 환경을 조성해야 한다고 주장했다. 만은 학생들에게 인성을 전수하는 자는 다름 아닌 교사여야 한다고 생각했다. 당시 교사들의 질을 향상시키는 데 필요한 훈련이 제대로 이뤄지지 않는 점을 지적하며, 교사 스스로 도덕적 행동을 지도할 수 있도록 노력해야 한다고 강조했다. 왜냐하면 교사는 학생들이 구체적으로 참고할 수 있는 본보기이기 때문이다. 맥거피는 아동이 애국심이나 시민성 그리고 도덕성을 읽기 활동을 통해 함양할 수 있도록 여러 교과서를 집필하였다. 그는 도덕이나 가치가 아동의 교육과 불가분의 관계를 가지며, 아동의 인성 발달은 다시 사회의 안녕으로 나타난다고 생각했다(Watz, 2011: 38~43).

프랭클린과 맨 그리고 맥거피는 시, 에세이, 성경과 같은 형태의 역사적 문헌을 활용하여 도덕을 실천하는 구체적인 예를 제공하려고 했다는 점에서 유사하다(Watz, 2011: 43). 갈리브레이스의 1977년 미출간 박사학위 논문에 따르면, 식민지 시기 말미인 1776년 학교 교과서는 도덕 및 종교 관련 내용으로만 구성되었다(Mulkey, 1997: 35). 그런데 독립 후, 몰려드는 이민자들이 대도시에 거주하면서 기존의 종교를 중심으로 조직된 공동체의 결속력이 약해졌다. 1826년부터 1913년까지 이른바 '교육의 세속화 시기(the secularization period of education)'가 출현하게 되었다(Mulkey, 1997: 35). 카츠의 1970년 저서에 따르면, 이 시기의 특징으로는, 공장에서 강조하는 근면성과 성실성을 학교에서도 강조하기 시작했고, 1870년 세금으로 운영되는 무상학교가 시행됨에 따라 공교육이 기존의 종교에서 담당하던 도덕을 대신 가르치게 되면서 성경을 활용하는 것을 금지하는 법안이 통과되었다(Mulkey, 1997: 35).

2. 19세기 말~20세기 초

19세기 말~20세기 초, 인성교육과 연관된 초기 형태의 프로그램으로는 YMCA와 보이스카우트의 활동이 있다. 이는 처음엔 공교육에 속하지 않았다. 하지만 점차 공교육의 일부로 엮여 들어오게 되었다(Watz, 2011: 44). 20세기 프로그램으로는 '허트우드(the Heartwood program)'와 '캐릭터 카운츠(Character Counts!)', 그리고 '존중감과 책임감 센터(the Center for the 4th and 5th Rs)'가 있다. 초기 프로그램과 20세기 프로그램 모두 미래 세대의 도덕적 타락을 부르짖으며 자체 프로그램을 홍보하는 데는 능숙했지만 인성이 무엇인지 말하는 시도조차 하지 않았다는 데 공통점이 있다(Macleod, 1983: 29; Watz, 2011: 44).

프랭클린과 만 그리고 맥거피 등의 이념에 기초한 18세기 말 인성교육 프로그램들은 도덕의 원천으로 종교가 아닌 교사를 보았다. 그런데 19세기 말, '젊은 사람들의 기독교 연합(the Young Men's Christian Association, the YMCA)'은 산업화, 자본주의, 그리고 제국주의와 같은 사회적 변화를 겪는 미국 사회에서 전통적 삶의 방식이 흔들려 불안해하는 종교적인 백인 중산층 가정을 대상으로 자체 프로그램을 홍보하기 시작했다(Watz, 2011: 45). 가입 회원 수만 보면, YMCA는 폭발적인 성공을 거두었다. 20세기 초, 가정에 충실하기보다는 또래와 어울리기를 좋아하는 미래 세대는 전통적인 관점에서 보면 도덕성을 상실한 것이었다. 이런 인식이 팽배해지면서 YMCA의 창창한 미래는 기정사실화되었다.

영혼과 정신 그리고 신체의 건강을 주장한 YMCA와 달리, 보이스카우트는 신뢰받을 수 있고 공손하며 또 친절한 사람으로 성장하는 데 '필요한' 12가지 스카우트 법률을 주장하였다(Watz, 2011: 45). 보이스카우트는 중산층의 미래 세대가 도덕적으로 건전하고 긍정적인 성인으로 자라는 데 기여했다고 자부한다(Boy Scouts, 2008; Watz, 2011: 46에서 재인용). 비록 이들의 노력이 성공을 거두었는지는 불확실하지만, 대중이 교육 영역에 인성교육을 포함하고 싶어 한다는 사실은 자명했다(Watz, 2011: 46).

1916년 '허친스(William Hutchins)'는 『아동 도덕 수칙(The Children's Morality Code)』에서 '자기통제(self-control)'와 '건강(good health)', 그리고 팀워크와 같은 가치들을 강조하였다. 갈리브레이스에 따르면, 이 가치들은 복종과 '미국주의(Americanism)'이라는 개념들과 연관된 가치들이다(Mulkey, 1997: 35). '허숀(Hug Hartshorne)'과 '메이(Mark A. May)'는 1924년부터 1929년까지 미국의 23개의 공동체에서 10,865명의 5~8학년 아동을 대상으로, 세속적 도덕교육이든 종교적 도덕교육이든 상관없이 아동의 인성 관련 행동에 얼마나 영향을 주었는지를 조사한 결과, 아무런 영향력이 없다는 결론을 제시하였다(Mulkey, 1997: 35). 듀이는 1897년에 쓴 「나의 교육 신조(My Pedagogic Creed)」에서 지식교육과 인성교육을 분리하는 당시 학교교육을 비판하였다. 1934년에 출간한 『공통 신앙(A Common Faith)』에서는 "도덕 훈련/인성 발달/가치 교육"의 필요성을 역설했다(Mulkey, 1997: 35).

3. 20세기 중반 이후

20세기 들어 인성교육은 세 가지 사회적 영향에 의해 크게 변화하였다. 첫 번째 영향은 '뉴욕 주 교육위원회(the New York State Board of Regents)'가 1937년에 학생들과 교사들을 대상으로 실시한 설문조사 결과였다. 공정함이나 책임 등의 주제에 관하여 설문조사를 실시한 결과, 사회 교과가 좀 더 학생의 개별 삶이나 경험과 연결되어야 한다는 점을 발견하였다. 이 설문 결과를 바탕으로, "인성에 관한 진보적 개념들이 공교육의 사회 교과로 들어올 수 있는 통로로서 '시민성'이라는 아이디어가 출현하였다"(Watz, 2011: 47).

두 번째 영향은 1960년대부터 1980년대, 기독교 학교의 급증이었다. 마약이나 폭력, 그리고 어른에 대한 예절의 상실이 팽배하다는 인식에 따라, 기독교 학교에서는 기독교적 교리에 능숙한 교사를 통해 무너진 미래 세대의 도덕성을 바로잡으려고 하였다. 1960년대 이후, 백만 명이 넘는 학생이 기독교 학교에 입학하면서 기독교 학교에서 주장하는 미래 세대의 타락은 무시할 수 없는 의제가 되었다. 이에 따라 인성교육은 교육의 주요 화두로써 더욱 부각되었다. 세 번째 영향은 일련의 학교 내 총기에 의한 사망 사건이다. 베버(Webber, 2003)와 같은 학자들은 이 총기 사건들을 기록하면서, 기존의 학교에서 가르친 가치들이 오히려 학교 내 폭력 발생을 부추겼다고 지적했다(Watz, 2011: 47~49).

1960년대 중반, 피아제 덕분에 널리 알려지게 된 도덕교육은, 콜버그에 의해 1960년대 말 구체적인 논의가 행해졌다(Althof & Berkowtiz, 2006: 496). 콜버그는 『가치, 개념, 테크닉(Values, Concepts, and Techinques)』이라는 책의 "도덕교육을 위한 인지발달적 접근(The Cognitive Developmental Approach to Moral

Education)"이라는 장에서, 아동이 논의를 통해 현재 도덕적 사고 단계에서 더 높은 다음 단계로 나아갈 수 있으며, 총 6단계를 거친다고 주장하였다. 그러나 1970년대 교실 상황에 비춰볼 때, 콜버그의 이론은 적용이 힘들거나 불가능했다. 아동의 도덕적 사고 발달 과정을 이해해야 함은 물론 개별 아동의 현재 단계를 이해해야 하는 것이 현실적으로 어려웠다. 게다가, 학교가 자신의 아동의 도덕적 사고 단계를 파악하려 한다는 소식을 들은 학부모들의 반발이 거셌을 것이기 때문이다(Mulkey, 1997: 36). 오히려, 1980년대 말부터, 도덕적 딜레마를 학생들과 교사들로 이뤄진 실험적 민주주의 프로그램을 운영하는 '저스트 커뮤니티 스쿨(the Just Community School)'이 운영되었다(Althof & Berkowitz, 2006: 497). 콜버그식 도덕교육은 '도덕적 사고(moral reasoning)' 발달과 관련되어 있다. 그러므로 도덕적 사고 이외에 이타심이라든가 동정심 등을 아우르는 '도덕심리학(moral psychology)'과는 다르다.

'래스(Louis E. Raths)'와 '하먼(Merrill Harmon)', 그리고 '사이먼(Sidney B. Simon)'이 공동 집필한 『가치와 가르침(Values and Teaching)』(1966)은 무엇이 가치인가를 결정하는 '일곱 가지 절차로 이뤄진 과정(7-step process)'을 제시한다. 이는 '가치 명료화(value clarification)'라는 짧은 시간이나마 각광 받았던 프로그램이다(Althof & Berkwotiz, 2006: 497). 결정 기준은 공적으로 인정받고 실제로 행해지는 각각의 대안의 결과를 숙고하여 자유롭게 선택하는 것이다(Mulkey, 1997: 36). 개인은 미리 제시된 가치 체계에 입각해서 선택하는 것이 아니라 자신의 경험에 비춰 선택한다. 때문에 학교는 교화나 도덕화를 피해야 한다.

그러나, '킬패트릭(William Kilpatrick)'은 1992년에 토마스 리코나의 『인성을 위해 교육하기(Educating for Character)』에서 '뒤처지는 학생들(low-achieving class)'이 가장 선호하는 활동 네 가지가 "섹스, 마약, 음주, 학교 결석"이라는 점이 제시된 일화를 근거로, "가치는 본질적으로 좋아하거나 하고 싶어 하는 것"(Kilpatrick, 1992: 91, Mulkey, 1997: 36에서 재인용)이라고 비판한다. 즉 교사는 학생을 설득할 특별한 방법이 없다. 그렇다고 하여, 학생들이 반드시 도덕적 상대주의자인 것은 아니다. 이는 그들이 진정으로 다른 가치관을 고수하기 때문에 벌어지는 일일 수도 있다(Hymowitz, 2003: 108).

반면, '나이버그(David Nyberg)'와 '이건(Kieran Egan)'은 킬패트릭과 달리 학생이 어떤 가치를 선택하든 간에 가치를 명료하게 하는 것 자체가 문제라고 생각하지는 않는다. 다만, 나이버그와 이건이 가치 명료화를 비판하는 지점은 그것이 '사회화(socialization)'일 뿐 교육이 아니라는 점이다. 그것이 사회화인 이유는 사회로부터 얻은 가치를 바꾸는 것이 아니라 그 가운데 한 가지를 고르는 일이기 때문이다. 두 저자는 가치 명료화가 교육적이려면 "즉각적이고 개인적이고 가설적이고 무역사적인 가치 명료화 과정에 초점을 두는 것을 넘어 서양세계 유산의 매우 중요한 부분을 학생이 접하게" 해야 한다고 강조한다(Nyberg & Egan, 1981: 78). 여기서, 중요한 부분이란 바로 도덕 철학사이다. 그들에 따르면, 학생들이 무엇을 선택하든 그 선택의 기저에 있는 도덕적 근간이 무엇인지를 알아야, 그 활동을 교육적이라고 부를 수 있다는 것이다.

1968년 '텍사스 주 샌안토니오 시의 인성교육 기관(the Character Education Institute of San Antonio, Texas)'에서는 "책임감 있는 시민을 길러내(develop)"고 '인성교육 커리큘럼(The Character Education Curriculum)'을 만들었다. 원래는 유치원부터 5학년 학생을 대상으로 한 내용으로 구성되어 있었는데, 1985년에 6학년용 내용을 그리고 1985년에는 7학년부터 9학년까지 활용할 수 있는 내용을 추가하였다. 핵심은 각 학년 학생들이 직접 문제에 대한 답과 대안을 제시하고 비판적으로 사고하여 문제를 해결하는 데 있다(Mulkey, 1997: 36).

1985년에는 '시카고 교육 재단(The Chicago Foundation for Education)'도 인성교육 커리큘럼을 제작하여, 자신의 학교 전체에 도입하려는 의향이 있는 시카고 주 교장들에게 제공하였다. 1996년 학생들이 덜 싸우고 덜 훔치는 등의 긍정적인 결과로 이어졌다는 설문 결과가 나왔다(Mulkey, 1997: 36). 이 외에도 '글로벌 윤리 기관(the Insitute of Global Ethics)'에서는 '결정 기술 형성하기(Building Decision Skills)'라는 프로그램을 도입하여, 중학교 학생과 고등학교 학생들이 윤리적으로 살아가면서 맞닥뜨리는 딜레마를 해결하는 능력을 기르도록 했다. 또한, '윤리 자원 센터(the Ethics Resource Center)'는 '인성으로 가는 길(Character Way)'이라는, 1학년, 3학년, 5학년 학생들을 대상으로 정직함 또는 공정함과 같은 논쟁의 여지가 없는 가치를 가르치는 비디오 프로그램을 제작하였다. 게다가, '배려 공동체(The Community of Caring)'라는 K-12 학교 전체를 대상으로 '돌봄, 존중, 책임감, 신뢰, 가족'이라는 보편적 가치 다섯 가지를 가르치는 프로그램도 만들어졌다(Mulkey, 1997: 37).

'인성교육(character education)'은 19세기 말부터 세계 2차 대전까지 "바람직한 습관 심기"에 초점을 두었다. 1960년 이후, 대부분의 인성교육은 습관 형성 및 실천에 방점을 두었다. 그러다 1990년대 들어 캐릭터 교육은 급변한다. 1992년 '조셉슨 기관(the Josepson Institute)'은 이후 '캐릭터 카운츠(Character Counts)'라고 불릴 프로그램을 시작했고, 몇 달 뒤 인성교육에 대한 관심이 전국적으로 높아지면서 1993년, '인성교육 파트너십(The Character Education Partnership)'이 열렸다(Althof & Berkowitcz, 2006: 497~498). 인성교육 파트너십은 미래 세대가 '시민적 덕목(civic virtues)'과 '도덕적 특성(moral character)'을 갖추게 하는 데 방점을 둔다(Mulkey, 1997: 37).

김수진(2015b: 212~218)은 인성교육의 주요 사조로 총 일곱 가지를 소개한다. 첫 번째 관점은 '전통적 관점(traditional perspective)'으로, 인성을 특정 상황에서 특정 방식으로 행동하게 하는 습관양식의 모음으로 규정하고, 특정 상황에서 올바른 방식으로 반응할 수 있는 습관양식을 형성하게 하는 것을 인성교육의 목적으로 본다. 두 번째 관점은 '아동 발달적 관점(child development perspective)'으로, 베르코비츠의 2002년 연구에 정의된 인성 개념, 즉 "'개인의 능력과 도덕적으로 기능하는 성향에 영향을 미치는 일련의 심리적인 특징들'"로 보고, 학생이 좋은 사람으로 성장하게 만드는 것을 인성교육의 목적으로 본다. 세 번째 관점은 '배려 공동체 접근(community of care)'으로서, 좋은 인성을 형성하는 데 공동체 내 협력적 분위기가 중요하다고 보는 관점이다. 네 번째 관점은 '구성주의적 접근(constructivist approach to sociomoral development)'으로서, 또래와 상호작용하거나 토의 및 역할극을 하며 도덕적 상황과 관련하여 능동적으로 사고하는 것을 강조하는 관점이다. 다섯 번째 관점은 '절충적 관점(eclectic perspective)'으로서, 리코나처럼 인지와 감정 그리고 행동 측면을 모두의 발달을 도모하는 관점이다. 여섯 번째 관점은 '배려윤리 접근(ethics of care)'으로서, 나딩스처럼 학생이 좋은 인성을 구축하려면 우선 교사와의 배려관계를 먼저 형성해야 한다고 강조하는 관점이다. 일곱 번째 관점은 '사회정서학습 접근(social and emotional learning)'으로서, 인지적인 측면만이 아니라 사회정서적인 측면을 함께 길러줘야 한다는 관점이다.

알토프와 베르코비츠의 2006년 연구는 한국에서 '인성교육'으로 통용되는 여러 유형의 교육, 즉 '성격교육(character education)', '도덕교육(moral education)', '가치교육(value education)', '시민성교육(citizenship education)', '사회화(socialization)', '시민교육(civic education)'이 1960년대 이후 어떤 식으로 전개되었는지 비교하는 데 도움이 된다(Althof & Berkowitz, 2006). 아래 〈그림 9-1〉은 저자들의 설명을 이해하기 쉽게 나타낸 것이다.

▌그림 9-1 1960년대 이후 인성 교육 동향

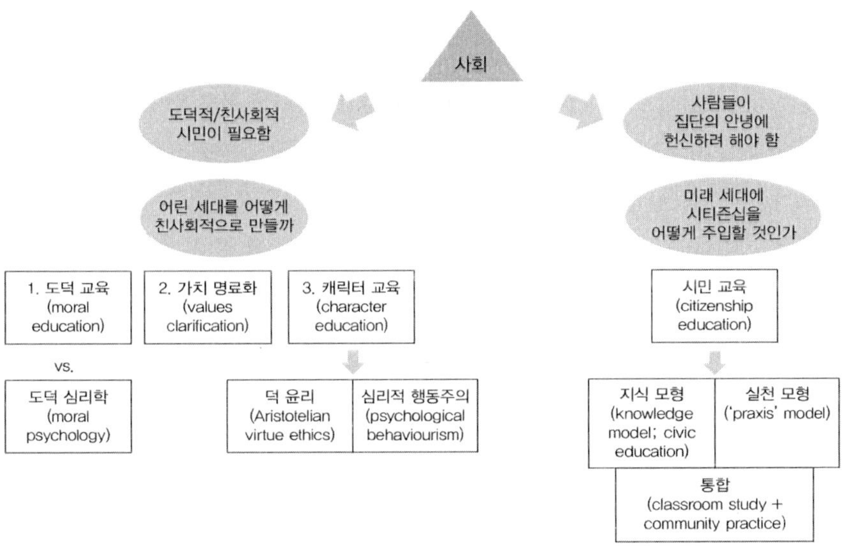

두 저자에 따르면, 자유주의와 민주주의를 지향하는 사회는 두 가지 이유에서 미래 세대를 교육해야 한다. 한 가지 이유는 사회가 존속하려면 구성원들이 친사회적이어야 하므로 어린 세대를 어떻게 친사회적 존재로 교육할 것인지 고민해야 하기 때문이다. 또 다른 한 가지 이유는 그런 미래 세대가 단순히 타인과 어울리고 공동체에 순응하는 것을 넘어 적극적으로 정치와 사회 사안에 관심을 가지고 자신의 주장을 펴는 시민으로 거듭나게 교육해야 하기 때문이다.

1960년대 이후, 미래 세대를 친사회적 존재로 길러내려는 시도로 세 가지 교육이 적극 활용되었다.

첫 번째는 도덕교육으로, 피아제와 콜버그의 도덕적 인지 구조 또는 도덕적 추론 능력의 발달 이론에 기초하여, 바로 그 도덕적 인지 구조와 추론 능력을 발달시키는 것을 목적으로 한다. 도덕교육은 도덕 심리학을 참고하기도 하지만 경쟁하기도 한다. 왜냐하면 도덕 심리학 일반은 도덕 교육의 범위를 넘어서는 개념들(예, 동정심, 양심)까지도 다루기 때문이다.

두 번째는 도덕적 딜레마 상황에서 상충하는 가치들 가운데 한 가지를 선택하도록 하는 데 목적을 둔 가치 명료화로서, 이는 사실상 실패했다는 평가를 받고 있다.

세 번째가 캐릭터 교육이다. 이론 중심적이면서도 그 결과를 경험적으로 검증하려는 도덕교육과 비교했을 때, 캐릭터 교육은 절충적인 형태를 띠며, 이론에 치중하기보다는 현장을 지향하면서도 정작 그 결과를 엄밀히 검증하려고 하지도 않는다. 그 결과, 아리스토텔레스 전통의 덕 윤리 이론과 행동적 변화를 꾀하는 심리적 행동주의적 접근 방식 간의 경계가 허물어졌다. 2000년대 들어 미국 중앙 정부의 예산과 관련 법 제정을 통해 캐릭터 교육에 관한 경험적 연구가 행해졌는데, 중요한 것은 경험적인 증거를 확인할 수 있는 캐릭터 교육 프로그램을 보면 사실상 도덕 교육 프로그램(예, 도덕적 딜레마에 관한 또래 간 토의)을 도입한 경우가 많다. 특히, 한국에서도 잘 알려진 리코나(T. Lickona)의 연구가 바로 이런 경우이다. 한국에서 '인성교육' 또는 '인격교육'의 의미를 파악하기 어려운 이유를 엿볼 수 있다.

어떻게 미래 세대에게 시민성을 주입할 것인가에 대하여 제시된 교육이 바로 '시민성 교육(citizenship education)'이다. 두 저자가 지적하듯, 이 두 번째 필요성의 해답으로 시민성 교육(citizenship education) 이외에도 시민교육(civic education), 민주 교육(democratic education) 등 여러 교육이 제안되었고, 두 저자가 시민성 교육(citizenship education)이라고 한 것은 임의적인 선택이다. 이들에 따르면, 시민성 교육은 교실에서 교과서 내용을 전달하는 데 치중하는 '지식 모형'－두 저자는 이 지식 모형을 '시민 교육(civic education)'이라고 부른다－과 봉사활동 기회를 장려하는 '실천 모형'으로 나뉘어 행해지다가, 커뮤니티

서비스(community service)나 서비스 러닝(service learning)처럼 학교 교육과 경험을 연결하려는 '통합 모형'으로 행해지고 있다.

두 저자는 캐릭터 교육과 시민성 교육이 그동안 선입견 때문에 서로를 배척해왔지만, 캐릭터 교육이 추구하는 몇몇 덕목은 시민성 교육이 길러내고자 하는 덕목의 전제가 된다는 점에서, 이 두 교육을 연결선상에서 볼 수 있다고 주장한다. 이들에 따르면, 캐릭터 교육은 어린 연령의 학생을 대상으로 하고, 시민성 교육은 중고등학교 학생(또는 대학생)을 대상으로 하는 교육으로 볼 수 있다.

Ⅲ. 인성교육 담론의 전개

1. 인격교육의 재정립

현재 미국에서 인성교육이 재등장한 것은 미국 교육의 역사에서 벌어진 일들과 연관된다. 미래 세대가 도덕성을 상실했다는 인식이 생기면 인성교육의 필요성이 제기된다. 리코나는 1993년 글에서 다음과 같이 지적한다. '1960년대 있었던 종교와 정치를 분리하려는 움직임 덕분에 인성교육에 큰 변화가 있었다. 1970년대에는 콜버그의 도덕적 사고에 관한 연구가 유명해지면서 또 다른 변화를 겪었다. 1990년대가 되어서는 가치에 관한 포괄적 논의에 학교와 공동체를 포함하려는 움직임 때문에 또 다시 변화했다'(Watz, 2011: 51). 오늘날에는 허트우드와 캐릭터카운츠, 그리고 존중감과 책임감 센터를 포함한 유명한 프로그램들이 있다. 비록 포괄적이고 동료의 검토를 받은 문헌은 없지만, 공교육 안에서 인성 교육 프로그램을 운영하려고 수백억 달러의 예산을 쓰고 있다는 점은 확실하다(Davis, 2006: 11, Watz, 2011: 51). 그러나 이처럼 다양한 프로그램을 운영하고 있으면서도, 정작 '인성(character)'이 무엇인지 일관되게 규정하지 않고 있어, 진정으로 이 프로그램이 효과가 있는지 확인하기 어렵다.

한국에서도 비슷한 문제가 제기된 바 있다. 서명석(2014)은 미국의 인성교육 유형 가운데 가장 큰 비중을 차지하는 '캐릭터 에듀케이션(character education)'을 '인격교육'으로 번역하는 대신 '덕목-주의 교육'으로 번안해야 한다고 주장한다. 왜냐하면 '인격'이라는 말은 본디 '사람됨'을 의미하므로, 이런저런 윤리학설을 학습하는 인지 과정에 천착하는 '캐릭터 에듀케이션(character education)'을 '인격'을 교육하는 것으로 볼 수 없기 때문이다. 이런 인지 중심적 교육에서는 지행(知行) 불일치의 문제가 동반되므로, 이런 '덕목-주의 교육'과 거리를 둘 필요가 있다.

첫째, 한국에 인격교육의 대표자로 소개되어 많이 알려져 있는 리코나(T. Lickona)의 '캐릭터(character)'는 한국말의 '인격'으로 번역할 수 없다. 리코나는 인격을 '서로 양립할 수 있는 모든 해당 덕목들의 혼합'으로 규정하고, 인격교육을 '충만한 삶을 이끌도록 하고 더 나은 세상을 구축하도록 덕목을 발달시키는 계획적인 노력'이라고 규정한다. 여기에 포함된 덕목은 '지혜', '정의', '강인함', '자기통제', '사랑', '적극적 태도', '근면', '성실', '감사', '겸양'이라고 한다. 그러나 한국말의 '인격'은 '사람의 됨됨이'를 의미하며, 인격교육은 '원만한 인격의 완성을 목표로 하는 교육'을 의미한다.

둘째, 리코나의 '덕목-주의 교육' 이론에 따르면, 아동은 '선(善: the good)'을 알면 그것을 원하고, 선을 원하면 실천한다는 '낭만적 가정'을 전제한다. 이는 동일한 상황에서도 다양한 가치가 상충할 수 있다는 사실조차 고려치 않은 단순한 발상이다. 예를 들어, 같은 동네에 사는 아이가 자신에게 인사하는 것은 오히려 신체화 된 사실이 먼저 반응한 행위이므로, 이를 '알고 나서 원한 다음에 행한다'라는 도식으로 설명하기 어렵다. 이런 사례가 비일비재하므로 '덕목-주의 교육 이론'의 가정은 억지에 가깝다.

셋째, '덕목-주의 이론'을 인지적으로 학습하더라도 실천이 담보되지 않는다. 초등학교 교사의 경험을 통해 볼 때 실천이 담보되지 않는 문제가 현실적으로 드러난다. 초등학교 6학년 학생이 '욕을 입에 달고 살고, 부모와 교사에게 예를 갖추지 않는' 경우가 있다. 이 학생도 '바른 자세, 식사 예절, 인사법을 1학년 바른 생활 수업 시간부터 지겹도록 배웠을 텐데' 실제 행위로 전혀 연결되지 않았다고 한다.

곽유진(2014)도 '덕목-주의 교육'의 한계를 강조하며, '이미 우리는 너무

많은 것을 학생들에게 가르쳤다. 이것이 가장 큰 문제'라고 말한다. 한국 전통 교육관에서 정확하게 지적했듯이, 인격이란 본디 아동의 삶 전반과 관련된 것이므로, 인지적 측면만을 강조해서는 정서나 행동적 측면이 '뒤따라서' 나오지 않는다. 곽유진은 성리학의 몸공부를 기존의 덕목-주의 교육의 대안으로 제시하지만, 그에 관하여 소략하게 소개만 하는 데 그쳐 그것을 진정한 의미의 대안이라고 보는 데는 다소 어려움이 있어 보인다.

정영근(2012)의 경우, 대안적 인격교육을 오늘날의 교육학에 대한 비판으로부터 찾는다. 경험주의 또는 실증주의적 교육학에서 교육은 보편적 법칙에 따라 학생들을 사회가 필요로 하는 인력으로 가공하는 과정이다. 이런 주류 교육학의 인식과 실천이 문제이다. 여기에서 교육은 학생의 인격을 '개별성의 고유함과 더불어 세계 및 자기 자신에 대해 스스로 책임질 수 있는 관계를 형성하는 일과 연결된다'라는 자명한 사실을 간과한다. '스스로 책임질 수 있는'이라는 부분이 매우 중요하다. 왜냐하면 교육은 학생을 자유의지를 지닌 고유한 존재로 보고, 그러한 자유의지를 행사하여 스스로 자신의 삶을 개척할 수 있도록 도와주는 과정이기 때문이다. 인격교육의 궁극적 목적은 학생이 자신 앞에 놓인 다양한 가치 가운데 자신이 따를 것을 선택할 수 있게 준비시키는 일이다. 그런 방법의 한 가지로 학교에서 어떤 지식을 가르칠 때 도덕적 관점을 수용하도록 요구하고 안내하는 일이 항상 병행되어야 한다.

정영근의 주장은 인간주의적 관점을 피력하고 있으나 경험주의·실증주의적 교육학의 대안을 제시한다는 점에서, 즉 '객관적 지식을 교육한다'라는 발상을 문제삼는다는 점에서, 지루(Henry Giroux)의 비판적 교육학과 궤를 같이하는 것처럼 보인다. 지루는 학교에서 배우는 지식이 순수한 객관적 지식이라는 발상이야말로 '순수한' 생각이라고 지적한다. 그에 따르면, 지식은 종종 의문투성이거나 명백히 허위인 특정 세계관을 정당화하여 진리로 받아들인다(Giroux, 2001: 95). 이러한 그의 생각은 『디즈니 순수함과 거짓말』에서 동심을 자극하는 '순수한' 애니메이션이 미국 특유의 가부장적 가족관을 교묘하게 전파하는 수단이라고 비판한 데서도 나타난다. 다만, 이익 추구를 명시적으로 천명하는 기업과는 거리가 멀어 보이는 학교라는 곳에서도 그런 교묘한 작업이 일어난다는 점이 사안을 보다 심각하게 받아들이게 만든다. 조금만 생각해

보면, 학교 지식이 특정 집단의 이해관계를 증진하는 수단으로 쓰일 수 있다는 것은 우리에게 그렇게 동떨어진 생각도 아니다.

미래 세대에게 '무엇을, 왜, 어떻게 가르칠까?'를 고민할 때, 교수방법과 관련한 '어떻게' 문제에 초점을 두기 전에, 먼저 '무엇을' '왜'에 관심을 둘 필요가 있다. 미래 세대가 객관적으로 사고할 수 있기를 바라면서 가르치는 내용에 특정 가치가 전제되어 있다면, 그 목적을 달성할 수 없기 때문이다. 지루는 이런 역할을 수행하는 사람으로 '교사'를 호명한다. 이는 교육과정을 구상하고 계획하고 설계하는 활동을 교육과정의 집행과 분리하는 교육이론에 담긴 기술적·도구적 이데올로기에 대항하려는 기획이다(Giroux, 2001: 242).

'기술적·도구적 이데올로기' 하에서 교사는 그저 미리 결정된 교과 내용을 습득하여 그것을 잘 가르치는 '기술자'로 격하된다. 지루는 교사를 노동자로 재규정한다. 학교를 정치적이면서 교육적인 기관으로 인식하면서, 어떠한 권위 형식, 지식 유형, 도덕교육의 형식, 과거와 미래에 대한 전망을 학생들에게 정당화하고 전달할 것인가를 구체화하고 표현하는 적극적인 노동자이다. 이러한 교사는 학생들에게 정치나 경제 그리고 사회적 억압에 적극적으로 투쟁하도록 독려함으로써, 문화나 계급 또는 인종이나 성 정체성에 따른 차별을 철폐하는 데 이바지하게끔 돕는다(Grioux, 2001: 243).

그러나 인격교육론의 차원에서 볼 때, 정영근과 지루의 주장은 아이러니한 문제가 있다. 대안적 인격교육론을 주장하는 자신도 실증주의에 물든 교육을 받았다. 그런데 오히려 그것을 비판하며 대안을 제시하게 되었다. 왜 그런가? 이에 대해 구체적으로 설명하지 못한다는 점이 그러하다. 즉 자기 자신들의 교육과정을 설명하지 못한다는 것이다. 이런 논리적인 문제를 설명하지 못하면, 안찬성(2010)이 지루의 교사론을 비판한 것처럼, 이들의 대안적 인격교육론은 또 다른 이데올로기로 전락할 수 있다.

2. 도덕교육의 가치 명료화

교육학을 연구하는 상당수의 학자들은 '가치 명료화(價値 明瞭化: values clarification)'가 실패했다고 생각한다. 그러나 '가치 명료화'의 한계로 지적되었던 상대주의로의 회귀 가능성이라든가 서구 문화유산과의 관련성 이해 부재와 같은 사안은 해결 가능한 문제이다. 오늘날 개인의 '자유로운 선택'이라는 이념이 갖는 가치를 고려할 때, 그 이념을 전면에 내세우는 가치 명료화를 쉽게 포기하기는 어렵다. 가치 명료화의 내부적 발전 가능성을 도모하고, 도덕교육에 접목하는 방안을 생각할 필요가 있다. 즉 도덕교육의 목적을 도덕적 판단을 내리는 데 용이한 방식으로 재규정할 수 있다.

도덕교육과 관련한 논의는 크게 두 가지로 구분할 수 있다. 하나는 학생들이 도덕적 행동을 하도록 만드는 데 초점을 두는, 이른바 '도덕실천 교육론'이다. 다른 하나는 어떤 상황을 도덕적 사태로 파악할 수 있는 안목을 길러주는 '도덕이론 교육론'이다. 도덕실천 교육론과 도덕이론 교육론 모두 '지행 불일치(知行 不一致)'의 문제를 가정한다. 두 가지 논의의 차이는 '지행 불일치'의 문제가 발생하는 지점을 어떤 연령대에 자리매김 하느냐이다. 어린 시기에 두느냐, 보다 이후의 연령대로 보느냐에 있을 뿐이다. 그런데 가치 명료화처럼 가치를 선택하는 데 초점을 두는, 이른바 '도덕결단 교육론'에서는 애초에 이 지행 '일치'나 '불일치'의 문제가 발생하지 않는다는 점에서 매력적일 수 있다.

'도덕실천 교육론'의 논지는 '실천'이나 '행위'에 초점이 주어진다. '초등학생의 고학년 정도가 되면, 이미 도덕적 지식은 상당히 갖추고 있다. 문제는 그것을 실천으로 옮기지 않는 데 있다. 그러므로 도덕교육은 행동화를 도모하는 데 노력과 자원을 기울여야 한다!' 도덕실천 교육론도 여러 가지 유형이 있겠지만, 나름대로 과학적 근거로 무장한 '도덕생득론(道德生得論)'에 기초한 '도덕교육론'이 인성교육을 이해하는 데 도움을 준다.

김성한(2019)에 따르면, 도덕의 '생득(生得)'이라는 말은 '생득성(生得性: innateness)'의 의미에 따라 달라질 수 있다. 생득성에는 네 가지 특성이 담겨 있다. ①각기 다른 환경에서도 거의 변하지 않는 특성, ②각기 다른 환경에서 제한적으로 바뀌는 특성, ③환경에 따라 크게 변하는 특성, ④다른 생득 능력에 기초한 부차적 특성이 그것이다. 이 가운데 세 번째 의미인 '환경에 따라 크게 변하는 특성'이 현재 생득론자들 대부분이 견지하는 입장이다. 그렇다면 도덕생득론을 '상황에 따라 도덕성이 다양한 방식으로 나타난다는 관점'으로 이해할 수 있다.

이러한 '생득성'의 증거로 오늘날의 뇌 과학 연구를 통해 발견한 '거울 뉴런'이 있다. 거울 뉴런과 더불어 진화를 통해 가지게 된 '혈연 이타성'은 개인이 자신과 혈연으로 가까운 이들에게 보다 이타적이며, 그 거리가 멀어짐에 따라 이타성의 정도가 약해지는 이유를 설명하는 생물학적 기제로 여겨진다.

도덕생득론은 초등 도덕교육과 관련한 주요한 시사점을 제기한다(김성한, 2019: 44~52).

첫째, 교육의 초점은 윤리적 덕목들을 내면화하여 실천으로 이어지도록 하는 데 있다. 예를 들면, 학생들은 성범죄와 같은 행위를 비도덕적이라고 판단할 것이다. 때문에 이러한 행위들의 비도덕성을 인지적으로 납득하는 데 초점을 둔 덕목 중심적 도덕교육을 지양할 수 있다.

둘째, 교육의 초점은 학생이 도덕적 대상으로 보도록 하는 데 두어야 한다. 학생들은 자신과 혈연관계 밖에 있는 사람들을 혈연관계 안에 있는 사람처럼 대하기 때문이다.

셋째, 교육의 초점은 학생들에게 생경한 타인에 관한 도덕적 의무감을 느끼도록 하는 데 있다. 왜냐하면 학생들은 자연스럽게 자신의 권리와 자유를 추구하기 때문이다.

넷째, 교육의 초점은 실천적 측면을 함양하는 데 두어야 한다. 학생들이 인지적으로 행위의 옳고 그름을 파악하더라도 꼭 그 도덕적 행위를 해야 한다는 동기를 갖는 것이 아니기 때문이다.

다섯째, 교육의 초점은 학생의 비판적 사고를 길러주는 데 두어야 한다. 왜냐하면 직관적인 판단이 꼭 옳다는 보장이 없기 때문이다. 특히, 비판적 사고 함양과 관련하여, 초등학교 고학년(4~6학년) 시기가 적기이다. 이때는 뇌 가소성이 활발하고, 논리적 사고가 가능하기 때문에, 그 능력을 교육하는 데 적절하다.

한편, '도덕이론 교육론'의 논지는 다른 차원을 강조한다. 우선, 도덕에 관한 성인의 인식이 문제이다. 성인들은 아동의 도덕문제 원인을 행동화의 부재로 찾기 쉽다. 이런 이해 자체가 어불성설이다. 성인들이 도덕적으로 문제가 많기 때문에 그런 것일 수도 있다. 왜 그런 성인들에게 관계되는 도덕교육은 고려하지 않은 채, 바로 아동의 도덕교육에 호소하는가! 또한, 학교는 지식을 전달하는 곳이므로 학교에서 도덕을 교육한다면 그것은 당연히 지식위주의 교육일 수밖에 없다. 그러므로 이것이 불만인 사람은 학교 이외의 가정이나 사회의 다른 곳에서 도덕실천 교육을 도모해야 한다.

앞에서 도덕생득론에 기초하여 초등 도덕교육은 인지적 측면이 아닌 실천적 측면에 초점을 둬야 한다는 주장을 살펴보았다. 이 주장에는 초등학생들의 도덕과 관련한 '지행 불일치'의 문제를 가정하고 있다. 즉 초등학생이 생득적으로 무엇이 옳고 그른가를 알면서도 그것을 실천하지 않는 것이 문제라는 관점이다. 그것이 도덕생득론에 기초한 초등 도덕교육론의 근거이다. 그러나 이와 다른 주장도 있다. 이홍우(2016)는 세 가지 도덕교육 모형을 제시하며 그에 대응한다.

첫 번째 도덕교육 모형은 '단순모형'이다. 단순모형은 지행 불일치를 극복하는 것을 도덕교육의 과제로 설정한다. 예컨대, 어른에게 인사를 해야 한다는 것을 알면서도 행위를 하지 않으므로, 도덕교육은 인사를 하게 하는 데 초점을 둬야 한다는 것이다. 하나의 도덕적 사태를 이해하는 두 가지 가정이 있다. ① 그것을 해결하는 데 필요한 '단일한 지배 규범이 있고, 또 그 규범의 행동적 의미가 누구에게나 명백하다.' ② '행위자는 그 사태를 도덕적 관점에서 문제 삼고 있다.'

두 번째 도덕교육 모형은 '확대모형'이다. 이는 위의 단순모형의 가정②는 공유하지만, 가정①은 거부한다. 하나의 사태에 여러 규범이 충돌할 수 있다는 것을 인정한다.

세 번째 도덕교육 모형은 '도덕적 관점 모형'이다. 이는 단순모형의 가정①② 모두를 거부한다. '확대모형'처럼 '하나의 사태에 여러 규범이 충돌한다'는 점을 인정하지만, 학생이 이미 그 사태를 도덕적 사태로 본다는 점을 거부한다. 도덕적 사태로서 상황을 본다는 것은 교육의 결과이므로, 교육의 대상인 학생들이 이미 그런 안목을 가지고 있다고 가정하는 것은 교육의 필요성을 부정하는 것과 마찬가지다. 이홍우(2016: 191)는 '대부분의 경우, 어떤 사태를 도덕적으로 무관심하게 바라보기 때문에 도덕적으로 행동하지 않는다'고 역설한다. '도덕적 관점 모형'은 단순모형과 확대모형이 가정하는 도덕교육의 과제로서 지행 불일치 극복 자체를 거부한다. 이 모형에서는 애당초 학생들이 어떤 사태를 도덕적으로 바라볼 정도로 사고의 수준이 높지 않으므로, 지행 불일치의 기본 전제인 '지'가 성립하지 않기 때문이다. 따라서 도덕적 관점 모형에 기초한 초등 도덕교육의 초점은 '인지적 측면'에 있다.

'도덕적 관점 모형'을 선호하는 이홍우의 시각은 김성한의 도덕교육론과 상당히 다르다. 학생이 어떤 사태에 관하여 직관을 갖는 것과 그 사태를 도덕적으로 이해하는 것을 혼동함으로써, 애초에 초등학생이 도덕교육의 결과물로서의 도덕적 주체로 거듭났다는 잘못된 가정에 기반을 두고 있다. 사실, 초등학생이 이미 옳고 그름을 알고 있다는 김성한의 전제는 증명하기 어렵다. 우선, 옳고 그름을 안다는 게 무슨 의미이며, 알고 있는지를 어떻게 평가할 것이냐는 또 다른 인식론적·방법론적 난제가 있다. 물론, 김성한도 직관을 맹목적으로 수용하는 대신 그것을 비판적으로 바라봐야 한다고 제안한다. 그러나 학생들에게 어떻게 비판적으로 사고할 수 있게 할 것인지에 관해선 별다른 언급이 없다. 반면, 이홍우는 이에 관해 도덕을 하나의 교과로서 학생에게 가르쳐야 한다고 주장한다. 이를 수용할 경우, 기존 도덕교육의 문제로 지목한 '지행 불일치'의 문제는 거짓에 불과하다.

하지만 이홍우가 강조하는 도덕교육론에서도 '지행 불일치'의 문제는 발생한다. 왜냐하면 학생들에게 도덕교과를 가르친 결과, 학생이 도덕적 안목을 형성한 후, 반드시 실천을 한다는 보장이 없기 때문이다. 이에 대해 한편으로는, 그런 안목을 가진 학생이라면 전철에 앉아 있는데 어르신이 내 앞에 계실 때 '모르기는 해도 십중팔구 자리를 양보할 것'이라는 순진한 희망을 내비친다. 다른 한편으로는, 도덕적 안목의 형성이라는 도덕 교과의 목적과 그 안목에 기초한 행동의 발현을 요구하는 일상적 기대는 별개이므로, 안목 형성이 꼭 실천으로 이어질 필요는 없다고 강변한다. 이러한 순진한 희망을 밝힘으로써, 이홍우는 김성한의 '거짓 문제'가 사실은 '진짜 문제'라고 인정한 셈이다. 자신이 도덕적 관점 모형을 통해, 지행 불일치의 문제가 발생하는 연령대를 초등학생 시기에서 그 이후의 연령기로 옮겨놓은 데 불과하다는 것을 간접적으로 드러낸 셈이다. 어떤 양상이건, '실천 대 이론'의 관점에서 도덕교육에 접근하면, '지행 불일치'라는 난제에서 빠져나올 수 없다.

이외에 '도덕결단 교육론'은 '도덕실천 교육론'과 '도덕이론 교육론'의 두 관점에서 각각 한 가지씩을 수용한다. '도덕실천 교육론'에서는 생득적 기제 덕분에 어린 아이가 갖는 '도덕직관'도 그 연령대의 아동이 활용할 수 있는 도덕적 지식이라는 점을 수용한다. '도덕이론 교육론'에서는 하나의 사태에 관해 상충하는 도덕적 지식을 동시에 가지고 있을 수 있다는 점을 수용한다.

이런 점을 참고하여 '일반적 사실'이라는 것을 전제하고 도덕교육의 문제를 고민할 수 있다. 첫째, 어떤 사안이 논쟁적일수록, 그에 관한 논리적 · 객관적 · 반성적 사고는 사실상 불가능하다. 둘째, 그러한 비판적 사고를 해야 한다는 것 자체가 '나'를 제약하는 이데올로기일 수 있다. 셋째, 자신이 도출한 결론을 관철시키는 데는 큰 대가가 따르므로, 자신이 할 수 있는 최선은 자신의 선택에 뒤따를 결과를 감당할 수 있는지를 고민한 뒤 감당할 수 있는 행동을 취한다.

예를 들면, 건강이 좋지 않은 환자가 중요한 수술을 앞두고 있다. 그는 기본적으로 살아야 한다는 입장이고, 그의 가족 또한 그렇다. 그는 그동안의 치료가 고통스러웠고, 몸이 회복되고 있는지에 관해 회의적이다. 그래서 그는 '현재의 건강 상태에서 앞으로 자신의 삶의 질이 어떠한지'에 관해 물었다. 의사의 답변은 '확실한 것은 없고, 일단은 고통스러운 약물치료를 계속해야 한다'는 것이다. 환자는 이제 기존의 삶이란 가치와 더불어 존엄성이란 가치를 두고 고민하게 되었다. 가족 사이의 의견도 나뉘었다. 혹시라도 효과가 있을 수 있으니 치료를 계속해야 한다는 이들이 있지만, 그동안 고생했으니 조금이라도 편하게 살라는 이들이 있다.

이 사례에서 가장 큰 문제는 각각의 입장을 '논리적 · 객관적 · 반성적으로 검토'해도 정답이 나오지 않는다는 점이다. 거기에다 애초에 그것을 검토해야 하는 이유도 분명치 않다. 왜 '나'의 삶/죽음이라는 실존적 문제를 타인이나 '나' 자신에게 정당화해야 하는가? 물어야 할 질문은, 오히려 '이렇게 죽어도 후회 없는가?' '나는 두렵지 않은가?' '내 가족의 슬픔 앞에서 강인할 수 있는가?'와 같은 질문이다. 이 질문들에 대한 대답이 부정적이면 치료를 계속하고, 긍정적이면 치료를 중단하면 된다. 삶/죽음처럼 중대한 문제와 결부된 도덕적 딜레마를 풀 수 있는 실마리는 실존적 고민에서만 찾을 수 있다. 고민의 결과, 두 가지 안 모두가 동등하게 의미가 있다면, 이때는 동전 던지기 등을 통해 결정을 내릴 수도 있다.

이러한 도덕결단 교육론에 기초한 도덕교육은 '결단을 내리는 것을 용이하게 해주는 내용'을 중심으로 프로그램을 구성할 수 있다. 예컨대, '명상 프로그램'도 그것을 가능하게 만드는 하나의 방식일 수 있다.

Ⅳ. 결어

지금까지의 논의를 정돈하면서, 인성교육에 대한 보편적이고 특수한 고려들을 엿볼 수 있었다. 그것은 국가 사이의 교육적 특수성도 반영되겠지만, 그것을 넘어선 인류의 교육이라는 보편성과도 연관된다. 미국의 인성교육이나 한국의 인성교육, 또는 도덕교육의 몇몇 이론을 성찰해도 마찬가지였다.

첫째, 미국 인성교육 담론의 특수성은 한국의 인성교육에 영향을 미칠만한 적극적인 시사점을 찾기가 어렵다. 미국에서 행해지는 다양한 유형의 교육은 한국에 인성교육의 일환으로 소개되었다. 하지만 미국에서 건너온 '인성 교육들' 사이에서도 교육 대상과 교육 효과를 측정하는 방법이 복잡하게 뒤섞여 있었다. 그 결과 한국 사회에서 인성교육이 무엇인지에 이해하기 어렵게 만들었다. 이런 상황에서 미국 인성교육의 흐름을 살펴본다고 해서, 현재 한국에서 인성교육이 무엇이냐는 문제를 해결할 수 있는 단서를 찾기란 쉽지 않다.

둘째, 소극적 측면에서 시사점을 찾아본다면, 사람마다 자신이 옹호하는 인성교육을 중심으로 형성된 담론에 참여하여, 그 인성교육을 정교화 하는 데 집중할 수 있도록 한다. 실제로 인격교육 담론에서는 기존의 인격교육을 성리학에 입각한 몸 공부를 바탕으로 인격교육과 반실증주의적 인격교육으로 대체하려는 시도가 있었다. 전자는 기존의 것을 대체해야 한다는 당위를 세우는 데 천착하다 정작 그 대안적 인격교육이 무엇인지 구체적으로 설명하지 못한 한계를 갖는다. 후자는 기존의 교육을 실증주의 세력이 자신의 이데올로기를 퍼뜨리는 교육으로 규정한 데서 한계가 발생한다. 왜냐하면 자신들처럼 실증주의 교육에 대한 대안교육을 제시하는 사람은 어떻게 교육되었는지를 구체적으로 설명하지 않음으로써, 자기 자신 또한 하나의 이데올로기를 전파한다는 비판에 직면하기 때문이다.

도덕교육의 경우, 가치 명료화를 접목하여 도덕적 판단을 내리는 것을 용이하게 만드는 방식으로 재정립해 보았다. 이는 자유로운 선택이라는 이념을 고수하면서, 인성교육의 한 유형인 도덕교육이 보여주는 내부적 발전을 꾀하는 시도였다. 그러나 여전히 상대주의로의 회귀라든가 서구문화와의 관련성을 파악하지 못한다는 이유로 가치 명료화를 비판하는 사람들에게는 호소력을 갖지 못할 수 있다. 미국과 한국의 인성교육 상황을 고려할 때, 이러한 담론들은 새로운 차원의 의견을 보여준다. 자신이 옹호하는 인성교육을 다듬고 반론에 부딪히며 다시 질적 승화 과정을 반복하며, 인성교육의 내용을 풍부하게 만드는 데 도움을 줄 수 있다.

제10장

영국의 인성교육 흐름과 시사점

I. 서언

전문화된 세상에서는 '사람이 어떤 능력을 갖고 있는가'에 따라 그 사람에 대한 판단이 이루어지곤 한다. 최근에는 '능력(能力)' 이외에 중요한 기준이 포함되고 있는데, '인성(人性)'이 바로 그것이다. 특히, 사회 제반 영역에서 '인성'에 관한 논란이 급증하면서, 사람들이 이를 심각한 문제로 인지하기 시작하였다. 이것은 인성의 영향력이 단순히 개인 차원에만 국한되지 않고, 사회 공동체 전반에 커다란 영향을 끼칠 수 있다는 점에서 그 중요성이 높아지고 있음을 의미한다. 물론, 인성이 한 개인의 모든 것을 말해주는 것은 아니다. 그러나 인성은 각 개인의 상당한 부분을 알려주며, 사회나 조직 공동체 내에서 개인의 삶과 공동체의 삶이 조화를 이루고 협력적 관계에 놓이게 해준다는 점에서 그 중요성을 결코 간과할 수 없다.

그렇다면 '인성'이란 무엇을 의미하는가? 인성에 대한 학계의 정의는 상당히 다양하다. 인성은 '본성'이라는 견해도 있고(장성모, 1996: 11), 인성은 '성격'이라고 보면서 "가치중립적인 것으로 개인 내부의 선천적인 것이 환경의 영향에 의해서 결정되는 것"(이철주, 2014: 322)이라는 주장도 있다. 또한 인성은 "사람의 성질이나 됨됨이"(한국인격교육학회, 2010: 239)로서 '인격'으로 바라보기도 한다. 특히, 인성을 인격의 차원에서 보려는 입장은 인성이 "사람을 사람 되게 해주는 특성"(심성보, 1999; 450), "한 인간의 사람됨"(이지헌, 2005: 138), "인간을 인간답게 하는 본질"(김태훈, 1997: 282-283)이라고 하면서 '사람됨'을 강조하기도 한다. "인간으로서의 바람직한 품성"(조난심, 2003: 307), "인간이 인간으로서 지녀야 할 바람직한 품성"(고미숙, 2015: 197), "인간으로서 마땅히 지녀야 할 기본적이면서도 중핵적인 인격 특성 또는 덕을 함양"(추병완, 2011: 17) 하는 것 등으로 정의하며 '품성'과 '덕성'을 중시하기도 한다. 학자에 따라 정의하는 내용에 약간씩 차이를 보인다. 이렇게 다양한 정의가 존재한다는 현실은 인성이 무엇이고 인성교육은 무엇을 의미하는지 명확하게 파악하기 어렵다는 점을 반증하는 것이기도 하다.

그럼에도 불구하고, 인성에 대한 다양한 개념 속에 대체로 공통된다고 볼 수 있는 것은 인성이 인간다움에 대한 바람직한 가치판단을 담고 있다는 점이다(강선보 외, 2015: 276). 우리가 흔히 '저 사람은 인성이 좋다' 또는 '저 사람은 인성이 나쁘다'라고 말하는 것과 같이, 인성이라는 말 속에는 '바람직함'의 기준에 따른 판단이 수반된다. 이처럼 본래 인성은 '옳고 그름'보다는 '좋고 나쁨'에 보다 긴밀하게 연결되어 있다. 가치의 의미를 담고 있는 성실이나 정직, 용기, 진실 등과 같은 특성들은 일상에서의 지속적인 실천을 통해 사람에게 '덕'으로서 형성되는데, 인성은 바로 이러한 다양한 덕들로 구성된다(김태훈, 2014: 614). 따라서 인성은 가치를 지속적으로 실천함으로써 얻게 된다는 점에서, 후천적으로 습득되는 성취이며 도덕적 가치가 중시된다는 특징을 지니고 있다(고미숙, 2015: 201).

그렇다면 인성교육은 "무엇이 옳고 그른가에 관한 것보다는 넓은 의미로서 덕의 형성에 관심을 갖는"(Lockwood, 1997; 김태훈, 2014: 615에서 재인용) 것으로, "도덕적인 덕목을 중심으로 규정한 바람직한 품성과 행동을 길러주기 위한 활동"(조난심, 2003: 312)을 의미한다고 볼 수 있다. 정창우(2019: 92)는 "보편적 양심에 따라 도덕적 연민을 느끼고 올바른 판단을 내리며 이에 따라 행위하고, 만약 행위로 나아가는 데 실패했을 때 양심의 통증을 느끼며 자기 성찰을 할 수 있는 인간을 길러내는 교육"이 인성교육이라고 말하면서, 도덕, 선에 따른 판단, 양심, 성찰을 주요 요소로 꼽고 있다.

그런데 최근에는 '역량' 개념을 인성교육에 도입함으로써 인성교육에 대한 이해를 더욱 어렵게 만든 측면이 있다. 역량이라는 것이 기존의 교과중심 접근법과 달리 학생들의 삶에서 실제로 필요한 능력에 관심을 두는 것이기는 해도(소경희, 2007: 9), 인성 또한 어떤 기술이나 기능을 익히듯이 획득되는 것은 아니기 때문이다. 역량이 시민사회의 공동체적 가치질서를 확립하는 데 중요할 수 있겠지만, 인성교육에서 필요한 핵심적인 가치로 보기에는 곤란한 측면이 있다. 인성교육에서는 마땅히 그래야 한다는 '자연적 가치의 강조'가 주된 것이라면, 시민교육에서는 시민공동체의 유지와 발전을 위해 '요청되는 가치의 강조'가 중심이 되기 때문에 역량 관점은 시민교육과 보다 잘 연결된다. 그러므로 인성교육에서 가치의 지속적 실천을 통한 '덕'의 형성을 중시한다면, 시민교육에서는 시민공동체를 위한 가치구현의 역량, 즉 의사소통을 얼마나 잘 할 수 있는지, 갈등상황에서 얼마나 잘 해결책을 모색할 수 있는지, 타인과의 연대나 관용적 태도를 얼마나 지니고 있는지 등의 능력이 중요시된다.

영국에서는 이러한 '인성교육'과 '시민교육'에 대한 인식이 정치적인 입장과 얽히면서 다소 복잡하게 전개된 교육의 역사를 갖고 있다. 간단히 말하면, 보수당은 인성교육을 선호한 반면에 노동당은 시민교육을 선호하였다. 주위의 다른 나라들과 비교해 볼 때, 영국에서 시민교육이 일찍부터 시작된 것은 결코 아니었지만, 모호한 형태의 인성교육보다는 여러 면에서 우위를 점하고 있었던 시민교육이 점점 인성적 요소들까지 포괄하며 발전하였다. 이로 인해, 인성교육과 시민교육 사이에 묘한 긴장관계가 형성되기도 하였다. 그러나 자세히 들여다보면, 양자가 서로 다른 가치를 주장하는 것이 아니라 교육목적을 구현하는 방법이 '개인 차원'에 보다 초점을 두고 있는지 아니면 '공동체 차원'에 보다 초점을 두고 있는지에 따라 서로 바라보는 관점이 달랐다고 보는 것이 정확할 것이다. 개인은 사회공동체 안에서 움직이고 사회는 바로 그 개인들을 통해서 유지되면서 개인과 사회의 관계가 그 어느 때보다도 밀접하게 연결되어 있기 때문에 그런 긴장이 발생한다.

여기에서는 이러한 양상을 지닌 영국의 인성교육을 살펴본다. 먼저, 영국의 인성교육과 관련된 선행연구로 국내에서 발간된 논문으로는 정미선 외(2017)의 '외국의 인성교육 고찰을 통한 한국의 인성교육 방향'과 김봉제(2018)의 '영국의 인성교육 동향과 그 시사점'이 있다. 정미선의 논문은 여러 나라의 인성교육을 살펴보는 가운데 영국 버밍엄 대학의 쥬빌리 센터(Jubilee Centre for Character and Virtues)와 그 부설학교의 인성교육, 그리고 영국 교육부가 선정한 우수학교인 '킹솔로몬 아카데미'와 '스쿨21'을 대표적 사례로 하여 영국의 상황을 간략히 언급하고 있다. 김봉제의 논문은 2000년대 이후 영국의 인성교육을 버밍엄 대학의 쥬빌리 센터를 중심으로 접근하면서 그 문제점과 시사점을 분석하여 제시하고 있다. 여기에서는 이와 달리 영국의 '인성' 개념을 살펴보고, 영국의 '인성교육'이 초창기부터 지금까지 어떤 흐름으로 전개되어 왔는가를 전반적으로 다룬다. 그리고 그 안에서 드러나는 특징들을 통해 한국의 인성교육이 얻을 수 있는 시사점을 도출하며 인성교육의 방향을 모색해 본다.

II. 역사적 흐름과 특징

1. 개념 정립

영국의 인성교육에 대해 살펴보려면, 먼저 '인성'과 '인성교육'이라는 용어부터 짚어볼 필요가 있다. 서구권에서 인성을 가리키는 용어로 흔히 '퍼스낼리티(personality)'와 '캐릭터(character)'를 많이 사용한다. 먼저 '퍼스낼리티(personality)'는 '성격'이라고 더 많이 번역되는 용어로서(조난심, 2003: 310), 개인이 갖고 있는 고유한 특징적 측면을 가리키는 의미로 사용된다. 이와 달리 '캐릭터(character)'는 그리스어 '카라세인(χαράσσειν)'에서 유래하는 단어로, '새기다(engrave)'라는 뜻을 지니고 있으며 무언가를 '새겨 넣는다(stamp)'거나 '인장을 찍는다(mark)'거나 '조각한다(carve)'는 의미를 갖고 있다. 이것은 자연 그대로의 상태인 인간에게 무엇을 새기거나 눌러서 자국을 내는 것을 의미한다(고미숙, 2015: 199). 이를 '인격'으로 바라보기도 하지만, 최근에는 '인성'이라고 번역하는 학자들도 적지 않다. 이와 관련하여 올포트(Allport, 1937: 52)는 '캐릭터(character)'란 '가치가 부여된 성격(personality evaluated)'이고, '퍼스낼리티(personality)'는 '가치가 제거된 인성(character devaluated)'이라는 흥미로운 정의를 제시한다. 즉 가치부여의 유무에 따라 양자를 구분할 수 있다고 본다.

그런데 인성이 '새겨지는 것'이라고 이해할 경우, 교육을 하는 어떤 주체에 의해 인성이 각인되는 것으로 착각하기 쉽다. 즉 인성은 외부의 영향력에 의해서 만들어진다고 여길 가능성이 높다는 것이다. 그러나 이것은 학생들을 온전히 수동적인 존재로 인식한다는 점에서 문제가 있을 뿐만 아니라, 학생들이 지닌 자율적 측면을 전혀 고려하고 있지 않다는 점에서 현대 교육과도 부합하지 않는다. 이러한 의미의 인성교육은 교육당국이 의도한 대로 어떠한 결과를 만들어내는 데 의미를 두면서 학생 개인의 주체성을 배제시켜, 결국 의도한 결과의 달성 여부에만 관심을 둔다는 점에서 인성교육이 지닌 가치를 평가절하할 가능성이 크다. 오히려 '캐릭터(character)'라는 단어가 근본적으로 의미하는 것은 인성이 결코 타인에 의해서 각인되는 어떤 것이 아니며, 스스로의 실천과 노력에 의해 자기 내면에 새겨진다는 사실이다. 이렇게 본다면, 인성의 형성과정에서 외부의 도움은 존재하겠지만, 기본적으로 인성 형성의 주체는 '자기 자신'이 될 수밖에 없다.

전통적 관점에서 볼 때, 인성은 예의범절의 준수와 밀접한 연관을 가졌다. 때와 장소를 가리면서 예의바르게 행동하는 '에티켓(Etiquette)'이나 그것을 어떻게 행동으로 표현하는가와 관련된 '매너(manner)'가 비교적 잘 구현된 나라는 바로 영국이었다. 그 결과, 지금까지도 '영국'하면 떠올리는 이미지는 '신사'의 나라이다. 존 스튜어트 밀(John Stuart Mill, 1978: 56)은 "인간이 무엇을 하는가도 중요하지만, 어떠한 태도로 그것을 행하는가도 또한 중요하다(It really is of importance, not only what men do, but also what manner of men they are that do it)"라고 하였다. 어떤 행동을 할 때, 그 행동이 외적으로 드러나는 것뿐만 아니라 그 안에 배어있는 사람의 품성 또한 중요하다고 본 것이다. 어떤 사람이 자신이 의도했던 일의 목적을 달성했지만 다른 사람들로부터 비난을 받는 경우도 있고, 반대로 의도했던 목적을 달성하지 못했음에도 불구하고 사람들로부터 박수와 칭찬을 받는 경우도 있다. 그 둘의 차이는 단순히 일의 완료 여부가 결정적으로 중요한 요인이 아니며, 우리가 어떤 가치와 내적 태도로 행동하고 실천하는지가 보다 중요하다는 것을 확인시켜 준다.

그러나 단순히 예의를 잘 지키고 좋은 태도를 가졌다고 해서 무조건 인성이 좋다고 할 수는 없다. 가치 충돌의 상황에서 바람직한 선택을 보장해주지는 않기 때문이다. 이에 따라, 영국에서는 1980년대 미국에서의 인성교육 이해가 전통적 덕목에 초점을 두어 지나치게 보수적이고 과거 지향적이며 잘못된 행위를 지적하고 개선하거나 상황논리로 지도하는 데 집중했다고 비판하면서, 인성교육의 의미를 폭넓게 해석하려는 경향이 강하게 대두되었다(Arthur, 2017: 19; 31). 영국의 대표적인 도덕교육학자이자 쥬빌리 센터장인 제임스 아서(James Arthur)는 인성과 인성교육을 이렇게 이해한다.

"인성(character)은 특별한 도덕 감정을 자아내고 동기부여를 해주며 행동으로 이끄는 개인의 총체적인 습관 및 경향이다. 인성교육은 덕이라고 불리는 긍정적인 개인적 힘을 젊은이들이 발달시킬 수 있도록 도와주는 모든 명시적이고도 묵시적인 교육활동을 포함한다. 인성교육은 하나의 교과목 이상의 것이다. 그것은 가정, 교실, 학교 및 다른 기관들의 문화와 기능 안에 자리 잡고 있다. 인성교육은 학생들이 무엇이 윤리적으로 중요한지, 어떻게 올바른 근거에 따라 행동해야 하는지를 파악하도록 도움으로써, 덕을 실천하는 데 있어 이들이 자율적이고 성찰적인 사람이 되도록 해준다. 학생들은 자신들이 어떤 사람이 되고자 하는지 현명하게 결정하고, 이미 존재하는 대안들 사이에서 선택하는 법을 배우거나 새로운 것을 발견할 필요가 있다. 이 과정에서 인성교육의 궁극적인 목적은 선한 감각 또는 실천적인 지혜의 발전, 대안들 사이에서 지적으로 선택하는 능력이다. 이 능력은 어려운 상황에서 옳은 과정의 행위를 선택하는 법을 아는 것이고, 선택의 경험과 도덕적 통찰의 성장으로부터 순차적으로 나오게 된다."(Arthur, 2017: 2).

아서(Arthur) 또한 인성을 도덕 감정과 의욕으로서의 동기부여, 행동으로의 실천을 의미하는 한 개인의 통합적 습관이자 경향성이라고 보고 있다. 특히, 선택의 목적으로서 선과 정의를 포함시키고 있다는 점에서, 아서도 인성의 내용을 포괄적으로 이해하고 있다는 사실을 알 수 있다. 이러한 아서의 주장은 미국의 대표적인 심리학자이자 교육학자인 리코나(Lickona)의 인성(character)에 대한 접근과 유사한 측면이 있다.

"인성은 행위 속에서 구현되는 활동적 가치들(operative values)로 구성된다. 어떤 가치가 도덕적인 좋은 방법으로 상황에 응답하는 믿을 만한 내적 경향성인 덕이 될 때, 우리는 인성에 있어서 진보하게 된다. 이렇게 이해된 인성은 도덕적 지식(moral knowing), 도덕적 감정(moral feeling), 도덕적 행위(moral behavior)라는 세 가지 상호 연관된 부분들로 구성된다. 좋은 인성은 선을 알고 선을 바라고 선을 행하는 것, 곧 정신의 습관, 마음의 습관, 행위의 습관으로 구성된다. 이 세 가지는 도덕적 삶을 영위하는 데 있어서 필수적이며, 도덕적 성숙을 형성한다. 우리가 아이들로부터 기대하는 인성의 유형을 생각해보면, 외부로부터의 압력과 내부로부터의 유혹에 맞서서 올바른 것을 판단할 수 있고, 올바른 것에 깊은 관심을 두며, 올바르다고 믿는 것을 행하는 것이다."(Lickona, 1991: 51).

리코나(Lickona)는 인성을 선(善)과 연결시켜, 좋은 인성은 선을 알고 의욕하며 실제로 행하는 것이라고 말한다. 이러한 리코나의 인성 개념은 인성의 핵심에 도덕적인 선이 자리 잡고 있음을 보여주고 있으며, 선에 대한 지적 인식과 의지 및 실천이라는 구성요소를 비교적 명확하게 제시해주고 있다. 특히, 그는 인성이 '옳음'의 의미도 갖고 있다고 하면서 인성 개념을 보다 확장된 형태로 이해하려는 특징적인 면모를 보인다.

이처럼 인성은 좋고 나쁨뿐만 아니라 옳고 그름을 모두 포함하면서 인성의 주체와 분리될 수 없는 존재론적 특성을 갖고 있다. 그로 인해, 인성을 인격으로 이해하는 주장도 존재한다. 따라서 아서와 해리슨(Arthur & Harrison, 2012: 490)은 인성이란 아무 것도 없는 상태에서 생겨나는 것이 아니라 한 문화의 다양한 가치나 전통에 반응하여 형성되는 것이기 때문에, 단순히 사회적 기술의 습득으로 얘기되어서는 안 되고 우리가 어떤 종류의 사람이 되고 싶은가에 초점을 맞춰야 한다고 주장한다. 그러면서 특별히 '숙고를 통한 선택'이 인성 형성에서 핵심적 부분이라고 강조하고 있다.

인성을 선과 정의의 영역을 모두 포괄하는 개인의 존재론적 습관과 경향성으로 보는 것은 필연적으로 인성에서 숙고의 선택을 강조하는 경향을 낳게 된다. 흔히, '무엇이 선한 것인가'를 구별하는 것은 아주 어렵지 않다. 그러나 여기에 정의가 개입되면 사안은 보다 복잡해질 수 있다. 예를 들어, 구걸하는 노숙인에게 약간의 돈을 쥐어 주는 행동 자체는 선한 행위이고, 누구나 그것을 좋은 행위이자 바람직한 행위로 이해한다. 그런데 여기서 한 걸음 더 나아가

'노숙인에게 돈을 준 그 행위가 정당한 것인가'를 묻는다면, 이에 대한 대답은 얼마든지 달라질 수 있다. 왜냐하면 그 노숙인은 그 돈으로 음식이 아닌 술을 사 먹은 뒤 인사불성이 되어 주위에 있는 사람들에게 시비를 걸거나 해를 끼칠 수 있고, 또는 구걸을 통해 손쉽게 돈을 구할 수 있다는 그릇된 인식을 갖게 되어, 일을 하지 않고 구걸에 의존하는 사람이 되어버릴 수 있기 때문이다.

영국과 미국에서처럼 인성과 인성교육을 폭넓게 바라볼 경우, 점점 복잡한 사고 판단이 요구되기 때문에 비판적 사고능력의 중요성은 더욱 중요해진다. 이런 능력은 비판적 사고능력을 중시하는 시민교육에 의해 크게 도움을 받을 수 있다. 그 결과, 인성교육 개념의 확장은 필연적으로 시민사회의 바탕을 이루는 시민교육과 중복되는 측면이 생긴다는 점을 충분히 예견할 수 있으며, 인성에 대한 전통적 인식과도 다르다는 점을 확인할 수 있다.

2. 역사와 경과

영국에서 인성교육의 원초적인 모습은 존 로크(John Locke, 1632~1704)에게서 엿볼 수 있는데, 그는 신사가 갖춰야 할 자질들을 언급하면서 덕(virtue)과 지혜(wisdom), 예절(breeding), 학습(learning) 등의 네 가지를 제시하였다(Locke, 1693; 박혜원 역, 2011: 223). 다만 그의 인성교육은 모든 사람을 위한 것이 아니라 지방에 영지를 갖고 있는 중산층 신사 계급을 위한 것이었다(Benne, 1965; 김성훈, 2015: 310 재인용), 특히, 어린 남자 아이가 신사로 성장할 수 있도록 교육하는 데 초점을 두고 있어 여자 아이에게는 그대로 적용되지 않는다는 한계점을 갖고 있었다(Locke, 1693; 박혜원 역, 2011: 28).

본격적인 인성교육의 모습은 18세기의 스코틀랜드 계몽주의 시기(Scottish Enlightenment)로까지 거슬러 올라간다. 이 시기에 주도적으로 활동했던 진보적인 정치가나 교육 활동가들은 인간의 인성이 환경을 통해 변화되고 발달할 수 있다는 신념을 갖고 있었다(Arthur, 2003: 145). 그러나 스코틀랜드 계몽주의가 인성에 관하여 중점적으로 연구했음에도 불구하고, 19세기에 행해진 가난한 아동들을 대상으로 한 초등교육의 경우 대체로 일을 수행하는 데 적합한 인성을 갖도록 하는 것을 주요 목표 가운데 하나로 삼았다. 이에 따라, 인성교육은 학교 현장에서 실시되는 교육이라기보다는 엄격한 훈련이나 벌처럼 사회적 통제에 초점을 둔 교육이었다. 또한 빅토리아 여왕 재위기(1837~1901)에 인성은 여러 의미로 사용되었으나 실제 학교 교육에는 적용되지 않았다. 주로 선한 행위를 위한 의지나 힘의 문제를 인성과 연관 지으면서 사람들은 이미 옳고 그름을 알고 있어서 잘못을 일으키는 것은 약한 의지 때문이라는 관점이 지배적이었다. 따라서 선악에 대한 분별보다는 의지에 대한 강조나 그에 따른 훈련을 보다 중요시하였다(Arthur et al., 2017: 22~23).

본격적인 인성교육은 1816년 1월 1일에 스코틀랜드의 기업가이자 교육개혁가였던 로버트 오웬(Robert Owen, 1771~1858)에 의해 이루어졌다. 그는 스코틀랜드 라나크(Lanark)에 있는 자신의 공장 옆에 인성교육학교(Institute for the Formation of Character)를 설립하여 운영하였는데, 이것이 체계를 갖춘 영국 인성교육의 시초라고 볼 수 있다. 가난한 청소년들의 인성을 길러주려는 것이 그의 의도였으나 오래 지속되지는 못했다. 당시에는 인성교육을 사회화 차원에서 이해하려는 분위기가 강했고, 교육을 통해 사람이 변화될 수 있다고 보긴 했지만, 인성 개념은 주로 법이나 제도 또는 사회적 기대를 통해 구체화되었다(Arthur et al., 2017: 23).

그럼에도 불구하고, 에드워드 크레이그(Edward Craig)가 1838년에 고안한 '캐릭토그래프(charactograph)'는 인성을 길러주려는 가장 대표적이면서도 구체적인 노력으로 생각해 볼 수 있다. 가난한 아이들의 교육에 헌신했던 크레이그는 학생들의 행동을 기록하여 모두가 볼 수 있게 공개하였는데, 이것이 바로 '캐릭토그래프(charactograph)'였다. 여기에는 책임자의 평가까지 곁들이는 방식을 사용했지만, 아이들이 서로 비교하거나 경쟁의식을 느끼지 않으면서 자신의 과거와 현재 행동을 비교하며 자기 훈련을 통해 정돈된 삶으로 나아갈 수 있게 하려는 데 그 목적이 있었다(Garnett, 1963: 141).

한편, 산업혁명과 식민지 개척은 영국 사회에서 신흥 중산층이 대거 등장하는 계기가 되었다. 이들은 금전만으로 신사의 지위를 가질 수 없다는 것을 깨닫고, 자신의 자녀들을 사립학교에 보내 필요한 교육을 받게 하였다. 그 결과 1820년대에 중산층의 인성교육에 관심이 집중되면서 인성교육은 본격적으로 확산되기 시작하였다(Rothblatt, 1976; Arthur et al., 2017: 23 재인용). 학교를 인성교육의 장으로 활용하는 것은 영국의 학교들이 서구의 다른 학교들과 대비되는 가장 특징적인 면이었다. 비록 그리스도교의 가치가 중심이 된 인성교육이기는 했지만 스포츠를 비롯한 다양한 활동 게임들이 정의와 충성심, 용기, 협력 등의 덕들을 발달시킨다고 보면서, 아이들이 학교에서 이루어지는 활동 게임을 통해 '영국 신사'가 지녀야 하는 가치를 갖출 수 있도록 하는 데 초점을 두었다(Arthur et al., 2017: 23).

영국의 공립학교에서는 어떤 통일된 형태의 인성교육이 존재했던 것은 아니었고 강조점도 달랐다. 하지만 대체로 사립학교와 비슷한 유형의 인성교육을 장려하였다. 1906년 이후에 나온 「교육위원회 핸드북(Board of Education Handbook)」은 공립 초등학교의 교육목적이 인성을 기르고 강화하는 데 있음을 명시하였다. 그 중요한 덕들로서 근면성, 자기통제, 의무, 타인에 대한 존중, 좋은 예절, 공정과 충성심을 강조하였다(Arthur et al., 2017: 24).

1949년 교육부에서는 '좋은 시민은 먼저 좋은 사람이어야 한다!'라는 내용의 「성장하는 시민(Citizens Growing Up)」이라는 보고서를 펴냈다. 여기서는 인성을 발달시키기 위해 학교에서 사회적 활동들을 도입할 것을 주장하였다. 그러나 1950년부터 2001년까지 약 50여 년간 인성과 관련하여 영국 정부 차원에서 출판된 자료는 거의 보이지 않는다. 이에 대한 가장 큰 이유는 심리학에서 피아제와 콜버그, 에릭슨 등의 발달이론이 등장한 것과 관련이 깊다. 심리학에 기초한 이들의 발달이론이 영국 사회 구성원 및 문화가 다양화되던 당시의 상황과 맞물리면서 다양성을 바탕으로 하는 도덕적 상대주의가 중시되었던 반면, 체계적인 내용을 갖고 있지 않았던 인성교육은 별다른 관심을 받지 못했던 것이다(Arthur et al., 2017: 24~25). 인성교육이 어떤 체계적인 교육내용을 갖고 있지 못한 상태에서 사회적 다양성을 강조하는 흐름이 등장하자, 특정 가치를 중시하면서 이를 권장하는 인성교육은 큰 관심을 받기가 어려웠을 것으로 보인다.

하지만, 1988년에 공포된 「교육개혁법(Education Reform Act)」에 따라 국가교육과정(National Curriculum)을 신설한 것은 인성교육의 흐름과 관련하여 주목할 필요가 있다. 이 법안은 영국의 공립학교에서 아동의 영적·도덕적·정신적·육체적 발달을 증진하도록 마련되었다. 아동에게 성인이 영위하는 삶으로 나아가도록 기회를 주는 동시에 책임을 다하는 삶을 살아갈 수 있도록 준비시키는 데 기여하기 위해 만들어 졌다(Her Majesty's Stationery Office, 1988: 1). 인성에 대한 명확한 표현은 등장하지 않고 있지만, 영적이고 도덕적인 발달을 언급함으로써 국가교육과정 차원에서 인성교육이 필요하다는 점을 충분히 인식했다고 볼 수 있다. 영적 발달은 자기 인식의 성장과 건전한 가치관을 길러줌으로써 보다 도덕적인 사람이 되도록 도와주기 때문이다(한영란, 2004: 96).

1996년 '학교교육과정 평가원(SCAA: Schools Curriculum and Assessment Authority)' 컨퍼런스에서 발표된 「성인의 삶을 위한 교육: 젊은이들의 영적, 도덕적 발달」 보고서는 보다 구체적으로 학교의 교과목이나 기풍이 어떻게 학생들의 영적·도덕적 발달을 증진하는가를 다루었다. 이는 나중에 노동당 정부의 시민성 교육에 영향을 준 것으로 판단된다(Kisby, 2017: 14). 이 보고서에서는 영성을 폭넓게 이해한다. 물리적인 현실계를 넘어서는 종교적 영역뿐만 아니라 사랑과 믿음, 선의 측면이나 창조성과 상상 같은 내면적인 세계까지 포괄하는 것으로 정의하고 있다. 도덕적으로 행동하려는 의지의 원천으로도 보고 있다(SCAA, 1996: 6). 당시 젊은이들의 도덕적 가치관과 관련하여 다양한 우려가 제기되었다. 도덕적 상대주의의 확산, 도덕적 분별력의 상실, 세속적·종교적 지도자들에 대한 존경 상실, 물질주의와 탐욕, 가족해체와 역사적 공동체의 붕괴, 기술의 발달, 도덕적 용어들에 대한 다양한 해석 등이 도덕적 가치관을 약화시키는 원인이었다(SCAA, 1996: 8~9). 또한 학교교육과정 평가원(SCAA)은 '전국 포럼(National Forum)'도 조직하여 도덕적 행위를 발달시키는 원리들에 대한 합의를 모색한 끝에, 우정과 정의, 진실, 자기 존중, 자유, 환경에 대한 관심을 중요한 가치로 선정하였다(Arthur et al., 2017: 25). 이러한 논의들을 통해, 영국에서 '가치교육(價値敎育)'이 어떤 방향으로 나아가야 하는지에 대해 개괄적인 밑그림이 형성되었다.

엄밀하게 말하면, 1990년대에 들어서면서 영국 사회는 여러 가지 어려움에 직면하고 있었다. 먼저, 많은 외국인 이민자(移民者)들이 영국에 정착하게 되면서 영국이 '다문화 사회(多文化 社會)'로 더욱 급속히 변화되었다는 점이다. 다양한 문화가 존재한다는 것은 다양한 문화와 가치들이 서로 충돌할 가능성이 높아지고, 그만큼 사회의 불안정성을 증대시키는 요인이 된다. 또한 개인의 자유와 권리를 중시하는 자유주의 사조가 인기를 끌면서 지나친 개인주의로 확산되었다. 그 결과, 타인이나 공동체에 대해 별로 관심을 두지 않는 분위기가 생겨났다. 때문에 아동과 청소년들의 인성에 대해 다시 관심을 두어야 한다는 주장도 대두되었다.

이러한 배경 아래 등장한 것이 바로 유명한 「크릭 보고서(Crick Report)」이다. 기본적으로 '시민성 교육(市民性 敎育)'에 대한 내용을 담고 있는 「크릭 보고서」는 시민성 강화를 위해 ①사회적 · 도덕적 책임(social and moral responsibility), ②지역사회 참여(community involvement), 그리고 ③정치적 문해력(political literacy)이라는 세 가지 요소의 중요성을 강조하고 있다(Advisory Group on Citizenship, 1998: 40~41). 여기서 주목할 것은 '사회적 · 도덕적 책임(social and moral responsibility)'이 포함되었다는 사실이다. 이는 자신과 다른 사람에게 관심을 두는 행위이다. 즉 자신의 행동이 다른 사람들에게 어떤 결과를 가져올지 미리 판단하는 일이며, 보이지 않는 결과에 대해서도 책임을 지는 것을 말한다(Advisory Group on Citizenship, 1998: 44). 이러한 '책임'은 인성교육에서도 매우 중요한 요소로 간주 된다. 한국의 인성교육에서 강조되는 덕목이기도 하다.

'사회적 · 도덕적 책임'은 '시민성'과 '인성'이라는 두 개념 사이에 어떤 공통분모가 존재하고 있음을 암시해 준다. 다만, 인성교육에서는 자신의 내면을 가꾸고 공동체에 필요한 성품을 기른다는 점에서 개인적 차원이 보다 강조되는 측면이 있고, 시민교육에서는 민주사회의 발전을 위해 구성원의 역량 함양에 관심을 쏟는다는 점에서 사회적 차원을 보다 강조한다는 차이점이 존재한다(Park, 2017: 26). 이처럼 '인성' 요소까지도 포괄하려는 「크릭 보고서」는 영국의 모든 중등학교에서 '시민교육'을 실시하도록 규정하였지만, 인성교육 자체에 대해서는 명확한 정의를 내리지 않았다(Revell & Arthur, 2007: 81).

이런 점에서 「크릭 보고서」를 바탕으로 1999년에 만들어진 시민성 교육과정은 인성교육을 직접적으로 담고 있지는 않다. 그러나 위에서 언급한 것처럼, 시민교육과 인성교육이 중첩되는 부분을 지니고 있다는 사실은 시민성 교육과정 안에도 인성교육 차원의 요소들이 반영되어 있음을 말해준다. 학자들은 인성교육의 중심에 두 가지 사항이 있다고 보았다. 하나는 책임 있는 행동을 가르쳐야 한다는 것이고, 다른 하나는 인성의 발달은 한 사회의 상호작용과 분리되지 않는다는 것이다(Revell & Arthur, 2007: 80). 실제로 당시 교육고용부(DfEE: Department for Education and Employment)에서 펴낸 자료를 보면, 잉글랜드의 국가교육과정은 '모든 아이들이 배우고 얻을 수 있는 기회를 제공'하는 것과 '아이들의 영적 · 도덕적 · 문화적 · 사회적 발달을 증진시키는 것'을 목표로 한다고 명시되어 있다(QCA, 1999: 11). 따라서 영국에서는 '시민성 교육'을 중심으로 하되, 그 안에 '인성'의 영역까지 포괄하여 가르치려는 움직임이 있었다고 볼 수 있다.

인성교육에 대한 구체적인 모습은 2001년 영국 교육고용부에서 펴낸 「성공으로 가는 학교(Schools Building on Success)」라는 녹서(Green Paper)를 통해 인성교육(Education with Character)이 다루어지면서 본격적이고 체계적인 접근이 시작되었다(김봉제, 2018: 36). 여기서는 인성교육의 중요성에 대해 "어느 누구도 학업성취가 학교 교육의 유일한 결과라고 믿어서는 안 된다. 아이들이 잘못을 통해 옳은 것을 배우고, 자신의 배경과는 상관없이 친구를 사귀며, 팀으로 함께 일하고, 공동체인 학교에 기여 하며, 삶과 일에 대해 긍정적인 태도를 발전시키는 일 또한 중요하다"(DfEE, 2001: 61)라고 지적하고 있다. 또한 이 녹서에서는 인성교육을 가리켜 "기술, 태도, 마음의 습관이 조합을 이루는 일"(DfEE, 2001: 61)이라고 말하면서, '학풍(學風: school ethos)'을 강조한다. 이는 인성교육이 개인적 측면을 바탕으로 하면서도 시민교육의 기반이 되는 공동체적 인식을 강조하는 것이라고 볼 수 있다.

특히, 2007년부터 2010년까지 영국에서 진행되었던 '삶을 위한 배움(Learning for life)' 프로젝트는 인성교육과 관련하여 수행된 매우 의미 있는 연구이다. 존 템플턴 재단(John Templeton Foundation)과 사회적 기업인 영국 포르티쿠스(Porticus UK)의 후원으로 수행된 이 연구는 세 가지 목적을 지니고 있었다. 첫째는 영국에서 최근까지 있었던 가치 및 인성교육에 대한 연구를 수행하고, 둘째로 인성의 개념을 윤리 및 가치 교육에 위치시키기 위한 특수 사례를 연구하며, 셋째는 인성교육이 학교 커리큘럼이나 기타 공동체에서 사용될 수 있는 여러 방법을 연구하는 것이었다.

이 보고서는 인성을 '행동으로 이끌어주는 개인적 가치들의 연합체'라고 하였다. 쉽게 측정할 수 있거나 변화 불가능한 개인적 가치들의 고정된 집합체가 아니고, 행위자 자신이나 다른 사람들 안에서 형성될 수 있는 좋고 나쁜 행동에 대한 선택의 문제와 연관되는 것으로 이해하고 있다(Arthur et al., 2010: 12). 간단히 말하면, 이 '삶을 위한 배움' 프로젝트에서는 인성을 기본적으로 개인적 차원의 것으로 바라보고 있다. 때문에 교육에 의해 얼마든지 변화 가능하고, 궁극적으로 좋은 것과 나쁜 것을 구분하고 선택하는 영역으로 이어진다. 이러한 정의는 개인의 내적 경향으로 확립된 덕을 바탕으로 하여 선한 삶을 영위해가는 것을 인성으로 보고 있는 리코나(Lickona)의 견해와 일맥상통한다. 이 프로젝트는 영국 전역에서 다양한 대상을 선정하여 '가치'와 '인성교육'에 대한 경험적 조사를 실시하였다는 점, 그리고 3세부터 25세에 이르는 다양한 연령대에 따라 보육기의 아동에 대한 보고서(Foundations of Character)를 시작으로 초등학생에 대한 보고서(Character in Transition), 중학생에 대한 보고서(Citizens of Character), 고등학생에 대한 보고서(Character Education), 대학생 및 직장인에 대한 보고서(Graduates of Character)등 심도 있는 자료를 펴냈다는 점에서 커다란 의미를 갖는다.

「'삶을 위한 배움' 프로젝트 보고서」는 영국에서 개인의 자율성 증진과 개인주의 추세에 따른 영향으로 젊은이들이 사회적 관계망에서 단절될 가능성을 언급하고 있다. 동시에 윤리적 가치의 발달은 대체로 좋은 인성에 대한 개인적 발달의 문제인데 학생들이나 젊은이들이 도덕적 언어나 어휘를 상실해가고 있다고 하면서 우려를 표명하고 있다. 인터뷰에 응한 대다수의 사람들이 자신들에게 가장 중요한 영향을 주는 사람들로 가족과 친구들, 특히 '어머니'를 꼽았다는 점은 인성교육에 비공식적인 영역이 상당한 영향을 주고 있음을 말해준다. 또한 인성이 단지 개인적 차원에서만 이루어지는 것이 아니고, 공동체 봉사를 통해서도 얼마든지 긍정적으로 형성될 수 있다는 점을 지적하고 있다(Arthur et al., 2006: 2). 이를 바탕으로 고든 브라운(Gordon Brown) 정부의 '청소년 공동체 행동(Youth Community Action)'이나 보수당-자민당 연합정부(Coalition)의 '전국 공동체 봉사(National Community Service)' 프로젝트를 보다 확장할 필요가 있다고 권고되기도 하였다(Arthur&Harrison, 2012: 494~495).

이 보고서를 통해 학생들의 인성 발달과 관련하여 세 가지 의미 있는 사항을 살펴볼 수 있다(Arthur&Harrison, 2012: 495).

첫째, 교육이란 결코 가치중립적인 것이 아니기 때문에 학생들에게 좋은 쪽으로든 나쁜 쪽으로든 영향을 주게 된다는 것이다. 특히, 교사의 가치중립적인 태도는 저학년 아동들에게 혼란을 줄 우려가 크기 때문에 어린 아동들에게는 가급적 명확한 안내가 필요하다. 반면에 고학년 학생들에게는 이성적 사고와 판단기능을 발달시켜 주는 교육을 통해 어떤 이슈에 대해 스스로 생각하고 판단하도록 도와주는 것이 적합할 것이다.

둘째, 아이들이 교사와 학교를 긍정적인 눈으로 바라보고 있지 않다는 사실을 확인한 점이다. 학교와 교사가 아이들의 신뢰를 얻지 못한 상태에서 추구하는 무수한 외적 성과는 그 의미가 퇴색될 수밖에 없기에 충분한 신뢰를 얻으려는 노력이 필요하다. 특히, 교사는 아이들에게 인성에 대한 이상적인 모델이 될 수 있다는 점에서 신뢰 확보는 매우 중요하다.

셋째, 아이들이 자신의 성격이나 좋은 측면에 대해 의미 있는 얘기를 주고받기에는 자신들의 어휘가 빈약하며, 오히려 인성(character)이나 덕(virtue)과 같은 용어들이 주어졌을 때 훨씬 다양한 표현이 가능해진다는 점을 밝혀냈다(Arthur, 2010; Kristján Kristjánsson, 2013: 274 재인용). 일부에서는 인성교육이 전통적인 가치를 강조하는 측면이 있다는 이유로 인성교육에서 언급하는 인성이나 덕과 같은 용어를 지나간 옛날 용어라고 비판하기도 한다. 하지만 이런 인식은 결코 바람직하지 않다(Arthur et al., 2017: 38). 자신의 성격, 장점, 긍정적인 측면들을 다양하게 표현하고 기술하는데 인성교육과 연관된 용어들은 훨씬 풍부한 가치체계를 만들어줄 수 있다. 때문에 이런 용어의 사용은 오히려 긍정적인 측면을 지닌다고 보는 것이 옳다. 자신이 알고 있는 세계를 표현하기에 적합한 용어가 없다면, 그것은 더 이상 언어로 표현될 수 없고 시간이 흐르면서 자연스럽게 사라지게 된다. 그러나 그것을 표현하는 데 다양한 용어와 개념의 도움을 받을 수 있다면, 인성교육 또한 다양하고 풍요로운 가치 세계 속에서 이루어질 수 있고 이러한 환경은 인성의 발달 또한 촉진시킬 수 있을 것이다.

이처럼 인성 관련 교육에 조금씩 관심이 높아질 무렵, 영국 전체를 충격에 몰아넣은 사건이 발생했다. 그것은 바로 2011년 8월에 영국에서 벌어진 '폭동(暴動)'이었다. 당시 런던 북부 토트넘(Tottenham) 지역에서 경찰의 총격으로 사살된 한 흑인 남성의 죽음으로 촉발된 항의 시위가 폭력성을 띠면서 상가 약탈과 방화, 시민들에 대한 공격으로 이어졌다. 런던뿐만 아니라 브리스톨, 버밍엄 등 지방의 여러 도시에서도 시위와 약탈이 발생하였다. 특히, 이러한 폭력적인 약탈 시위에 적지 않은 청년들이 가담한 것에 대해 영국 사회는 큰 충격을 받았다. 부유층의 자녀들도 약탈하는 무리 속에 섞여 있었다는 사실에 놀라움을 금치 못했다. 폭동이 발생한 원인에 대해서는 사회구조적 차원의 분석도 필요하겠지만, 그것만으로 모든 것이 설명되지는 않는다. 특히, 폭동의 중심에 '부족할 것 없는 청소년들마저 폭력적인 약탈과 방화에 왜 가담하느냐?'라는 의문이 놓여 있었다. 적어도 이에 대한 해답을 구하기 위해서는 영국의 학교들이 학생 개인에게 어떠한 가치 교육을 실시하고 있는지에 대한 보다 면밀한 연구가 필요했다.

그러던 와중에 이듬해인 2012년 5월, 인성교육을 본격적으로 연구하는 '쥬빌리 센터(Jubilee Centre for Character and Virtues)'가 영국 버밍엄 대학에 설립되었다. 쥬빌리 센터는 현재까지 인성교육과 관련하여 활발하게 연구 활동을 진행하고 있고, 영국의 인성교육 분야를 주도적으로 이끌어가고 있다. 쥬빌리 센터에 대해서는 김봉제(2018)의 논문에 자세하게 소개되어 있다. 여기서는 쥬빌리 센터에서 소개하고 있는 인성교육의 정의와 인성 형성에 영향을 주는 일곱 가지 덕목에 대해서 검토한다.

쥬빌리 센터는 인성과 인성교육의 개념을 비교적 명확하게 제시하였다. "인성이란 특정 감정을 불러일으키고 동기를 부여하며 행동을 유도하는 개인적인 특성 또는 기질의 집합이다. 인성교육은 젊은이들이 덕이라 불리는 긍정적이고 개인적인 힘을 개발하도록 도와주는 모든 명시적이고 묵시적인 교육활동을 포함한다"(Jubilee Centre, 2017: 2)라고 밝히고 있다. 쥬빌리 센터에서도 인성을 '개인적 차원'으로 이해하면서 인성교육이란 '젊은이들이 바람직한 덕을 내적 차원에서 형성할 수 있도록 돕는 작업'으로 인식한다.

쥬빌리 센터가 인성 형성을 위해 꼽고 있는 일곱 가지 덕목은 '용기(courage)'와 '정직(honesty)', '정의(justice)', '연민(compassion)', '감사(gratitude)', '겸손(humility)', '존중(respect)'이다(Jubilee Centre, 2017: 4). 쥬빌리 센터(2017: 5)는 이러한 대표적인 덕목들 외에도 다양한 덕목들을 제시한다. 인성교육은 이러한 덕목들을 모두 통합하여 크게 네 가지 영역으로 나누고 있다. 그것은 ① 지적인 덕(Intellectual Virtues), ②도덕적인 덕(Moral Virtues), ③시민적인 덕(Civic Virtues), ④실행적인 덕(Performance Virtues)이다. 이 네 가지 덕목을 모두 갖추게 되면 실천적 지혜가 생겨서 욕망을 조절하고 덕목들이 충돌할 때 신중하고 분별 있게 행동하도록 도와준다고 본다. 특히, 시민성과 관련된 '시민적인 덕(Civic Virtues)'의 설정에 주목할 필요가 있다. 이것은 쥬빌리 센터에서 기본적으로 인성을 '개인적 차원'으로 이해하면서도, 시민사회가 지닌 '공동체 차원'으로의 연결 가능성도 내포하기 때문이다. 인성과 시민성의 연결이라는 특징이 여기에서 다시 등장하고 있는 것이다.

영국의 인성교육 발달과정은 미국으로부터도 크게 영향을 받았다. 미국이 준 영향은 두 가지로 나누어 살펴볼 수 있다. 하나는 '지식은 힘 프로그램(KIPP: Knowledge is Power Program)'이고 다른 하나는 북미에서 베스트셀러가 되었던 인성교육 관련 서적들이다(Kisby, 2017: 14). 이러한 인성교육 관련 프로그램과 서적들의 영향으로 정치인들 가운데 인성교육의 필요성을 지지하는 사람들이 상당히 많아졌다. 그러나 이들 정치인이 주로 관심을 갖는 인성교육 분야는 '탄력성(resilience)' 또는 '일과 삶', '교육' 등에서 성공하기 위한 기술적인 측면이다(Kisby, 2017: 15). 이들의 주장은 가치에 기초하여 덕목의 형성을 추구하는 인성교육의 입장과는 거리가 있다. 뿐만 아니라, 오히려 왜곡된 인성교육으로 변질될 가능성이 크다는 점에서 경계할 필요가 있다. 따라서 정치적인 관심이나 입장에 근거하여 인성교육이 좌우되는 것은 주의할 필요가 있으며, 인성교육이 지니는 핵심 가치들이 훼손되지 않도록 하는 작업이 중요하다.

2017년에 영국 교육부(DfE: Department for Education)는 「학교에서 인성 기능을 발달시키기(Developing character skills in schools)」라는 보고서를 펴냈다. 이 보고서의 내용은 크게 세 가지 측면으로 살펴볼 수 있다.

첫째, 영국 교육부는 "아이들과 청년들이 바람직한 인성 특성 또는 속성을 갖도록 계발하려는 모든 활동"(DfE, 2017: 3)을 인성교육으로 보고 있다는 점이다. 여기에는 '향상된 지적 성취(improved academic attainment)' 지원, '고용주들이 높게 평가하는(valued by employers)' 바람직한 특성, '영국 사회에 대한 긍정적 기여(a positive contribution to British society)' 등 세 가지가 포함된다(DfE, 2017: 3). 영국 교육부의 입장도 인성교육을 개인에게서 기대할 수 있는 좋은 가치발달이라는 의미로 사용하고 있다. 그런데 인성 능력을 가리키는 말로 훈련이나 연습을 통해 도달할 수 있는 '기능(skill)'을 사용했다는 점과 고용주들이 가치를 부여하는 바람직한 특성을 우선 고려하고 있다는 점에 주목할 필요가 있다. 이는 '좋은 가치'를 익히는 사안을 넘어, 그것이 사회 속에서 '실용성'도 충분히 갖추고 있어야 한다는 독특한 가치관을 반영한 것으로 볼 수 있기 때문이다. 다만, 영국을 위시한 서구사회에서 받아들여지는 이러한 '실용적 관점'은 자칫 인성교육의 방향을 왜곡시킬 수도 있다는 점에서 조심스러운 접근이 필요하다.

둘째, 각 학교가 좋은 시민의식(97%), 학습적 성취(84%)에 초점을 두고 인성교육을 실시하고 있고, 94% 이상의 학교들은 '정직', '성실', '타인'에 대한 존중에 커다란 가치를 부여한다고 결론지었다(DfE, 2017: 6). 그런데 여기서 학교별로 어떤 점을 중요하게 바라보느냐의 관점에서는 차이가 있다. 즉 초등학교(46%)보다는 중등학교(86%)에서 인성교육을 '취업 능력(employability)'과 연계하고 있고, 특수학교나 대안학교의 경우에는 지적 수행력보다 취업 능력이나 시민성 향상에 초점을 두고 인성교육을 실시하는 경향이 강하다는 점이다(DfE, 2017: 6~7). 이것은 상급학교로 진학할수록, 또 특수목적을 지닌 학교일수록, 사회 공동체와 현실의 목적을 보다 적극적으로 받아들이고 있다는 의미로 이해할 수 있다.

셋째, 인성교육을 지원하기 위해 각 학교가 공식적인 계획이나 정책을 갖고 있어야 하고, 교사들이 인성교육에 대한 책임 의식을 가져야 한다고 주장한다. 또한 학교에서 학업성취에 따라 학교를 평가하는 구조로 인해 교사들이 충분한 시간과 역량을 발휘하기에는 심리적 압박과 제한이 너무 크다는 문제점을 지적하면서, 인성교육을 성공적으로 실행하기 위해서는 '분명한 비전(clear vision)'과 이를 '교과 속에 녹여내려는 학교의 총체적인 노력(whole school approach embedded across the curriculum)'이 핵심이라고 보았다(DfE, 2017: 9). 결국, 학교 현장에서 인성교육을 구현하려는 노력이 가장 중요하다는 점을 강조하고 있다. 이런 점은 한국의 학교 현장에서 어떻게 인성교육을 구현하는지 살펴보는데, 의미 있는 참고사항이 될 수 있다.

3. 인성교육의 특징

지금까지 개략적으로 검토하였듯이, 영국의 인성교육이 어떤 방식으로 전개되어왔는지 역사적 흐름을 통해 볼 때, 다음과 같이 일곱 가지로 그 특징을 정돈할 수 있다.

첫째, 영국에서 인성교육은 신사(紳士: gentleman)를 길러내려는 중산층(中産層)의 욕구에 힘입어 본격적으로 발전하게 되었다는 점이다. 특히, 경제적으로 여유 있는 많은 중산층 부모들은 자녀들에게 최상의 교육을 주고 싶어 하였고, 그 결과 질적으로 가장 우수한 교육이 이들에게 주어졌다. 여기서 의미하는 교육은 단순히 지적 성장에 초점을 맞춘 교육이 아니다. 이들은 지식을 많이 습득했다고 해서 저절로 사회의 주요한 자리에 올라서게 되는 것이 아니라는 점을 알고 있었다. 이러한 인식은 사회가 필요로 하는 사람은 지적 능력뿐만 아니라 바람직한 삶의 양식과 인격적 풍모도 갖추고 있어야 한다는 것이고, 지식 습득 외에도 적절한 교육이 필수적임을 의미한다. 이러한 차원의 교육목표를 이루기 위해 인성교육에 주목할 필요가 있었다.

둘째, 영국은 국가교육과정(National Curriculum)을 통해 영적·도덕적·정신적·육체적 발전을 도모한다는 측면에서 인성의 중요성을 재인식하기 시작하였다. 영적 측면과 도덕적 측면의 발달을 중시한다는 것은 개인의 삶에서 매우 중요한 부분이 아닐 수 없다. 학교에서의 다양한 규칙과 관계들은 감춰진 교육과정으로서 공식적인 교육과정보다 학습자들의 삶에 더 큰 영향력을 행사할 수 있기 때문이다(Palmer, 2018: 73). 특히, 현대사회에서 영성은 점점 그 입지가 좁아지며 위축되고 있는 실정이다. 그러나 영국의 국가교육과정은 사람에게 영성적 측면이 지닌 중요성을 인식하고, 이를 인성에도 확장시킴으로써, 인성이 지나치게 좁은 의미로 해석되지 않도록 하였다. 오늘날에는 영성적 차원을 지나치게 종교적인 의미로 해석하는 경향이 강하지만, 종교는 영성을 가장 대표적으로 드러내 보여줄 뿐, 영성을 종교의 영역에만 국한시켜 보는 것은 지나치게 협소한 이해이다. 오히려 영성은 도덕성을 강화시켜 주고 인간의 성장과 발달에 크게 기여할 수 있다.

셋째, 영국의 교육과정은 시민교육을 중심으로 형성되어 있지만 인성 차원의 요소들을 포괄하는 방식으로 발전해왔다. 영국의 인성교육은 초기에 상당히 모호한 의미를 지니고 시작되었다. 그럼에도 불구하고 신사교육을 통해 크게 발전하는 시기를 거쳤다. 그러나 그 이후로 더 이상 체계적으로 발전하지 못함으로써 사실상 오랫동안 그 명맥이 끊겨버렸다. 반대로 시민교육은 보다 많은 관심을 받으며 사실상 인성교육의 영역까지 포함하는 포괄적 교육내용을 다룸으로써 점점 더 많은 영향력을 행사하게 되었다. 그러던 중 영국에서 일어난 폭동과 젊은이들의 반사회적 행동에 대한 반성으로 인성교육의 중요성이 다시 등장하게 되었다. 현재는 시민교육과 인성교육에 대한 다양한 연구가 진행되고 있다. 시민교육과 인성교육이 서로 중첩되는 부분이 있기는 하지만, 그렇다고 서로 같은 내용을 다루고 있는 것이 아니다. 이는 시민교육에 정부의 형태나 정치적 역사, 국민이 지니고 있는 정치적 소양 등도 포함된다는 사실에서 확인 가능하다(심성보, 2011: 230). 그러나 주의도 필요하다. 시민교육과 인성교육 양자가 통합되어 가는 측면은 어떤 의미에서 필연적이고 바람직하지만, 그 배경과 내용에 대한 충분한 검토가 선행되지 않으면 정책에 따라 엉성하게 혼합된 형태가 되어버릴 가능성이 높기 때문이다.

넷째, '삶을 위한 배움' 프로젝트는 인성이 개인의 차원뿐만 아니라 공동체에 대한 봉사를 통해서도 형성될 수 있음을 지적하였다. 전통적인 인성교육에서는 인성을 개인적 차원의 것으로 해석하였다. 그러나 현대 사회는 개인과 사회 간의 역동적인 관계가 바탕이 되기 때문에, 공동체에 대한 다양한 봉사는 개인의 인성 함양에도 큰 도움을 줄 수 있다. 함께 살아가는 사회를 가장 깊이 체험하도록 도와주기 때문이다. 바로 이런 과정을 통해 타인에 대한 존중과 사회적 약자에 대한 배려 등을 배우는 것이 가능해진다.

다섯째, 영국의 인성교육은 '현실적 유용성'을 기준으로 한 '기능적 개념'을 인성 개념 속에 끌어들이려는 경향이 존재한다. 미국으로부터 받은 영향으로 볼 수 있는 이러한 인식은 개인이 갖고 있는 역량을 통해 인성을 현대적으로 개념화하려는 시도이기도 하다. 그러나 이러한 이해는 오히려 인성의 개념을 더욱 모호하게 만들고, '현실에서 특정한 기능 발휘를 과연 인성으로 볼 수 있는가?'라는 의문을 수반하게 된다.

여섯째, 교사의 '책임 의식'을 강조하고 있다는 점이다. 교사의 책임 의식을 중요하게 여기는 것은 동서고금을 막론하고, 전 세계 모든 곳에서 공통으로 나타나는 현상이다. 특히, 영국은 전국단위의 연구를 통해 이 부분을 분석함으로써, '교사에 대한 학생들의 신뢰가 높지 않다'는 점이 인성교육 차원에서도 커다란 영향을 미칠 수밖에 없음을 밝혀내었다. 교사 개인은 학생들의 신뢰를 얻기 위해 노력해야 하며, 그것이 확보되지 않은 상태에서는 어떠한 인성교육도 그 의미가 반감될 수밖에 없다는 사실을 유념해야 할 필요가 있다. 물론 이를 위한 행정 차원의 지원도 필수적이다.

일곱째, 아이들이 가장 신뢰하는 사람은 '부모'이다. 부모의 말과 행동은 아이의 인성을 형성하는 데 상당히 중요한 역할을 하게 된다는 사실은 '삶을 위한 배움' 프로젝트에서 확인되었다. 학교 교육만으로 아이의 인성을 충분히 발전시킬 수 있다고 생각한다면, 이는 커다란 착각에 지나지 않는다. 그런 만큼 부모에 대한 적절한 교육이 함께 이루어지지 않는다면, 인성교육은 반쪽짜리 교육에 그치고 말 것이다.

Ⅲ. 시사점

1. 「인성교육진흥법」 성찰

영국의 인성교육을 둘러싸고 논의된 여러 사항은 한국 사회에서 일어나는 현상과도 무관하지 않다. 그러므로 논의의 연장선상에서 한국 사회의 교육을 바라볼 필요가 있다. 한국 사회에 만연한 물질주의와 이기주의에 대한 위기의식은 자라나는 아동·청소년, 미래 세대들을 제대로 교육해야 한다는 목소리에 힘을 실어주었다. 이에 따라 2015년에 「인성교육진흥법」이 제정되면서 학교 현장에서 인성교육이 의무적으로 실시되기에 이르렀다. 다시 강조하지만, 「인성교육진흥법」 제2조는 인성교육과 관련하여 다음과 같은 핵심적인 내용을 담고 있다.

1. “인성교육”이란 자신의 내면을 바르고 건전하게 가꾸고 타인·공동체·자연과 더불어 살아가는 데 필요한 인간다운 성품과 역량을 기르는 것을 목적으로 하는 교육을 말한다.
2. “핵심 가치·덕목”이란 인성교육의 목표가 되는 것으로 예(禮), 효(孝), 정직, 책임, 존중, 배려, 소통, 협동 등의 마음가짐이나 사람됨과 관련되는 핵심적인 가치 또는 덕목을 말한다.
3. “핵심 역량”이란 핵심 가치·덕목을 적극적이고 능동적으로 실천 또는 실행하는 데 필요한 지식과 공감·소통하는 의사소통능력이나 갈등해결능력 등이 통합된 능력을 말한다.

「인성교육진흥법」은 인성교육의 목적으로 ‘인간다운 성품과 역량’을 적시하면서 ‘성품’에 해당하는 덕목으로 여덟 가지의 덕을 제시하고, ‘역량’에 해당하는 것으로 의사소통능력이나 갈등해결능력을 언급하고 있다. 그러나 「인성교육진흥법」의 핵심 내용에 대하여 다음과 같은 문제를 제기해볼 수 있다.

첫째, ‘기능’을 중시하는 역량 개념을 인성교육에 차용하면서 발생하는 문제이다. 어떤 사람이 다른 사람과 매우 원활하게 의사소통을 하거나 갈등의 상황에서 원만한 타협을 이끌어낼 때, 우리는 일반적으로 그 사람이 소통과 갈등 중재에서 탁월한 ‘능력’을 갖고 있다고 말한다. 하지만 그 사람이 훌륭한 ‘인성’을 소유하고 있다고 말하지는 않는다. ‘역량’이라는 개념은 ‘인성’과 어울리기 어려운 측면이 있음에도 불구하고, 결과적으로 역량의 개념을 차용함으로써 인성을 더욱 이해하기 어렵게 만들었다. 이러한 입장은 인성교육을 기능을 중심으로 이해하려는 시각으로 인성을 그 자체를 가치 있는 것으로 이해하는 태도가 아니라, 성공적인 미래를 위한 수단으로 이해하는 것이다(고미숙, 2017: 269). 여기에서 ‘의사소통능력’이나 ‘갈등해결능력’은 막연하게 ‘인성’의 영역에서 언급하기보다는 ‘시민성’의 영역에 속하는 것으로 보는 것이 타당하다. 이러한 능력들은 실제 시민사회에서 각 개인이 다양한 사람들 또는 사회집단 내에서 교류하는 데 필수적인 기능이자 능력이다. 그러므로 한국의 인성교육 개념은 그 정의에서 ‘가치지향적인 인성’과 ‘역량을 내포하는 시민성’을 섞어 놓음으로써, 인성의 의미가 정확하게 전달되지 못한 채 모호하게 되어버렸다.

둘째, 핵심 가치 또는 덕목이 '사람됨'과 관련이 있다고 말하지만, 기본적으로 한국인이 갖고 있는 인성의 개념은 서양인들의 그것과는 다르다. 예를 들어, 한국인은 부모에 대한 '효(孝)'를 굉장히 중요한 덕목으로 생각하지만, 한국인들이 '효'를 받아들이는 것만큼 서구 사회나 서양인들도 중요한 가치로 받아들일지는 의문이다. 오히려 개인주의를 더 수월하게 받아들이는 서구 사회의 입장에서는 이를 한국 사회처럼 적극적으로 받아들이지 않을 가능성이 높다. 분명히 서양 문화와 동양 문화, 특히 한국 문화 사이에는 차이가 존재한다. 이런 맥락에서 한국인격교육학회(2010: 211)에서도 퇴계 이황 선생의 가르침을 바탕으로 다음과 같은 지적을 하고 있다.

"우리 전통의 사람됨의 가르침은 그 개념부터가 다르다. 특히, 퇴계가 말하는 몸공부와 마음공부가 그렇다. 퇴계는 도덕을 따로 정의하지 않았다. 단지 몸과 마음을 다스리는 실천의 지혜를 우리에게 남겨 놓았을 뿐이다. 이는 현재의 관점에서 우리에게 의미 있는 메시지를 전해준다. 왜냐하면 현재 우리의 도덕 수업은 이성을 필두로 앎과 형식적 실천만을 강조하지만, 퇴계는 앎과 실천이 하나인 지혜의 가르침을 말하고 있기 때문이다."

그렇다면 '사람됨'이라는 의미는 한국의 정서와 가치를 기반으로 한 독특한 의미도 담고 있다고 볼 수 있다. 한국 사회에 고유한 의미와 보편적 의미를 구분하여 이를 보다 구체적이고 명확하게 안내하는 작업이 필요하다.

셋째, 현재 「인성교육진흥법」에서 규정하는 인성의 범위는 상당히 제한적이다. 여기서 제시하는 것처럼 인성교육을 여덟 가지 덕목으로만 이해할 경우, 그에 맞춰 인성교육이 이루어지고, 그 기준들을 근거로 인성 평가도 이루어질 가능성이 매우 높다. 따라서 이를 보다 포괄적으로 이해하기 위해서라도 현재의 「인성교육진흥법」은 적어도 수정되거나 해석의 폭을 넓힐 필요성이 있어 보인다. 장영란(2018: 8)은 한국의 「인성교육진흥법」에서 규정하고 있는 여덟 가지 덕목이 지나치게 협소한 정의이며, '용기'·'정의'·'절제'와 같은 서양에서 핵심적으로 다루는 덕목들이 포함되어 있지 않다고 비판한다. 물론,

서양에서 중시하는 덕목이 동양에서 중시하는 덕목과 전적으로 일치할 수는 없다. 그러나 「인성교육진흥법」에서 제시하는 덕목들이 과연 얼마나 대표성이나 상징성을 지니고 있는가에 대해서는 재검토할 필요가 있다. 신창호(2019: 268) 또한 「인성교육진흥법」에서 말하는 덕목에 국한하여 인성교육을 실시하는 것은 바람직하지 않다고 주장한다. 즉 다양한 방법과 매체를 활용하여 인간의 성숙을 돕기 위해서는 인성교육만의 문제로 좁게 볼 것이 아니라 보다 넓게 교육의 문제로 보고 접근해야 할 필요가 있다고 강조한다. 「인성교육진흥법」에서 적시한 8대 덕목을 갖추는 것도 쉬운 일은 아니다. 그러나 여덟 가지 덕목을 모두 갖추었다고 해서 훌륭한 인성을 지니게 되는 것은 결코 아니다. 그러므로 「인성교육진흥법」에서 제시되는 덕목들은 중요한 덕목의 사례로 제시된 것이지, 모든 덕목을 포괄한다고 보아서는 곤란하다.

2. 인성교육의 방향과 개선

영국에서 인성교육이 거쳐 온 길은 한국의 인성교육 현장에도 여러 가지 시사점을 제시해준다. 여기에서는 다섯 가지 정도로 대안적 고민을 해본다.

먼저, '인성교육'과 '시민교육'의 관계 정립이다. 영국에서 일어나고 있는 인성교육과 시민교육 사이의 긴장은 사실 한국에도 존재한다. 2019년부터 일부 학교에서 선택과목으로 운영되고 있는 '민주시민교육' 교과의 경우, 그 가르치는 내용이 인성교육과 다르지 않다. 이로 인해, '민주시민교육'이라는 명칭을 쓰는 것이 문제가 있다는 비판적인 시각도 등장하였다(윤석만, 2018).

다시 강조하지만, 인성교육과 시민교육은 결코 동일한 것이 아니다. 두 교육의 공통 접점이 있고, 그 부분의 중요성이 점점 증가하고 있는 것은 사실이지만, 기본적인 목표와 방향성은 서로 다르다. 그런데 왜 이런 오해가 생기는 것일까? 그것은 한국 사회가 민주사회이기 때문에, "민주사회의 지속 발전을 위한 지식 · 가치 · 태도 등 민주시민으로서 요구되는 자질과 소양을 함양하고 행동으로 이어지도록 하는 교육"(서울시 민주시민교육에 관한 조례, 제2조)을 의미하는 시민교육이 한 사회의 문화와 관습의 영향을 받지 않을 수 없는 인성교육과 비슷한 면모를 많이 갖고 있기 때문이다. 특히, 「인성교육진흥법」은

'역량'이라는 개념을 도입함으로써 시민교육과의 구별을 더욱 모호하게 만들었으며, 인성과 시민성을 동일한 개념으로 오해할 수 있게 하였다. 그러므로 인성교육과 시민교육이 등장하게 된 배경을 다시 짚어보면서 그 지향점을 명확하게 하는 작업이 필요하다.

둘째, 인성교육과 시민교육의 명확한 관계를 바탕으로 유연한 프로그램을 만들어나갈 필요가 있다. 두 교육은 동일하지 않지만 서로 공유하는 영역이 존재한다(정창우, 2019: 104; 심성보, 2011: 234). 한 영역의 발전이 다른 영역에도 긍정적인 영향을 주되, 두 과정이 지닌 고유함을 살리면서 궁극적으로 하나로 통합하여 운영해나갈 수 있는 전향적인 태도가 요청된다. 즉 초등과정에서는 기본적인 인성 함양에 보다 초점을 두어 운영하고, 점점 상급학교로 올라갈수록 시민교육을 강화해나가는 방식으로 교육과정을 재구성해나가는 것이다. 이렇게 하면 개인의 인성 발달과 시민의식 함양 모두 유기체적인 교육효과를 거둘 수 있다. 그러나 인성교육과 시민교육의 접점이 많아지고 복합적으로 변하면서 양측을 완벽하게 구분하는 것은 어려운 실정이다. 때문에 두 영역 가운데 '어디에 보다 비중을 두느냐'에 초점을 맞추는 교육이 바람직하다. 좋은 인성을 지녔다고 평가받는 사람이라면 사회조직 안에서도 불의에 저항하고 건전한 목소리를 내는 것이 마땅하다. 그러므로 좋은 인성교육은 비판적 시민교육을 필요로 한다. 이런 점에서 인성교육과 시민교육의 유기체적인 연계는 개인과 공동체 모두에 유익한 통합을 가져올 수 있다.

셋째, 이러한 논의를 바탕으로 생애주기에 따른 단계별 인성교육을 발전시킬 필요가 있다. 이는 인성교육에 대해 보다 체계적인 접근을 주장하는 교육적 기획이다. 김봉제(2018: 50)는 몇몇 학자들의 단계별 인성교육 이론을 소개하면서 생애 발달에 따른 인성교육을 고려한다. 이때 단순하게 인성교육만을 별도로 실시하기보다 인성교육과 시민교육의 융합에 초점을 두어 두 교육을 통합하는 안이 제시되는 것이 바람직하다고 판단한다. 왜냐하면, 현대 시민사회에서는 인성교육과 시민교육이 서로 밀접한 연관성을 지니고 있어 통합적인 측면이 강조되고 있음에도 불구하고, 각급 교육기관은 이를 별도의 교육과정으로 제공하면서 자신의 의무를 다했다고 생각할 수 있기 때문이다. 그 통합의 과제를 학생들의 몫이자 과제로 떠넘기기보다 학생들이 양자를 원활하게 통합해나갈 수 있도록 최대한 배려하는 것이 교육기관의 역할이자 책임일 것이다.

심성보(2015: 172~173)는 "인간의 자질로서 사적인 영역에서의 자질, 즉 도덕적인 자질을 함양하는 것이 먼저이고, 시민의 자질로서 공적인 일을 감당할 수 있는 자질이 그 다음에 이루어져야 한다."고 말한다. 이는 분명 인간으로서 도덕적 힘을 갖고 난 뒤, 차츰 시민으로서의 역량을 길러야 함을 강조한 것이다. 그러나 그는 "인성교육/인격교육에서 출발하여 시민교육/인권교육으로 발전해야 한다"(심성보, 2015: 180)라고 하여, 인성교육이 마무리되고 난 다음에 시민교육으로 넘어가야 하는 듯한 논리를 제시한다. 이런 차원에 전적으로 동의하기는 어렵다. 인성교육이 시민교육을 위한 토대가 될 수는 있지만, 그렇다고 인성교육이 어느 단계에서 끝나고 그 다음부터는 시민교육이 시작하는 그런 절차를 거치는 것은 아니기 때문이다.

점차 복잡해지는 교육의 양상 속에서 두 가지 교육은 모두 필요하다. 그런 만큼 상황에 따라 어느 것이 주된 교육으로 다루어지고 있는가의 차원으로 접근할 필요가 있다. 단순하게 하나의 교육단계에서 다음 교육단계로 넘어가는 논리적 구조를 설정하여 교육의 순서를 고정하면 곤란하다. 발달 단계의 특성을 고려하여, 어릴 때는 보다 쉽게 다가갈 수 있는 인성교육을 위주로 하고, 그런 덕목을 바탕으로 시민교육의 내용을 확장해나가는 교육이라면 상당 부분 동의할 수 있다.

이런 교육에 시사점을 줄 수 있는 의미 있는 사례가 있다. 영국이 2013년 2월부터 2014년 6월까지 영국 전역인 잉글랜드·웨일즈·북아일랜드 지역의 10학년(Year 10: 14~15세) 학생들과 스코틀랜드의 세컨더리 스쿨(Secondary School: 12~17세)의 중간 단계(S3: 14~15세)의 학생들, 총 4053명을 대상으로 한 '청소년 중간개념측정(Ad-ICM: Adolescents Intermediate Concept Measure) 조사'를 들 수 있다. 이 조사는 도덕 판단에 단계가 있음을 보여준다 첫째 수준의 '기반 스키마(bedrock schema)'는 한 사람에게서 가장 기본적인 해석체계의 역할을 하고, 셋째 수준의 '매우 상황적인 규범(highly contextual norms)'은 상황을 적극적으로 고려하여 판단하게 되는데, '중간 개념(intermediate concepts)'은 그 가운데 위치한 것으로 덕목에 기초한 보다 일상생활에 특수한 개념을 의미한다(Walker et al., 2017: 593). 이 조사를 통해 드러난 것은 학생들이 '왜(why)해야 하는가?'보다 '무엇(what)을 해야 하는가?'에 말하는 것에 익숙하며, '가장 나쁜 것(worst)'보다 '가장 좋은 것(best)'을 보다 쉽게 선택한다는 점이다(Walker et al., 2017: 602). 다시 말해, 좋고 나쁨을 비교적 어렵지 않게 판별하지만, '왜'라는 논리적인 이유를 제시해야 할 경우에는 어려움을 겪었다는 것이다. 이 나이 또래의 학생들이 가치에 대해서는 비교적 명확한 판단력을 지니지만, 복잡한 상황이나 구체적인 이유를 제시해야 하는 상황은 어려워한다는 것을 말해준다. 그로 인해 영국 청소년들은 '자기 이익(self-interest)', '개입 회피(not getting involved)', '친구들에게 순응(conformity/loyalty to friends)' 등의 방식으로 도덕적인 판단을 내리는 경향이 있음이 밝혀졌다(Walker et al., 2017: 604). 따라서 어린 학생들에게는 덕목을 기반으로 하는 인성교육에 초점을 두고, 이성이 성장해갈수록 자유와 정의, 책임에 초점을 두어 구체적인 상황에 대한 성찰과 탐색을 용이하게 해주는 시민교육의 강화로 나아가는 것이 바람직하다.

넷째, 인성교육에서 중요하게 여기는 '도덕성 함양'을 위해서는 자신의 '성향'과 '바탕'을 아는 것이 필요하다. 왜냐하면 자신에 대한 앎은 인성교육의 토대로 작용하여 보다 효과적인 교육을 가능하게 해주기 때문이다. 특히, 현대 심리학은 이런 면에서 인성교육에 큰 도움을 줄 수 있다. 인성교육이 모든 사람에게 획일적인 덕성을 갖도록 요구하는 그런 교육이어서는 곤란하다. 오히려 각 개인의 성향과 바탕을 기초로 자신의 삶을 보다 행복하고 의미 있게 살아가는 것에서 출발해야 한다. 자신에게 부족한 덕목은 무엇이고 자신이 지니고 있는 덕목은 어떤 것인지 발견하는 가운데, 부족한 것은 채우고 갖고 있는 것은 잘 간직하며 키워나가는 것이 중요하다.

다섯째, '제대로 된 도덕교육'이 이루어질 수 있도록 해야 한다. 도덕 수업은 그 특성상 다음과 같은 딜레마를 갖고 있다. 즉 '도덕 수업이 현실적인 이유에서 좋은 점수를 획득하는 과정으로 전락하면, 더 이상 제대로 된 도덕 교과로서 기능하지 못하게 된다'는 것이고, 반대로 '이상적인 형태로 도덕 수업을 시행하면, 아무도 도덕 수업에 흥미를 갖지 않을 것이다'라는 점이다. 정창우(2010: 27)는 도덕 교과의 성격에 맞게 가르치는 교사를 증원하는 방안을 해결책으로 제시하지만, 왜곡된 현장 상황은 교사의 증가라는 대책만으로 쉽게 바뀌지 않는다. 왜냐하면 교사 수의 단순한 증가가 학생들의 관심과 흥미를 보장해주지는 않기 때문이다. 학부모들 또한 현실적인 이유를 들어 이에 비우호적일 수 있다. 따라서 교사 증원에 무게중심을 두기보다는 먼저 교육환경 개선에 주력하는 것이 필요하다.

그렇다면 어떻게 환경을 개선할 수 있을까? '인성 관련 용어와 표현'들이 다양한 도덕적 관점들을 표현하도록 도울 수 있다는 영국의 연구 결과를 참고할 필요가 있다. 앞에서 언급하였듯이, 교육 당국은 학생들에게 인격이나 덕목과 관련된 다양한 용어들을 제공함으로써 사람들이 도덕적인 이슈를 표현하는 데 풍요롭게 될 수 있도록 도와줄 필요가 있다. 미성숙한 주위 환경 여건은 인성교육이 한국교육 안에서 뿌리내리기 어렵게 만드는 가장 큰 요인이다. 학교의 교육환경이 경쟁적인 입시 체제를 바탕으로 운영되기 때문에, 이러한 상황에서 인성교육을 실시한다는 것 자체는 그야말로 모순처럼 생각될 수 있다. 인성교육은 각 개인이 덕목을 함양하고 타인을 배려하면서 자신의 삶을 행복하고 의미 있게 가꾸어가는 일이다. 경쟁적 체제, 그것도 입시 중심의 지나친 지식 주입 교육이 횡행하는 가운데 인성교육이 제대로 이루어진다는 것은 거의 불가능하다. 이를 극복하기 위해서는 특히 지역사회와 함께 움직일 필요가 있다. 공동체 차원의 교육은 시민교육에서 자연스럽게 진행할 수 있는 부분이지만, 그것은 개인 차원의 인성교육을 위해서도 의미 있는 장을 마련해줄 수 있다는 점에서 긍정적인 상호 지지의 효과를 낳을 수 있다.

Ⅳ. 결어

인성이라는 개념은 국가나 학자에 따라 그 개념 정의에서 조금씩 차이가 있다. 그러나 인성이 인간과 관련된 '바람직한 가치판단'의 의미를 지니고 있다는 점에서는 대체로 의견이 일치한다. 이런 점에 비춰볼 때, 인성교육이란 인간이 '도덕적 가치 기준에 따라 판단하고 행위하며 성찰하는 삶을 살아갈 수 있도록 돕는 교육'을 의미한다.

세계에서 가장 먼저 산업혁명이 시작된 영국에서는 처음에 공장에서 일하는 아이들을 위한 교육 차원에서 근대적 의미의 인성교육이 시작되었다. 그러다 도시화와 식민지 개척이 활발하게 이루어지면서 부를 축적한 중산층이 급격히 늘어났고, 이들을 중심으로 자녀들에게 최고의 교육을 받게 하려는 열망이 생겨나면서 예절을 중심으로 하는 인성교육이 상당한 인기를 끌게 되었다. 하지만 비교적 근래에 이르기까지 영국에서는 인성교육과 관련하여 특별한 움직임이 없었다. 오히려 시민교육이 주도적인 흐름을 형성하면서 인성교육의 요소까지 흡수한 포괄적 의미의 교육을 실시하였다. 특히, 1998년에 등장한 「크릭 보고서」는 이러한 시민교육이 학교 교육에서 공식화되는 데 크게 기여하였다.

그러나 2011년 영국에서 발생한 폭동을 기점으로 인성교육이 다시 주목받기 시작했다. 시민교육을 통해 청소년들에 대한 교육이 지속적으로 이루어지고 있었음에도 불구하고 많은 청년들이 폭동에 가담한데다, 그들의 일부는 부유층의 자녀라는 사실에서 나라 전체가 충격을 받았기 때문이었다. 시민교육은 공동체에 무게중심을 두지만, 인성교육은 일차적으로 개인에게 방점을 둔다. 개인이 바른 인성을 갖춰가면서, 이들은 자연스럽게 타인과 공동체에 대해 관심을 가지기 때문이다. 이런 상황에서, 영국 버밍엄 대학에는 쥬빌리 센터라는 인성교육연구소가 설립되었고 현재까지 활발한 연구 활동을 해오고 있다. 쥬빌리 센터에서는 덕목을 '지적인 덕', '도덕적인 덕', '시민적인 덕', '실행적인 덕', 이렇게 네 가지로 나누고, 그 속에 다양한 하위 덕목들이 포함된다고 보았다. 이와 달리, 영국 교육부는 학교에서 가르치는 인성교육에 지적성취, 고용주가 원하는 습성, 영국 사회에 대한 기여가 포함되어야 한다는 '경제적 관점'을 강조하는 입장을 보이고 있다.

이런 점을 종합해 볼 때, 영국의 인성교육은 다음과 같은 특징을 갖고 있다. 인성교육이 중산층의 교육 수요에서 본격적으로 출발했으나 영적·도덕적 측면이 포함된 시민교육이 인성교육의 영역까지 포괄하는 형태로 발전해왔다. 이는 공동체에 대한 봉사를 통하여 인성이 함양될 수 있다는 입장이다. 또한 시민교육과 밀접하게 연관된 '역량'의 개념을 강조하고 있고, 교사와 학부모의 '책임 의식'을 중시한다.

이러한 내용은 한국의 인성교육에 다음과 같은 성찰을 제공한다. 첫째,

인성교육과 시민교육 사이에 서로 중복되는 공통 지점으로 인해 상호 긴장이 있다. 그런데 한국의 「인성교육진흥법」에서도 역량의 개념을 도입함으로써 모호한 인상을 주는 인성교육을 더욱 모호하게 만들어버렸다. 둘째, 인성교육과 시민교육의 관계를 명확히 함으로써, 이에 기초한 유연한 프로그램을 만들 필요성이 있다. 셋째, 생애주기에 따른 인성교육을 실시하여 인생 전반의 삶을 건전하게 만들어야 한다. 이를 위해 어린 학생들에게는 인성교육에 초점을 두어 교육하지만, 아이가 성장할수록 시민교육에 중점을 두어 교육한다. 넷째, 보다 효과적인 인성교육을 위해 자기 자신을 잘 알고 깨닫는 교육이 요청된다. 심리학의 장점을 인성교육에 적용해보는 것도 좋다. 다섯째, 의미 있는 도덕교육이 창출하기 위해서는 인격이나 덕목 등의 여러 용어나 개념을 통해 도덕적 관점을 다양하게 표현할 수 있도록 도와주고, 경쟁 중심의 미성숙한 교육환경을 공동체에 기초한 성숙한 지역사회환경으로 변화시킬 필요가 있다.

제11장

인격 형성에 관한 유학의 교육양식

I. 서언

‘미적 교육(美的 教育)’은 ‘미에 관한 교육’, 또는 ‘미를 주제로 다루는 교육’, ‘미를 함양하는 교육’ 등 ‘미교육’이나 ‘미학교육’, ‘예술교육’과 관련하여, 두루 쓰이는 개념이다. 이는 ‘미육(美育)’으로 약칭할 수 있다. 이 미육(美育)은 중국 근대에 차이위안페이(蔡元培, 1868~1940)가 서양의 미적 교육(Aesthetic Education) 이론을 중국에 전하면서 확립된 개념이다. 그는 중국 주대(周代)의 예악교육이 미육적 특징을 지닌다고 하였다(蔡元培, 1984: 135). 주나라를 동경했던 공자의 경우, 미육을 대단히 중시하였고, 그의 미육에 관한 기존의 연구도 주대의 예악전통을 계승한 시교(詩教)·악교(樂教)·예교(禮教)를 중심으로 이루어졌다.

여기에서는 중국학술정보원[中國知网]에서 제공하는 미육 관련 논문 38편을 기반으로, 공자의 예악교육에 나타나는 미육의 특징을 인성교육을 염두에 두면서 살펴본다. 중국 학술정보원[中國知网]의 영문명은 China Academic Journals Full-text Database(약칭 CJFD)이고 주소는 www.cnki.net이다. 여기에서는 총 70편(석사학위논문 5편, 박사학위논문 2편, 학술지에 기재된 학술논문 63편)의 논문을 살펴보고, 그 가운데서 38편의 논문을 인용하였다. 미육은 미학이론을 교육에 응용한 것으로 감정의 도야를 목적으로 한다(蔡元培, 1984: 174). 중국학계에서는 차이위안페이의 견해를 정설로 받아들이고 있다.

중국학계에서 연구한 공자의 인격형성에 관한 미육의 특징은 다음과 같은 몇 가지로 정돈할 수 있다. 첫째, 미육은 인격의 형성을 위한 방법론이다.

시교(詩敎)는 주체의 심미 흥취를 일깨운다(劉永紅, 2010: 17). 시교와 유기체로 연결되는 악교·예교도 이상적 인격[君子]의 형성을 교육의 목표로 상정한 방법론이다(杜衛, 2018: 73; 陶新宏, 2005: 112). 둘째, 미육은 인격의 기능을 제고한다. 특히, 미적 감상, 미적 인식, 미적 창조 등 세 가지 기능을 길러준다(金昕, 2009: 2). 셋째, 미육을 통해 조화적 인격을 형성한다. 조화적 인격은 내적으로 '인(仁)'을 실현하고 외적으로 '육예(六藝)'의 내용을 배워 인격미(人格美)를 갖추는 작업이다(梁哲, 2012: 7; 唐迅, 1996: 48). 이런 인식을 기반으로 어떤 학자는 미육의 형식을 내적인 감성교육과 외적인 형상교육이라는 두 측면으로 고찰하기도 하였다(陶新宏, 2005: 112).

한국학계에서 인격형성과 관련한 미육 연구는 상대적으로 많이 이루어져 있지는 않다. 최근에 이루어진 연구로 이재우(2019)의 박사학위 논문이 있다. 그는 미육을 도덕성과 이성을 갖춘 인격형성을 위한 교육이라고 보았는데, 미육의 특징을 세 측면에서 논의하였다. 첫째, 중화미(中和美)를 가진 군자를 이상적 인격으로 삼았고, 둘째, 예의(禮義)가 인(仁)에 맞는 인격이라야 미(美)의 경지에 부합된다고 보았으며, 셋째, '예절악화(禮節樂和)'의 측면에서 예교와 악교가 미적 교육의 기본원리라고 하였다.

중국은 정부 차원에서 다양한 미육 정책을 펼쳐왔는데, 교육의 경우, 여전히 정치적 요소가 큰 작용을 하고 있다. 특히, 중화인민공화국이 건국 이후, 중국의 문예는 정치운동을 위해, 또는 생산과 건설을 위해 복무해 왔고, 교육은 입시 중심의 지육(知育)에 집중되었다. 이런 상황에서 미육은 기대할 수 없었다.

교육은 시대정신에 부응해야 한다. 그런 만큼 교육 현장에서 보다 나은 대안을 제시하지 못한다면, 미육 또한 무의미한 구호에 그칠 수밖에 없다(신창호, 2019: 244). 춘추(春秋)시대로 일컬어지는 혼란한 시기에 평화로운 사회를 건설하기 위한 대안으로, 공자는 시교·악교·예교를 통해 도덕군자를 고민했다. 중국의 근대사회라는 혼란한 시기에 차이위안페이는 미육을 통해 문화인을 양성하여 질서가 무너지고 도탄에 빠진 사회를 바로 세우려고 하였다. 시대정신을 고려한 미육의 가능성은 동서고금을 막론하고 의미가 있다고 판단된다. 현대 사회의 인간은 이성의 증대에 비해 감성이 결여되고, 그만큼 공감

능력이 떨어지면서 삶은 피폐해지고 있다. 그런 차원에서 미육을 통해 이성과 감성의 조화를 이루는 인격형성의 방법을 모색할 필요가 있다.

여기에서는 공자의 예악 교육에서 드러나는 미육적 특징을 세 부분으로 나누어 고찰하려고 한다. 첫 번째는 '문질빈빈(文質彬彬)'의 해석을 통해 인격을 갖춘 인간, 즉 군자의 미육에 대해 분석한다. 두 번째는 시교(詩敎)를 통한 감정 도야의 특징을 검토하고, 세 번째는 시(詩)·예(禮)·악(樂)의 관계에서 드러나는 이성과 감성의 조화 문제를 살펴보려고 한다.

II. 인격의 전제로서 '문질빈빈(文質彬彬)'

근대의 서구 학문에서 인간의 이성이 많이 부각되었다. 이성과 상대편에 있던 감성 분야도 미학(Aesthetic)의 등장과 더불어 학문의 영역으로 인식되었다. 미학은 바움가르텐을 시작으로, 칸트의 『판단력 비판』을 거쳐 이성과 감성의 측면에서 고찰되었다. 이후 실러(Schiller 1759~1805)에 이르러 이성과 감성의 조화를 이룬 미적 인간(Aesthetic human)을 교육의 목표로 상정한 미육이 등장하였다. 실러의 미적 인간은 고대 그리스의 이상적 인격으로서 '칼로카가토스(καλοκάγαθος)', 즉 '조화적 인간상'에서 시작하여 플라톤·아리스토텔레스·플로티노스를 거쳐 선(善)과 미(美)의 통일인 '도덕적 완성'을 이룬 미적 인간으로 발전하였다(竹內敏雄, 안영길 외 옮김, 2003: 639~640). 실러는 프랑스혁명을 경험하면서 이를 이성의 실패라 보고, 미적 교육을 통해 감성과 이성의 조화적 인격형성이 사회를 바꾸는 대안이라고 여겼다. 서구 미학에 큰 족적을 남긴 실러의 조화적 인간, 즉 미적 인간은 '조화'라는 관점에서 공자의 도덕 군자와 유사한 부분이 있다.

이 조화적 관점은 『논어』에서 언급된 '문질빈빈(文質彬彬)'의 해석을 통해 확인된다. 문질빈빈이라는 조화의 교육양식을 제기하기 위해 공자는 교육내용을 구체적으로 제시한다. 그것은 두 측면에서 이해된다. 하나는 『논어』「술이」편에 보이는 '문(文)·행(行)·충(忠)·신(信)'의 '사교(四敎)'이고, 다른 하나는 『주례』「사도하(司徒下)」〈보씨(保氏)〉의 글에서 비롯된 '예(禮)·악(樂)·사(射)·어

(御) · 서(書) · 수(數)'의 '육예(六藝)'이다. '육예'의 교육내용은 주나라 때 확립되었고 공자가 교육전통으로 계승하였다. 차이위안페이는 '육예' 가운데 '악(樂)'은 미육 자체이고, 사(射) · 어(御) · 서(書)는 미육과 관련되며, '예(禮)'는 "규칙을 지키는 일"이라 "비루한 풍속과 거리가 멀다"고 하였다. 이는 "아름다운 풍속"에 가깝다는 말로 이해할 수 있다. 즉 예의 규범을 지키면, 아름다운 풍속을 만들 수 있다. 『논어』「이인」에서 '이인위미(里仁爲美)'가 이러한 뜻이다. 결국 '사교' 가운데서 교육내용으로서의 '문'에 해당되는 내용이 곧 '육예'의 내용이다. 지(知)와 행(行)의 차원에서 '문'은 지식에 해당되고, 나머지 세 가지는 행(行)에 해당된다.

공자는 미적 인간으로서 군자를 '문질빈빈'이라는 용어로 형용하였다. 『논어』에서 '문질빈빈'과 관련되는 텍스트는 두 군데에 보인다. 하나는 「옹야」에서 공자가 말한 '문질빈빈'이고 다른 하나는 「안연」에서 자공이 '문'과 '질'에 대해 설명한 부분이다.

『논어』 「옹야」에서 공자가 말한 '문질빈빈'의 내용을 보면 다음과 같다. "공자가 말했다. "질(質)[본바탕]이 문(文)[아름다운 외관]보다 뛰어나면 촌스럽고, 문(文)이 질(質)보다 뛰어나면 사(史)[겉치레만 잘함]하니, 문(文)과 질(質)이 적당히 배합된 뒤에야 군자(君子)이다.[子曰: '質勝文則野, 文勝質則史. 文質彬彬, 然後君子.']"

주희의 해석에 의하면, '질'은 성품이 소박한 시골사람[野人]이고, '문'은 견문이 많고 글재주가 있는 '사관[史]'이다.[野, 野人, 言鄙略也. 史, 掌文書, 多聞習事而誠或不足也.] 이는 '질'을 내적 성품으로, '문'을 외적 기능으로 해석한 것이다. 기존의 연구에서도 '문질빈빈'은 내적 도덕성[質]과 외적 미[文]의 관계로 해석하였다. 이러한 '문'과 '질'의 관계는 '조화적 입장'이냐 '도덕성에 치중한 입장이냐'에 따라 미육 또는 도덕교육으로 구분할 수 있다.

첫째, 조화적 입장에서 살펴보면, 중국의 미학자 예랑(葉朗)은 '질'을 '내적 도덕성'으로 '문'을 '외적 문채'로 해석하였다. 그리고 '질'은 도덕적 '선(善)', '문'은 겉에 드러나는 '미(美)'와 연결시켰다. 따라서 '문질빈빈'의 의미는 조화적 입장에서 '질'과 '문'의 통일, '선'과 '미'의 통일이다(葉朗, 2001: 47; 李瑞華, 2007; 祁志祥, 2005; 胡强, 2000; 丁文林, 2005). 궈쉬안(郭璿, 2016: 47~49)에 의

하면, '문'이 '질'의 외적 표현인 것과 마찬가지로, '예(禮)'는 '인(仁)'의 외적 표현이다. 이와 같이 '문'과 '질'은 통일의 차원에서, 내적 도덕성[善/仁]과 외적 미[美/禮]의 조화적 관계를 유지하는 '문질빈빈'의 상태이다.

둘째, 도덕성에 치중한 입장에서 보면, 덩쥔하이(鄧軍海, 2011: 18)는 '질'이 먼저이고 '문'이 나중이며, '질'은 '문'의 근본이기에 질박한 도덕심[仁]이야말로 '예'의 근본이라 하였다. 그는 공자의 가장 큰 공헌은 외적인 '예'에 내재적 근본으로서 '인'을 제기하여 내재적 '질'의 중요성을 강조한 것이라고 하였다. 이처럼 '질'의 측면을 강조하는 경우, '문'과 '질'의 조화적 관점은 흐려진다. 따라서 조화를 고려한 미육의 입장은 도출해내기 어렵고, 공자가 추구한 교육도 도덕교육으로 인식되기 쉽다.

도덕은 넓은 의미에서 규범·가치 또는 이상(理想)의 총체를 의미한다(쿠어트 바이어츠, 박창용·심지원 옮김, 2009: 55). 중국 고대사회의 도덕관은 '좋은 사람(good person)' 또는 '옳은 행위(right action)'에 관한 탐구에서 비롯된다(박재주, 2000: 18). 공자의 교육을 도덕적 측면에서만 강조하다 보면, 공자의 도덕교육은 어진 사람[仁人]을 양성하기 위한 교육으로 오해할 수 있다. 어진 사람은 전제정치에 반항하지 않는 착한 인격자이다. 때문에 공자의 교육사상은 봉건사회의 통치자들에게 이용되었다고 평가된다. 그러나 어진 사람이 곧 도덕적 인간이라고 할 수는 없다. 마찬가지로 이와 같은 도덕성을 기준으로 미적 인간을 평가할 수는 없다. 도덕성은 좋은 것, 가치가 있는 것일 수는 있지만 미적인 것은 아니다. 도덕성에만 한정하는 인격을 고려하는 관점에서는 미적 인간의 특징을 도출해낼 수 없다.

'문'과 '질'의 관계에서 '문'은 외적 형태로서의 미(美), '질'은 내적 선(善)을 대변한다. 따라서 도덕성만 강조하게 되면, '미'에 대한 관점이 부각되지 못하고 빈껍데기로 전락된다. 그러므로 형식과 내용이라는 서구적 사유의 틀을 벗어나 공자에게 외적 미[美]로 인식되는 예(禮)의 미적 가치에 대해 부각시킬 필요가 있다. 조송식(2016: 15)은 '문'과 '질'을 형식과 내용, 즉 '형태의 묘사'와 '정신의 전달'로 해석하였고, 남상호(2004: 134)는 조화적 관점에서 '문'과 '질'이 잘 어울리는 이상적인 상태가 '문질빈빈'이라고 해석하였다.

도덕과 미의 관계에 대한 미학적 인식은 「도덕은 미육을 포함할 수 없다」

는 예랑(葉朗, 1997)의 논문에서 확인할 수 있다. 미학적 관점에서 형식은 내용을 위한 도구에 한정되지 않는다. '문질빈빈'의 측면에서도 도덕교육에 치우친 관점은 곧 '질'에 치우친 관점이다. 그러므로 도덕성만을 부각시켜 공자의 미적 관점을 대변할 수는 없다.

『논어』의 내용을 심도 있게 분석하면, 공자가 도덕성만 중요하게 여긴 것이 아니다. 공자는 당시 도가(道家)와 묵가(墨家)로부터 형식과 겉치레만 중요하게 여긴다고 비판받았다. 뿐만 아니라 공자 스스로도 "문(文)은 내가 남만 못지않다[文, 莫吾猶人也]."라고 자부하였다. 여기서 '문'의 의미는 문무(文武)의 도(道), 또는 주대의 예악 전통을 말한다. 이는 공자가 내적 미로서의 도덕성만 중요하게 여기고 외적 미로서의 예(禮)를 소홀히 여기지 않았음을 의미한다. 그렇다고 하여 공자가 '문'만 중요하게 여겼다고 주장하려는 것은 아니다.

'문질빈빈'에 관한 해석에서 기존의 연구는 자공의 해석에 크게 주목하지 않은 듯하다. 그래서 조화적 관점이 아니라 도덕성에 치우치는 결론에 이른 것이다. 『논어』「안연」에서 극자성(棘子成)이 "군자는 질(質) 뿐이니, 문(文)을 어디에 쓰겠는가?['君子質而已矣, 何以文爲?']라고 하자, 자공은 "문(文)은 질(質)과 같고, 질(質)은 문(文)과 같다. 호랑이[虎豹] 가죽에 털이 없으면 개나 양[犬羊]의 가죽에 털이 없는 것과 같다.['惜乎! 夫子之說, 君子也. 駟不及舌. 文猶質也, 質猶文也. 虎豹之鞟猶犬羊之鞟.']"라고 하였다.

자공의 해석을 자세히 살펴보면, '문'의 의미에 대해 두 가지 관점을 유추할 수 있다.

관점①: '문'은 '외적 미'로서의 의미를 가진다. 그것은 어떤 사물의 표면에 드러나는 미의 형식이다.

관점②: '문'은 '외적 미'와 '내적 미'의 통일체로서 인식되어야 한다.

관점①의 측면에서 보면, 미의 형식으로서 가죽 무늬[얼룩]의 패턴은 시각적으로 미적 느낌을 준다. '문(文)'이라는 글자는 '효(爻)', '교(交)'자와 그 모양이 유사하다. 또 세 글자는 모두 '서로 교차됨' '섞임'이라는 의미를 가진다. 『설문해자』에서는 '문'을 '착(錯)', '교착[交錯]'의 의미로 해석하였고, 『주역』「계사하」에서는 "사물이 서로 섞이므로 '문'이라 한다"라고 하였다.

호랑이 가죽의 무늬는 밝은 털색과 검정 털색의 무늬가 서로 뒤섞여 있으나 각자의 개성을 잃지 않고 있다. 패턴으로 형식미를 이루기 때문에 시각에 미감을 준다. 또 밝음과 어두움이라는 두 가지 상반되는 성격의 색이 서로 다투지 않고 매우 균형적으로 엇갈려 있는 조화로운 모습이 연출되어 있다. '문'이라는 글자와 호랑이의 무늬에서 고대인들의 형식미에 대한 인식이 균형인 동시에 조화임을 알 수 있다.

자공의 입장은 관점②에 해당한다. 자공은 외적 형식미의 조화적 특징을 빌어 군자의 내적 미를 입증하려고 하였다. 호랑이에 대한 자공의 해석에 따르면, 외적 미는 호랑이의 가죽이고, 내적 미는 호랑이의 강력한 힘이다. 조화적 얼룩무늬는 그 내적 힘이 표면에 드러난 것이다. 자공은 내외의 관계는 분리될 수 없음을 강조하였다. 힘이 약한 동물들은 이 얼룩무늬의 상징을 보고 그 내적 힘을 인지하고 공포를 느낀다. 자공은 호랑이가죽 무늬의 조화적 모습으로부터 호랑이의 미적 특징을 도출하였다. 다시 말해, 호랑이가죽의 형식적 미와 내적 본질로서 힘을 조화적 통일체로 연결하며 호랑이의 정체성과 개성을 설명한 것이다. 이러한 유비에서 군자는 외적 미[文/禮/美]와 내적 미[質/仁/善]의 조화적 차원에서 인식되어야 한다.

총괄하면, 외적 미로서 '문(文)'과 내적 미로서 '질(質)'에 대한 자공의 해석을 통해, 유학의 균형과 중화(中和), 조화의 미적 인식을 유추할 수 있다. 우리가 쉽게 받아들이는 외적 형식미, 즉 호랑이의 균형적 무늬는 아름답게 보인다. 하지만 이는 호랑이의 본질적 특징, 즉 정체성으로서 힘이라는 내적 미를 포용한 '호랑이'의 모습이다. 따라서 유학적 미는 외적 균형이나 조화뿐만 아니라 내외의 조화를 지향한다. 외적 미는 내적 미를 포용하고, 내적 미는 외적 미를 통해 표현되어야 '문'과 '질'의 통일, '미(美)'와 '선(善)'의 조화를 이루는 '중화(中和)'라는 최상의 미적 의미를 가진다.

Ⅲ. '시교(詩敎)'를 통한 감정 도야

문질빈빈이라는 조화적 인격형성을 위해, 중국 고대의 사람들은 시교육(詩敎育)을 매우 중시하였다. 시를 통해 의사전달을 하고 감정을 표현하였다.

시에는 다양한 사람들의 희노애락(喜怒哀樂)이 담겨 있다. 그러나 시가 교육적 의미를 가지려면, 시에 표출된 감정이 미적 기준과 도덕적 기준에 부합되어야 한다. 그래서 공자는 정성(正聲)이면서 '사무사(思無邪)'의 취지에 맞는 시 300편을 선정하여 교육의 자료로 제시하였다. 그것이 다름 아닌 『시경』이다.

고대 사회에서 시와 음악은 통합된 양식이었다. 특히 시(詩)·악(樂)·무(舞)는 통합된 형식으로 제례의식에서 연행되었다(金元浦, 2017: 53). 『시경』의 송가(頌歌)는 산천에 지내는 제례행사, 또는 역대 왕들의 업적을 칭송하는 제례행사 때 사용되는 악가(樂歌)의 가사이다. 예컨대 「주송(周頌)」의 '호천유성명(昊天有成命)'은 성왕(成王)의 제사에, '천작(天作)'은 기산(岐山)의 제사에 사용되었다(高亨, 2004: 542~545). 무왕(武王)의 '대무(大武)'는 가육장(歌六章)과 무육장(舞六場)으로 나뉘는데, 노래 6장의 가사는 각기 「주송」의 '아장(我將)'·'무(武)'·'뢰(賚)'·'반(般)'·'작(酌)'·'환(桓)'이다(高亨, 2004: 547). 이 밖에 「상송(商頌)」 '장발(長發)'에 "탕이 태어남은 때에 맞으셨으니 성스러운 덕이 날로 커졌네."라고 적고 있다. 『한시외전(韓詩外傳)』에서 탕(湯)의 악무 '호(濩)'에 대해 묘사할 때, 이 '장발'시를 인용한 것으로 보아 탕의 제사 때에 사용한 악가의 가사인 것으로 추정된다.

왕의 제사나 산천의 제례 행사에서 시를 읊는다면, 경건한 마음으로 낭송하고, 경건함[敬] 이외의 사사로운 감정은 절제되었을 것이다. 그런 의미에서 왕의 제례악에서 읊었던 시는 도덕성을 고양시키는 작용을 한다고 볼 수 있다. 반면에 향락적이고 사람의 정신을 타락시킨다고 여겨진 시나 음악도 있었다. 『사기(史記)』「은본기(殷本紀)」에 기록되어 있는 주왕(紂王)의 '북리지무(北里之舞)'와 '미미지악(靡靡之樂)'은 향락적인 망국의 음악으로 평가되었다. 『여씨춘추(呂氏春秋)』에도 '치악(侈樂)'의 대표적 음악으로 기록하고 있다.

이와 같이 고대 사회에는 다양한 시와 음악이 있었기 때문에, 공자는 인간의 감정 도야에 도움이 되지 않는 '정위지음(鄭衛之音)'과 감정의 도야에 도움이 되는 '정성(正聲)'을 구분하였다. 그는 기존의 풍(風)·아(雅)·송(頌)·부(賦)·비(比)·흥(興) 등 유형의 시들을 모아 '사무사(思無邪)'의 기준에 부합되는 시를 새롭게 편집했던 것이다.

『논어』의 내용과 기존의 연구를 통해 볼 때, 공자가 시를 선별한 미적 기준은 두 가지 측면으로 나눠진다. 하나는 감성적 측면에서 '낙이불음, 애이불상[樂而不淫, 哀而不傷]'(이하 '낙이불음'으로 줄임)의 미적 기준이다(龐世偉, 2003; 李强, 2003; 印曉紅, 2004; 左蕾, 2004; 黎薈, 2004; 陳水德, 2005; 柴素芳, 2005; 燕國材, 2006; 譚傑, 2006; 李瑞华, 2007; 李滿意, 2008; 于建福, 2010; 趙岩, 2011; 陸慶祥, 2014; 伏愛華, 2015). 다른 하나는 이성적 측면에서 '사무사(思無邪)'의 도덕적 기준이다. 차이쑤팡(柴素芳, 2005: 140)은 '낙이불음'과 '사무사'를 공자의 미적 기준으로 보고, 전자는 감정의 정서를 말하고, 후자는 감정의 이성적 요소를 말한다고 보았다. 멍칭난(孟慶楠, 2010: 35)은 시를 호색(好色)의 감정적 측면과 예(禮)의 이성적 측면으로 구분하였다.

'낙이불음'은 『논어』「팔일」에서 공자가 『시경』「국풍」〈관저(關雎)〉시를 평가한 말이다. "〈관저〉는 즐거우면서도 지나치지 않고[樂而不淫], 슬프면서도 화(和)를 해치지 않는다[哀而不傷]." 주희는 "음(淫)은 즐거움이 지나쳐 그 바름[正]을 잃는 것이요, 상(傷)은 슬픔이 지나쳐 화(和)를 해치는 것이다."라고 하였다. 즉 주희는 공자가 제안한 감정을 '바름[正]'과 '조화[和]'의 원칙으로 해석하였다.

『논어』「위정」에서 "시 300편의 뜻을 한마디의 말로 대표할 수 있으니, '생각에 사특함이 없다[思無邪].'"라고 하였다. 정현(鄭玄)은 『모시정의(毛詩正義)』에서 '사무사'는 사특한 뜻[邪意]이 없음이라 하고, 주희는 『논어집주(論語集註)』에서 성정의 바름[情性之正]이라 하였다(李麗琴, 2015; 李吉東, 2019; 張進璽, 2019). '사무사'는 『시경』「노송」시에서 "생각에 사특함이 없으니, 말은 달리는 것만 생각하네[思無邪, 思馬斯徂.]"라는 시구에 보인다. 즉 '사무사'의 뜻은 사특한 생각이 없는 것이 마치 말이 앞으로 용맹하게 달리는 것과 같음을 말한다(晁福林, 2015: 39). 이와 같이 '낙이불음'과 '사무사' 모두 감정의 바름, 또는 생각의 '바름[正]'을 의미하며 조화를 목적으로 한다.

'바름'에 관해 「자로」에서 공자가 "자신을 바르게 하는 것[苟正其身矣]"이라고 말한 바와 같이 '바름'은 생각의 바름에서 행위의 바름, 즉 개인의 인격을 바르게 세우는 입신(立身)을 의미한다. 『논어』「계씨」에서 공자는 아들 리(鯉)에게 "예를 배우지 않으면 설 수 없다[不學禮 , 無以立.]"라고 하였고, 「요왈」에서도 "예를 알지 못하면 설 수 없다[不知禮 , 無以立也.]"라고 말한 점에서 "자신을 바르게 하는" 방법은 이성적 측면에서 예의 규범을 따르는 일임을 알 수 있다.

탄제(譚傑, 2006: 18)의 경우, "감정에서 발현되고 예의에 의해 제어된다[發乎情, 止乎禮義]."라는 구절에 대해 『모시서(毛詩序)』의 글을 인용하여, 감정이 발현되었더라도 예의 규범을 지킴으로써 절도에 맞는 감정을 유지한다고 인식하였다. 차이쑤팡(柴素芳)과 멍칭난(孟慶楠)을 포함한 상당수의 연구에서 감정의 절제는 예의규범에 근거한다고 보았다(龐世偉·魏榮橋, 2003; 黎薔·王姝, 2004; 印曉紅, 2004; 柴素芳, 2005; 孟慶楠, 2011). 이런 점에서 고대 사회에는 예의 규범을 기준으로 합리적인 사유와 감정의 절제를 이끌어냈다. 따라서 예의규범은 시의 미적 기준일 뿐만 아니라 행위 규범임을 알 수 있다.

예(禮)에 관한 로저 에임스(Roger Ames)의 해석에 의하면, 선진시기 사회의 풍속은 일상과 정치 등 모든 영역에서 예가 개입하지 않는 곳이 없었다. 예는 모든 행위의 규범이 되었다. 따라서 서양에서는 예를 '타당성(propriety)'으로 번역하였다. 예의 기능은 인격을 형성하고 사회화하는 과정으로 인식되었다(安樂哲·梁濤·高如辰, 2013: 23). 이런 의미에 비추어 볼 때, 예의규범에 부합되는 시 또한 교육적 역할을 할 수 있는 것이다.

예가 모든 행위의 규범이고 미적 기준이기도 하다는 관점은 『논어』에서도 확인된다. 공자는 안회가 '인'에 대해 물었을 때, 예로써 자신의 감정을 절제하라[克己復禮]고 말하고, 예의규범을 따르는 것이 '인'을 구현하는 구체적인 방법이라고 말한 바 있다[非禮勿視, 非禮勿聽, 非禮勿言, 非禮勿動] 그 결과 안회는 예로써 자신의 감정을 도야하여 '불천노(不遷怒)'의 경지에 이를 수 있었다. 공자는 하늘에 지내는 제사의 예의에 대해 알게 되면 천하를 다스리는 일은 손바닥을 뒤집는 것과 같이 쉽다고 말한다. 이같이 공자에게 예의규범은 시의 미적 규범으로 작용함으로써 감정을 절제하고 도야하는 교육적 작용을 하였다.

고대 사회의 인간관계에서는 시와 노래를 의사소통의 도구로 사용하는 경우가 많았다(印曉紅, 2004: 61~62). 그만큼 창작된 시가 많다는 뜻이다. 옛날에 문인들이 서로 시를 주고받으면서 교유했던 상황으로 미루어 보아도, 고대에 시의 기능이 매우 중요했을 것이라 생각된다. 앞에서도 언급한 것처럼, 공자가 아들 리(鯉)에게 "시를 배우지 않으면 다른 사람과 대화를 나눌 수 없다[不

學詩, 無以言.]"라고 말한 것에서도 확인할 수 있다.

다시 강조하지만, 고대 사회에 시와 음악은 통합된 양식으로 종합예술과 같은 특징을 지니고 있었다(신창호, 2015). 물론 이는 민간에 유행하던 시가 정형화된 이후의 이야기이다. 고대 사회에 각 나라에 유행하는 민간의 시나 가요(歌謠)를 채집하여 천자국인 주(周)나라에 바치면 이를 통해 그 나라 풍속의 좋고 나쁨을 고찰하였다. 채시관(采詩官)이 시를 채집하여 바치면 악관(樂官)이 음악을 가미하여 천자에게 바쳤는데 이것이 국풍(國風)의 시이다(高亨, 2004: 5).

공자는 시를 통해 인간의 감정과 민심을 살피는 방법으로 흥(興)·관(觀)·군(群)·원(怨)을 제기한 바 있다[詩, 可以興, 可以觀, 可以羣, 可以怨] '흥'은 눈에 보이는 사물의 모양을 비유적으로 표현함으로써 어떠한 상상을 이끌어낸다. 예컨대 소나무의 특징에 대해 시에서 비유적으로 표현한 것을 보고 '굳셈'이라는 개념을 상상할 수 있다. 또 물이 아래로 흐르는 특징을 비유적으로 표현하면, '겸손'이라는 개념을 연상할 수 있다. '관'은 앞에서 언급한 대로 유행하는 음악을 통해 민심을 읽고 정치의 성쇠를 알아내는 방법이다. 뤄궈핑(羅國萍, 1996: 70)은 이것을 문예의 사회적 효용이라고 하였다. '군'은 무리의 의미를 가진다. 즉 사회적 인간이 서로의 감정을 공유하고 소통함으로써 관계를 형성하는 작용을 말한다. 이는 사회 감성적 분위기라고 할 수 있는데, 현재의 예술매체가 가지는 교육적 작용으로도 해석할 수 있다. '원'은 당면한 사회적 문제와 폐단에 대한 비판이다.

「시서(詩序)」에 의하면, "시는 사람의 뜻을 표현한 것이다. 즉 마음속에 있던 감정이 시어라는 언어로 표현된 것이다[詩者, 志之所之也. 在心爲志, 發言爲詩]." 당시 사람들의 사상과 정신은 시에 표현되었고, 각 나라에서 각기 다른 풍토를 반영하는 시가 흥행하였다. 그래서 공자는 "시에서 흥기한다[興於詩]"하였다. 이러한 시들 가운데서 대표적인 시는 주나라 악공에 의해 예의 규범에 맞는 아송(雅頌)으로 정형화되었다. 그러므로 이렇게 정형화된 시는 예의 기준에 맞는 바른[正] 음악이기에 "예로 세워진 것이라[立於禮]"할 수 있다. 결국, 시가 예의 규범에 의해 음악으로 완성되었으므로 "악에서 이루어졌다[成於樂]"고 한 것이다.

이와 같이 시에서 표현된 감정은 예의 규범에 근거하여 감성과 이성이 조화된 새로운 음악으로 탄생하였다. 여기서 감성과 이성은 호랑이의 흑과 황백의 무늬가 균형을 가지듯이 어느 한 편에 치우지지 않아야 조화롭다고 평가받을 수 있다. 이것이 공자의 예악교육 방법에 드러나는 미육의 특징이다.

Ⅳ. 이성과 감성의 조화

인간은 이성능력과 감성능력을 통해 인격형성을 고민한다. 이성적 인간은 차가운 인상을 지니고 있어 훌륭한 성품을 가졌을지라도 타인과 조화적 관계를 형성하기 어려운 경우가 있다. 반면, 지나치게 감성적이어서 감정을 절제하지 못하면, 기쁨과 슬픔을 적절하게 표현하지 못한다. 예컨대, 울어야 할 때 웃고 웃어야 할 때 울면, 타인과 감성적 공감을 이루기 어렵다.

공자의 예악교육에 관한 여러 연구는 '시-예-악'의 관계를 설명한 『논어』를 중심으로 이루어졌다. 『논어』「태백」에서 공자는 "시(詩)에서 흥기(興起)시키며, 예(禮)에 서며, 악(樂)에서 완성(完成)한다[興於詩. 立於禮. 成於樂]"라고 하였다.

'시-예-악'의 유기체적 관계에 관한 기존의 연구는 '인격형성의 순서'라는 관점과 '결과'라는 두 측면에서 그 성격을 구명한다. 전자의 관점에 의하면, 시는 정서를 고양시키고 예는 현실생활에서 바른 언행을 구현한다. 예의 측면에서 규범을 요구하는 사회와 자유를 요구하는 개인은 대립 관계이다. 음악은 초월성을 가지므로 개체와 공동체의 대립을 해소시킨다. 그 결과 개체는 자득(自得)의 즐거움을 얻을 수 있다(陸慶祥, 2014: 21). 후자의 관점에 의하면, 예는 핵심이고 시와 음악은 예에 종속되어 예의 요구에 부합됨으로써 인(仁)의 정신을 구현한다. 여기에서 예는 인간을 아름답게 꾸며주는 형식이며 이상적인 삶으로 인도하는 교량이라는 점이다(李强, 2003: 91).

두 관점 모두 시와 음악을 감정 도야의 방법으로 보았다는 측면에서는 동일한 성격을 지닌다(杜衛, 2018: 73; 劉永紅, 2010: 9; 李滿意, 2008: 52). 그러나 '시-예-악'이 인격형성의 순서인지, 아니면 결과인지에 따라 해석을 달리 하였다. 두 관점에서 주목되는 부분은 예를 미적 형식의 필요조건으로 보느냐, 아니면 미적 형식의 충분조건으로 보느냐의 차이이다.

시-예-악을 인격 형성의 순서로 보았을 경우, 예는 인격형성을 위한 조건으로 규명된다(劉永紅, 2010: 19). '시(詩), 예(禮), 악(樂)' 이 세 글자 가운데 악(樂)자는 락(樂)으로 해석되어, 자득의 경지에 이른 완성된 미적 인간의 즐거움으로 해석된다. 그렇게 되면, '시-예-락'의 세 구조에서 시는 '감성능력'의 향상을, 예는 '이성능력'의 향상을, 그리고 락은 미적 인간의 '자득적 경지'를 지칭하게 된다. 따라서 전자의 경우 예는 미적 형식이 될 수 없다. 반면에 시-예-악을 인격형성의 결과로 보았을 경우, 시-예-악은 동등하게 미육의 목표에 귀속되며, 이 지점에서 예는 핵심적 지위에 놓인다.

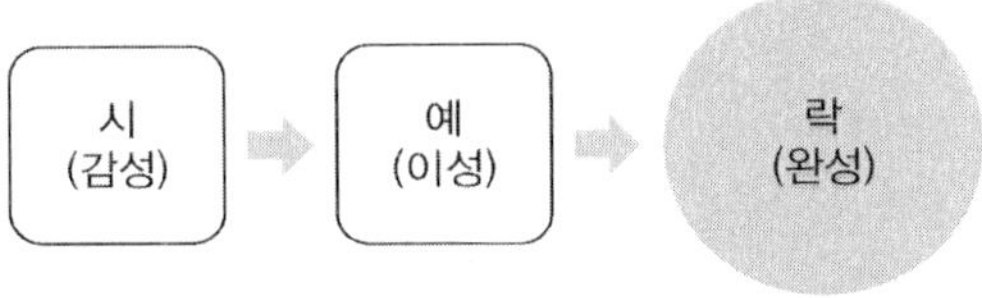

▌그림 11-1

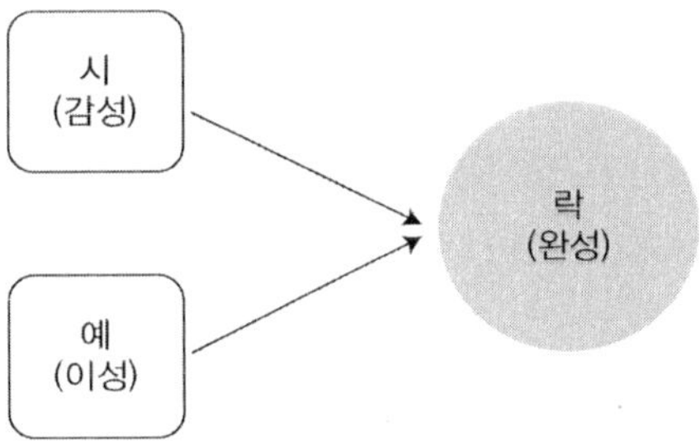

▌그림 11-2

전자에 의하면, '시-예-락'은 인격형성의 단계적 순서를 나타내는 것이기에 〈그림 11-1〉과 같이 시교(詩敎)를 먼저 하고 나서 예교(禮敎)를 하고 락(樂)의 단계에 이른다.

그러나 공자는 아들 리(鯉)에게 시교와 예교를 모두 강조한바 있다. 예교는 시교와 마찬가지로 중요한 삶의 현장에서 배워나가는 차원이다. 그런 만큼 시교와 예교는 동등한 차원에서 중요한 교육이므로 〈그림11-2〉와 같이 제시되어야 한다. 예교가 시교와 동등한 지위를 확보하면, 이는 동시에 이루어져야 하며, 감성과 이성적 측면에서의 역할도 제각기 지닌다.

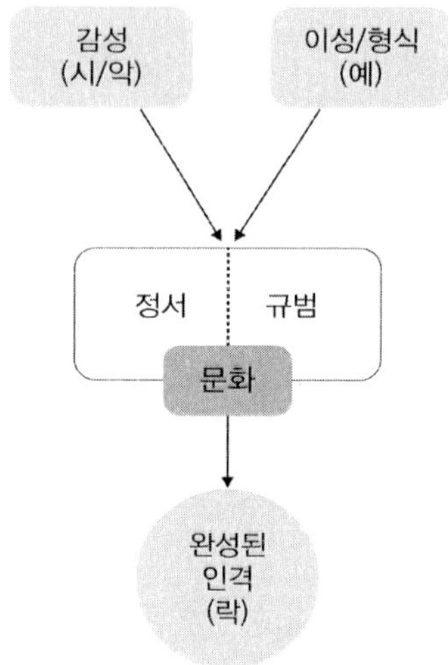

▌그림 11-3

시는 감성적 측면에서 사회의 문화적 정서를 배우는 기능을 가지기 때문에 시를 배우면, 타인과 공감하고 소통하는 능력을 키울 수 있다. 마찬가지로 예는 이성적 측면에서 사회의 문화적 규범을 배우는 기능을 가지기 때문에 언행이 예의규범에 알맞아 타인과 소통하고 교유함에 조화로운 관계를 만들어 나갈 수 있다. 그러므로 공자는 『논어』「계씨」에서 “시를 배우지 않으면 타인과 대화를 나눌 수 없다.”라 하고, 또 “예를 배우지 않으면 자신의 인격을 확립할 수 없다”라고 말한다. 고대 사회의 시와 음악이 통합된 양식이라고 본다면, 두 관점을 〈그림 11−3〉과 같이 표현할 수 있다.

〈그림 11−3〉에서 간략하게 엿보이듯이, 문화의 전승과 창조는 유학의 미육에서 핵심내용을 이룬다. 그 내용은 주대의 예악 문화인 동시에 교육문화이기도 하다. 전통 문화의 차원에서 공자의 시교에 내포된 내용은 하·상·주 삼대로부터 전해지는 시와 노래를 통한 미육, 즉 예술교육이 핵심내용이다. 따라서 초기의 시교는 『예기』「경해」에서 언급한 것처럼 ‘온유돈후(溫柔敦厚)’의 사교적이고 감성적인 도덕적 인격자를 양성하는 데 목적이 있었다. 이는 『서경』에

서 순(舜)이 귀족자제[胄子]들에게 전악(典樂)을 가르쳐 도덕성의 형성을 도우려고 했던 사례와 유사하다. 공자는 이러한 감성과 이성의 조화적 인격을 예의 행위규범을 통해 인(仁)의 도덕성을 실현한 '문질빈빈'의 군자라고 보았다.

V. 결어

이상과 같이 본고는 공자의 예악교육에서 드러나는 미육의 특징을 세 부분으로 나누어 고찰하였다. 첫 번째는 '문질빈빈'에 관한 해석을 통해 미적 인간의 특징에 대해 고찰하고, 다음으로 시교와 예교를 통한 감정 도야의 교육방법과 이성과 감성의 조화를 위한 교육방법에 대해 고찰하였다.

공자는 '문질빈빈'이라야 군자라고 하였다. '문질빈빈'이 가지는 의미를 해석하기 위해 『논어』에서 '문'과 '질'의 관계를 설명한 자공의 해석을 고찰하고 그것을 세 가지 관점을 유추하였다. 첫째, '문'은 '외적 미'로서의 '미(美)'와 '예(禮)'이다. 둘째, '질'은 '내적 미'로서의 '선(善)'과 '인(仁)'이다. 셋째, 공자의 '미'의 개념은 형식과 내용, '미'와 '선'의 통일로 인식되었다. 이는 외적으로 예의 규범에 맞는 언행[文]과 내적으로 인의 도덕성[質]을 갖춘 조화적 모습으로 공자가 강조하는 미적 인간이다.

미적 인간에 해당하는 인격형성을 위한 미육은 두 가지 측면에서 고찰하였는데, 하나는 시교의 감정 도야 기능을 중심으로 분석하였고, 다른 하나는 감성과 이성을 조화적 관점에서 검토하였다. 공자는 시를 선별한 미적 기준에 대해 "낙이불음(樂而不淫) 애이불상(哀而不傷)"과 '사무사(思無邪)'의 두 가지를 지목하였고, 이는 주희에 의해 두 가지 미적 기준 모두 바름[正]으로 해석되었다. 공자가 정악(正樂)을 위해 정성(鄭聲)을 배척했던 사례는 공자의 미적 기준이 예의 규범을 통한 감정의 절제에 있었음을 보여준다. 즉 예술에 내포된 감정은 반드시 절제된 감정이어야 하고, 예의 규범에 맞아야 한다. 그 작업은 고대에 주나라 악공에 의해 이루어졌던 것들이다. 공자는 시 300편을 골라 인격형성을 위한 교재로 사용하였다. 이와 연관된 예는 모든 행위의 규범이었다. 따라서 예의 기능은 인격을 형성하고, 사회화하는 과정으로 인식되었다.

안회가 '인'에 대해 물었을 때도 공자는 예의 규범에 따르도록 가르쳤고, 인간은 예의규범을 실천함으로써 사회적 요구에 부합되게 행동하고 사회의 일원으로 인정받는다고 보았다. 이것이 인격을 형성하고, 사회화하는 과정이며, 예술교육을 통해 미적 인격을 형성하는 교육방법이다.

이러한 미육은 시－예－악의 관계에서 절정에 이른다. 시－예－악은 인격형성의 순서이기도 하고 결과이기도 하다. 시를 구심으로 인간의 정신을 고양시키고, 예를 통해 현실생활에서 바른 언행을 구현하며, 미적 인격을 형성하여 즐거움이라는 자득의 경지에 이른다. 이러한 교육의 방법이 공자가 추구하는 인격형성의 개략적 양상으로 이해된다.

인성교육진흥법

시행 2015. 7. 21.

법률 제13004호, 2015. 1. 20. 제정

[법률 제17472호, 2020. 8. 11. 타법개정] [시행 2020. 9. 12]

제1조(목적) 이 법은 「대한민국헌법」에 따른 인간으로서의 존엄과 가치를 보장하고 「교육기본법」에 따른 교육이념을 바탕으로 건전하고 올바른 인성(人性)을 갖춘 국민을 육성하여 국가사회의 발전에 이바지함을 목적으로 한다.

제2조(정의) 이 법에서 사용하는 용어의 뜻은 다음과 같다. <개정 2017. 12. 19.>

1. "인성교육"이란 자신의 내면을 바르고 건전하게 가꾸고 타인·공동체·자연과 더불어 살아가는 데 필요한 인간다운 성품과 역량을 기르는 것을 목적으로 하는 교육을 말한다.
2. "핵심 가치·덕목"이란 인성교육의 목표가 되는 것으로 예(禮), 효(孝), 정직, 책임, 존중, 배려, 소통, 협동 등의 마음가짐이나 사람됨과 관련되는 핵심적인 가치 또는 덕목을 말한다.
3. "핵심 역량"이란 핵심 가치·덕목을 적극적이고 능동적으로 실천 또는 실행하는 데 필요한 지식과 공감·소통하는 의사소통능력이나 갈등해결능력 등이 통합된 능력을 말한다.
4. "학교"란 다음 각 목의 어느 하나에 해당하는 기관을 말한다.
   가. 「유아교육법」 제2조제2호에 따른 유치원
   나. 「초·중등교육법」 제2조에 따른 학교
   다. 「재외국민의 교육지원 등에 관한 법률」 제2조제3호에 따른 한국학교

제3조(다른 법률과의 관계) 인성교육에 관하여 다른 법률에 특별한 규정이 있는 경우를 제외하고는 이 법에서 정하는 바에 따른다.

제4조(국가 등의 책무) ① 국가와 지방자치단체는 인성을 갖춘 국민을 육성하기 위하여 인성교육에 관한 장기적이고 체계적인 정책을 수립하여 시행하여야 한다.

② 국가와 지방자치단체는 학생의 발달 단계 및 단위 학교의 상황과 여건에 적합한 인성교육 진흥에 필요한 시책을 마련하여야 한다.

③ 국가와 지방자치단체는 학교를 중심으로 인성교육 활동을 전개하고, 인성 친화적인 교육환경을 조성할 수 있도록 가정과 지역사회의 유기적인 연계망을 구축하도록 노력하여야 한다.

④ 국가와 지방자치단체는 학교 인성교육의 진흥을 위하여 범국민적 참여의 필요성을 홍보하도록 노력하여야 한다.

⑤ 국민은 국가 및 지방자치단체가 추진하는 인성교육에 관한 정책에 적극적으로 협력하여야 한다.

제5조(인성교육의 기본방향) ① 인성교육은 가정 및 학교와 사회에서 모두 장려되어야 한다.

② 인성교육은 인간의 전인적 발달을 고려하면서 장기적 차원에서 계획되고 실시되어야 한다.

③ 인성교육은 학교와 가정, 지역사회의 참여와 연대 하에 다양한 사회적 기반을 활용하여 전국적으로 실시되어야 한다.

제6조(인성교육종합계획의 수립 등) ① 교육부장관은 인성교육의 효율적인 추진을 위하여 대통령령으로 정하는 관계 중앙행정기관의 장과의 협의와 제9조에 따른 인성교육진흥위원회의 심의를 거쳐 인성교육종합계획(이하 "종합계획"이라 한다)을 5년마다 수립하여야 한다.

② 종합계획에는 다음 각 호의 사항이 포함되어야 한다.

1. 인성교육의 추진 목표 및 계획
2. 인성교육의 홍보
3. 인성교육을 위한 재원조달 및 관리방안
4. 인성교육 핵심 가치·덕목 및 핵심 역량 선정에 관한 사항
5. 그 밖에 인성교육에 관하여 필요한 사항으로 대통령령으로 정하는 사항

③ 교육부장관은 종합계획의 중요사항을 변경하는 경우 제1항에 따른 관계 중앙행정기관의 장과의 협의와 제9조에 따른 인성교육진흥위원회의 심의를 거쳐야 한다. 다만, 법령의 개정이나 관계 중앙행정기관의 관련 사업계획 변경 등 경미한 사항을 변경하는 경우에는 그러하지 아니하다.

④ 교육부장관은 제1항 또는 제3항에 따라 종합계획을 수립하거나 변경하였을 때에는 지체 없이 이를 관계 중앙행정기관의 장에게 통보하여야 한다.

⑤ 교육부장관은 종합계획을 수립하기 위하여 인성교육의 진흥에 관한 실태조사를 5년마다 실시할 수 있다. <신설 2018. 12. 18.>

⑥ 교육부장관은 제5항에 따른 실태조사를 위하여 관계 중앙행정기관의 장 및 지방자치단체의 장 등 관련 기관､단체의 장에게 필요한 자료 제출을 요청할 수 있다. 이 경

우 요청을 받은 자는 특별한 사유가 없으면 이에 협조하여야 한다. <신설 2018. 12. 18.>

⑦ 특별시·광역시·특별자치시·도 및 특별자치도 교육감(이하 "교육감"이라 한다)은 종합계획에 따라 해당 지방자치단체의 연도별 인성교육시행계획(이하 "시행계획"이라 한다)을 수립·시행하여야 한다. <개정 2018. 12. 18.>

⑧ 교육감은 제7항에 따라 시행계획을 수립하거나 변경하였을 때에는 이를 지체 없이 교육부장관에게 통보하여야 한다. <개정 2018. 12. 18.>

⑨ 종합계획 및 시행계획의 수립·시행과 실태조사의 방법 등에 필요한 사항은 대통령령으로 정한다. <개정 2018. 12. 18.>

제7조(계획수립 등의 협조) ① 교육부장관과 교육감은 종합계획 또는 시행계획의 수립·시행 및 평가를 위하여 필요한 경우 관계 중앙행정기관의 장, 지방자치단체의 장 및 교육감 등에게 협조를 요청할 수 있다.

② 제1항에 따른 협조를 요청받은 자는 특별한 사유가 없으면 이에 따라야 한다.

제8조(공청회등의 실시) ① 교육부장관과 교육감은 종합계획 및 시행계획을 수립하려는 때에는 공청회, 설명회, 세미나, 설문조사 등 다양한 방식(이하 이 조에서 "공청회등"이라 한다)으로 국민 및 관계 전문가 등으로부터 의견을 청취하여야 하며, 공청회등에서 제시된 의견이 타당하다고 인정되는 때에는 이를 종합계획 및 시행계획 수립에 반영하여야 한다. <개정 2019. 12. 10.>

② 공청회등의 실시에 필요한 사항은 대통령령으로 정한다. <개정 2019. 12. 10.>

[제목개정 2019. 12. 10.]

제9조(인성교육진흥위원회) ① 인성교육에 관한 다음 각 호의 사항을 심의하기 위하여 교육부장관 소속으로 인성교육진흥위원회(이하 "위원회"라 한다)를 둔다.

1. 인성교육정책의 목표와 추진방향에 관한 사항
2. 종합계획 수립에 관한 사항
3. 인성교육 추진실적 점검 및 평가에 관한 사항
4. 인성교육 지원의 협력 및 조정에 관한 사항
5. 그 밖에 인성교육 지원을 위하여 대통령령으로 정하는 사항

② 위원회는 위원장을 포함한 20명 이내의 위원으로 구성한다.

③ 위원회의 위원장은 위원 중에서 호선하되, 공무원이 아닌 사람으로 한다.

④ 위원회의 위원은 다음 각 호의 어느 하나에 해당하는 사람 중에서 대통령령으로 정하는 바에 따라 교육부장관이 임명 또는 위촉한다. 이 경우 위원은 공무원이 아닌 사람이 과반수가 되도록 한다. <개정 2020. 8. 11.>

1. 교육부차관, 문화체육관광부차관(문화체육관광부장관이 지명하는 차관), 보건복지부차관(보건복지부장관이 지명하는 차관) 및 여성가족부차관

2. 국회의장이 추천하는 사람 3명

3. 인성교육에 관한 학식과 경험이 풍부한 사람 중에서 대통령령으로 정하는 사람

⑤ 위원회가 심의한 사항을 집행하기 위하여 인성교육 진흥과 관련된 조직 · 인력 · 업무 등에 필요한 사항은 교육부령으로 정한다.

⑥ 그 밖에 위원회의 구성 · 운영에 필요한 사항은 대통령령으로 정한다.

제10조(학교의 인성교육 기준과 운영) ① 교육부장관은 대통령령으로 정하는 바에 따라 학교에 대한 인성교육 목표와 성취 기준을 정한다.

② 학교의 장은 제1항에 따른 인성교육의 목표 및 성취 기준과 교육대상의 연령 등을 고려하여 대통령령으로 정하는 바에 따라 매년 인성에 관한 교육계획을 수립하여 교육을 실시하여야 한다.

③ 학교의 장은 인성교육의 핵심 가치 · 덕목을 중심으로 학생의 인성 핵심 역량을 함양하는 학교 교육과정을 편성 · 운영하여야 한다.

④ 학교의 장은 인성교육 진흥을 위하여 학교 · 가정 · 지역사회와의 연계 방안을 강구하여야 한다.

제11조(인성교육 지원 등) ① 국가 및 지방자치단체는 가정, 학교 및 지역사회에서의 인성교육을 지원하기 위한 교육 프로그램(이하 “인성교육프로그램”이라 한다)을 개발하여 보급하여야 한다.

② 국가와 지방자치단체는 인성교육프로그램의 구성 및 운용 등을 전문단체 또는 전문가에게 위탁할 수 있다.

③ 교육부장관과 교육감은 인성교육프로그램의 구성 및 운용 계획을 해당 학교 인터넷 홈페이지에 게시하는 등의 방법으로 학부모에게 알릴 수 있도록 하여야 한다. <개정 2017. 12. 19.>

④ 학부모는 국가, 지방자치단체 및 학교의 인성교육 진흥 시책에 협조하여야 하고, 인성교육을 위하여 필요한 사항을 해당 기관의 장에게 건의할 수 있다.

⑤ 그 밖에 가정, 학교 및 지역사회에서의 인성교육 진흥 등에 필요한 사항은 대통령령으로 정한다.

제12조(인성교육프로그램의 인증) ① 교육부장관은 인성교육 진흥을 위하여 인성교육프로그램을 개발 · 보급하거나 인성교육과정을 개설(開設) · 운영하려는 자(이하 “인성교육프로그램개발자등”이라 한다)에 대하여 인성교육프로그램과 인성교육과정의 인증(이하 “인증”이라 한다)을 할 수 있다.

② 인증을 받고자 하는 인성교육프로그램개발자등은 교육부장관에게 신청하여야 한다.

③ 교육부장관은 제2항에 따라 인증을 신청한 인성교육프로그램 또는 인성교육과정이 교육내용 · 교육시간 · 교육과목 · 교육시설 등 교육부령으로 정하는 인증기준에 적합한

경우에는 이를 인증할 수 있다.

④ 제3항에 따른 인증을 받은 자는 해당 인성교육프로그램 또는 인성교육과정에 대하여 교육부령으로 정하는 바에 따라 인증표시를 할 수 있다.

⑤ 제3항에 따른 인증을 받지 아니한 인성교육프로그램 또는 인성교육과정에 대하여 제4항의 인증표시를 하거나 이와 유사한 표시를 하여서는 아니 된다.

⑥ 제1항부터 제3항까지에 따른 인증의 절차 및 방법 등에 필요한 사항은 교육부령으로 정한다.

⑦ 교육부장관은 제1항부터 제3항까지에 따른 인증 업무를 교육부령으로 정하는 바에 따라 전문기관 또는 단체 등에 위탁할 수 있다.

제13조(인증의 유효기간) ① 제12조제3항에 따른 인증의 유효기간은 인증을 받은 날부터 3년으로 한다.

② 제1항에 따른 유효기간은 1회에 한하여 2년 이내에서 연장할 수 있다.

③ 제2항에 따른 인증의 연장신청, 그 밖에 필요한 사항은 교육부령으로 정한다.

제14조(인증의 취소) 교육부장관은 제12조제3항에 따라 인증한 인성교육프로그램 또는 인성교육과정이 다음 각 호의 어느 하나에 해당하는 경우에는 그 인증을 취소할 수 있다. 다만, 제1호에 해당하는 경우에는 취소하여야 한다.

1. 거짓, 그 밖의 부정한 방법으로 인증받은 경우
2. 제12조제3항에 따른 인증기준에 적합하지 아니하게 된 경우

제15조(인성교육 예산 지원) 국가 및 지방자치단체는 인성교육 지원, 인성교육프로그램 개발·보급 등 인성교육 진흥에 필요한 비용을 예산의 범위에서 지원하여야 한다.

제16조(인성교육의 추진성과 및 활동 평가) ① 교육부장관 및 교육감은 종합계획 및 시행계획에 따른 인성교육의 추진성과 및 활동에 관한 평가를 1년마다 실시하여야 한다.

② 교육부장관과 교육감은 제1항에 따른 평가 결과를 종합계획 및 시행계획에 반영할 수 있다. <개정 2016. 12. 20.>

③ 그 밖에 인성교육의 추진성과 및 활동 평가에 필요한 사항은 대통령령으로 정한다.

[제목개정 2016. 12. 20.]

제17조(교원의 연수 등) ① 교육부장관과 교육감은 학교의 교원(이하 "교원"이라 한다)이 대통령령으로 정하는 바에 따라 일정시간 이상 인성교육 관련 연수를 이수하도록 하여야 한다. <개정 2017. 12. 19.>

② 「고등교육법」 제41조에 따른 교육대학·사범대학(교육과 및 교직과정을 포함한다) 등 이에 준하는 기관으로서 교육부령으로 정하는 교원 양성기관은 예비교원의 인성교육 지도 역량을 강화하기 위하여 관련 과목을 필수로 개설하여 운영하여야 한다.

제18조(학교의 인성교육 참여 장려) 학교의 장은 학생의 제11조제1항에 따른 지역사회

등의 인성교육 참여를 권장하고 지도·관리하기 위하여 노력하여야 한다.

제19조(언론의 인성교육 지원) 국가 및 지방자치단체는 범국민적 차원에서 인성교육의 중요성에 대한 인식을 공유하고 이들의 참여의지를 촉진시키기 위하여 필요한 경우 언론(「언론중재 및 피해구제 등에 관한 법률」 제2조에 따른 방송, 신문, 잡지 등 정기간행물, 뉴스통신 및 인터넷신문 등을 포함한다)을 이용하여 캠페인 활동을 전개하도록 노력하여야 한다.

제20조(전문인력의 양성) ① 국가 및 지방자치단체는 인성교육의 확대를 위하여 필요한 분야의 전문인력을 양성하여야 한다.

② 교육부장관 및 교육감은 제1항에 따른 전문인력을 양성하기 위하여 교육 관련 기관 또는 단체 등을 인성교육 전문인력 양성기관으로 지정하고, 해당 전문인력 양성기관에 대하여 필요한 경비의 전부 또는 일부를 지원할 수 있다.

③ 제2항에 따른 인성교육 전문인력 양성기관의 지정기준은 대통령령으로 정한다.

제21조(권한의 위임) 교육부장관은 이 법에 따른 권한의 일부를 대통령령으로 정하는 바에 따라 교육감에게 위임할 수 있다.

제22조(과태료) ① 다음 각 호의 어느 하나에 해당하는 자에게는 500만원 이하의 과태료를 부과한다.

1. 거짓이나 그 밖의 부정한 방법으로 제12조에 따른 인증을 받은 자
2. 제12조제5항을 위반하여 인증표시를 한 자

② 제1항에 따른 과태료는 대통령령으로 정하는 바에 따라 교육부장관이 부과、징수한다.

부칙 〈제17472호, 2020. 8. 11.〉

제1조(시행일) 이 법은 공포 후 1개월이 경과한 날부터 시행한다. 다만, · · · <생략> · · ·, 부칙 제4조에 따라 개정되는 법률 중 이 법 시행 전에 공포되었으나 시행일이 도래하지 아니한 법률을 개정한 부분은 각각 해당 법률의 시행일부터 시행한다.

제2조 및 제3조 생략

제4조(다른 법률의 개정) ① 인성교육진흥법 일부를 다음과 같이 개정한다.

제9조제4항제1호 중 "보건복지부차관"을 "보건복지부차관(보건복지부장관이 지명하는 차관)"으로 한다.

②부터 ㉝까지 생략

제5조 생략

참고문헌

『論語』『論語注疏』『論語集註』『孟子』『中庸』『周易』『書經』『周禮』『周禮注疏』『禮記』『荀子』『墨子』『莊子』『說文解字』『史記』『左傳』『韓詩外傳』『呂氏春秋』

강경영(2017). 초등학교 인성교육 실천사례들의 덕목 분석: 2014.2015.2016년 사례들을 중심으로. 창원대학교 석사논문.

강민수 · 최지혜 · 신창호(2020). 인성교육의 정책 실천에서 드러난 교육적 역설. 교육연구논총 41(4). 37－62.

강선보 외(2008). 인성교육. 양서원.

강선보 · 박의수 · 김귀성 · 송순재 · 정윤경 · 김영래 · 고미숙(2008). 21세기 인성교육의 방향 설정을 위한 이론적 기초 연구. 교육문제연구 30, 1－38.

강영순 · 신창호(2020). 인격형성에 관한 공자의 교육방법 고찰: 예악(禮樂)교육의 미육(美育)적 특징을 중심으로. 동방학 43. 9－36.

강지민 · 유난숙(2018). 인성교육을 위해 기술 · 가정교과 '가족의 이해' 단원에 ARCS 동기유발 전략을 적용한 교수 · 학습 과정안 개발 및 평가. 한국가정과교육학회지 30(1), 29－42.

高　亨(2004). 詩經今注. 清華大學出版社.

고려대학교 교육문제연구소(2007). 알기 쉬운 교육학 용어사전. 원미사.

고미숙(2005). 대안적 도덕교육. 교육과학사.

고미숙(2017). 인성교육에서 역량 접근에 대한 비판과 역량잠재성 접근의 대안적 가능성. 도덕윤리과교육 57, 255－282.

고요한(2016). 인간현상과 인성교육의 현상학. 박영스토리.

고창수 · 김주숙 · 진성현 · 조형미 · 정승요 · 박유나(2016). 실천중심의 인성교육을 적용한 STEAM 프로그램이 초등학생의 STEAM 태도와 실천적 인성 함양에 미치는 영향. 초등교육연구 29(1), 1－22.

郭　璿(2016). 論"文質彬彬". 美與時代(下), 07－25期刊.

곽노의(2006). 자연주의교육사상에 기초한 유아교육. 한국초등교육 17(1), 249－268.

곽덕주(2013). 근대교육에서의 교육적 역설과 그 교육적 의의. **교육철학연구** 35(4), 1－27.
곽유진(2014). 몸공부를 통한 Character Education 비판: 사람됨 교육의 관점에서. 한국인격교육학회, **인격교육** 8(3), 117－129.
구본만(2015). 인격주의 인성교육의 실천 방향. **종교교육학연구** 49, 23－49.
구인회(1999). 행위와 도덕적 책임에 관한 고찰. **철학연구** 47, 357－375.
국립특수교육원(2009). **특수교육학 용어사전**. 하우.
권선향 · 신창호(2019). 관계성에 근거한 불교의 인성교육적 의미: 지혜와 자비의 두 측면을 중심으로. **불교학보** 88, 291－315.
권선향 · 지준호(2016). 관계성의 측면에서 본 유학과 불교의 인성 개념: 『논어』와 『대승기신론』을 중심으로. **유학연구** 36, 385－408.
권의섭(2017). 포스트모던 시대 인성교육의 방향과 실천. **철학논총** 87, 55－82.
권혁환(2005). 초등학교 도덕과 교육과정의 변천. **도덕윤리과교육** 20, 43－68.
祁志祥(2005). 孔子美學:文質彬彬､寓教於樂. **中文自學指導**, 11－18期刊.
김 녕(2016). '인성교육진흥법'의 발상과 함의에 대한 비판적 고찰. **생명연구** 39, 55－102.
金 昕(2009). 美育與大學生人格養成. 東北師範大學 博士論文.
김고경 · 백성혜(2019). 협동학습 기반 융합교육 프로그램을 통한 초등학교 6학년 학생들의 인성요소 발달 탐색. **융합교육연구** 5, 29－53.
김길례(2002). 인성교육을 위한 미술과 교수－학습 프로그램 개발 연구. 인천교육대학교 교육대학원 석사논문.
김길순(2015). 인성교육진흥법의 문제점과 보완 방안. **한국사상과 문화** 78, 46—486.
김남준(2008). 도덕실재론의 최소성립조건. **대동철학** 43, 1－28.
김명화(2015). 인성 교육을 위한 정의적 특성 평가 재조명: 교육연구에서 최근 경향. **학습자중심교과교육연구** 15(11), 981－1000.
김민남 외 역(2004). **도덕발달의 철학**. 교육과학사.
김민성(2015). '자연스러운' 인성교육의 원리와 방향: 사회적 존재로서의 인간의 특성에 기반하여. 2015 **한국교육심리학회 연차학술대회 발표논문집**.
김민수(2014). '인성교육'담론에서 '인성'개념의 근거. **교양교육연구** 8(4), 169－206.
김병수 · 이희진 · 김진희(2016). 독립운동마을을 활용한 청소년 인성교육프로그램 개발. **한국지역사회생활과학회 학술대회 자료집**, 116－116.
김병희(2018). **인성교육의 논리와 전통**. 도서출판 신정.
김병희 · 김언진(2018). 누리과정 지도서에 제시된 그림책 관련 활동의 인성 덕목 분석. **열린유아교육연구** 23(4), 109－124.
김보경(2015). 소외된 인성의 길 찾기: 유교와 불교의 인성 개념을 중심으로. **사회사상과 문화**

18(3), 33－68.

김봉제(2018). 체계적 문헌고찰을 통한 인성교육 연구 동향 분석: 네트워크 텍스트 분석과 다차원척도 분석 방법을 중심으로. **도덕윤리과교육연구** 59, 185－213.

김상철(2018). 한국의 인성교육정책에 대한 이데올로기적 비판: 역사적 전개과정을 중심으로. **한국교육학연구** 24(4), 83－113.

김상철(2019). 인성교육정책의 계획 · 실행 · 평가 분석. **교육문제연구** 32(1), 261－296.

김서연 · 박종효(2019). 고등학생의 인성과 도덕성 함양을 위한 용서프로그램 개발 및 효과 검증. **한국교육문제연구** 37(4), 37－60.

김선주(2017). 인성교육 진흥법 핵심가치덕목에 근거한 대학생용 인성 척도 개발. **교양교육연구** 11(3), 217－258.

김성아(2003). 老莊思想의 自生自化원리에 근거한 人間主體性회복에 관한 연구. 서울교육대학교 석사논문.

김성원 · 윤정진(2017). 대학생의 인성교육 프로그램 개발: 애니메이션을 중심으로. **사단법인 인문사회과학기술융합학회** 7(8), 541－550.

김성한(2019). 도덕 생득론자의 관점에서 본 현행 초등도덕교육의 문제점. **초등도덕교육** 65, 29－57.

김세령(2017). 인성교육진흥법 제정 과정 분석: Campbell의 정책결정 모형을 중심으로. **인문사회 21** 8(4), 751－774.

김세희 · 이휘재 · 신창호(2020). 인성교육의 기존연구 검토와 방향성에 관한 고찰: 외재적 덕목 강조에서 내재적 주체성 확립에로의 전환을 중심으로. **한국교육문제연구** 38(3). 109－126.

김수진(2015a). 인성교육의 주요 접근 및 쟁점 분석. 이화여자대학교 박사논문.

김수진(2015b). 인성교육의 주요 접근. **교육과정연구** 33(2), 207－229.

김영래(2019). **인성교육의 담론**. 학지사

김영래 · 강선보 · 정창호 · 이성흠 · 류은영 · 이동윤(2015). 인성교육을 위한 "핵심 가치덕목"과 "핵심 역량"의 연구 모형에 관한 고찰. **교육의 이론과 실천** 20(2), 21－45.

김영래 · 강선보 · 정창호 · 이성흠 · 류은영 · 이동윤(2015). 인성교육의 방향설정을 위한 개념적 숙고. **한독교육학회 학술대회 자료집**, 3－18.

김영주(2018). 생태미디어를 활용한 역할놀이 활동에 따른 만 4세 유아의 인성변화양상. **미래유아교육학회지** 25(1), 67.

金元浦(2017). 從解釋學看『詩經』的"聖"與"俗". **山東社會科學**, 12－05期刊.

김유리(2016b). **협력적 인성교육 구체화 방안 연구**. 서울특별시 교육연구정보원 교육정책연구소.

김유리 · 김현철 · 박진옥 · 권선향 · 김누리(2016a). 인성교육의 새로운 패러다임. **한국교육문**

제연구, 34(4), 1-20.
김재식(2009). 초등 도덕과 교육의 이해. 울력.
김재식(2011). 2007 개정 초등 도덕과 교육과정의 통합적 관점 분석. 윤리교육연구 26, 95-112.
김정연 · 이현아 · 장윤석 · 김가림 · 김정남 · 민경국 · 박예람 · 유아랑 · 이요셉 · 정다은 · 김옥진(2018). 동물매개교육 프로그램이 초등학교 3학년 아동의 생명존중 의식과 인성에 미치는 영향. 한국동물매개심리치료학회지 7(2), 29-39.
김정환 · 강선보 · 신창호(2014). 교육철학. 박영스토리.
김진규 · 이성흠(2016). 초등학생 대상 인성교육 프로그램 연구동향 분석. 열린교육 24(4), 1-22.
김치곤 · 채영란(2013). 유아 인성교육 프로그램의 연구동향. 유아교육학논집 17(6), 305-333.
김태경(2019). 인성 개념, 그리고 인성교육의 필요성과 방향성. 인문과학 74, 231-253.
김해진(2019). 4차 산업혁명시대 전통미술놀이를 적용한 학습자의 공감능력 향상에 관한 연구. 미래교육연구 9(1), 47-72.
김향연(2012). 핵심 역량 중심의 창의 인성 교육 수업 모델 워크숍: 국어과 창의 인성 교육의 실천과 반성 고등학교 국어 수업 사례를 중심으로. 한국어교육학회 학술발표논문집 2012(1), 259-270.
김현철(2005). 수반이론의 법철학적 의의: 예비적 고찰, 법철학연구 8(1), 261-282
김형석(2018). 도가사상과 인성교육. 동서철학연구 90, 32-55.
김형재 · 김형숙 · 송민서(2015). 전래동화를 적용한 유아 인성교육 프로그램 개발. 예술인문사회융합멀티미디어논문지 5, 559-570.
김형효(2011). 한국 도덕윤리의 기초정립을 향하여: 지능적 도덕교육에서 본능적 도덕교육으로. 신학전망 175, 40-72.
김혜영 · 이숙정(2012). 역량교육모델의 진단과 방향. 교양교육연구 6(4), 11-40
김호현(2016). 인성교육을 위한 덕윤리와 역량의 관계 탐색. 한국영유아교원교육학회, 유아교육학논집 20(6), 287-307.
김효선(2013). 청소년과 부모의 사회적 활동이 청소년의 사회적 책임감에 미치는 영향. 미래청소년학회지 10, 161-178.
남궁달화(1999). 기본생활규칙의 도덕적 습관형성을 위한 지도방법. 사회과학교육연구 3, 1-18.
남상호(2004). 공자의 예술철학과 21세기 예술의 모색. 동서철학연구 34.
노승환 · 조덕주(2018). 문학, 음악, 연극 중심의 중학교 문화예술교육 통합 프로그램 적용

效과 분석. 한국문화교육 13(6), 1－31.

譚 傑(2006). 論孔子的"中和"美育觀. 理論導報, 11－20 期刊.

唐 迅(1996). 試論先秦儒家倫理美育的審美理想. 廣州師院學報(社會科學版), 06－30 期刊.

陶新宏(2005). 孔子教育哲學中的審美教育方法及現代意義. 沈陽航空工業學院學報, 12－30 期刊.

杜 衛(2018). 中國的美育傳統及其當代意義. 中國政協, 01－15 期刊.

鄧軍海(2011). 儒家文質觀與其人性論的內在關聯. 內江師範學院學報, 09－25期刊.

羅國萍(1996). 中國古代美育思想的嬗變. 開放時代, 08－30 期刊.

梁 哲(2012). 先秦儒家審美教育哲學初探. 西藏民族學院 碩士論文.

黎薈·王姝(2004). 先秦時期儒家與道家的審美教育思想. 渝西學院學報(社會科學版), 12－28 期刊.

류경희(2017). 통합적 유아인성교육활동이 유아의 창의적 인성과 창의적 사고에 미치는 효과. 한국유아교육·보육복지연구 21(4), 51－74.

劉光潔(2014). 孔子教育思想探析: 以"四教"爲中心. 貴州社會科學, 06－01期刊.

劉永紅(2010). 禮樂教化與情緒感化: 先秦儒家與古希臘哲人美育方法之比較. 湖南師範大學 碩士論文.

陸慶祥(2014). 先秦儒家的美育思想. 美與時代(下), 06－25 期刊.

李 强(2003). 孔子樂教的理論與實踐對於當代美育的意義. 紹興文理學院學報(哲學社會科學), 06－30 期刊.

李吉東(2019). 孔子"思無邪"的誤讀. 棗莊學院學報, 01－01期刊.

李麗琴(2015). 經學詮釋學視域中的儒家『詩』教觀: 以"思無邪"爲中心, 中國比較文學, 04－20 期刊.

李滿意(2008). 孔子詩樂教化的優越性及其美育啟示. 湖南文理學院學報(社會科學版), 11－10 期刊.

李瑞華(2007). 論孔子的美育思想及對現代教育的啟示. 青海師範大學學報(哲學社會科學版), 11－15 期刊.

마상룡·신창호(2011). 라캉의 정신분석에서 인격 발달과 그 교육적 함의: 자아와 주체 형성 과정을 중심으로. 인격교육 5(1), 29－52.

孟慶楠(2010). 論早期儒家『詩』學中的情禮關系: 以好色之情與禮爲例. 中国哲学史, 04－6期刊.

孟慶楠(2011). 論早期『詩』學中敬的觀念. 哲學研究, 04－25期刊.

문장수(2017). 라캉 정신분석학에 의한 융합인재교육의 인성 개념 비판. 동서인문 8, 291－315.

박동화·고연주·이현주(2018). 플립러닝 기반 SSI 수업이 중학생의 과학기술 사회 시민으로서의 역량 및 인성 함양에 미치는 효과. 한국과학교육학회지 38(4), 467－480.

박리나 · 황해익(2017). 유아인성 및 인성교육 관련 연구의 동향과 과제. **유아교육연구** 37(4), 7－32.

박리나 · 황해익(2018). 유아 인성의 개념 및 구성 탐색. **유아교육연구** 38(6), 295－318.

박미화(1998). 초등학교 인성교육에 관한 덕목별 현황 분석. 이화여자대학교 석사논문

박용한(2016). 인성교육의 현황과 방향 탐색: '무엇을'에서 '어떻게'의 인성교육으로. **한국인성감성교육학회**, 14－31.

박은정 · 장하원(2011). 일반문단: 신경과학과 법을 둘러싼 논쟁. **법과 사회** 41, 283－306

박인현(2016). 인성교육진흥법상 핵심 가치 · 덕목과 법교육. **법과인권교육연구** 8(3), 5－52.

박재주(2000). **동양의 도덕교육 사상**. 청계출판사.

박종덕(2014). 인성교육과 교과교육. **도덕교육연구** 26(1), 177－194.

박현지 · 김지은(2016). 인성동화를 활용한 협동활동이 유아의 배려적 사고에 미치는 영향. **한국보육지원학회지** 12(1), 143－170.

박현진 · 김숙자(2012). 유아 인성교육 방향 모색을 위한 선행연구 고찰: 한국적 가치를 기반으로 한 다문화적 접근에서의 유아 인성교육 프로그램 개발을 위한 연구 2. **아동교육** 21(2), 5－26.

박혜경(2015). 인성교육진흥법의 내용과 쟁점 논의. **교육법학연구** 27(3), 77－100.

龐世偉 · 魏榮橋(2003). 論孔子的人格美育思想. **清華大學學報(哲學社會科學版)**, 10－30 期刊.

배영기(2008). 동서양의 절대가치로서의 효애사상의 원리. **효학연구** 7, 149－161.

백도형(2014). **심신문제**. 아카넷.

백미화 · 유주형 · 신창호(2020). 인성교육 프로그램에 나타난 인성덕목(예, 효, 정직, 책임)의 비판적 분석: 2015년 이후 선행연구를 중심으로. **한국교육학연구** 26(3). 79－107.

백민경 · 조재순(2015). 배려와 나눔 실천을 위한 가정과 교수학습 과정안 개발과 평가. **한국가정과교육학회지** 27(4), 19－35.

伏愛華(2015). 中國傳統樂教與百年中國美育. **溫州大學學報(社會科學版)**, 05－25 期刊.

사재명 · 황영신(2017). 남명의 교육사상에 근거한 청소년 인성교육 프로그램 개발: PRECEDE－PROCEED 모형 적용. **남명학연구** 54, 257－297.

서강식(2010). 도덕 · 윤리과 교육의 초 · 중등 연계 방안 모색: 도덕 · 윤리과 교육과 정의 변천 분석을 중심으로. **초등도덕교육** 32, 151－182.

서대환 · 이미선(2016). 사회적 상호작용을 통한 음악교과 협동학습 지도방안 연구. **한국웰니스학회지** 11(3), 133－143.

서덕희(2012). 학교현장 안정화를 위한 인성교육방안: 미래 지향적인 인성교육의 비전 제시. 한국교육개발원.

서명석(2014). 인성교육 비판. **인격교육** 8(2), 23－38.

서울대학교 교육연구소(1995). 교육학용어사전. 하우동설

서윤경 · 고명희(2013). 인성교육 프로그램 개발 및 운영 사례. 학습과학연구 7(1), 49-77.

서은주(2014). 유아 인성교육을 위한유아다례교육 프로그램 개발 및 적용 효과. 열린유아교육연구 19(6), 341-365.

서현 · 박희숙(2015). 전통문화에 기초한 유아인성교육 프로그램 개발 및 효과. 열린유아교육연구 20(5), 399-434.

薛宗明(2000). 中國音樂大事年表. 臺灣商務印刷書館股份有限公司.

성윤숙(2016). 바람직한 청소년의 인성교육 방향. 한국청소년학회 학술대회자료집, 9-25.

손경원(2016a). 인성교육의 연구 동향과 과제. 윤리교육연구 39, 97-133.

손경원(2016b). 인성교육 프로그램의 효과성 제고 방향. 윤리교육연구 41, 49-78.

송민규 · 신창호(2020). 「인성교육진흥법」의 한계에 대한 철학적 분석: 법적 실효성 개념을 중심으로. 교육사상연구 34(3) 55-70.

송진주 · 이상원(2017). 초등 실과 교과 생명과학 영역에서의 인성교육 프로그램 개발. 한국초등교육 28(2), 31-47.

柴素芳(2005). 論孔子的美育思想及其當代價值. 河北大學學報(哲學社會科學版), 01-25 期刊.

신용인(2015). 인성과 인성교육에 관한 헌법적 고찰. 교육법학연구 27(3), 101-123.

신원섭 · 신동훈(2019). 에너지와 숲 관련 협력적 체험활동이 초등학교 5학년 학생들의 인성에 미치는 효과. 에너지기후변화교육 9, 227-239.

신중섭(2018). 효 교육에 대한 고찰: 일부 초 · 중 · 고등학교 교과서를 중심으로. 도덕윤리과교육연구 60, 157-179.

신창호(2012). 교육과 학습. 온고지신.

신창호(2015). 儒教에서 教의 맥락과 詩教의 이해: 공자의 詩教를 중심으로. 한국시가연구 38.

신창호(2016). 배려: 이론과 실천의 가이드. 고려대출판문화원.

신창호(2019). 인성교육과 교육학적 전망: 교육의 본질적 개념을 고려하여. 한국문화융합학회 학술대회자료집, 244-270.

심헌섭(1980). 법의 효력에 관한 연구. 서울대학교 법학 21(1), 141-173.

심헌섭(2003). 법의 효력과 실효성. 서울대학교 법학 44(4), 364-385.

아리스토텔레스. 천병희 역(2018). 니코마코스 윤리학. 도서출판 숲.

安樂哲 · 梁濤 · 高如辰(2013). 以禮儀爲權利: 儒家的選擇. 江漢論壇(北京大學哲學系中國哲學) 06.

안찬성(2010). Giroux의 가능성 교육과 그 한계. 교육사회학연구 20(4), 171-190.

양성실(2013). 초등 사회과 교육과정에 나타난 다문화교육과 글로벌교육 내용 비교 분석. 글로벌교육연구 5, 29-53.

燕國材(2006). 孔子所說"知仁勇藝"的心理與教育內蘊. 南通大學學報(教育科學版), 09-20 期刊.

葉 朗(1997). 德育不能包括美育. 中國音樂教育, 04－3期刊.
오가영(2018). 인성교육이 지역아동센터 아동의 정서행동에 미치는 영향: 미술치료를 적용한 인성교육 프로그램을 중심으로. 예술인문사회 융합 멀티미디어 논문지 8(12), 213－222.
于建福(2010). 孔子的中和美育觀. 雲南師範大學學報(哲學社會科學版), 09－15 期刊.
유병열(2015). 인성교육의 덕교육 접근과 실천 원리에 관한 연구. 초등교육연구 26(1), 303－322.
유병열 · 김남준 · 정창우 · 김봉제 · 박영하 · 정병석 · 조석환(2012). 인성교육의 체계화 연구. 서울특별시교육연구정보원.
유연옥 · 송서정(2014). 유아의 연령별 인성교육 프로그램의 연구경향. 사고개발 10(3), 87－103.
유재봉(2016). 학교 인성교육의 문제점과 방향. 교육철학연구, 38(3), 99－119.
유철식(2017). 하모니 효교육프로그램을 통한 청소년의 인성변화 연구. 효학연구 25, 207－240.
유한구(2017). 인성의 개념. 한국도덕교육학회 연차학술대회 논문자료집, 1－22.
윤가영 · 신주랑 · 신창호(2020). 국내 인성교육 프로그램 연구 분석: 정의적 영역과 교육방법을 중심으로. 교육문제연구 33(3). 117－142.
윤영돈(2009). 효과적인 학교 인성교육의 방향: 범교과 학습과 도덕과 학습의 관계를 중심으로. 도덕윤리과교육 29.
윤옥한(2016). 인성교육 연구동향 분석: KCI 학회지(2010－2015) 논문을 중심으로. 교육종합연구 14(2), 1－23.
윤정일 · 김민성 · 윤순경 · 박민정(2007). 인간 능력으로서의 역량에 대한 고찰: 역량의 특성과 차원. 교육학연구 45(3), 233－260.
윤종천 · 문대영(2019). 스토리텔링 기반의 적정기술 발명교육 프로그램이 초등학생의 배려심에 미치는 효과. 한국실과교육학회지 32(4), 1-15.
이경희(2017). 니체의 주인도덕에 기반한 인성교육 모형개발. 교양교육연구 11(6), 475－506.
이기우(1995). 법의 실효성과 법교육. 한국사회과교육학회 21(1), 42－55.
이민정 · 박주연 · 황은민(2015). 창의인성교육에 관한 연구동향 분석. 유아교육연구 35(6), 421－437.
이병래 · 박용석(2015). 선행연구 동향 분석을 통한유아인성교육 연구 방향 탐색. 유아교육학논집 19(6), 311－335.
이상선(2004). 儒家 孝의 形而上學的 根據. 효학연구 1, 276－289.
이상형(2016). 윤리적 인공지능은 가능한가?: 인공지능의 도덕적, 법적 책임 문제. 법과 정책연구 16(4), 283－303.
이성원(2014). 한국 효 담론의 비판적 담론분석: 효자와 패륜을 중심으로. 텍스트언어학 36, 257－286.

이성흠(2016). 체험중심 인성교육프로그램이 초등학생의 삶에 대한 긍정적 태도형성에 미치는 효과. **교육문제연구** 29, 309−336.

이성흠 · 윤초희(2015). 체험중심 인성교육프로그램이 중학생의 인성계발에 미치는 효과. **중등교육연구** 63(4), 539−570.

이승연(2007). 주자의 예와 몽테스키외의 법: '근대성'과 '탈근대성'을 중심으로. **사회사상과 문화** 16, 73−105.

이시종 · 유지현 · 김옥진(2019). 초등학생의 인성교육을 위한 동물매개놀이 프로그램 개발 및 효과. **한국가정관리학회지** 37(1), 143−162.

이영문(2015). 소크라테스의 도덕교육론 정립을 위한 기초 연구. **도덕교육연구** 27(1), 163−187.

이영문(2016). 도덕과 인성교육의 해법: 소크라테스의 관점을 중심으로. **도덕윤리과교육연구** 52, 255−273.

이영문(2019). 2015 개정 도덕과 교육과정에 대한 비판적 고찰과 도덕과 교육과정의 성격 연구. **도덕윤리과교육연구** 65, 103−127.

이용섭 · 김윤경(2012). 과학 기반 STEAM의 '날씨와 우리생활'학습이 창의적 사고 및 창의적 인성에 미치는 효과. **대한지구과학교육학회지** 5(2), 204−212.

이우진(2016). 왕양명 심즉리(心卽理)와 그 도덕교육적 의미. **동서철학연구** 80, 129.

이유정(2019). 순자(荀子)의 교육사상 연구: 교육의 내적 근거와 외적 기준을 중심으로. 고려대학교 박사논문.

이재용(2019). 초등학생의 인성핵심역량 신장을 위한 인성 GPS(Game, Play, Story) 프로그램 개발. **초등교육연구** 32(1), 67−94.

이재용 · 최준섭 · 박성희(2018). 인성핵심역량 신장을 위한 초등학생용 공감 6단계 프로그램 개발. **교육학연구** 56, 107−132.

이재우(2019). 미육의 철학적 가치와 문화예술교육의 효용에 관한 연구. 성균관대학교 박사논문.

이재호(2014). 인성의 의미와 인성교육의 방향에 대한 소고. **열린교육연구** 22(1), 375−390.

이재훈 · 곽강재 역(1997). **철학적 분석 입문**. 담론사.

이종렬(1999). 시민교육의 정체성 위기와 딜레마. **시민교육연구** 30(1), 259−279.

이종왕(2000). 윤리학에 있어서의 어떤 환원적, 비환원적 실재론과 수반, **철학연구** 76, 99−118.

이종왕(2008). 도덕적 속성들은 자연적 속성들인가. **윤리교육연구** 16, 153−166.

이천일(2013). 치양지 관점에서 본 왕양명 아동교육론 고찰. **한국교육사학** 35(4), 191−213.

이태영 · 양은주(2015) 듀이의 철학적 어린이 이해와 '아동중심'의 교육적 의미. **교육사상연구** 29(1), 107−135.

이해선 외(2015). **인성과 자기계발**. 정민사.

이향선(2018). "인성교육" 연구에 사용된 "교육"용어의 해체. 한국교원대학교 석사논문.
이혁우(2009). 정책사례연구대상으로서의 예기치 못한 결과. 서울행정학회 학술대회 발표논문집, 229-252.
이현용(2012). 전통적 효 개념의 특징과 한계. Journal of Korean Hyo Studies 31, 31-59.
이홍우(1996). 全人敎育論. 도덕교육연구 8, 1-21.
이홍우(2016). 교육의 목적과 난점. 교육과학사.
이효성 · 이용완(2011). 국내외 역량기반 교육과정 사례 분석 및 시사점. 교육연구 34, 17-35.
이희영(2020). 대학생 인성역량 함양을 위한 디자인씽킹 팀기반학습(Team Based Learning). 학습자중심교과교육연구 20(4), 917-936.
印曉紅(2004). 孔子美育思想新解. 揚州大學學報(人文社會科學版), 05-30 期刊.
임성혜 · 부성숙(2017). 가정과 연계한 효 중심 유아 인성교육프로그램의 개발 및 적용 효과. 아동교육 26(2), 295-325.
임철일(2012). 교수설계 이론과 모형. 교육과학사.
임헌규(2019a). 공자에서 다산 정약용까지. 파라아카데미.
임헌규(2019b). 『논어』에서 공자의 '예 (禮)'개념 정립에 관한 일고찰-『시』·『서』와 연관하여. 율곡학연구 40, 465-492.
장경미 · 백지숙(2019). 숲 체험활동 프로그램이 유아의 인성 및 정서능력에 미치는 효과. 한국영유아보육학 119, 53-74.
장동익(2019a). 서양 사상의 관점에서 본 인성교육의 방향성. 한국문화융합학회 전국학술대회자료. 275-296.
장동익(2019b). 덕 윤리의 관점에서 인성 개념과 인성교육의 모형. 문화와 융합 61, 829-858.
장성모(1996). 인성의 개념과 인성교육. 초등교육연구 10집.
장성모 · 유한구 · 이환기(1997). 人性敎育의 東洋的 傳統. 도덕교육연구 9, 85-126.
장승희(2011). 순자 인성론의 도덕교육적 의미와 한계. 유교사상문화연구 45, 227-259.
장승희(2015). '인성교육진흥법'에서 추구해야 할인성의 본질과 인성교육의 방향: 행복담론을 중심으로. 윤리교육연구 37, 75-104.
장유진 · 박천호 · 곽혜란(2016). 창의, 인성 교육용 원예활동 프로그램이 아동의 창의적 인성에 미치는 효과. 인간식물환경학회지 19(4), 285-291.
장윤수(2017). 남명 조식의 공부론과 인성교육의 연계성: 정직의 덕목을 중심으로 하여. 남명학 22, 59-95.
張進璽(2019). 『詩經』中的"思無邪"探析. 名作欣賞, 12-10期刊.
전성연 · 최병연 · 이흔정 · 고영남 · 이영미(2010). 협동학습 모형 탐색(2판). 서울: 학지사.

전은희(2016). 중학교 인성교육의 실제에 대한 비판적 해석: 한계와 가능성을 중심으로. 교육학연구 54, 255-303.

정대환(1984). 『논어』에 비친 공자의 인간성-인의 경지와 그 행동적 성향. 철학연구 8, 185-220.

丁文林(2005). 孔子"文質彬彬"析. 商場現代化, 10-15期刊.

정선영 · 김영연 · 홍순옥(2016). 음악활동을 통한 유아인성교육프로그램 적용 효과. 학습자중심교과교육연구 16(8), 795-829.

정원규(1994), 도덕실재론에 대한 비판적 고찰. 哲學論究 21, 93-125.

정창우 외(2014). 교사, 인성교육을 생각하다. 교육과학사.

정창우 외(2016). 학교급별 인성교육 실태 및 활성화 방안. 교육부 2013년 정책연구개발사업.

정창우(2015a). 인성교육, 어디로 가야 하는가?. 한국아동학회 학술발표논문집, 51-78.

정창우(2015b). 인성교육의 원리와 실천 방안. 위즈덤교육포럼 2015 학술세미나 발표자료.

정창우(2015c). 인성교육의 이해와 실천. 교육과학사.

정창우(2019). 21세기 인성교육 프레임—사람다움과 시민다움을 지향하는 인성교육. 교육과학사.

정창우 · 손경원 · 김남준 · 신호재 · 한혜민 & Korea (South) 교육부(2014). 학교 급별 인성교육 실태 및 활성화 방안. Jinhan M & B.

정희영 · 방승미 · 유희진(2012). 유아 인성교육 관련 연구동향 분석. 유아교육연구 32(5), 277-296.

조난심 외(2005). 도덕과 교육과정 개정(시안) 연구 개발. 한국교육과정평가원 연구보고(CRC 2005-8).

조난심(2004). 제7차 도덕과 교육과정의 특징과 개선 방향; 도덕과 교육과정 개정에 대한 반성적 고찰. 교육과정연구 22(1), 1-18.

조난심 · 문용린 · 이명준 · 김현수 · 김현지(2004). 인성 평가 척도 개발을 위한 기초 연구. 한국교육과정평가원.

晁福林(2015). "思無邪"與《詩》之思 : 上博簡《詩論》研究拾遺. 文學遺產, 05-15期刊.

조상식(2015). 인성교육의 가능성과 한계에 대한 교육철학적 검토. 교육의 이론과 실천 20(2), 131-150.

조송식(2016). 동아시아 예술론에서 유가 문질론(文質論)의 수용과 변환. 미학 82(1).

조수경 · 홍상욱 · 남승미(2018). [장계향 행실기]를 바탕으로 한 인성코칭프로그램 개발과 적용 연구. 코칭연구 11(4), 119-142.

趙岩; 張倫敦(2011). 孔子與席勒樂教思想的曆史契合: 從審美教育到社會完善, 交響(西安音樂學院學報) 09-25 期刊.

조연경 · 배지희(2017). 주제극놀이를 통한 유아인성교육 프로그램의 구성 및 적용 효과. **유아교육연구** 37(3), 93－118.

조연순(2007). 초등학교 인성교육의 현상과 과제. **한국초등교육학회 학술발표논문집** 5, 15－38.

조연순 · 정지은(2012). 국내 창의성 교육 연구 동향분석: 창의성의 범주 및 수준을 중심으로. **영재교육연구** 22(2), 333－352.

조은지 · 문영(2017). 중학생 인성 강화를 위한 미디어 활용 무용교육프로그램 개발 및 적용. **대한무용학회 논문집** 75(4), 119－137.

조정은(2019). 전통음악놀이의 융복합 활동을 통한 인성교육 프로그램 연구. **문화와융합** 41(5), 197－224.

조지선(2017). 하곡 정제두 철학의 인성교육적 연구의 필요성과 의의. **유학연구** 41, 57－87.

左　蕾(2004). 孔子美育思想的現代闡釋, **齊魯藝苑**, 04－18 期刊.

주동률(1995). 윤리적 실재론 논쟁의 구조와 외적 실재론의 가능성. **哲學論究** 23, 123－153.

주동률(1996). 수반과 윤리적 실재론, **철학** 48, 303－335.

周德清(2013). 以"成人"爲旨歸:先秦儒家美育思想探析. **鹹陽師範學院學報**, 05－25 期刊.

竹內敏雄. 안영길 외 옮김(2003). **미학 · 예술학 사전**. 미진사.

지은림 외(2013). 인성지수 개발 연구. 교육부.

지희진(2013). 대학 교양 인성 교육에 대한 대학생 인식 탐색. **교양교육연구** 7(5), 433－466.

진상덕 · 노상우(2015). 라캉의 정신분석에서 본 욕망의 교육학적 함의. **교육철학연구** 37(2), 157－177.

陳水德(2005). 孔子"文質彬彬"的美育機制與素質教育. **運城學院學報**, 08－25 期刊.

蔡元培(1984). **蔡元培全集** 第二卷. 中華書局出版.

蔡元培(1989). **蔡元培美學文選**. 北京大學出版社.

천세영 외(2012). 인성교육 비전 수립 및 실천 방안 연구. 교육과학기술부 정책연구 2012－41.

최민수 · 임은영(2016). 가치명료화 교수모형에 따른 유아인성교육 프로그램 적용 효과 연구. **미래유아교육학회지** 23(1), 1－26.

최봉철(2014), 법의 효력: 요건과 효과를 중심으로, **법철학연구** 17(3), 41－66.

최상덕 외(2012). 미래 한국교육의 발전방향과 전략: 2013~2017년 핵심교육정책과제를 중심으로. 한국교육개발원.

최석민(2016). 국가 수준 인성교육 정책에 대한 철학적 고찰. **교육철학** 59, 115－142.

최예솔 · 이하영 · 진영은(2016). 인성교육에 관한 국내 연구동향 및 과제. **학습자중심교과교육연구** 16(6), 489－517.

최은순(2017). 인성의 의미와 인성교육의 과제. **도덕교육연구** 29(3), 29－54.

최인숙·채명신(2018). 코칭기반 인성교육 프로그램이 초등학생의 인성향상에 미치는 효과. 한국융합학회논문지 9(9), 229-243.
최종찬(2015). 인성교육진흥법의 법·인권교육적 쟁점과 과제. 한국법과인권교육학회 제21차 학술 발표회 자료집, 89-114.
최준환·박춘성·연경남·민영경·이은아·정원선·임청묵(2009). 인성교육의 문제점 및 창의·인성교육의 이론적 고찰. 창의력교육연구 9, 89-112.
쿠어트 바이어츠. 박창용·심지원 옮김(2009). 도대체 왜 도덕적이어야 하는가?. 솔과학.
하종호·김선희 역(1997). 심리철학. 철학과 현실사.
한국교육개발원(2015). 한국교육개발원 교육여론조사(RR 2015-14). 한국교육개발원.
한국교육개발원(2019). 2019년 인성교육 우수 사례집.
한면희 역(1994). 수반개념. 김재권(1994). 수반과 심리철학. 철학과 현실사, 140-178.
한상기 역(2008). 현대 인식론 입문. 서광사.
허경철·조난심·김양분·유균상·이성호(1994). 인간성 함양을 위한 학교교육 모형 개발 및 평가 방안 연구(연구보고서 CR94-01). 한국교육개발원.
허라금(1994). 덕 개념과 도덕적 실재론. 철학 41, 266-291.
허미영·김종우(2019). 실과 배추 텃밭 프로그램이 초등학생의 인성 함양에 미치는 효과. 한국실과교육학회지 32(1), 125-140.
허종렬(2015). 인성교육진흥법에 대한 언론평가 분석, 법과인권교육연구 8(3), 175-199.
현주·임소현·한미영·임현정·손경원(2014a). 초중등 학생 인성수준 조사 및 검사도구의 현장 활용도 제고 방안연구. 한국교육개발원.
현주·임소현·한미영·임현정·손경원(2014b). KEDI 인성검사 실시요강(ORM 2014-111). 한국교육개발원.
胡强·玉林(2000). 文質彬彬 符彩相勝: 『論語』語言藝術審美淺談. 師範高等專科學校學報, 10-30期刊.
홍배식(2010). 사회과교육 영역 창의인성 교육의 실제: 일반사회 교과를 중심으로. 교육문화연구 16(3): 31-61.
홍석영(2013a). 인성 개념 및 인성의 교육 가능성에 대한 고찰. 한국교양교육학회 학술대회 자료집, 349-357.
홍석영(2013b). 인성 개념 및 인성의 교육 가능성에 대한 고찰. 현대교육연구 25, 183-198.
홍성우·송해성(2017). 고등학교 영어 교과서에 나타난 인성교육 요소 분석 및 지도방안 연구. 교육과정평가연구 20(3), 25-49.
홍승표(1999). 유가의 예 사상과 규범적 질서의 문제. 사회사상과 문화 2, 103-126.
홍승표(2015). 老子의 道와 인성교육. 새한철학회 학술대회 발표논문집, 167-179.

홍은실 · 김재호(2017). 학교 텃밭을 활용한 교육프로그램이 초등학생의 인성에 미치는 효과. **실과교육연구** 23(1), 163-186.

황윤세 · 김언진(2016). 유아 인성에 관한 연구 동향 분석 (2011년~2016년). **한국유아교육학회 정기학술발표논문집** 2016(1), 162-162.

황응연(1992). **심리학과 생활**. 배영사.

황인표(2017). 도덕과 인성교육의 쟁점에 관한 일고. **도덕윤리과교육** 55, 147-175.

황정규(1993). **학교학습과 교육평가**. 교육과학사.

황준성 · 서정화(2015). 「인성교육진흥법」 입법화 과정 및 쟁점 분석. **교육행정학연구** 33(4). 233-255.

Althof, W., & Berkowitz, M. W.(2006). "Moral Education and Character Education: Their Relationship and Roles in Citizenship Education". *Journal of Moral Education*, Vol. 35 No. 4, 495-518.

Ayer, A.(1946). 송하석 역(2020). *Language, Truth and Logic*. London: V. Gollancz.(언어, 논리, 진리). 나남.

Berkowitz, M. W.(2002). *The science of character education. In W. Damon* (Ed.), Bringing in a New Era in Character Education (pp. 43-63). Stanford, CA: Hoover Institution Press.

Bloom, B. S.(1956). *Taxonomy of educational objectives*. New York, NY: David McKay Co., Inc.

Bloom, B. S.(1976). *Human characteristic and school learning*. NY: McGraw-Hill Book Company.

Borrow, Robbin. 박재문 · 서영현 역(1996). **플라톤과 교육**(*Plato and Education)*. 문음사.

DeVries, Hildebrandt & Zan.(2000). *Constructivist early education for moral development*. Early Education & Development 11(1). 9-35.

Dewey, J. 이홍우 역(2007). **민주주의와 교육**(*Democracy and Education)*. 교육과학사.

Dick, W., & Carey, L.(1996). *The systematic design of instruction*. New York, NY: HarperCollins College Publishers.

Dworkin, M. S.(1971). 황정숙 역(2016). **존듀이 교육론**(*Dewey on education)*. 씨아이알.

Gadamer, Hans-Georg. 손승남 역(2000). **교육은 자기 교육이다**. 동문선.

Giroux, H. A.(1988). *Teachers as Intellectuals: Toward a Critical Pedagogy of Learning*. Granby, MA: Bergin and Garvey. 이경숙(역)(2001). **교사는 지성인이다**. 아침이슬.

Goodwin, W. L., & Driscoll, L. A.(1980). *Handbook for Measurement and Evaluation* in *Early Childhood Education*. Washington: Jossey−Base.

Hare, R.M.(1952). *The language of morals*. Oxford: Oxford University Press.

Hospers, J.(1988). *An introduction to philosophical analysis*. New Jersy: Englewood Cliffs, N.J.: Prentice Hall.

Howard, Berkowitz & Schaeffer.(2004). *Politics of Character Education*. Educational Policy 18(1), 188−215.

Howard, R. W., Berkowitz, M. W., & Schaeffer, E. F.(2004). *Politics of character education. Educational Policy* 8(1), 188−215.

Hymowtiz, K. S.(2003). "The Return of Character Education?" [Book review]. *Public Interest* No. 151, 104−109.

Kant, I. (1785). 이원봉 역(2002). 도덕형이상학을 위한 기초놓기(*Grundlegung zur Metaphysik der Sitten.)*. 책세상.

Kant, I. (1788). 백종현 역(2009). 실천이성 비판(*Kritik der praktischen Vernunft)*. 아카넷.

Kelsen, H.(2003). Geltung und Wirksamkeit des Rechts, in *Hans Kelsens stete Aktualität*(Ed. Walter, R., Jabloner, C., Zeleny, K.) Wien: Manz.

Kemp, J. E.(1985). *The instructional design process*. New York, NY: Haper and Row.

Kim, Jaekwon(1984). Concepts of Supervenience. *Philosophy and Phenomenological Research*, 45(2), 153−176.

Kim, Jaekwon(1996). *Philosophy of mind*. Oxford,[Eng.]; Boulder, Col.: Westview press.

Kim, Jaekwon(1999). Mind in a physical world: an essay on the mind−body problem and mental causation. Cambridge, Mass: MIT Press.

Landa, L. N.(1993). *Landa*의 *순차식−발견식(Algo−Heuristic)* 교수이론. In C. M. Reigeluth (Ed.), 교수설계의 이론과 모형 (박성익 외 역). 225−295. 교육과학사.

Moore, G.E.(1922), *Philosophical studies*, London: Routledge & Kegan Paul Ltd.

Mulkey, Y. J.(1997). "The History of Character Education". *Journal of Physical Education, Recreation & Dance*, Vol. 68 No. 9, 35−37.

Nyberg, D., & Egan, K.(1981). *The Erosion of Education: Socialization and the Schools*. New York, NY: Teachers College Press.

Peinado, S., Paquin, R. S., Rini, C., Roche, M., Butterfield, R. M., Berg, J. S., Powell, C. M., Bailey Jr., D. B., & Lewis, M. A.(2020). Values clarification and parental decision making about new born genomic sequencing. *American Psychological Association* 39(4), 335−355.

Raiser, T.(1987). *Rechtssoziologie*. Frankfurt am Main: Metzner.

Solomon, D., Watson, M. S., & Battistich, V. A.(2001). *Teaching and schooling effects on moral/prosocial development*. In V. Richardson(Ed.), Handhook of Research on Teaching (4th ed.) (pp.566−603). Washington, DC: Association for Supervision and Curriculum Development.

Steup, M.(1996). *An introduction to contemporary epistemology*. New Jersey: Englewood Cliffs, N.J.: Prentice Hall.

Tyler, R. W.(1973). Assessing educational achievement in the affective domain. *Measurement in Education*, 4(3), 1−8.

Watz, M.(2011). An Historical Analysis of Character Educaiton. *Journal of Inquiry & Action in Education*, Vol. 4 No. 2, 34−53.

Williams, M. M. & Schaps. E.(1999). *Character education: the foundation for teacher education: report of the National Commission on Character Education*. Character Education Partnership.

Zippelius, R.(1991). *Grundbegriffe der Rechts− und Staatssoziologie*. München: Beck.

http://news.khan.co.kr/kh_news/khan_art_view.html?artid=201103271518451#csidx504f784fa6d48b183fc385a8f893269

https://stdict.korean.go.kr/search/searchView.do?word_no=294422&searchKeywordTo=3

https://stdict.korean.go.kr/search/searchView.do?word_no=379176&searchKeywordTo=3

https://stdict.korean.go.kr/search/searchView.do?word_no=457904&searchKeywordTo=3

https://stdict.korean.go.kr/search/searchView.do?word_no=487785&searchKeywordTo=3

NCIC 국가교육과정 정보센터. http://ncic.go.kr/mobile.index2.do

SBS뉴스(2015. 05. 25.). "착해 보이게 만들어드려요" 인성교육도 과외? http://nhttp://news.sbs.co.kr/news/endPage.do?news_id=N1002992438&plink=ORI&cooper=NAVER.

경향신문(2011. 03.27). "韓 청소년 '더불어 사는 능력'" 36개국 중 꼴찌

관계부처합동(2012). 학교폭력근절 종합대책.

교육개혁위원회(1995). 세계화·정보화 시대를 주도하는 新교육체제 수립을 위한 교육개혁 방안.

교육과학기술부 동정자료(2012.09.03.). 대한민국 인성교육 비전 선포식 개최.

교육과학기술부(2012). 2012년 성과관리 시행계획(안).

교육부 보도자료(2013.05.09.). 학교교육 정상화로 행복한 학교 구현.

교육부(1992). 국민학교 교육과정. 교육부 고시 제1992−16호.

교육부(1997a). 초·중등학교 교육과정−국민 공통 기본 교육과정−. 교육부 고시 제1997−15호[별책 1].

교육부(1997b). 도덕과 교육과정. 교육부 고시 제1997－15호[별책 6].
교육부(2012). 『2009 교육과정』.
교육부(2013). 「배려」와 「나눔」으로 모두가 행복한 인성교육 강화 기본계획(안).
교육부(2015a). 도덕과 교육과정. 교육부 고시 제2015－74호[별책 6].
교육부(2015b). 『2015 교육과정』.
교육부(2015.3.). 2015년도 인성교육 강화 기본계획.
교육부(2016.1.). 인성교육 5개년 종합계획(2016－2020).
교육부(2018.11.). 민주시민교육 활성화를 위한 종합계획.
교육부(2020.1.). 「인성교육 5개년 종합계획(2016~2020)」에 따른 2020년 인성교육 시행계획.
교육인적자원부(2007). 도덕 교육과정. 교육인적자원부 고시 제2007－79호[별책 6].
국가법령정보센터. http://www.law.go.kr/lsInfoP.do?lsiSeq＝183498#0000
국립국어원 표준국어대사전, 2020.06.01.
동아일보(2019.09.16.). 서울대 수시합격생 스펙 보니... 상장 108개, 봉사활동 489시간. http://www.donga.com/news/BestClick/article/all/20190916/97415988/1.
문교부(1954). 국민학교·중학교·고등학교·사범학교 교육과정 시간배당기준령. 문교부령 제35호.
문교부(1973). 국민학교 교육과정. 문교부령 제310호.
법제처 국가법령정보센터.
브레인미디어(2015.03.25.). 인성교육진흥법, 대한민국의 희망으로. http://www.brainmedia.co.kr/brainWorldMedia/ContentView.aspx?contIdx＝15623.
브레인미디어(2015.04.01.). '삶의 만족도↓자살률↑'대한민국, 인성교육진흥법으로 희망 찾는다. http://www.brainmedia.co.kr/brainWorldMedia/ContentView.aspx?contIdx＝15648.
신동아(2020.04.18.). 이제 공부만 잘해서는 의사 못 된다 https://shindonga.donga.com/3/all/13/2040311/1.
프레시안(2015.07.21.). "인성교육? 사교육 부추기는 악법" https://www.pressian.com/pages/articles/128296?no＝128296&ref＝nav_search.
한겨레(2015.07.28.).[한겨레 프리즘] 인성교육의 외주화. http://www.hani.co.kr/arti/opinion/column/702145.html.
한국교육개발원 인성교육지원센터 홈페이지 http://insung.kedi.re.kr/main/home.do
한국교육신문(2015.01.09). 교총, '인성교육 실천 원년, 국가·사회적 실천운동 전개' 선언.

저자 소개

책임집필

신창호
고려대 교육학과 교수(교육사철학)/고려대 교육문제연구소 소장/평생교육원 원장/한국교육학회 부회장/(전)한국교육철학학회 회장
이메일: sudang@korea.ac.kr

공동집필

강민수 한국교육개발원 연구원, 고려대 박사과정 수료(교육행정학 및 고등교육학)
강영순 전)연변대 교수, 고려대 박사과정 수료(교육사철학)
권선향 서울 미양초등학교 교사, 문학박사, 고려대 박사과정 수료(교육사철학)
김광석 고려대 교육문제연구소 연구원, 고려대 석사과정 수료(교육사철학)
김세희 고려대 교육문제연구소 연구원, 고려대 박사과정(교육사철학)
김수미 독서문화연구원 대표, 고려대 박사과정(교육사철학)
김학준 가톨릭 예수회 신부, 고려대 박사과정 수료(교육사철학)
백미화 전)우송대 교수, 문학박사, 고려대 박사과정 수료(교육사철학)
송민규 인천 함박초등학교 교사, 고려대 박사과정 수료(교육사철학)
신주랑 고려대 교육문제연구소 연구원, 고려대 박사과정 수료(교육공학)
우버들 고려대 교육문제연구소 연구원, 고려대 박사과정 수료(교육사철학)
유주형 고려대 교육문제연구소 연구원, 고려대 석사과정(교육사철학)
윤가영 미음미디어 대표, 고려대 박사과정(교육공학)
윤수현 고려대 교육문제연구소 연구원, 고려대 석사과정(교육사철학)
이동은 고려대 교육문제연구소 연구원, 고려대 석사과정(교육사철학)
이휘재 고려대 교육문제연구소 연구원, 고려대 석사과정(교육사철학)
장우재 고려대 교육문제연구소 연구원, 고려대 박사과정 수료(교육사철학)
진상훈 쏙쏙체험 대표, 고려대 박사과정(교육사철학)
최 진 고려대 교육문제연구소 연구원, 고려대 석사과정 수료(교육사철학)
최지혜 고려대 교육문제연구소 연구원, 고려대 박사과정(교육행정학 및 고등교육학)

인성교육의 프리즘

초판발행 2021년 4월 30일

책임집필 신창호
공동집필 강민수 · 강영순 · 권선향 · 김광석 · 김세희 · 김수미 · 김학준 · 백미화 · 송민규 · 신주랑 · 우버들 · 유주형 · 윤가영 · 윤수현 · 이동은 · 이휘재 · 장우재 · 진상훈 · 최 진 · 최지혜
펴낸이 노 현

편 집 문선미
디자인 BEN STORY
제 작 고철민 · 조영환

펴낸곳 ㈜ 피와이메이트
서울특별시 금천구 가산디지털2로 53 한라시그마밸리 210호(가산동)
등록 2014. 2. 12. 제2018-000080호
전 화 02)733-6771
f a x 02)736-4818
e-mail pys@pybook.co.kr
homepage www.pybook.co.kr
ISBN 979-11-6519-170-2 93370

정 가 18,000원

박영스토리는 박영사와 함께하는 브랜드입니다.